비혁명의 시대

비혁명의 시대

1판 2쇄 인쇄 2021년 12월 20일 | **1판 1쇄 발행** 2020년 7월 30일

지은이 김정한 | **펴낸이** 임중혁 | **펴낸곳** 빨간소금 | **등록** 2016년 11월 21일(제2016-000036호)

주소 (01021) 서울시 강북구 삼각산로 47, 나동 402호 | **전화** 02-916-4038

팩스 0505-320-4038 | **전자우편** redsaltbooks@gmail.com

ISBN 979-11-965859-7-6 (93340)

* 이 저서는 2017년 정부(교육부)의 재원으로
  한국연구재단의 지원을 받아 수행된 연구임(2017S1A6A3A01079727).
* 책값은 뒤표지에 있습니다.

비혁명의 시대 1991년 5월 이후 사회운동과 정치철학

김정한 지음

빨간소금

—

흩어진 사람들에게

1991년 5월이라고 하면 '그때 뭐가 있었지?'라고 물어보는 이들이 많다. 오랜 세월이 지나 기억이 소진되어서 그럴 수도 있지만, 역사적으로 별로 중요하다고 여기지 않았기 때문에 왜 굳이 기억해야 하느냐는 반문일 수도 있다. 1980년대를 5·18 광주항쟁과 6월 항쟁으로만 기억하는 이들에게 1991년 5월의 일들은 역사의 먼지와 같은 사건일지 모른다. 당시 공식적인 명칭 없이 '분신 정국'이라 불렸고, 뒤늦게 '1991년 5월 투쟁'이라는 다소 애매한 이름이 붙여진 이유도 마찬가지일 것이다.

　잠시 기억을 소환하자면, 당시 백골단의 폭행으로 명지대생 강경대가 사망하고, 한진중공업 노조위원장 박창수가 의문사를 당했으며, 성균관대생 김귀정이 시위 도중 강경진압으로 사망했다. 전남대생 박승희를 비롯해 김영균, 천세용, 김기설, 윤용하, 이정순, 김철수, 차태권, 정상순, 이진희, 석광수 등 학생, 노동자, 빈민 11명이 연이어 분신했다. 불과 두 달이 채 안 되는 사이에 14명이 사망하고 전국적으로 6월 항쟁 이후 최대 규모의 거리 시위가 벌어졌다. 그것은 여전히 정치권력을 쥐고 있는 5·18의 학살자들과 5공화국 독재의 잔재를 몰아내려는 '제2의 6월 항쟁'이었다.

그러나 1980년대 급진적 민중운동의 마지막 필사적인 저항과도 같았던 1991년 5월 투쟁이 갑자기 소멸한 이유는 연속적인 분신의 배후에 어둠의 세력이 있다는 의혹이 제기되고 검찰이 강기훈 유서대필 사건을 조작했기 때문만은 아니었다. 그 조작된 허구를 수많은 사람들이 믿고 싶어 했던 것은 서럽고 처절한 투쟁이 그만 종결되기를 원했기 때문이었다. 얄궂게도 1991년 5월 투쟁은 1980년대 민중운동이 상상했던 총체적 전민항쟁으로는 더는 세상을 바꿀 수 없다는 것을 역설적으로 보여주었다. 오히려 1991년 5월 이후 세상은 다른 방식으로 바뀌었고, 1980년 5·18 광주항쟁에서 1991년 5월 투쟁에 이르기까지 12년 동안 혁명을 꿈꾸던 사람들은 흩어졌다.

1991년 5월 이후를 상징하는 또 다른 장면은 소련에서 레닌 동상이 철거되는 모습이었다. 어차피 모든 동상은 시대가 달라지면 철거될 운명을 갖고 있지만, 한때 인류의 미래라고 여겨졌던 사회주의 국가들의 몰락은 특히 급진적 지식인들과 혁명을 기다리던 활동가들에게 커다란 충격이었다. 사회주의 국가들에서 수많은 사람들이 반(反)공산당을 외치며 행진하는 부정할 수 없는 현실 앞에서 1980년대 민중운동, 계급투쟁, 프롤레타리아 혁명 등의 언어가 가리키는 좌표들은 흔들리고 무너졌다.

1991년 5월 이후 세상은 빠르게 변해갔다. 1997년 외환위기와 IMF 관리체제로 신자유주의가 본격 도입되기 전까지 7년 동안 1990년대에는 소비사회, 신세대, 대중문화, 포스트모더니즘 등이 시대를 대표하는 언어가 되었다. 1980년대의 민중 담론은 촌스러운 옛 시절의 것이 되었고, 오히려 자본주의가 더 혁명적인 것처럼 여겨졌다. 그러나

1990년대는 매끄러운 시대는 아니었다. 정치적 민주화는 극히 제한적이었고, 자본과 노동의 문제는 변함없이 지속되었으며, 여성 차별과 생태 위기에 대한 새로운 문제의식도 생겨났다. 1980년대와는 달리 개혁, 시민사회, 민주주의 담론들이 모든 것을 포괄하는 것처럼 보였지만 1980년대에 제기된 정치사회적 문제들은 해결되지 않았다.

어떤 이들의 현실은 변화했지만 어떤 이들의 현실은 달라진 것이 없었다. 마치 서로 다른 시간대에 속한 채 같은 공간에 있는 것처럼 서로가 서로에게 시대착오적이었다. 어쩌면 2000년대 이후 오늘날까지 때로는 반복적으로 때로는 새롭게 터져 나오는 사회적 모순과 균열은 1990년대에 예비된 후과(後果)일지도 모른다. 한 시대에 해결되지 못한 문제들은 다음 시대에 다른 모습으로 다시 돌아온다. 정기적인 선거를 통해 정치적 대표자들은 바뀌고 있지만, 한국 사회는 민주주의인 것도 아니고 민주주의가 아닌 것도 아닌 상황에서 난처해졌다.

1991년 5월 이후를 비혁명의 시대라고 하는 것은 낯설 수 있다. 비혁명의 시대는 혁명을 못한 시대이기도 하고 혁명적이지 않은 시대이기도 하다. 1980년대의 혁명을 꿈꾸던 사람들이 갈 수 있는 길은 너무 좁았다. 혁명적이지 않은 상황에서 세상이 바뀌기를 희망하는 사람들은 무엇을 어떻게 해야 했을까? 이 책에는 1991년 5월 이후의 사회운동과 정치철학의 풍경을 다시 돌아보면서 다른 미래를 여는 열쇠를 발견하기를 기대하는 바람이 담겨 있다. 물론 한 시대의 처음과 끝을 구획하는 작업은 평범한 삶의 연속에 부딪쳐 자주 넘어질 수밖에 없다. 그럼에도 불구하고 도래하지 않은 혁명의 유산들을 흩어진 사람들과 함께 성찰할 수 있기를 기대한다.

이 책은 『대중과 폭력: 1991년 5월의 기억』(1998)을 잇고 있다. 2000

년대 초부터 최근까지 썼던 글들 가운데 서평과 칼럼, 짧은 에세이 등을 제외한 30여 편의 원고들 중에서 '1991년 5월 이후'라는 주제로 묶을 수 있는 글들을 담았다. 『1980 대중 봉기의 민주주의』(2013) 이후에 쓴 5·18 광주항쟁에 관한 원고들은 부득이 수록하지 못했지만, 개인적으로 오래 지속되어온 문제의식의 한 매듭을 짓는 셈이다. 이미 발표된 원고들이지만 가능한 수월하게 읽힐 수 있도록 약간 설명을 더하거나 일부 내용을 덜어냈다. 참고한 문헌들은 각주로 처리하면서별다른 관련 설명이 없는 경우에는 책 뒤에 〈참고문헌〉으로 묶었다.

글을 쓰는 일은 혼자서 하는 작업이지만, 공부를 선택한 삶도 곁에 있는 분들의 인연과 도움이 없다면 살아낼 수 없을 것이다. 늘 마음의 큰 지지가 되어주시는 손호철 선생님, 5·18 연구 과정에서 함께 작업할 수 있는 귀한 기회를 갖게 해주신 안길정, 최용주, 이재의 선생님과 전남대 5·18연구소에 계셨던 정문영 선생님께 깊이 감사드린다. 작년과 올해 새로 공간을 마련하고 시작한 '현대정치철학연구회'와 '플랫폼C'의 여러분들은 내 인생의 마지막 동반자가 될 것이라 예감하고 있다. 소중한 인연을 이어갈 수 있기를 바라며 고마움을 전한다. 변함없는 친구들인 '대안지식연구회' 동인들의 우정이 고맙다. 즐겁게 공부하며 새로운 경험을 쌓게 해주신 서강대 트랜스내셔널인문학연구소의 여러 선생님들께도 감사드린다. 때로는 자신이 쓴 글의 의미를 스스로 찾지 못하는데, '빨간소금'의 임중혁 대표가 '1991년 5월 이후'라는 틀을 잡아주셨다. 게으른 필자와 작업하느라 애써주셔서 감사하다.

한동안 글 쓰는 일이 괴로웠다. 무슨 소용인지 의미를 찾기 어려웠다. 미야자키 하야오는 "애니메이션은 즐겁지 않다. 괴로운 작업이다"라고 말한 적이 있다. 평생 멋진 애니메이션을 만든 위대한 감독이 자신의 삶을 돌아보며 "힘들었다"고 생각한다 했다. "아무리 힘든 일도 언젠가는 끝난다." 그의 삶의 좌우명을 나도 원고를 쓰면서 되새기곤 했다. "언젠가는 끝난다." 이 책으로 하나의 매듭을 맺으며 한결 편안한 마음으로 오랜 문제의식들을 잠시 접어두고 새로운 글을 쓰고 싶다.

2020년 7월, 여름이 오기 전에

김정한

2부 정치철학의 풍경

도래하지 않은 혁명의 유산들

　너무 유명해서 진부해진 '한 번은 비극으로, 한 번은 희극으로'라는 마르크스의 표현을 뒤집으면 1987년 6월 항쟁과 1991년 5월 투쟁의 관계가 드러난다. '한 번은 희극으로, 한 번은 비극으로.' 1980년 5·18 광주의 지역적 고립 항쟁에 대한 응답으로 전민항쟁의 신화를 만들어낸 1987년 6월 항쟁은 6·29 선언과 양김(김대중, 김영삼) 분열로부터 전 국민이 노태우 대통령을 직선제로 선출하는 '희극'을 연출했다. 반면 그 6월 항쟁의 못다 이룬 꿈을 전민항쟁으로 재현하려던 1991년 5월 투쟁은 근거 없는 분신배후론에 대한 대중들의 공포로부터 전체 민중운동이 몰락하는 '비극'으로 귀결했다.

　1987년 6월 항쟁부터 1991년 5월 투쟁까지 한국 사회는 거대한 전환의 시대였다. 1987년 7~9월 노동자대투쟁을 통해 민주노조운동이 전국적으로 분출했고, 드디어 한국에서도 계급이라는 개념에 어울리는 계급의 형성이 가시화되었다. 이어서 1990년 역사상 가장 급진적이고 전투적인 노동조합의 연합체로서 전노협(전국노동조합협의회)이 만들어졌다. 이는 전교조(전국교직원노동조합)를 비롯한 새로운 민주적인 조직들이 결성되어 기존의 관변 단체를 대체하려는 운동으로 확산되었다. 아울러 5·18에 관한 수많은 자료들과 증언들이 쏟아져 나왔으며, 이를 혁명론으로 해석하고 체계화하려는 사회과학이 전성기를 맞이했다. 그에 맞춰 다양한 분야에서 진보적인 학술 단체들이 결성되었다. 또한 지하에서 비합법 투쟁에 매진했던 사회운동 조직들은 공공연하게 반합법 활동을 전개하면서 혁명운동의 전형을 창출하려는 실험을 계속했다. 대학은 각종 세미나와 소모임을 통한 좌파 이론 학습과 혁명의 정체를 둘러싼 매일의 논쟁으로 뜨거웠다.

이 대략 4년 동안 한편으로는 혁명적인 민주화의 열망이 전국적으로 불타오르고 민중운동 세력이 기초적인 조직화의 틀을 마련했지만, 다른 한편으로는 1989년 공안통치와 1990년 보수대연합이라는 3당 합당 등을 통해 지배 세력은 민주화 과정을 끊임없이 역전시키려고 했다.[1] 이렇게 민주화의 힘과 탈민주화의 힘이 교착적으로 대립하는 국면에서 1991년 5월 투쟁은 한국 민주주의의 범위와 방향을 결정한 분수령이었다. 민주화가 확대될 것인가 축소될 것인가를 가늠하는 지배 세력과 저항 세력의 중대한 결전의 장이었다. 하지만 결과적으로 민중운동 세력은 패배했고, 민주화 과정은 극히 제한적인 정치적 민주주의만을 허용하는 것으로 귀결했다. 학생운동과 노동운동, 재야·지식인운동은 고립되거나 해체되었다. 혁명이라는 화두는 현실 사회주의 국가들의 붕괴와 더불어 한국 사회에서 거세되었다.

처음부터 '제2의 6월 항쟁'이라고 불린 1991년 5월 투쟁은 6월 항쟁 이후 최대 규모로 거리의 정치를 복원했다. 하지만 그 패배의 효과는 혁명적 분위기가 범람하던 정치적 시공간의 봉합으로 나타났다. 1979년 10월 부마항쟁과 1980년 5·18 광주항쟁에서 기원하는 1980년대 사회운동은 1991년 5월 투쟁으로 종결했다. 이 12년 동안 혁명의 시대를 자임했던 1980년대는 이렇게 스스로 역사가 되었다. 어디에선가 헤겔은 부정의 부정을 사유하며 역사가

---

1) 김정한, 「민주화 세대의 역사적 좌표」, 『황해문화』 53호, 2006, 99~101쪽. 이 책의 2장 참조.

두 번 반복된다고 했다. 1980년대에 두 번 반복된 것은 대중운동이었고, 1987
년 6월 항쟁의 희극이 혁명의 가능성에 대한 희망을 낳았다면 1991년 5월 투
쟁의 비극은 혁명에 대한 좌절과 청산으로 이어졌다. 1980년대 사회운동은
'한 번은 희극으로, 한 번은 비극으로' 자신의 정치적 효과를 소진했다.

우리가 기다리던 혁명은 오지 않았다

1980년대에 혁명의 문제 설정이 1917년 러시아혁명을 참조하고 있었던
것은 이상하지 않다. 성공한 혁명의 교훈을 따라야 했기 때문이다. 더구나 자
유주의 세력이 취약하고 부르주아민주주의조차 실존하지 않는 한국의 조건
은 당시의 러시아와 유사해보였다. 10월 러시아혁명에 불을 붙인 2월 혁명은
'세계 여성의 날'에 식량 부족에 항의하는 여성들의 시위로 시작되었다. 여
기에 일부 군인들이 동참하면서 차르가 퇴임하는 국가권력의 공백이 발생했
다. 레닌조차도 예상하지 못한 갑작스런 상황이었다. 스위스 취리히에 망명
해 있던 레닌은 1917년 1월의 한 연설회에서 "우리 나이든 세대는 이제 다가
올 혁명을 (위한) 결정적인 전투를 보지 못하고 죽을 것 같습니다"라는 회한을
쏟아냈다. 2월에도 저녁식사를 마치고 도서관에 가려던 레닌은 급히 들어온
한 동지의 외침으로 혁명 발발을 알게 되었다. "소식 못 들었어요? 러시아에
서 혁명이 일어났다고요!"[2]

1991년 4월 26일 '명지대생이 죽었다'는 소식이 전해졌을 때 혁명을 예감
한 이들은 아마 거의 없었을 것이다. 하지만 수많은 대중들이 거리로 나왔을

---

2) 에드먼드 윌슨, 유강은 옮김, 『핀란드 역으로』, 이매진, 2007, 623, 627쪽.

때, 어쩌면 이것이 혁명이 될 수도 있겠다는 일말의 기대를 품은 이들은 적지 않았을 테다. 특히 당시 사회운동 가운데 가장 강력한 동원력을 갖추고 대학 안에서 막강한 학생권력을 구축했던 학생운동의 활동가들은 기다리던 혁명의 꿈을 시청 광장과 종로 거리에서 실현할 수 있으리라는 막연하지만 절실한 희망을 가지기 시작했다. 또한 여러 비합법 조직들은 거리의 대중들 속에서 직접적으로 혁명을 요구하는 선전물을 뿌리고 구호를 외치며 깃발을 들었다. 예컨대 유인물의 내용은 이런 것이었다.[3]

> 범국민대책회의를 '노정권 타도와 임시민주정부 수립을 위한 국민투쟁본부'로 전환시키자! 노정권 타도에 실제로 동참하는 모든 세력이 연합하여 '임시민주정부'를 수립하자! 그 속에서 압제와 비리와 수탈의 책임자들을 처벌하고 각 계급과 정치 세력의 완전한 정치적 자유를 보장받자! 그리하여 다수 국민의 자유의지에 의해 새로운 권력을 수립하는 절차를 밟자.(반제반파쇼민중민주주의를 위해 투쟁하는 학우 일동, "노태우정권 타도하고 전 민주 세력이 참여하는 임시민주정부를 수립하자")

> 민중권력, 민주정부 웬 말이냐. 노동자권력 쟁취하자!!! 타오르고 있는 전국민적 투쟁을 노동자의 대중적 파업 투쟁을 통해 노동자권력을 쟁취합시다. 단위 사업장에서 노동자 밀집 주거 지역에서, 그리고 거리의 투쟁 현장에서 '노동자권력 쟁취를 위한 노동자 투쟁위원회'를 건설합시다.(노동자권력을 염원하는 노동자 일동, "부활하라 열사여! 노동자권력의 깃발로!")

---

3) 김정한, 『대중과 폭력-1991년 5월의 기억』, 이후, 1998, 120~121쪽에서 재인용.

단순히 민주정부가 아니라 임시민주정부, 민중권력, 더 나아가 노동자권력을 주장하고, 자본주의와 국민국가를 지양하는 새로운 사회를 건설하려던 사회운동 세력은 물론 소수파였다. 이들은 대중들의 흐름과도 일정하게 분리되어 있었으며, 자체적으로 혁명을 추진할 수 있는 역량이 부족했다. 그럼에도 불구하고 유인물들을 중심으로 이루어진 '대안권력' 논쟁은 청년층의 학생들에게 큰 반향을 일으켰고, 1991년 5월 투쟁의 분명한 일부로 새겨지고 있었다.

그러나 혁명이란 무엇이었는가? 레닌이 "모든 혁명의 중요한 문제는 국가권력이다"라고 말했듯이, 혁명은 무엇보다 국가권력 장악을 통해 자본주의 사회를 변혁한다는 2단계 전략을 함축하고 있었다. 이는 19세기 이후 사회주의나 공산주의, 민족주의 등 모든 사회운동의 지향이었다. 당연히 국가권력과 무관한 운동들은 유의미하지 않게 취급되었으며, 국가권력에 대항하기 위해 모든 조직과 활동을 중앙집중화하는 것이 필수적이었다. 이것이 1980년대 사회운동의 문제 설정이었다. 1991년 5월 투쟁도 마찬가지였다. 중앙집중화 경향은 5월 투쟁의 중요한 장소였던 거리에서도 쉽게 드러났다. 거리 시위는 늘 도심에서 열렸고 중앙 지도부의 지휘를 일탈하지 않는 것이 상례였다. 더구나 오랜 집회와 시위 과정에서 형성된 관습적이고 규격화된 의례와 양식은 참여자들의 자발적인 행위를 저지했고, 참여자들을 지도부 연설의 수동적인 청취자로 만들었다. 5월 투쟁이 지속될수록 이것은 매우 지루하고 판에 박힌 일상이 되었으며 대중들의 피로감을 극대화시켰다.[4]

하지만 국가권력의 장악이라는 전략 자체가 1991년 5월 투쟁의 실패 요

---

4) 김정한, 「대중운동과 민주화-91년 5월 투쟁과 68년 5월 혁명」, 전재호·김원·김정한, 『91년 5월 투쟁과 한국의 민주주의』, 민주화운동기념사업회, 2004, 172-178쪽. 이 책의 1장 참조.

인이었는지는 정확하지 않다. 5월 투쟁의 지도부는 전혀 국가권력을 장악하려고 하지 않았기 때문이다. 당시 투쟁 지도부였던 범국민대책회의는 내각 사퇴를 통해 공안통치를 종식시키는 데 일차적인 목표를 두었으며, 사회운동의 다수파는 야당에 대한 비판적 지지에 매몰되어 차후 예정된 선거를 통해 민주정부를 수립하는 데 초점을 맞추고 있었다. 사실상 이런 측면에서 본다면 5월 투쟁은 '성공'이었다. 당시 노재봉 내각이 물러남으로써 공안통치가 종식되고 야당의 정치 활동이 보장되었으며, 1992년 14대 대선에서 김영삼 대통령의 문민정부가 만들어졌기 때문이다. 뒤늦은 감이 있지만 1997년 15대 대선에서 김대중 대통령의 당선으로 민주정부도 수립되었다. 정확히 5월 투쟁의 최대 수혜자는 대중들의 거리 정치를 이용하여 여당의 유일한 대선 후보가 된 김영삼과, 제1야당의 지위와 사회운동의 상징적 대표 자리를 공고히 한 김대중이었다. 국가권력의 장악을 요구했던 사회운동 세력은 소수파였고, 지도부의 성격을 뒤집기에는 역부족이었다. 여당 내 온건파, 야당, 사회운동 지도부는 명백히 5월 투쟁의 배신자였다. 범국민대책회의는 다가오는 광역의회 선거를 위해 서서히 대중운동을 정리해나갔으며, 이는 학생들의 전폭적인 신뢰를 받고 있던 전대협(전국대학생대표자협의회)도 마찬가지였다. 5월 투쟁이 끝난 뒤 사회운동 활동가들 사이에서 지도부에 대한 불신과 조직 리더십의 와해가 효과로 나타났다.

5월 투쟁의 지도부는 그들의 연설에서 쏟아진 온갖 화려한 수사에도 불구하고 결코 혁명을 원하지 않았다. 이것은 어제와 오늘과 내일이 다를 바 없는 반복적인 집회와 시위의 연속으로 나타났다. 이런 상황에서 분신배후론의 진탕에 빠진 교착 국면을 돌파할 수 있는 길에 대한 모색은 시도조차 이루어지지 못했다. 물론 1991년이 객관적으로 혁명적 상황이었는지는 다른 문제이다.[5] 대권의 향방을 둘러싼 지배계급 내 분파 분열이 있었고(상층계급의 위기), 폭등으로 대표되는 경제적 악화가 존재하기는 했지만(하층계급의 위기), 고전적인 혁명에 유리한 조건이라고 할 수는 없었다. 하지만 세상이 바뀌기를 절박하게 염원했던 학생운동과 노동운동의 젊은 활동가들은 1991년 5월이 혁명의 호기라고 여겼고, 혁명에 반하는 지도부의 행태를 납득할 수 없었다.

오히려 1991년 5월 투쟁의 대의는 혁명이 아니라 죽음에 놓여 있었다. 처음에 강경대 학생이 백골단의 구타로 사망했고, 두 달 동안 연이어 11명이 분신했다. 김귀정 학생이 강경 진압으로 사망했으며, 박창수 한진중공업 노조 위원장이 안기부에 의해 의문사를 당했다. 1991년 5월 투쟁이 1980년대 사회운동의 모든 자원을 총동원한 최후의 총체적 시도였듯이, 마치 1980년대 내내 군부독재 아래에서 일어난 모든 죽음의 형식들(국가폭력에 의한 죽음, 의문사, 분신, 자살 등)이 짧은 기간에 압축적으로 나타난 것처럼 보이기도 한다. 이것은 국가폭력에 대한 비판 못지않게 수많은 죽음을 어떻게 의미화할 것인지를 둘러싼 담론 투쟁을 촉발했기 때문에 5월 투쟁의 대의가 죽음에 있었던 것은 자연스러운 일인지도 모른다.

그러나 '처벌하라', '살려내라'는 구호들은 어떤 면에서 혁명에 대한 망설임의 표현이었다. 진정한 혁명과 대면하지 않으려는 몸짓들이 죽음에만 천착하게 만들었던 것이다. 따라서 거리의 정치는 일상으로 돌아가야 하는 대중들의 피로감을 누적시키기 때문에 오래 지속될 수 없다는 통념은 지지될 수 없다. 그것은 국면을 돌파할 수 있는 대안의 부재에서 기인할 뿐이다. 1991년 5

---

5) 구 소련의 교과서에서는 혁명적 정세를 이렇게 정의하고 있다. "혁명적 상황을 한마디로 정의한다면, 그것은 '하층계급들'의 위기와 결합된 '상층계급들'의 위기이며, 이를 기반으로 대중의 활동성이 상당히 고양되고 그들이 독자적인 역사적 행위로 이행하는 것이라고 말할 수 있다." 세르게이 노보셀로프 편, 이창휘 옮김, 『혁명이론의 제문제』, 새길, 1989, 109쪽.

월 투쟁의 후반기에 일어난 대중들의 분할과 소멸은 사회운동 다수파의 배신과 '대안권력'을 현실화시키지 못한 소수파의 빈곤한 역량 때문이었다.

2월 혁명이 일어난 후 숨 가쁘게 페트로그라드로 돌아온 레닌은 4월 테제를 발표함으로써 10월 혁명으로 나아가는 초석을 놓았다. 차르 독재가 무너지고 수립된 임시정부는 기본적으로 자유주의적 성격을 갖고 있었지만 러시아 인민들의 광범위한 지지를 획득했다. 이런 상황에서 볼셰비키조차도 혁명은 정세에 맞지 않는다고 판단하고 있었다. 하지만 레닌은 '모든 권력을 소비에트로'라는 구호를 내세워 즉시 프롤레타리아 혁명을 추진해야 하며, 볼셰비키는 국가권력의 장악을 두려워해서는 안 된다고 주장했다. 결국 레닌의 '4월 테제'는 대중들을 사로잡았고 마침내 볼셰비키는 공산주의를 선포할 수 있었다. 1991년 5월 투쟁에서는 소비에트와 같은 새로운 연합(association)이 적극적으로 구상되지 못했다. 오히려 사회운동 세력의 모든 권력은 야당에게 집중되었다. 야당에 대한 지나친 기대와 의존이 다른 대안을 사유하고 실험할 가능성을 박탈했던 것이다.

1991년 5월 투쟁의 망각을 향해

아마 1991년 5월 투쟁에 적극적으로 참여하면서 희망과 좌절을 체험한 이들만큼 자신의 행위에 대해 수많은 반성을 복기한 사람들은 없을 것이다. 5월 투쟁의 실패는 1980년대 사회운동에 대한 내재적 성찰의 계기가 되었다. 한편으로는 '386세대'처럼 낭만적 혁명의 미망에 대한 사회적 고백과 청산으로 나아가기도 했지만, 다른 한편으로는 '후386세대'에게 국가권력의 개혁과 자본주의의 변혁에 대한 현실적인 신념의 형성으로 작용하기도 했다. 5월 투쟁의 배신자였던 '386세대'는 대부분 야당과의 상층 연합에 매진하여 제도정 치권으로 진입했다. 이들은 10년 동안 민주정부(김대중·노무현)에서 신자유주 의적 개혁을 주도했으며, 기성 정치인들보다 더 탈민주적이고 대중들의 이 해를 대표하는 데 무능력한 '정치계급'으로 변모했다. 5월 투쟁을 비판적으 로 계승하려는 '후386세대'는 사회운동 내의 군사 문화, 위계적 조직 질서, 과 도한 중앙집중화, 정당 의존성, 성차별, 폭력성('우리 안의 파시즘') 등을 성찰하 고 사회운동의 과제와 방식을 새롭게 고민하면서, 기존의 민중운동이 몰락 한 정세에서 새로운 운동 주체를 형성했다. 하지만 5월 투쟁의 역편향으로 지도부에 대한 신뢰 상실이 지도부의 모든 권위를 배격하려는 아나키즘으 로, 운동 문화에 대한 실망이 조직적인 집단 행위보다 개인 활동을 중시하는 자유주의적 성향으로, 5월의 죽음과 폭력에 대한 트라우마가 비폭력 저항에 대한 무조건적인 선호로 나타난 측면도 존재한다. 이런 것들이 2008년 촛불 항쟁의 주요 특징이었던 이유가 여기에 있다.

오늘날 국가권력은 헤게모니를 확보하는 국가 기능을 상실한 채 통치성 을 유지하기 위해 더욱더 국가폭력에 의존하고 있다. 그리고 금융 공황의 가 능성에 직면한 자본주의는 자신의 회생 비용을 노동자와 하층민에게 전가하 는 데 몰두하고 있다. 더구나 1991년 5월 투쟁 이후 성립한 제한적인 정치적 민주주의는 지난 10년의 민주정부에서 시작되고 이명박 정부에서 완결되고 있는 위로부터의 급속한 탈민주화 과정과 결합하여, 한국 사회를 민주주의 인 것도 아니고 아닌 것도 아닌 상황으로 밀어 넣고 있다. 하지만 사회운동은 어떻게 저항할 것인가에 대한 해답을 아직 찾지 못하고 있다. 사회운동의 주 체, 이념과 정체성, 조직과 네트워크, 의제와 목표, 행위 양식이라는 차원에서 1991년 5월 투쟁 이후 새로운 사회운동의 순환이 지체되고 있는 것은 이 때 문이다. 기존의 노동조합-정당운동 모델은 민주노총의 정규직 중심의 코퍼

러티즘과 진보정당들의 분열로 크게 약화되었고, 1990년대에 사회운동의 헤게모니를 획득한 시민운동은 중산층의 붕괴와 계급 양극화로 인해 영향력을 잃고 있다. 그리고 정치적 사회운동과 생태적 지역자치운동 등에 집중하는 사회적 좌파(Social Left)는 사회적 발언력과 대규모 동원력을 갖추지 못하고 있다. 이런 상황은 1991년 5월 투쟁에서 개인적인 분신을 통한 자기희생으로 운동의 활성화를 기대했던 만큼이나 오늘날에도 소수 개인들의 단식, 분신, 농성 등에 의존하는 운동 양태를 반복하고 있다.

　그럼에도 2008년 촛불 항쟁은 새로운 사회운동의 순환이 개시될 가능성을 보여주었다. 현재는 조직적인 사회운동이 전반적으로 약화되고, 저항 세력은 새로운 비물질적(지식) 노동자와 기존의 생산(육체) 노동자, 정규직과 비정규직, 통치 대상에서 배제된 하층민들로 분열되어 있다. 그러나 1991년 5월 투쟁 이후 '후386세대'가 그랬듯이 10대와 20대의 새로운 세대는 2008년 촛불 항쟁의 체험으로부터 새로운 운동 주체로 구성될 가능성이 높다. 자본과 권력은 더 많은 자격증과 스펙을 취업 조건으로 부과하여 대학생들을 노동시장으로 진입하지 못하게 함으로써 이미 포화 상태인 노동 실업을 관리하려는 상투적인 통치 전략을 펼치고 있다. 이로 인해 대학생들은 주체적인 운동을 구성하지 못하고 있다. 하지만 그들의 저임금 아르바이트 시장과 실질적인 실업 상태는 조만간 노동의 권리와 자신들의 몫을 요구하는 목소리로 분출될 가능성이 크다. 문제는 새로운 주체 형성을 지지하고 지원해줄 사회운동 체계와 네트워크가 거의 전무하다는 데 있다.

　1991년 5월 투쟁에서 대학생들은 선배 활동가들의 때로는 과도한 지원과 배려를 통해 운동을 경험하고 학습할 수 있었다. 그리고 전국적인 네트워크를 갖춘 대학생 조직들은 '노학연대'의 기치 아래 대개 현장 노동자 조직과 긴밀한 관계를 맺고 있었다. 이와 대조적으로 현재 대학생들은 선배도 없고,

좌파 이론을 학습할 공간도 없으며, 사회운동에 진출할 경로도 불투명하다. 서구에서 학생운동의 가장 큰 역할은 학생운동 자체의 기능에 있는 것이 아니라, 대학을 졸업한 뒤 운동권 출신들이 좌파 정당과 진보 단체의 주요 활동가로 충원되는 데 있었다. 이를 감안할 때 현재 대학생들의 상황은 사회운동에서 신입 활동가의 충원 구조가 가로막혀 있다는 사실을 보여준다. 20대가 보수화되었다는 주장은 기득권을 누리며 기성세대로 편입된 '386세대'의 나르시즘적 환상에 지나지 않는다. 20대가 사유를 전개하고 행위로 이행할 수 있는 적합한 구조적 조건과 네트워크가 필요할 뿐이다.

물론 1991년 5월 투쟁에서 청년들이 기다리던 혁명은 오지 않을 것이다. 무엇보다 지금은 혁명이 무엇인지 그 정체를 이론적, 실천적으로 재구성해야 할 과제가 놓여 있기 때문이다. 또한 5월 투쟁의 유산을 간직하며 '살아남은 자의 슬픔'을 영원히 기억하고 있는 후386세대는 이제 40대 언저리에서 자신들이 바라던 혁명의 꿈을 막연하게 곱씹으며 새로운 주체들의 도래를 진지하게 지켜볼 뿐이다. 마르크스가 자신의 해방은 자신의 힘으로 쟁취해야 한다고 말했듯이, 촛불세대는 자신들의 새로운 혁명의 길을 스스로 찾아야 한다. 니체는 망각(oblivion)이 "강한 의미에서의 행위를 위한 가능성의 조건"이라고 말했다. 기억(역사적인 것)은 "영원한 불면이자 경계하는 불면증, 어떤 위대한 일도 일어날 수 없는 상태"이며, 모든 위대한 역사적 사건은 망각(비역사적인 것) 속에서 태어난다는 것이다. 망각은 새로운 사건과 생성의 조건이며, 그에 대한 사랑과 열정 속에서 기억 속의 원한은 잊히고 사라진다.[6] 그러므로 만일 새로운 혁명이라는 역사적 사건을 도모하는 새로운 주체들이 등장한다면, 그들은 더 이상 1991년 5월 투쟁을 기억하지 않을 것이다.

---

6) 알렌카 주판치치, 조창호 옮김, 『정오의 그림자』, 도서출판 b, 2005, 89-94쪽.

1부
사회운동의 풍경

1장

1991년 5월 투쟁과 1968년 5월 혁명의 재구성

대중운동(the masses movement)은 사전에 설정된 특정한 목적을 이루기 위해 조직적이고 체계적인 활동을 벌이는 사회운동(정당, 시민단체, 노동조합 등의 운동)과 다르다. 우발적인 사건을 통해 대중들(the multitude)이 거리로 쏟아져 나오는 상황에서 일정하게 예측과 통제가 불가능한 운동 형태에 기초하여 사회 질서의 근본적인 재조직화를 발생시키는 운동을 가리킨다. 그러나 바로 이런 우발적이라는 특이성 때문에 대중운동은 그저 불만을 승화시키지 못한 성난 군중들의 일시적인 폭동 정도로 취급되어 왔다. 또한 특정한 조직 형태와 이데올로기를 갖춘 비교적 장기적인 사회운동에 비해 터무니없고 이해할 수 없는 현상이라고 치부되곤 했다. 하지만 대중운동은 며칠이나 몇 달에 불과한 아주 짧은 기간 동안만 지속될지라도 사회 질서의 모순과 불완전성을 극명하게 드러내면서 그것을 변형시키거나 심지어 해체시킬 수 있는 무한한 잠재력을 갖고 있다. 그 시공간 속에서 이름 없고 얼굴 없는 대중들은 이전에는 상상할 수도 없었던 새로운 공동체를 현실적으로 구상하기 시작한다. 그리고 이를 실현시키려는 다양한 형태의 집단적인 투쟁과 실험을 전개한다. 대중운동이 역사를 구획하는 결절점일 수 있는 이유도 여기에 있다.

1991년 5월 투쟁과 1968년 5월 혁명은 '투쟁'과 '혁명'의 차이에도 불구하고 이렇게 역사를 구획하는 대중운동이었으며, 그 이후의 사회 질서를 새롭게 구성하는 모태(matrix)였다. 하지만 한국에서 1991년 5월 투쟁이 '패배'라는 이유로 과소평가되었다면, 1968년 5월 혁명은 '성공'이라는 이유로 과대평가되었다. 특히 1968년 혁명은 한동안 현실 사회주의의 몰락 이후 새로운 대안을 모색하는 과정에서 적극 수용되었으며, 사회적으로는 일종의 문화적 상징으로 자리 잡기도 했다. 이 과정에서 1991년 5월 투쟁에 대한 '무지에의 열정'과는 대조적으로, 1968년 혁명을 '신화화'하거나 '상품화'하려는 흐름도 적지 않게 나타났다.

1991년 5월 투쟁에 대한 '무지에의 열정'은 크게 두 가지 이유를 갖는다. 하나는 1987년 6월 항쟁과 비교했을 때 그 정치적 성과와 사회적 효과가 미미했다는 것이다. 이는 1987년 6월 항쟁은 '성공'이었지만, 1991년 5월 투쟁은 '실패'였다는 평가에 기초한다. 다른 하나는 1991년 5월 투쟁이 운동 진영에 입힌 '상처' 때문이다. 5월 투쟁의 실패에 결정적인 역할을 한 유서 대필 사건과 외대 사건은 학생운동만이 아니라 민중운동 전체에 엄청난 도덕적 타격을 입혔고 이데올로기적 정당성을 크게 약화시켰다. 대부분의 활동가들에게도 기억하고 싶지 않은 '아픈 기억'으로 남겨졌다. 5월 투쟁은 억압되어야 할 사회적 외상(trauma)이었다.

1968년 혁명의 '신화화'는 어떤 면에서 이에 대한 반정립(anti-thesis)이다. 한국에서 1968년 혁명은 혁명이 슬픔과 분노를 지닌 어둡고 그늘진 활동이 아니라, 기쁨이 넘치고 밝고 활기찬 일종의 '축제'라는 표상을 대표하는 것처럼 여겨졌다. 분명히 1917년 러시아혁명에 대한 대안적 모색, 구좌파의 이론과 실천에 대한 비판이 1968년 혁명에 내재해 있는 것은 사실이다. 그러나 혁명을 축제로 수용하는 현상에는 1980년대식 사회운동만이 아니라 마르크스주의를 비롯한 민중운동 전반에 대한 기각 내지 청산, 혁명을 낭만적 소비문화의 일부로 변형시키는 흐름이 복합적으로 존재했다는 사실도 부인할 수 없다.

이 글은 1991년 5월 투쟁과 1968년 혁명의 비교 분석을 통해 두 운동의 유사성과 차별성을 드러내면서 이상의 편향들을 정정하고 그 역사적 의미를 재정립하고자 한다.[1] 1991년 5월 투쟁은 비록 '실패'였을지라도 1980년대 사회운동의 형식과 내용을 극한까지 밀고나간 투쟁이었다. 따라서 기존의 사회운동에 대한 내재적 비판의 계기였을 뿐만 아니라, 그 이후 새로운 사회운동을 모색하는 모태로 작용했다. 1968년 5월 혁명은 통상적인 과대평가와는 다르게 사실상 '실패'로 소멸했지만, 그 이후 구좌파적 이론과 실천의 한계를 드러내고 새로운 사회운동을 등장시키는 모태로 작용했다. 월러스틴은 구좌파적 반체제운동이 1848년 혁명에서 출발하여 1871년 파리코뮌과 러시아혁명을 거치며 제도화한 후, 1968년 혁명과 그 '지연된 효과'로서 1989~1991년 현실 사회주의의 몰락에 이르는 거대한 순환을 구성했다고 평가한다.[2] 이에 비유하자면 이른바 '1980년대'라고 불리는 정치적 시공간은 1980년 5월 광주항쟁에서 출발하여 1987년 6월 항쟁과 노동자 대투쟁을 거치며 정점에 이른 후, 1991년 5월 투쟁과 그 '지연된 효과'로서 1992년 대선 민중후보의 패배와 좌파 진영의 산개/청산에 이르는 12년 동안의 순환을 나타낸다.

---

1) 그러나 1991년 5월 투쟁과 다르게, 1968년 혁명은 일국적인 운동이 아니라 세계적인 운동이었다는 점에서 비교 차원(dimesion)이 비대칭적이라는 문제가 존재한다. 여기서는 비교 분석을 위해 1968년 혁명의 대표적인 전형이라고 할 수 있는 프랑스의 5월 혁명에 초점을 맞춘다.

2) Immanuel Wallerstein, "1968 Revolution of the Capitalist World-System," in *Theory and Society*, Vol. XVIII. No. 2, Spring, 1989.

1991년 5월 투쟁과 1968년 5월 혁명의 전개 과정

1991년 5월 투쟁과 1968년 5월 혁명은 그 전개 과정에 있어서 놀라운 유사성을 드러낸다. 두 운동은 모두 새로운 교육 양식을 요구하는 학생들의 소규모 시위와 이 과정에서 벌어진 경찰의 무력 진압으로 촉발되었다. 5월 투쟁은 1991년 4월 26일 등록금 인상에 반대하는 명지대 학생들의 시위 도중에 일어난 백골단에 의한 강경대 타살 사건이 직접적인 계기였다. 그리고 5월 혁명은 1968년 5월 2일 교육체계에 반대하는 소르본 대학의 시위를 대학 당국이 경찰을 동원하여 강제 해산시킨 사건이 직접적인 계기였다.

1) 전사(前史)

물론 이런 직접적인 계기들 이전에도 지속적인 갈등과 충돌은 존재했다. 한국의 경우 1987년 6월 항쟁 이후 민주화를 향한 대중의 열망은 거의 '혁명적'이었다. 1987년 대선에서 김대중과 김영삼, 양대 민주 세력의 분열로 인해 패배했음에도 불구하고, 거센 민주화의 기대와 압력은 지배 세력이 최소한 담론적인 수준일지라도 개혁을 추진하지 않을 수 없는 상황을 만들어냈다. 1987년 이후 1991년 5월에 이르는 시공간은 민주화의 범위와 수준을 둘러싼 대립과 갈등의 과정이었다. 노태우 정권은 1989년 공안정국과 1990년 3당 합당, 운동 세력에 대한 '선별적 대탄압' 등을 통해 민주화 과제를 축소·후퇴시키려 했다. 그에 맞서 사회운동 세력은 '제2의 6월 항쟁'을 꿈꾸며 보다 근본적인 민주화를 실현시키고자 했다. 더구나 1987년 6월 항쟁의 주역이었던 학생운동은 전국 대학에서 학생회를 매개로 상당한 권력을 확보한 상태였다.

프랑스의 경우에도 2차 세계대전의 레지스탕스 운동과 알제리전쟁 (1954~1962년) 반대운동을 통해 급격히 성장한 좌파 세력들은 국제적인 베트

남전쟁(1960~1975년) 반대운동과 반제국주의운동을 전개했다. 이 과정에서 쿠바혁명(1959년)과 그 지도자인 체 게바라는 대중적인 상징으로 자리 잡으면서 혁명에 대한 신화와 열망을 강화시켰다. 특히 1967년 10월 체 게바라의 총살과 1968년 1월 30일 베트남 민족해방전선(NLF)의 구정공세(Tet Offensive)는 학생운동에 커다란 활기를 불러일으켰다. 더구나 교육체계 전반을 국가가 관리하는 상황에서 부실한 시설과 낡은 교과과정, 강압적인 학칙 등은 늘 학생들의 불만의 온상이었다.[3] 특히 파리 근교 빈민가에 졸속으로 만들어진 낭테르 대학(소르본 대학의 분교)에서는 대학 당국과 학생 간의 충돌이 일상적이었다. 결국 1968년 3월 22일 동료 학생들이 반베트남 시위 도중 구속되자 학생들은 대학본부를 점거하기에 이르렀다. 이 사건은 그동안 분파적인 활동을 벌이던 여러 학생운동 세력들이 이후 연대 활동을 벌이는 계기가 되었다.[4] 반제국주의와 교육 양식 개혁을 내건 이 '3월 22일 운동'은 1968년 5월 혁명에서 매우 중요한 역할을 담당했다.

2) 발발

5월 투쟁과 5월 혁명은 아무도 예측하지 못한 운동이었다. 얼마간 조직적

---

3) 그 뿌리는 1965년 앙토니 대학 기숙사의 학생들이 여학생과 남학생이 서로의 건물을 자유롭게 출입할 수 있도록 해달라고 요구했으나 정부가 이를 진압, 무시한 데서 기인한다. 대학생들은 드골의 보수성을 조롱하기 시작했고, 완고한 성격의 드골은 모욕을 당한 후 대학생들과의 접촉을 완전히 끊어버렸다(필리프 라트, 윤미연 옮김, 『드골 평전, 그의 삶과 신화』, 바움, 2002, 428~429쪽).

4) 주요 학생 조직으로는 트로츠키적인 혁명적공산주의청년회(JCR), 마오주의적인 마르크스레닌주의 공산주의청년연합(UJC-ml), 아나키즘적인 상황주의(SI), 공산당 하위 기관인 공산주의학생연합(UEC) 등이 존재했다. 이런 다양한 학생 활동가 그룹들은 1968년 5월 혁명의 초기 국면에서 핵심적인 역할을 수행했다(이가진, 「연재기획: 30주년 맞는 프랑스 68 혁명의 오늘」, 『사회평론 길』 97~102호, 1996; 손호종, 「프랑스 5월 혁명의 주체와 투쟁 양상에 관한 연구」, 전남대 석사논문, 2003).

인 활동을 벌이던 어떤 사회운동 세력도 갑작스럽게 거리로 쏟아져 나오는 대규모 대중들을 예상하지 못했다. 이를 가능케 했던 것은 우선 국가폭력에 대한 광범위한 비판이었다.[5] 한국의 경우 강경대 타살 사건을 통해 확산된 노태우 정권의 폭력성에 대한 비판은, 특히 4월 29일 전남대 박승희의 항의 분신을 매개로 1987년 6월 항쟁의 박종철, 이한열의 죽음과 겹쳐지면서 '제2의 6월 항쟁'에 대한 열망을 강하게 응고시켰다. 프랑스의 경우에는 5월 3일 경찰이 소르본 대학을 폐쇄하고 가두 투쟁을 벌이는 학생들을 무력으로 진압, 체포하는 과정이 생생하게 보도되면서, 국민 여론은 드골 정권의 폭력성에 대한 비판과 학생운동에 대한 지지를 표출했다.

그 다음, 운동의 확대에 기여한 것은 노동운동의 결합이었다. 한국의 경우 1990~1991년 자본의 금융·부동산 투기에 따른 인플레이션의 심화는 직접적인 생존권의 위협이었다. 그리고 1989년 공안정국과 1990년 '범죄와의 전쟁' 이후 집중적인 탄압을 받은 전노협을 비롯한 민주노조운동은 노태우 정권과의 전면적인 투쟁을 회피할 수 없는 상황이었다. 특히 5월 6일 한진중공업 박창수 노조위원장의 의문사는 노동자들이 5월 투쟁에 집단적으로 참여하는 주요 계기가 되었다. 다음날 5월 7일 전노협과 대기업연대회의를 비롯한 노동자대책위는 9일 시한부 연대파업과 15일 이후 총파업을 예고하며 반정부 투쟁을 선언했다.[6]

---

5) 그러나 한국에서 국가폭력과 그에 따른 희생자(열사) 사이의 대립이 1980년대 내내 저항 세력이 자신을 정당화하고 대중을 호명하는 주요 상징 기제였다면, 프랑스에서는 사회운동에 '열사 문화'가 존재하지 않았다는 차이가 존재한다. 1980년대 사회운동의 상징 투쟁에 대해서는 김재은, 「민주화 운동 과정에서 구성된 주체 위치의 '성별화'에 관한 연구」, 서울대 석사논문, 2003 참조.

6) 해방 이후 최초의 총파업인 1990년 총파업과 1991년 총파업은 1987년 이후 성장한 민주노조운동의 성과라고 할 수 있다. 하지만 당시 노태우 정권의 극심한 탄압으로 인해 전노협만이 아니

프랑스의 경우에는 드골 정권 10년 동안의 경제 성장과 호황 국면을 감안할 때 직접적인 생존권의 위협이 존재했다고 보기는 어렵다. 또한 공산당과 사회당은 이미 제도정치권에서 안정적인 세력을 구축한 상황이었고, 당시 양대 노동조합인 노동총연맹(CGT)과 민주노동총연합(CFDT)이 각각 200만 명, 60만 명의 노조원을 조직하고 있을 정도로 상당한 사회적 지위를 확보한 상태였다. 그러나 1968년 3월의 금융 위기로 인해 실업률이 급격히 증가하여 50만 명에 이르는 실업자가 존재했다. 5월 6일 학생 시위에 대한 공화국보안대(CRS)의 폭력 진압이 비판 여론을 악화시킨 가운데, 5월 11~12일 그에 맞서 학생들을 중심으로 대중들이 자발적으로 바리케이드를 설치하고 격렬히 투쟁한 '바리케이드의 밤'에는 비록 비조직적이었을지라도 청년 노동자들이 대거 참여하는 상황이 벌어졌다. 학생운동에서 시작한 5월 혁명에 노동운동이 결합하면서 혁명적인 국면에 돌입한 것이다. 결국 아래로부터의 압력에 직면한 노동총연맹은 5월 13일 24시간 동안의 1일 파업을 선포하기에 이른다. 13일의 시위는 1944년 나치로부터의 해방 이후 최대 규모였다.

3) 확산

노동운동이 결합하면서 두 운동은 '뜨거운 5월'을 맞이했다. 5월 투쟁은 민자당 창당 1주년인 5월 9일 '민자당 해체의 날'에 전국 87개 시도에서 6공화국 이후 최대 규모인 50만여 명이 거리 시위를 벌이면서 크게 확산되었다. 5월 14일 강경대 열사 국민장이 경찰의 봉쇄로 무산되고 5월 18일에 다시 장

라 연대회의조차도 조직 기반은 상당히 취약한 상태였다. 따라서 총파업의 동원력은 주로 상층 활동가에 한정되는 낮은 수준일 수밖에 없었다(김진균, 「87년 이후 민주노조운동의 전개」, 『저항, 연대, 기억의 정치』 2, 문화과학사, 2003, 29~30쪽).

례식이 열리는 시점까지 전국에서 40~50만여 명이 시위와 파업에 동참했다.[7] 특히 5월 18일은 광주항쟁 11주기 기념대회와 맞물리면서 81개 시도에서 집회와 시위가 벌어졌다. 전노협과 대기업업종회의 등이 참여한 전국투본에서 정치적 총파업을 주도하여 148개 노동조합에서 대략 9만여 명이 파업에 참가하기도 했다.

5월 혁명은 '바리케이드의 밤'을 분기점으로 해서 드골 정권 10주년인 5월 13일 하루 노동조합의 총파업과 더불어 파리에서만 80만 명이 시위에 참여했다. 5월 14일에는 100만 명이 시위를 벌이는 가운데 낭트의 남부항공기(Sud-Aviation)에서 파업/점거를 일으켰다. 이는 5월 15일 르노 자동차 공장의 파업/점거와 함께 파업이 전국적으로 퍼져나가는 기폭제가 되었다.[8] 전국 파업은 5월 18일 200만 명, 5월 23일 1,000만 명에 이를 정도로 갈수록 확대되었

---

7) 1987년 6월 항쟁과 1991년 5월 투쟁을 인상적인 수준에서 비교하는 논의들은 대체로 주요 차이를 6월 항쟁의 중산층 참여, 5월 투쟁의 중산층 참여의 부재에 있다고 보면서, 그 원인은 주로 민중운동의 급진화에 있다고 주장한다(정태인, 「5월 투쟁의 평가와 민족민주운동의 과제」, 『월간 말』 7월호, 1991; 최장집, 「한국 민주화의 실험: 5월 투쟁, 광역지방의회선거, 현대사태」, 『한국 민주주의의 이론』, 한길사, 1993; 정대화, 『한국의 정치변동, 1987~1992: 국가-정치사회-시민사회의 관계를 중심으로』, 서울대 박사논문, 1995). 그러나 당시 민중운동은 투쟁 방식에 있어서는 전투적이었지만 투쟁 내용은 급진적이지 않았으며, 5월 투쟁의 주요 요구 사항들도 급진주의와는 거리가 멀었다. 물론 당시 참여자들 가운데 조직 대중 및 미조직 대중의 분포를 통계적으로 확인할 수 있는 자료는 존재하지 않는다. 하지만 시계열적으로 분석해보면 운동이 확산되는 5월 4일에서 25일까지는 중산층의 결합도가 높았다고 볼 수 있다. 요컨대 민중운동과 중산층의 분리는 5월 투쟁의 실패의 원인이 아니라 결과였다.

8) 이 때문에 1968년 5월 혁명의 노동계급이 이른바 '새로운 노동계급'이 아니라, '전통적인 노동계급'이었다는 주장은 타당하다. 자동화로 인해 지적 능력을 활용한다는 새로운 노동계급에 관한 분석은 "1968년 5-6월의 제 사건들에 의해 입증되지 못하였다. '새로운 노동계급'은 이 사건에서 어떠한 결정적인 역할도 하지 못하였으며, 파업운동의 추진력이었던 것은 '구산업'(금속, 건축, 광산, 운수)의 전통적인 노동자 분야였던 것이다"(조르주 뒤프, 『프랑스 사회사 1789-1970』, 동문선, 2000, 253쪽).

고, 곳곳에서 자율행동위원회(autonomous action committees)가 구성되어 5월 말까지 파리에서만 450개 이상이 존재했다.[9]

결국 '뜨거운 5월'은 강경 대응에 집착하던 정부가 대화와 타협에 나서도록 만들었다. 노태우 정권은 당시 운동 세력의 상징적 대표성을 유지하고 있던 양김의 요구안을 수용하는 선에서 5월 투쟁을 마무리하고자 했다. 김영삼 민자당 대표최고위원과 김대중 신민당 총재는 노재봉 내각을 사퇴시키고 내각제 개헌을 저지하는 데 이해관계를 함께하고 있었다. 5월 22일 공안통치를 주도하던 노재봉 국무총리를 자진 사퇴시키고, 5월 25일 정원식을 국무총리에 임명하는 등 4개 부처 장관을 경질하여 내각을 개편했다. 5월 28일에는 민심 수습 대책을 발표하여 내각제 개헌을 포기했다. 이를 통해 김영삼 대표최고위원은 차기 대통령 후보 자리를 확보할 수 있었고, 공안통치에 끌려가던 김대중 신민당 총재는 제1야당의 입지를 재확인하면서 정국의 주도권을 되찾을 수 있는 계기를 마련했다. 또한 5월 24일 노태우 정권은 광역의회 선거를 6월 20일로 확정하면서 5월 투쟁으로부터 최대의 이익을 챙긴 야당과 함께 선거 국면으로의 전환을 추진했다. 그리고 여기에 김대중 총재를 지지하는 사회운동 주류 세력이 사실상 '선거 투쟁'으로 전환하여 그에 동참함으로써 운동 진영 내부의 균열도 가속화되었다. 그러나 5월 25일 대략 20만 명이 참여한 노태우 정권 퇴진 국민대회에서 경찰의 강경 진압으로 인해 성균관대 김귀정이 사망한 사건은 또 다른 '불씨'로 남겨졌다.

프랑스의 경우, 드골 대통령이 5월 24일 대국민 성명을 발표하고 국민투표를 제안했다.[10] 조르주 퐁피두 총리는 5월 25일 노동조합과의 협상에 착수

---

9) 로널드 프레이저, 안효상 옮김, 『1968년의 목소리』, 박종철출판사, 2000, 303쪽.

10) 드골의 대국민 성명은 TV 방송사의 외면 때문에 라디오로만 들을 수 있었다. 이는 당시 여론의

했다. 24일과 25일에도 격렬한 시위가 계속되었지만, 자신들이 통제할 수 없는 대중운동을 염려하던 공산당과 사회당은 학생들의 극좌적 경향과 노동조합의 과도한 요구를 비난하기 시작했다. 당시 노동총연맹은 대중들의 '배신자'라는 비판에도 불구하고 정부, 고용주, 노조의 3자 협상을 진행시켰다. 결국 5월 27일 그르넬 협정(Les accords de Grenelle)이 타결되었다.[11] 타협안은 최저임금 35% 인상, 임금은 6월 1일부터 7%, 10월 1일부터 3% 인상, 의료보험 30~35% 인하, 노동시간 단축, 노동조합의 활동 보장 등이었다. 이는 틀림없이 정부와 고용주의 엄청난 양보였다. 그러나 현장 노동자들이 지도부의 결정을 거부하고 파업을 계속하는 초유의 상황이 벌어졌다. 협정안에 대한 최초의 찬반 투표가 열린 르노 공장에서는 노동자들의 야유가 쏟아졌다. 이는 여타의 공장들에서도 마찬가지였다. 그르넬 협정만으로 혁명의 열기를 잠재우기에는 역부족이었던 것이다.[12]

그러나 지배 세력은 타협안을 제시하는 데 머물지 않았다. 어떤 의미에선 '정치적 음모'에 가까운 일련의 사건들이 조직되었다. 노태우 정권이 이용한 것은 5월 투쟁 내내 발생한 연이은 분신이었다. 전남대의 박승희 외에도 안동대 김영균(5월 1일), 경원대 천세용(5월 3일) 등 학생들이 연이어 분신했다. 전민련(전국민족민주운동연합) 전 사회부장인 김기설의 분신(5월 8일) 이후에도 노동자와 빈민의 분신이 계속되었다. 지배 세력은 사회적으로 '정치적 순수성'을 대표하는 대학생들의 분신이 아니라 활동가와 노동자들의 분신에 대

향방을 잘 보여주는 에피소드인 셈이다. 드골은 TV 연설의 마술사라는 평가를 받고 있었다.

11) 파리의 그르넬 가(街)에서 진행된 협상은 1936년 노동조합과 정부의 마티뇽 협정을 모방한 것이다. 마티뇽 협정은 노동자들에게 단체교섭권, 단결권, 조합 대표 선거권을 부여하여 노동자들의 기초 권리를 보장했다.

12) 타리크 알리 외, 안찬수 외 옮김, 『1968: 희망의 시절, 분노의 나날』, 삼인, 2001, 174쪽.

해 의혹을 제기했다. 처음에는 분신배후설을 부각시키고 그에 기반하여 유서 대필이라는 사건을 조작해냈다. 이미 서강대 박홍 총장과 김지하 시인의 분신배후설이 사회적 파장을 일으킨 가운데, 검찰은 5월 18일 강기훈 전민련 총무부장에게 유서 대필과 자살 방조 혐의를 뒤집어 씌웠다. 언론들은 일제히 아무 물증도 없는 선정적인 보도로 사건 자체를 사실인 양 몰아갔으며, 대중들은 '알 수 없는 사람들'의 분신에 대한 지배 세력의 '믿고 싶은 거짓말'에 동요하기 시작했다.[13] 여기에 덧붙여 6월 3일 외대 학생들이 정원식 국무총리 서리에게 계란과 밀가루를 던지는 우발적인 사건이 또다시 대서특필되면서 도덕성에 기초한 운동 세력의 정당성은 치명적인 타격을 받았다.

프랑스에서는 계속되는 시위와 파업, 점거로 전 사회의 마비 상태가 계속되자, 5월 29일 드골 대통령이 비밀리에 독일의 바덴바덴에 있는 프랑스 군기지를 방문하여 그곳에서 장군들과 협상을 벌였다. 드골이 사라졌다는 소식은 곧 혁명의 승리를 의미하는 것처럼 보였다. 그러나 드골은 그곳에서 만일의 경우 군대를 진격시켜 진압하겠다는 약속을 얻어냈다. 그 대가로 군인들은 알제리전쟁에서 잔학 행위와 반역죄로 종신형을 선고받은 비밀군사조직(Organisation de L'armée Secrète, OAS)의 라울 살랑(Raoul Salan) 장군과 지지자들을 석방할 것을 요구했다. 그들은 실제로 2주 후에 석방되었다.

드골은 군대의 지지를 확인한 뒤 본격적인 공세를 시작했다. 5월 30일 드골은 다시 대국민 연설을 통해 무력 사용 가능성을 암시하며 '공산 독재'의

---

13) 분신 배후 사건은 당시에도 '조작'임이 너무나 명백할 정도로 증거와 논리가 불충분했다. 대중들이 이 조작에 동의한 것은 단순히 속아 넘어간 것이 아니라 대중들 스스로 5월 투쟁에 대한 지지를 철회하기 시작했음을 나타낸다. 이는 국가폭력의 공포를 제거하기 위해 봉기한 대중들이 자신들의 대항폭력(분신/자살)에 대한 공포로 나아가는 이중적인 대중의 공포(fear of the masses)를 제어할 수 있는 대안적인 상징 메커니즘이 부재했기 때문이다.

위협에 맞서야 한다고 목소리를 높였다. 그러면서 국민투표를 철회하는 대신 국민의회를 해산하고 총선을 실시하겠다고 발표했다.[14] 때맞춰 드골주의자들 50만여 명이 상젤리제 거리를 가득 메우며 시위를 벌였다. 6월 초부터 상황은 반전되기 시작했다.

4) 봉쇄

5월의 운동이 아무도 예측하지 못할 만큼 폭발적이었던 것처럼, '6월의 봉쇄(June Containment)'는 뜻밖에도 급속히 진행되었다. 그에 따라 운동의 소멸도 갑작스러웠다.

노태우 정권은 타협, 정치적 음모와 함께 운동 세력에 대한 물리적 탄압을 재개했다. 강경대 타살 사건 이후 방어적이었던 경찰은 5월 18일 이후 강경 대응으로 돌아섰다. 6월 7일 범국민대책회의, 전대협, 전노협 등의 핵심 간부 107명에 대해 전담반을 구성하고 검거령을 내렸다. 그 사이에 야당과 사회운동 주류 지도부는 '선거를 통한 심판'을 주장하면서 5월 투쟁을 자체적으로 정리하기 시작했다. '현장에서의 임금 인상 투쟁, 가두에서의 정치 투쟁'이라는 이분법적 한계를 지닌 노동자들의 파업은 5월 말과 6월 초에 대부분 임금 인상 투쟁이 타결되면서 정상화되었다. 유서 대필 사건과 외대 사건을 통해 동요하던 대중들은 일상으로의 복귀를 욕망했다. 6월 12일 김귀정 열사의 장례식이 끝나자 5월 투쟁은 사실상 소강 국면에 접어들었다.

드골 정권도 시위에 대한 물리적 탄압을 강화했다. 최루탄, 곤봉, 심지어 실탄까지 사용하면서 공장 파업위원회를 진압했다. 6월 5일 르노 공장에 공화국보안대가 기습 습격을 감행해 강제 해산시킨 이후부터는 학생/노동자와

---

14) 국민투표의 철회 자체도 좌파 정당을 포함한 제도정치권의 타협의 결과였다.

경찰의 충돌에도 불구하고 파업이 정상화되기 시작했다. 그 사이에 공산당은 드골 정권과 함께 파업 중지를 호소했다. 심지어 노동총연맹 위원장인 조르쥬 세기(Gorges Seguy)는 전국을 순회하며 파업 중인 공장을 방문해 작업장 복귀를 설득하기도 했다. 상황이 변화하는 조짐을 보이자 노동자들은 그르넬 협정을 재인식하기 시작했다. 정부와 노동조합 지도자들은 학생 활동가와 노동자들을 분리시키기 위해 최선의 노력을 기울였다. 6월 13일에는 좌파 학생 조직(트로츠키주의, 마오주의, 3월 22일 운동 등)이 불법화되고 소르본 대학을 점거하던 학생들도 강제 해산되었다.

'6월의 봉쇄'는 선거를 통해 종결되었다. 한국과 프랑스의 야당은 5월의 열기에 편승해 무난히 승리할 것이라고 예상했지만, 결과는 그 반대였다. 운동의 실패는 득표의 실패로 나타났다. 6월 22일 광역의회 선거에서 민자당은 과반수(564석)를 획득하며 승리했다. 신민당은 165석, 민주당은 21석, 민중당은 1석이었다. 6월 23일과 30일의 총선에서 드골파인 공화국민주연합(UDR; Union des Démocrates pour la République. 신공화국연합의 후신)은 절대 과반수(293석)를 차지하면서 승리했다. 공산당과 사회당은 기존 의석을 크게 상실했다. 공산당은 73석에서 34석으로, 사회당 좌파연합은 171석에서 57석으로 축소되었다(그 이외에 무소속 공화파 61석, 중도파 33석).[15]

차이와 반복

이상의 전개 과정을 통해 나타난 1991년 5월 투쟁과 1968년 5월 혁명의

---

15) 다니엘 리비에르, 『프랑스의 역사』, 까치, 1998, 427쪽.

주요 특징들을 주요 요구 사항, 투쟁 형태, 투쟁 주체 등의 측면에서 살펴보면 다음과 같다.

첫째, 5월 투쟁과 5월 혁명 모두 '국가권력의 장악'이라는 전통적인 혁명적 요구는 주요 슬로건이 아니었다. 5월 투쟁에서 범국민대책회의의 '노태우 정권 타도'는 분명한 대안권력을 상정한 것이 아니었고, 그것을 실현시킬 수 있는 조직적인 세력이 존재하는 것도 아니었다. 오히려 5월 투쟁에서 주요한 슬로건은 '내각 사퇴를 통한 공안통치 종식'이었다. 5월 혁명 또한 절정의 시기에 '10년이면 충분하다', '드골 정권 타도'가 소규모 좌파 집단을 중심으로 제기되었지만 전체적으로 주요한 영향력을 행사하지는 못했다. 오히려 5월 혁명은 학교와 공장을 비롯한 모든 현장에서 권력 관계를 근본적으로 변화시키려는 시도였다. 이는 자발적으로 조직된 수많은 자율행동위원회를 중심으로 '자주관리(self-magement)'라는 슬로건으로 나타났다. 5월 혁명의 가장 큰 특징은 국가권력의 장악이 아닌 자율적인 자주관리와 문화적 반란을 시도했다는 점이다.[16]

5월 투쟁의 초기 요구들은 대통령 사과, 내각 총 사퇴, 백골단 해체, 책임자 처벌이었다. 이후 운동이 확산되면서 내각 사퇴, 공안통치 종식을 중심에 두고 백골단 등 폭압 기구 해체, 박창수 위원장 옥중 살인 진상 규명, 노동운동 탄압 중지, 민중 생존권 쟁취, 양심수 석방, 국가보안법 등 악법 철폐, 재벌 위주 경제 정책 철폐, 전교조 합법화 등이 제기되었다. 이와 더불어 임시민주정부, 민중권력, 노동자권력, 거국내각, 민주정부 등 대안권력에 대한 문제 제

---

16) 조지 카치아피카스, 이재원 옮김, 『신좌파의 상상력』, 이후, 1999. 이런 맥락에서 홉스봄은 1968년 혁명을 '문화혁명'이라고 규정한다. 이는 상당 부분 소련의 반혁명적 실천들에 대한 환멸과 그에 대립한다고 해석된 중국의 문화혁명에 대한 모방에서 기인하는 것이기도 했다.

기도 존재했지만 소수의 입장으로 소멸했다. 이는 5월 투쟁이 '국가권력의 장악'이라는 전통적인 운동 모델을 폐기한 것이 아니라, 그런 모델을 잠재적으로 지향하면서도 그에 관한 슬로건과 경로를 제출할 수 있을 만큼 충분히 전진하지 못했다는 것을 보여준다.

5월 혁명의 초기 요구들은 구속 학생 석방, 대학 내 경찰 철수, 폐쇄된 대학 개방이었다. 이후 노동자 자주관리를 중심으로 대학 개혁, 임금 인상, 노동 시간 단축 등이 제기되었다. 소규모 좌파 집단에서는 계급 사회 폐지, 노동자 평의회(workers' council) 등의 슬로건을 내세우기도 했다. 분명한 슬로건의 형태로 제시되지는 않았지만, '현실주의자가 되자, 그러나 불가능한 것을 요구하자', '나는 혁명을 생각할 때면 섹스하고 싶다', '모든 권력을 상상력에게로' 등과 같이 일상적인 삶에서 소외를 불러일으키는 부르주아 사회의 규범과 소비문화, 스펙터클 사회에 대한 비판 등이 자주관리라는 슬로건의 저변에 위치해 있었다.[17]

둘째, 투쟁 형태란 측면에서 보면 두 운동의 중요한 장소는 '거리'였다. 5월 투쟁은 민주화운동 과정에서 관습화된 집회 양식과, 중앙 지도부의 지휘를 따라가는 얼마간 규격화된 시위 형태에서 크게 벗어나지 못했다. 반면 5월 혁명은 자발적으로 바리케이드를 쌓는 가두 투쟁 외에도 대학과 공장을 점거하는 점거 투쟁이 중심에 있었다. 점거 공간 내부에서 자율적인 위원회를 구성하고 직접민주주의를 지향하는 새로운 문화적 반란을 실험할 수 있었다.

---

17) 상황주의(Situationism)를 대표하는 기 드보르(Guy Debord)의 『스펙타클의 사회』는 1968년 5월 혁명에 참여한 학생들에게 가장 큰 영향력을 행사했다고 한다. 당시에 거리에 쓰여진 구호들 중 일부는 이 책에서 유래한다(피터 마샬, 유재홍 옮김, 「기 드보르와 상황주의자들」, 『스펙타클의 사회』, 현실문화연구, 1992). 상황주의는 실존주의와 마르크스주의를 독특하게 결합시킨 사상이라고 할 수 있다.

5월 투쟁에서 분신은 운동을 촉발시키는 주요 투쟁 형태였으며, 이는 열사들의 죽음을 추모하는 '장례식 투쟁'으로 이어지기도 했다.[18] 대학은 점거의 공간이 아니라 '거리'를 위해 비워져야 할 공간이었고, 공장 또한 점거의 공간이 아니라 '거리'를 위해 일시적으로 노동 중지를 해야 할 공간이었다. 거리에서의 투쟁 형태는 항상 중앙집중적이었다.[19]

5월 혁명에서도 분신은 아니지만, 5월 24일 시위에서 2명이 사망했고 6월 초 르노 자동차 시위 도중 24세의 젊은 노동자가 경찰의 총에 맞아 사망하는 사건 등이 일어났다. 하지만 '열사 문화'가 존재하지 않는 프랑스에서는 커다란 사회적인 쟁점을 형성하지 않았다.[20] 또한 5월 혁명에서는 사실상 운동을 총괄하는 지도부가 존재하지 않았다. 공산당-노동총연맹, 사회당-민주노동총연합은 혁명에 미온적이었고, 전국프랑스학생연합은 실질적인 지도 조직이 아니라 다양한 학생운동 분파들이 행동을 조율하기 위한 틀거리에 불과했다. 따라서 점거 투쟁은 지도부와 무관하게 운동 과정에서 자발적으로 이루어진 것이었다. 소르본 대학, 국립미술학교, 오데옹(Odeéon) 극장, 르노 공장을 비롯한 수많은 공장들에서 파업과 점거가 이루어졌다. 점거 공간에서

---

18) 한국의 사회운동에서 분신은 매우 독특한 현상이다. 분신의 사회구조적 배경과 저항적 의미에 관해서는 조현연, 「한국의 민주주의 투쟁과 역사적 희생: 분신투쟁을 중심으로」, 『저항, 연대, 기억의 정치』 1, 문화과학사, 2003 참조. 하지만 분신이 선택되는 역사적 경로에 대해서는 좀 더 자세한 연구가 필요할 것이다. 잠정적으로, 전태일의 분신에 대한 1980년대의 '신화화'와 1980년대 중반 이후 '열사 문화'의 형성, 그에 조응하는 학생 활동가들의 자기희생 문화('민주주의는 피를 먹고 자란다'의 주체적 수용)에서 그 원인을 찾아볼 수 있을 것이다.

19) 시위 장소가 도심에 집중된다는 것 자체가 중앙권력 지향을 반영한다. 1980년대 가두시위의 양상과 특징에 대해서는 김백영, 「가두정치의 공간학: 1980년대 서울 시내 대학생 가두시위에 대한 공간적 분석」, 한국산업사회학회 편, 『사회이론과 사회변혁』, 한울, 2003 참조.

20) 1968년 5월 혁명을 다루는 문헌들은 대부분 이런 사건들을 언급하지 않거나 간략히 처리하고 있다.

매일 수천 명이 토론회를 벌였으며, 자율행동위원회를 통해 자치를 구현했다. 그러나 급속한 '6월의 봉쇄'는 수많은 자율행동위원회를 연결하는 상층 조직을 건설할 시간을 마련해주지는 않았다.

셋째, 두 운동의 주요 주체는 학생과 노동자였고, 이들 간의 노학연대는 운동을 전진시킨 주요 기제였다. 5월 투쟁 과정 내내 대학 안에 학생권력을 확보하여 가장 큰 동원력을 갖고 있는 전대협은 상당한 발언력을 갖고 있었다. 반면 5월 혁명에서는 통일적인 학생 조직이 허울에 가까웠고 오히려 소규모 좌파 집단들이 중요한 역할을 수행했다. 이후에는 노동자들의 자발적인 참여가 큰 몫을 차지했다. 5월 투쟁의 노학연대가 범국민대책회의를 통한 '조직적인 상층 연대'였다면, 5월 혁명의 노학연대는 노동운동의 상층 지도부가 사실상 연대가 아니라 분리를 지향하는 과정에서 발생한 '아래로부터의 하층 연대'였다.[21]

학생운동 내에는 크게 민족해방(NL)과 민중민주(PD)라는 두 정파가 존재했지만, 전국 대학의 학생회를 대표하는 전대협을 중심에 두고 활동을 벌였다. 마찬가지로 노동운동에서도 각기 분립되어 있는 전노협, 대기업연대회의, 업종회의 등이 전국투본이라는 형태로 투쟁을 전개했다. 그러나 운동의 상징적 대표성은 여전히 야당과 재야에 놓여 있었다. 이는 범국민대책회의가 부문운동 조직들의 느슨한 회의체로 전락하면서 실질적인 지도력을 행사하지 못하는 한계로 작용했다. 이런 중앙집중화 현상은 상층부를 장악하기 위한 지루하고 실천적 담보력이 부족한 논쟁을 낳았고, 하층 활동가들의 자

---

21) 공산당과 노동조합 지도부는 노동계급을 중심에 두고 학생들을 동원 대상으로 보는 인민전선적 노학연대를 상정하고 있었다. 이런 경직된 관점은 결국 '그르넬 협정'을 통해 연대를 철회하는 근거가 되었다. 조정환, 「프랑스 68혁명에서의 새로운 주체의 생산」, 『21세기 스파르타쿠스』, 갈무리, 2002, 146~148쪽.

발적인 움직임을 억제하는 효과를 발휘했다.

반면에 프랑스 학생운동에서 전국프랑스학생연합(UNEF)은 실질적으로 무력한 조직에 불과했다. 대체로 상황주의자(SI)를 비롯한 아나키스트, 혁명적공산주의청년회(JCR), 공산주의학생연합(UEC), 마르크스-레닌주의공산주의청년연합(UJC-ml) 들이 각각 독자적인 활동에 기초해 부분적인 연대를 모색하는 등 5월 혁명 내내 주요한 역할을 담당했다. 더구나 이들은 자신의 정치적 입장에 따라 개입하면서도 스스로 지도부를 표방하지 않았으며, 5월 혁명에는 어떠한 지도부도 없다고 공공연하게 주장했다. 또한 상당한 사회적 권력을 확보하고 있던 공산당-노동총연맹, 사회당-민주노동총연합은 혁명의 수사학에도 불구하고 급격한 변화를 원하지 않고 있었다. 따라서 5월 혁명에서 가장 중요한 조직은 다양한 형태로 흩어져 있는 자율행동위원회일 수밖에 없었다. 자율행동위원회는 규범과 문화에 있어서 창조적인 실험을 전개했다. 하지만 공동 행동을 취할 수 있는 연결망을 구축하는 데는 실패함으로써 이후 '6월의 봉쇄'에서 드골 정권에 효과적으로 대응하지 못하는 한계를 낳기도 했다.

이런 맥락에서 1968년 5월 혁명과 대조적인 1991년 5월 투쟁의 가장 큰 한계는 운동 조직, 방식, 문화의 과도한 중앙집중화에 있다고 할 수 있다. 물론 어떤 운동에서든 운동의 지도부와 조직은 필수적이다. 그러나 국가권력을 지향하는 전략과 그에 조응하는 조직화 형태와 운동 방식은 대중들이나 하층 활동가들의 아래로부터의 자발적인 움직임과 역할을 불가피하게 제약할 수밖에 없다. 이런 한계가 나타난 주요 이유는 프랑스를 비롯한 유럽과 다르게 한국의 경우, 한국전쟁을 경험한 분단이란 상황에서 매우 협소하고 완고한 반공 이데올로기가 공산주의나 사회주의 사상을 금기로 만들고 좌파 정당의 제도화를 가로막았기 때문이다. 이는 운동 세력에게 중앙권력을 지향하는 '정치 세력화'의 필요성을 끊임없이 제기하도록 만들었다. 반면에 1968년 5월 혁명에서 좌파 정당과 노동조합은 이미 제도화된 상태였고, 제도 정치인과 조합 활동가들은 그로부터 상당한 물질적 혜택을 누리고 있었다. 이는 5월 혁명에 대한 극히 미온적인 태도로 나타났다. 따라서 5월 혁명에 참여한 활동가들과 대중들은 당연히 상층 지도부를 거부할 수밖에 없었으며, 아래로부터 자율적인 흐름을 최대한 이끌어내야 했다.

주지하듯이 19세기 이후 사회운동의 지향 모델은 세계를 변화시키기 위한 국가권력의 장악이었다. 이는 사회주의/공산주의운동이든 민족주의운동이든 모두 동일했다. 사회운동이 변혁하려는 대상이 무엇이든, 그것은 국가권력을 장악한 뒤 국가를 활용할 때 가장 효과적이고 신속하게 성취할 수 있는 것이라고 여겨졌다. 우선은 국가 구조 내부에서 권력을 획득하고, 그 다음에 세계를 변혁한다는 이른바 '2단계 전략'이 정착했다. 이런 국가 지향 모델은 정치권력을 겨냥하는 '정치 투쟁'과 그렇지 않은 '경제 투쟁'을 구분하여 전자를 우선시하는 경향을 구축했다. 그리고 이를 기준으로 다양한 영역의 다양한 사회운동을 위계화하여 국가권력과 무관한 투쟁들을 주변화하면서 폄하해왔다.[22]

이런 국가 지향 모델을 견지할 때, 사회운동의 조직과 이데올로기가 국가권력에 맞서기 위해 중앙집중성을 강화시키는 경향을 띄는 것은 어쩌면 당연한 일이다. 대중보다는 지도부, 하층 연대보다는 상층 연대, 지역적 투쟁보다는 전국적 항쟁, 지방의 운동보다는 도시의 운동 등이 훨씬 더 중요하다고

---

22) 국가 지향 모델에 대한 비판으로는 존 홀러웨이, 조정환 옮김, 『권력으로 세상을 바꿀 수 있는가』, 갈무리, 2002 참조. 그러나 홀러웨이도 고백하듯이, 국가 지향 모델을 탈피하는 대안적인 혁명 전략이 무엇인지는 아직 불분명한 것도 사실이다.

판단되며, 실제 운동도 언제나 그런 방향을 지향하도록 추진된다. 이 과정에서 상층 지도부가 통제하지 못하는 대중운동이 과소평가되고, 아래로부터의 자발적인 움직임이 봉쇄되는 것도 어쩌면 당연한 일이다.

1991년 5월 투쟁은 이런 국가 지향 모델을 크게 벗어나지 못했다. 1980년 광주항쟁 이후 사회운동은 군부독재와의 대립 과정에서 혹독한 국가폭력에 대항해야 했고, 안기부 등을 비롯한 억압적 국가장치들에 의한 감시, 고문, 심지어 의문사 같은 죽음에도 맞서야 했다. 따라서 억압적 국가장치와 대립과 투쟁은 사회운동의 가장 큰 쟁점이자 정당성의 원천이었다. 또한 이는 국가장치에 비해 턱없이 취약한 물리력을 지닌 사회운동의 활동가들이 소수 인원을 은밀하게 조직하는 고도의 중앙집중적 조직 형태를 구성하도록 만들었다. 투쟁 방식도 소규모 인원을 동원하여 일시 건물 점거, 신속하게 치고 빠지는 거리 투쟁 등 철저하게 상부의 통제를 따르는 형태를 취하지 않을 수 없었다. 국가폭력에 대한 저항이 위계적인 중앙집중형 조직과 군사 문화로 발전했던 것이다.

1987년 6월 항쟁은 이런 국가폭력과의 대립이 전국적으로 정당성을 획득하고 그에 대한 저항이 표출되는 계기였다. 박종철의 의문사와 이한열의 죽음은 그 주요한 상징이었다. 이는 기존의 소규모 비합법 활동을 일정하게 탈피할 수 있는 계기이기도 했다. 그러나 6·29선언을 이끌어낸 6월 항쟁의 정치적 경험은 정권의 교체 내지 장악을 목표로 삼는 국가 지향 모델을 더욱 강화시키는 계기이기도 했다. 국민운동본부처럼 야당을 포함하는 상층 연대 지도부를 구성하여 전국적인 규모의 항쟁을 촉발시켜서 군부 정권을 교체 내지 타도하는 것이 사회운동의 가장 중요한 기본 전략이 되었다. 이는 이른바 '전민항쟁'의 신화로 나타났다.

최초 발발부터 1991년 5월 투쟁의 모든 정치적 기준은 1987년 6월 항쟁이었다. 6월 항쟁과 무엇이, 어느 정도 유사한가 하는 것이 온갖 담론의 중심에 놓여 있었다. 물론 그것은 '제2의 6월 항쟁'을 향한 대중의 열망을 담은 것이기도 했고, 사회운동 세력이 5월 투쟁을 국가 지향 모델 속에서 인식하고 전개시키는 틀이기도 했다. 이런 점에서 5월 투쟁은 1980년대 운동 모델의 연장선에서 1980년대식 조직 형태, 상징, 문화, 이데올로기 등을 통해 그 효과를 극대화시키려는 최후의 행위였다.

이와 대조적으로 1968년 5월 혁명의 가장 큰 특징이자 성과는 국가 지향 모델의 탈피였다. 서구의 경우 사회운동의 국가 지향 전략은 이미 상당한 결실을 맛본 상태였다. 동구에서는 공산당을 중심으로 현실 사회주의 국가들이 수립되었고, 서구에서는 좌파 정당-노동조합운동이 정권을 차지하거나 상당한 영향력을 지닌 정치 세력으로 부상했다. 하지만 국가를 장악한 뒤 세계를 변화시킨다는 국가 지향 모델은 '1단계'를 얼마간 성취하긴 했지만 '2단계'로 전진하지 못했다.

대부분의 나라에서 이 운동들은 두 단계 전략 중에서 1단계를 완료했다. 즉 모든 곳에서 실천적으로 권좌에 올랐던 것이다. 공산당은 엘베 강에서 압록강에 이르기까지 세계의 1/3을 지배했다. 아시아와 아프리카에서는 민족해방운동이, 라틴아메리카에서는 민중주의적 운동이, 범 유럽계 세계의 대부분에서는 사회민주주의 운동이나 그 사촌쯤 되는 운동이 권좌를 차지했으며, 적어도 토대를 변화시키고 있었다. 그러나 이 운동들은 세계를 변혁하지 못했다.[23]

---

23) Immanuel Wallerstein, "New Revolts Against the System," *New Left Review*, no. 18, November/December, 2001, p. 33.

국가 지향 모델이 실패한 가장 큰 이유는 그것이 일국적인 전략이기 때문이었다. 한 국가는 국가 간 체계(interstate system)의 일부이기에 절대적인 주권을 향유할 수 없었다. 또한 자본주의는 국가 경계를 가로질러 세계적인 차원에서 작동하기 때문에 일국적인 전략을 통해서는 결코 통제할 수도, 변화시킬 수도 없었다. 1968년 5월 혁명은 이런 상황에 대한 문제 제기였고 저항이었다. 좌파 정당·노동조합운동은 자본주의 체제 내에서 상당한 권력을 획득했고, 그에 기반하여 교육, 의료, 고용 보장 등에서 많은 성과를 거두었다. 하지만 임금노동의 소외는 여전했고 삶의 자율성은 제한적이었다. 제도 정치와 작업장에서 실질적인 민주적 참여는 별로 확대되지 못했던 것이다. 특히 5월 혁명 과정에서 좌파 정당들과 노동조합 지도부는 우파 세력과 마찬가지로 현실 투쟁을 폄하하고 봉쇄하려 했기 때문에, 좌파 정당·노동조합 세력은 5월 혁명의 대중들과 직접적으로 대립할 수밖에 없었다. 따라서 1968년 5월 혁명은 기존의 국가 지향 모델과 이를 추구하던 구좌파 정당·노동조합 세력 모두에 대한 저항으로 전개되었다. 이는 또한 위로부터의 지도나 통제가 아니라 아래로부터의 자발성과 자율성을 최대한 방출시키는 효과로 연결되었다.

5월 투쟁과 5월 혁명은 성과가 없는 것은 아니었지만, 단기적으론 모두 정치적 실패로 끝났다. 5월 투쟁에서 노재봉 내각 사퇴와 내각제 개헌 포기는 분명한 정치적 성과였다. 그러나 그 이외에 5월 투쟁에서 제기된 문제들은 고스란히 남겨졌다. 사회운동 세력은 도덕성에 타격을 받고 대중적 헤게모니를 상실했으며, 노태우 정권은 선별적인 탄압을 더욱 강화했다. 물론 범국민대책회의는 전국민족민주운동연합과 '민자당 일당 독재 분쇄와 민중 기본권 쟁취 국민연합'을 통합해 1991년 12월 민주주의민족통일전국연합을 결성했지만, 그 역량은 상당히 약화된 상태였다. 민중당과 한국노동당도 통합을 시도했지만 1992년 3월 24일 총선에서의 패배로 해체되었다. 그 결과 기존의 재야를 비롯한 활동가들은 상당 부분 제도정치권에 흡수되고 말았다. 전대협 또한 한총련으로 전환하면서 변화를 모색했다. 그러나 고립적인 활동을 벗어나지 못한 채 1996년 연세대 사태를 마지막으로 사회적인 영향력을 거의 상실했다.

5월 혁명에서 타결된 그르넬 협정은 노동자들에게 물질적 혜택을 남겨주었다. 나중에는 대학 개혁도 얼마간 성취했다. 하지만 5월 혁명의 창조적인 실험들은 지속되지 못했다. 공산당-노동총연맹, 사회당-민주노동총연합이라는 구좌파에 대항해 진정한 혁명 정당을 열망하는 마오주의 집단들이 생겨났지만, 중국의 문화혁명이 대안이라는 환상은 곧 깨질 운명이었다.[24] 5월 혁명 이후 소규모 마오주의 집단과 3월 22일 운동의 활동가들이 결성한 프롤레타리아좌파(GP)는 '본보기 전략'(상류 상점에서 비싼 상품의 수탈, 부유층 사유지 침입 등)을 시도하여 신문 지면을 장식하기도 했다. 하지만 정부의 공격에 대응하는 과정에서 두 번의 납치 사건을 일으키는 등 점차 폭력 행동으로 밀려갈 수밖에 없었다. 1972년 혁명의 길을 발견하지 못한 채 테러리즘으로의 선회를 염려한 지도부는 조직을 자진 해체하고 말았다.[25]

정치적 실패 직후에 나타난 것은 '청산'이었다. 한국과 프랑스에서는 마르크스주의 이론과 운동에 대한 대중적 환멸과 비판이 확산되었고, 수많은

---

24) 로널드 프레이저, 안효상 옮김, 『1968년의 목소리』, 박종철출판사, 2000, 450~451쪽.

25) 이런 과정에서 프랑스에서는 당시 미국의 일기예보자들(Weatherman), 서독의 적군파(Red Army), 이탈리아의 붉은여단(Red Brigades), 일본의 전공투(全共鬪) 등과 다르게 운동의 테러화가 발생하지 않았다. 이것은 1991년 5월 투쟁이 죽음과 분신에 뒤따른 폭력/비폭력 논쟁이 운동의 파국을 이끌었고, 결국 외대 사건을 통해 달걀과 밀가루가 '폭력'으로 상징화되는 과정을 거치면서 소멸한 것과 대조적이다.

이론가들과 활동가들이 자유주의적 사회주의 내지 사회적 자유주의로 전환을 시도했다.[26] 특히 '386세대'와 '68년 세대' 중에서 급진적인 학생 활동가들의 경우에는 개인적 절망과 건강 쇠약에 시달렸다. 수년 동안의 활동으로 인해 전문적 직업 획득의 기회를 놓치고 생계 문제까지 겹치면서 심지어 자살을 생각하거나 실제로 자살하는 사례들이 빈번했다.[27] 그나마 운동의 지도층에 있던 활동가들은 어떤 식으로든 제도정치권에 진입하여 정치 활동을 계속할 수 있었지만 대부분 보수적인 사고와 실천으로 경도되었다.

사회운동의 헤게모니 전환

어떤 사회운동의 하나의 순환이 종결할 때는 새로운 사회운동으로의 전환이 발생한다. 물론 이런 전환은 기존 사회운동이 완전히 사라지고 새로운 사회운동이 그 자리를 완전히 대체하는 절대적인 절단(rupture)은 아니다. 그

---

26) 물론 한국의 경우 '청산'에는 현실 사회주의의 몰락이라는 요인도 작용했다. 하지만 그것이 세계적인 차원에서 계급투쟁에 미친 효과를 제외한다면, 사회주의의 몰락이 좌파 활동가와 지식인에게 미친 영향을 일괄적으로 평가할 수는 없다. 이는 운동 세대 간에 차이가 존재하기 때문이다. 80년대 중반까지의 운동 세대와 다르게 80년대 후반 이후 세대에게 소련을 비롯한 현실 사회주의는 '미래의 대안'이 아니라 단지 '하나의 시도'에 불과했다. 이들은 '청산'이 아니라 오히려 5월 투쟁을 통해 정치적 경험을 쌓고 그 한계를 극복하려는 문제의식과 활동 방향을 설정할 수 있었다.

27) 활동가들의 무력감과 좌절, 자살(충동)은 1991년 5월 투쟁 이후의 한국만이 아니라 1968년 5월 혁명 이후의 서구에도 공통적인 현상이었다. 한 학생 활동가의 증언은 이를 잘 보여준다. "더 이상 어떤 적실성도 없는 대의에 내 인생을 바쳤다는 생각이 들었습니다. 나는 여전히 좌파였지만 마르크스주의, 마오주의가 인도하는 곳을 더 이상 바라볼 수 없었습니다. 모든 것이 캄캄했기 때문에 자살하고 싶었습니다. 내가 자랐던 카톨릭으로 다시 돌아가지 않았다면 나는 자살했을 것입니다. 왜냐하면 내 인생을 가치 있게 해주었던 모든 것이 무너져버렸기 때문입니다"(로널드 프레이저, 안효상 옮김, 『1968년의 목소리』, 박종철출판사, 2000, 452쪽).

보다는 오히려 기존의 지배적인 사회운동을 포함하는 다양한 사회운동들의 공존 속에서 운동의 이론적·실천적 헤게모니가 전환되는 경향을 나타낸다.

1991년 5월 투쟁 이후에도 1980년대 사회운동의 한 순환이 끝나고 새로운 사회운동으로서 시민운동이 등장하기 시작했다. 시민운동은 1980년대 사회운동의 헤게모니가 1991년 5월 투쟁 과정에서 결정적으로 붕괴되는 흐름과 맞물려 민중운동에 대한 일종의 반정립으로 부각되었다. 즉 "초기 시민운동은 과거의 급진적이고 전투적인 민중운동과 자신을 구별하면서—비민중운동 혹은 반민중운동적 정체성—온건한 이념을 표방하고 합법적·제도적 수단과 통로를 활용하는 운동으로, 나아가 계급계층적 기반이라는 점에서 중간층적 운동으로 자신의 정체성을 설정하였다."[28] 이를 대표하는 것이 1989년에 경제 정의의 실현을 표방하며 만들어진 경실련(경제정의실천시민연합)이었다. 이런 보수적인 시민운동의 부상은 시민운동 자체의 성과라기보다는 1991년 5월 투쟁의 실패에 따른 사회적 우경화와 보수 언론 등 미디어 권력의 적극적인 조명 덕분이었다.

이런 점에서 시민운동이 사회운동의 헤게모니를 장악하기 시작한 것은 1991년 5월 투쟁 이후 김영삼 문민정부 때부터였다. 특히 이런 흐름은 1994년 참여민주사회를 표방하는 참여연대가 구성되면서 본격화되었다.[29] 참여

---

28) 조희연, 「한국 민주주의의 전개와 시민운동의 변화」, 『저항, 연대, 기억의 정치』 2, 문화과학사, 2003, 166쪽.

29) 정상호는 시민사회 담론의 양적 확산과 대조적인 시민사회 연구의 질적 지체를 예시하면서 시민사회로의 패러다임 전환을 말하는 것은 성급하다고 지적한다(정상호, 「시민사회 연구의 과제: 공익적 시민운동을 넘어서」, 『경제와 사회』 60호, 2003). 이념적·도덕적·규범적 시민사회론에 경도되어 있기에 현실을 분석하는 독자적인 방법론이 되지 못하고 있다는 것이다. 이를 사회운동과 연계시키면, '시민운동으로의 헤게모니 전환과 대조적인 시민사회론의 지체된 패러다임 전환'이라고 부를 수도 있겠다. 이와 관련하여 기존 시민사회론에 대한 자기비판으로

연대는 경실련 등 초기 시민운동의 한계들(온건한 자유주의, 엘리트주의)을 비판하면서, 명망가 중심성을 극복하고 일반 시민의 참여를 동원하고자 했다. 더불어 민중운동과 시민운동의 분립 구조를 유지하면서도 민중운동과의 연대를 지향했다. 참여연대 등을 중심으로 한 이른바 진보적 시민운동은 국내 금융체계의 재편에 따른 금리생활자의 증대에 조응하여 소액주주운동을 전개하고, 보수 언론의 과잉권력화와 제도정치권의 무력화를 비판하면서 낙천낙선운동을 선도하여 대중적인 지지력을 확보했다. 하지만 주어진 사회 질서를 인정한 상태에서 불합리한 법적·제도적 변화만을 추구하는 것은 한계를 지닐 수밖에 없었다. 특히 신자유주의 자체를 비판하고 이를 극복하려는 민중운동과의 연대도 실질적으로는 실현되기 어려웠다.[30]

다른 한편, 시민운동의 자유주의적 속성을 비판하는 민중운동은 기존의 진보정당-노동조합운동을 꾸준히 진척시켰다. 1980년대 사회운동의 헤게모니가 시민운동으로 이전했음에도 불구하고, 한국에서 진보정당-노동조합운동은 1968년 5월 혁명 때와는 다르게 여전히 사회운동의 정당성을 크게 훼손당하지 않은 채 전개될 수 있었다. 1991년 5월 투쟁의 정세 속에서 진보정당은 존재조차 하지 않았고, 노동조합운동도 아직 전노협이라는 협의체 수준에 머물면서 사회적 제도화와는 거리가 멀었기 때문이다.

민주노동조합운동은 꾸준한 조직 활동을 통해 1995년 민주노동조합총

는 유팔무, 「시민사회의 개념과 내부 구성 : 유물론적 형성론의 관점에서」, 『동향과 전망』 56호, 2003 참조. 시민사회론 자체의 계급적 한계에 대한 비판으로는 서관모, 「시민사회 담론의 혼란과 문제점」, 『사회이론과 사회변혁』, 한울, 2003 참조.

30) 이광일, 「현 단계 시민운동의 딜레마와 과제」, 『황해문화』 29호, 2000; 김상곤, 「민주화 이행과 한국 사회운동」, 『민주주의는 종료된 프로젝트인가: 현 단계 한국 민주주의의 이념, 현황, 전망』, 이후, 2003.

연맹(민주노총)을 건설하면서 일정한 조직적 성과를 거두었다. 1992년 민중당과 한국노동당 해체 이후 거의 중단되었던 진보정당운동은 '노동계급의 정치 선언'이라고 평가되는 1996~1997년 총파업을 계기로 다시 활성화되기 시작했다. 1996~1997년 총파업을 통해 광범위한 대중적 지지를 획득한 진보정당 '국민승리21'은 새로운 정치의 가능성을 보여주었다. 그러나 1997년 15대 대선에서 '일어나라 코리아'를 표어로 내세우는 등 모호한 '국민정치' 전술을 구사하여 득표뿐만 아니라 노동자들의 지지를 얻는 데도 실패했다. 그러다 1999년 민주노총이 진보정당 창당을 정치 방침으로 채택하여 기존의 진보정당 추진 세력에 힘을 보탬으로써 민주노동당이 결성되었다. 민주노동당은 2003년 대선을 거치면서 진보정당의 제도화를 현실화시킬 가능성을 보여주었다. 민주노동당의 결성은 해방 이후 최초로 진보정당이 뿌리내릴 수 있는 기초를 마련했다는 점에서 큰 의미를 가진다. 그렇지만 민주노총 조합원들 가운데서도 민주노동당 당원의 비율이 극히 적을 정도로 노동자들의 지지가 여전히 협소하다는 점, 의회 정치와 운동 정치 사이에서 서성거리는 동안 신자유주의 반대를 위한 연대 투쟁을 중심적으로 추진하지 못한다는 점 등에서는 아직도 많은 한계를 지니고 있다.

마지막으로, 비주류 좌파 내지 사회적 좌파(social left)로 통칭할 수 있는 다양한 사회운동들도 나타났다. 이런 흐름의 사회운동들은 생태·환경 문제, 페미니즘 등의 여성 문제, 동성애자 등의 성적 소수자 문제, 외국인 노동자의 인권·시민권 문제에 주목했다. 또한 국가권력의 장악이라는 국가 지향 모델과 기존의 위계적인 사회운동 형태를 적극 비판하고 삶의 자율성을 확장하려는 노력을 기울였다. 이것이 아마도 1968년 혁명을 통해 서구에서 나타난 신사회운동이나 자율주의운동, 또는 반세계화운동 등과 가장 유사한 흐름일 것이다.

1968년 5월 혁명 이후 서구에서 새로운 사회운동은 크게 다섯 가지 흐름으로 나타났다. 첫째, 1960년대부터 1970년대 중반까지 지속된 마오주의운동이다. 이는 구좌파를 비판하면서도 그것을 혁신할 계기를 중국의 문화혁명에서 발견할 수 있다고 믿으면서, 훼손된 현실의 좌파운동과 다르게 좌파본래의 순수한 원리를 추구해야 한다는 것이었다. 그러나 마오주의운동은 다양한 소규모 분파 그룹을 벗어나지 못했다. 특히 중국 사회주의의 허상이 알려지고 문화혁명에 대한 환상이 깨지면서 자연스럽게 쇠퇴했다.

둘째, 1970년대 내내 신사회운동들(New Social Movements)이라고 불리는 사회운동이 떠올랐다. 생태 문제를 중심에 두는 녹색당이 만들어지고, 제2세대 페미니즘이라 불리는 급진적 페미니즘(Radical Feminism; RF)이 등장했으며, 인종주의에 대해서도 새롭게 주목하기 시작했다. 신사회운동은 국가 지향 전략을 강하게 비판하고, 다양한 사회운동들 사이에 위계를 설정하는 것에 반대했다. 특히 반문화 내지 하위문화를 발전시켜서 1968년 혁명의 유산인 문화적 반란을 계승하고자 했다. 그러나 신사회운동은 1980년대 이후 신자유주의의 반격 속에서 현실 운동의 동력을 상실하거나 본래의 문제의식을 퇴색시킨 채 자본주의 사회 질서에 흡수되어갔다.[31]

셋째, 신사회운동이란 명칭으로 포괄하기 어려운 자율주의운동(Autonomia)도 지속되었다. 주체의 자율성을 지향하고 일상생활의 혁명을 강조하는 자율주의운동은 1968년 혁명 이후 이탈리아, 독일을 비롯한 북서유럽에

---

31) 대표적으로 독일의 녹색당을 예로 들 수 있다. 녹색당은 당이 의회 반대자로 기능할 것을 주장하는 근본주의 분파(fundis)와 현존 질서 내에서 실용적인 실천을 주장하는 현실주의 분파(realos)로 나뉘어 논쟁을 벌였다. 그 결과 현실주의 분파가 당권을 장악하면서 대표자 순환제 같은 직접민주주의를 향한 실험적인 제도들은 퇴색해버렸다(조지 카치아피카스, 윤수종 옮김, 『정치의 전복: 1968년 이후의 자율적 사회운동』, 이후, 2000, 338~358쪽).

서 활발히 전개되었다. 성별 평등을 강조하는 급진적 페미니즘과 다르게 여성의 자율성을 추구했으며, 핵폐기물 처리장 및 원자력 발전소 건설 지역에 마을을 만들어 새로운 공동체를 건설하는 반핵운동을 벌였다. 빈 집과 건물을 무단 점거하여 공동체를 구성하고 새로운 일상 문화를 실험하는 크라커들(Krrakers)이 청년 세력을 형성했으며, 인종적 신파시즘의 부활에 저항하기도 했다. 하지만 이런 자율주의운동은 장기적인 활동을 담보해줄 수 있는 조직 구성을 소홀히 하여 사회운동의 헤게모니를 획득하기는 어려웠다.

넷째, 1980년대 이후 1990년대를 거치면서 다양한 유형의 인권운동이 새롭게 활성화되었다. 이는 중앙아메리카 내지 아프리카의 인권 문제에서부터, 현실 사회주의가 몰락한 이후 동유럽과 공산 국가의 인권 상황, 냉전 해체 이후 발발한 다양한 국지전들에서 인종 청소를 비판하는 방향으로 나아갔다. 하지만 이런 인권운동들은 주로 대중적인 운동의 기반이 없는 엘리트 등 명망가의 능력에 의존하는 운동이었다. 대체로 비정부기구(NGO)라는 형태로 존재하면서도 국가권력의 적극적인 비판자라기보다는 정책 방향을 일부 수정하는 정도의 압력운동을 벗어나지 못했다.

다섯째, 가장 최근에는 반(反)세계화운동이 등장하고 있다. 1980년대 이후 신자유주의적 세계화가 세계 질서를 재편하면서 자본의 지배를 강화시키는 데 저항하여 반세계화 내지 대항세계화운동도 세계적인 차원에서 서서히 성장하기 시작했다. 1994년 멕시코 정글에서 게릴라운동을 시작한 사파티스타민족해방군(EZLN)은 전 세계 좌파에게 반신자유주의의 상징적 중심이었다. 1999년 11월 세계무역기구(WTO)에 반대하는 시애틀 투쟁을 기점으로 반세계화운동은 커다란 반향을 불러일으켰다. 세계화 3대 조직인 세계무역기구, 세계은행(IBRD), 국제화폐기금(IMF)에 대한 투쟁만이 아니라, 2001년 911 테러 이후에는 미국의 테러 전쟁에 반대하는 반전운동과 결합하면서 자본의 연대 조직인 세계경제포럼(World Economy Forum), 이른바 다보스(Davos) 포럼에 대항하여 세계사회포럼(World Social Forum)을 구성하기에 이르렀다.[32] 물론 이런 반세계화운동은 아직 진행형의 운동이고 그 주체와 지향점이 다양하다. 따라서 그런 이질성들을 묶어줄 실체가 약하고 일회적인 집회·시위에 머물러 있으며 개량화의 가능성도 존재한다. 하지만 새로운 국제 연대 투쟁과 새로운 반자본 전략을 추진할 수 있는 잠재력 또한 지니고 있다.

이와 같은 1968년 혁명 이후 서구 사회운동의 지형을 볼 때, 국내의 비주류 좌파 내지 사회적 좌파는 신사회운동 내지 자율주의운동, 반세계화운동 등과 세계적인 동시성을 유지하면서 전개되고 있다고 할 수 있다. 그러나 이런 흐름은 국가 지향 모델을 탈피하여 모든 권력관계를 변화시키려는 보다 근본적인 변혁을 지향하고 있음에도 불구하고, 아직까지는 사회적 헤게모니는커녕 대중의 동원이나 지지를 획득하지 못한 소수 그룹에 머물러 있다.

이와 대조적으로 사회운동의 헤게모니를 획득한 시민운동과 진보정당-노동조합운동은 여전히 국가권력 지향적이다. 시민운동은 낙천낙선운동이나 법·제도의 불합리성을 개혁하려는 운동 등에서 보여지듯이, 신자유주의로 인한 민주주의의 후퇴와 그에 따른 자유민주주의적 정당 정치의 위기에 대응하여 정당 정치의 실패를 보완하거나 정당을 대신하여 시민사회 내 이해관계를 대리 대표하는 역할을 수행하고 있다. 특히 선거 정국에서는 최악을 막기 위해 차선을 선택하는 '방어적 투표'를 조직하는 데 매진하고 있다. 시민운동이 신자유주의에 대한 전면적인 비판을 유보한 채 신자유주의로 인해 발생한 제도정치의 결함을 일부 보충함으로써 사실상 신자유주의의 연착

---

32) 2003년까지 브라질의 포르투 알레그레에서 열린 세계사회포럼의 주요 의제와 투쟁에 관해서는 이종회, 「세계사회포럼: 대안 세계는 가능하다!」, 『진보평론』, 17호, 2003 참조.

류에 이바지했다는 비판을 받는 이유도 여기에 있을 것이다.

진보정당-노동조합운동은 노동자들의 이해관계를 대표하고 신자유주의에 적극적으로 대립한다는 점에서 시민운동보다 한층 진보적인 변화를 추구한다고 할 수 있다. 따라서 진보정당-노동조합운동이 여전히 국가권력 지향적인 한계를 지닌다고 할 때, 이것은 진보정당-노동조합운동이 아무런 유의미한 진보적 변화를 이끌어낼 수 없다는 뜻은 아니다. 민주노동당은 2000년 총선과 2003년 대선을 거치면서 진보정당의 제도화 가능성을 꾸준히 증대시켜왔다. 또한 한국전쟁과 남북 분단, 반공이데올로기 등으로 인해 노동의 이해가 대표될 수 없었던 상황에서 진보정당 자체를 건설하는 것만으로도 큰 진일보를 이루는 일이라는 점은 분명하다. 하지만 문제는 간단하지 않다.

역사적으로 진보정당-노동조합운동은 크게 두 가지 방향으로 전개되었다. 하나가 선거를 통해 의회에 진출하여 국가를 장악하려는 유로코뮤니즘 모델이라면, 다른 하나는 정당(전위당이든 아니든) 중심의 대중 혁명을 통해 국가를 장악하려는 레닌주의 모델이었다. 유로코뮤니즘 모델이 지배적인 국가에서 노동자들의 복지가 크게 향상되었다는 것은 부정할 수 없다. 하지만 진보정당-노동조합 세력이 의회주의와 자본주의에 포섭되면서 보다 근본적인 변혁을 단지 수사학으로 만들어버렸다는 것도 분명하다. 또한 레닌주의 모델이 최초의 공산주의 혁명을 가능케 했으며 그로 인해 노동자들의 세계적인 권력이 크게 확대되었다는 것은 부정할 수 없다. 하지만 자본주의와 공산주의의 과도기에서 정당 중심의 독재가 오히려 노동자들의 자발적인 힘을 억압하고 끝내 자본주의로 '역이행'해 버렸다는 것도 분명하다.

이런 진보정당-노동조합운동의 두 가지 모델의 한계를 민주노동당-민주노총이 어떻게 극복할 수 있을 것인지를 미리 예단할 수는 없다. 그러나 다음과 같은 '쉐보르스키의 딜레마'는 선거를 통해 원내에 진입하는 것을 주요 목표로 삼고 있는 민주노동당-민주노총의 당면 문제임이 틀림없다.

계급 정당의 지도자들은 계급적 호소에서는 동질성을 갖지만 선거에서는 항구적 패배를 선고 받은 정당과, 계급적 정향을 훼손하는 대가로 선거의 승리를 위해 투쟁하는 그러한 정당 중 하나를 선택해야 한다. 이것이 민주적 자본주의 사회에서 계급 구조와 정치 제도의 특수한 결합에 의해 사회주의당, 사회민주주의당, 노동당, 공산당, 그리고 여타 정당에게 제공된 양자택일의 대안이다.[33]

요컨대 진보정당-노동조합운동은 계급적 변혁을 강조할 경우 득표에 실패하여 의회 진출이 좌절되거나, 의회 진출을 위해서는 탈계급적 지향을 추구할 수밖에 없는 구조적 조건 속에 놓여 있다는 것이다. 이런 택일적 조건은 혁명주의와 개량주의, 또는 독일 녹색당 식의 근본주의와 현실주의 사이의 논쟁과 대립으로 현상하기도 했다. 이런 딜레마는 진보정당-노동조합운동이 국가 지향 모델을 견지하는 한 극복하기 어려운 문제로 남을 가능성이 높다.

따라서 진보정당-노동조합 중심의 구좌파운동은 1968년 5월 혁명 이후, 1991년 5월 투쟁 이후 신좌파의 문제틀을 적극적으로 고민할 필요가 있다. 구좌파와 신좌파의 문제틀은 대략 다음과 같이 정리해볼 수 있겠다.

1) 인간학의 문제틀. 구좌파가 인간의 본질은 노동이라는 노동의 인간학에 기반하여 노동 소외의 문제를 제기하고 소외 현상을 해결하기 위해서 노동관계의 변혁을 중심적인 실천 과제로 설정한다면, 신좌파는 노동의 인간

---

33) 아담 쉐보르스키, 최형익 옮김, 『자본주의와 사회민주주의』, 백산서당, 1995, 137쪽.

학을 거부한다. 오히려 신좌파는 노동 이외의 인간의 활동, 노동관계 이외의 사회적 관계, 특히 소통(communication) 및 소통 관계의 중요성을 강조하면서 규범적인 인간학 또는 윤리학을 (재)구성하고자 한다. 생산 영역이 아니라 문화 영역에서의 변혁을 주요 과제로 설정하는 이유도 그 때문이다.

2) 주체의 문제틀. 대체로 노동관계를 중시하는 구좌파는 노동계급을 변혁의 주체로 설정하고, 생산자 스스로 정치를 담당하는 생산의 정치를 제기한다. 그러나 신좌파는 노동 활동 자체가 주체를 형성시킨다는 전제를 거부하고, 주체 형성 과정에 개입하는 이데올로기 메커니즘, 또는 담론의 질서, 담론의 외부로서 훈육·습속의 작동 양식에 주목하는 정체성의 정치를 제기한다. 이 경우 변혁의 주체는 선험적으로 규정될 수 없다.

3) 권력의 문제틀. 구좌파에게 있어서 혁명의 제1과제는 (무장봉기를 통해서든 선거혁명을 통해서든) 국가권력의 장악이었다. 따라서 다양한 세력을 하나의 전선으로 결집시키는 (전위적이든 아니든) 정당운동을 주장했다. 반면에 신좌파는 국가권력 이면에 존재하는 수많은 미시권력들에 착목하고, 다양한 미시권력 관계를 가로지르는 자율적인 소수자운동을 역설한다. 권력은 물(thing)이 아니라 관계(relation)이므로 결코 장악될 수 없고, 거시권력의 변혁과 미시권력의 변혁은 서로 별개의 문제라는 것이다.

4) 근대-탈근대의 문제틀. 이상의 논의들은 보다 포괄적인 근대-탈근대의 문제틀로 확장한다. 구좌파는 생산양식을 준거로 하여 중세와 근대를 구분하고, 탈근대의 과제로서 자본주의적 생산양식의 변혁을 이야기한다. 이를테면 근대의 핵심은 자본주의라는 것이다. 하지만 신좌파는 문화양식 또는

주체화양식을 근대의 핵심으로 사고하면서, 그것의 변혁을 탈근대의 과제로 바라본다. 기간의 현실 사회주의가 자본주의적 생산양식을 변화시켰다고 할지라도, 근대적인 문화 내지 근대적인 주체 형태는 변화되지 않았다는 문제의식이다.

이런 비교는 사회운동의 중심이 진보정당-노동조합운동으로 협소화될 수 없다는 것을 잘 보여준다. 특히 신자유주의 이후 진보정당-노동조합운동이 포괄하지 못하는 비정규직 노동자, 실업 노동자가 크게 증대하고 있는 상황을 고려한다면 문제는 더 복잡해진다. 노동자, 특히 성인 남성 중공업 노동자만을 강조하는 진보정당-노동조합운동은 특권을 가진 노동자들의 집단이기주의로 비춰질 수밖에 없고, 따라서 사회적 헤게모니를 획득하는 데 실패할 수밖에 없기 때문이다. 물론 이런 문제틀에 있어서의 차별성은 어느 한쪽이 맞고 틀리고의 문제는 아니다. 오히려 구좌파가 제기하는 문제들조차 전혀 해결해본 경험이 없는 한국 사회에서는 구좌파와 신좌파가 '차이 속의 연대'를 실현하는 일이 무엇보다 중요할 것이다.

이와 관련해 당 좌파(Party-Left)와 사회적 좌파의 연대를 촉구하는 마르타 아르네케르의 주장은 주목할 만한 가치가 있다.[34] 당 좌파가 정당 등의 정치조직을 중심에 두고 정권을 장악하거나 변혁 기관으로서의 역량을 축적하는 데 집중하는 세력이라면, 사회적 좌파는 자율적인 다양한 사회운동을 중심에 두고 다양한 형태의 네트워크를 형성하는 데 집중하는 세력이다. 문제는 이론과 실천에서 당 좌파와 사회적 좌파가 연대보다는 서로 비판하고 반목하는 분리적 경향을 드러내고 있다는 점이다.

---

34) 마르타 아르네케르, 「당좌파와 사회적-좌파의 연합을 향하여」, 『사회진보연대』 34호, 2003.

사회적 좌파가 당 좌파를 비판하는 데에는 근거가 없지 않다. 당 좌파는 주어진 정치 활동의 규칙에 자신을 적응시키면서 보수정당과 똑같은 정치 기술을 습득하여 유리한 성과를 얻고자 할 뿐이라는 것이다. 당 좌파의 활동은 부과된 게임의 규칙을 벗어나지 못하고, 득표에 성공해서 의회에 진출하더라도 집단적인 대중 활동을 통해 변화를 촉진하기보다는 기능적인 의원직이나 행정직을 수행하는 데 머물곤 한다. 사회적 좌파의 제도정치에 대한, 특히 정치인에 대한 불신의 골은 깊다. 당 좌파의 입장에서도 사회적 좌파는 쉽게 수용되지 못한다. 현실 정치에 대해 무지한 채 아무런 현실적인 대안이나 힘도 없이 탈정치화나 무정부주의를 주장하는 철부지 공상가라는 것이다. 당 좌파는 국가를 통하지 않고 어떻게 대규모적이고 전국적인 법·제도 개혁을 실현시킬 것이냐고 반문한다.[35]

당 좌파가 자유민주주의적 게임의 규칙에 갇혀 있다는 비판과, 사회적 좌파가 성취할 수 있는 현실적인 변화를 무시한다는 비판은 모두 타당성이 있다. 그러나 역으로 국가 민주화가 필요하다는 당 좌파의 주장과 국가 지향 모델을 탈피해야 한다는 사회적 좌파의 주장 또한 모두 타당하다. 차이가 있다면, 당 좌파가 국가장치의 역할을 과대평가하면서 국가장치의 통제에 매진하는 반면, 사회적 좌파는 국가장치를 통제하는 투쟁을 과소평가하면서 국가장치를 파괴하는 데에만 관심을 기울인다는 데 있다.

하지만 사회적 좌파는 근본적인 새로운 대안적 기획과 새로운 조직 형태가 없는 상태에서 정당 정치를 거부할 수 없다. 왜냐하면 자발적인 운동들을

---

35) 이런 대립은 국내 좌파 진영에서도 지속적으로 나타나고 있다. 그 단면은 당 좌파에 속하는 황광우, 진중권과 사회적 좌파에 속하는 조정환의 논쟁에서도 드러난 바 있다(조정환, 진중권, 황광우, 「좌담: 좌파적 실천의 방향을 점검한다」, 『사회비평』 31호, 2002).

통일시키고 적절하게 정세에 개입할 수 있는 정치 조직은 항상 필수적이며, 국가 민주화는 국가가 소멸하지 않는 한 지속적인 투쟁의 과제이기 때문이다. 또한 당 좌파는 국가장치를 통제하는 것만으로는 기존 사회 질서를 변화시킬 수 없으며, 사회적 권력을 구축하지 않고는 정치적 권력을 형성할 수 없다는 것을 이해해야 한다. 이러한 이해를 바탕으로 다양한 사회운동적 기획들을 정당 정치로 환원시키려 하지 말아야 한다. 당 좌파와 사회적 좌파의 '차이 속의 연대'는 자본주의에 반대하고 민주화를 촉진시키는 새로운 기획을 구성하고 거대한 사회적 블록을 건설하는 데 있어서 필수적인 출발점이다.[36]

대중운동의 장기적 효과

예측하지 못한 시간과 장소에서 갑자기 일어나는 대중운동은 역사의 물줄기를 바꾸고 정치적 의제를 변화시킨다. 동시에 사회 속의 문화와 사람들의 심성을 전환시켜서 상이한 삶의 모습을 구성해내기도 한다. 1968년 혁명이 1848년 이후 구좌파의 문제틀을 전복시키고 새로운 민주화 과제를 정립했듯이, 1991년 5월 투쟁은 1980년 사회운동의 문제틀이 지닌 한계를 비판하면서 새로운 민주화 과제를 정립하고 실천하는 내재적 계기가 되었다. 이는 대중운동이 비록 우발적으로 발생할지라도, 궁극적으로 기존 사회 질서의 모순과 적대에 기초하여 그것을 극명하게 드러냄으로써 사람들이 세상을 인

---

36) 당 좌파와 사회적 좌파의 연대는 '시민운동과 진보운동의 동맹'보다 더 선차적인 중요성을 갖는다. 일부에서 주장하는 '시민운동과 진보운동의 동맹'은 사실상 '시민운동과 당 좌파'의 동맹이며, 이는 시민운동의 자유주의적 한계와 당 좌파의 의회주의적 한계를 결합시키는 것으로 귀결할 가능성이 크다.

식하고 해석하는 상징적 틀을 전복시키는 효과를 가지고 있기 때문이다. 하나의 대중운동 이후 상징적 지평이 달라지고 사회적 삶의 양상이 변화하면서 지향하는 민주화의 범위와 수준이 확장될 수 있는 것도 그 때문이다.

그러나 대중운동의 효과는 항상 양면적이기도 하다. 1968년 혁명은 '68년 세대'를 자임하는 사회적 자유주의 세력을 성장시켰으며, 자본주의와 사회주의를 동시에 극복하려는 애초의 기획은 '제3의 길'이라는 애매모호한 자유주의적 기획으로 축소되기도 했다. 마찬가지로 1991년 5월 투쟁은 1980년대 운동의 한계를 극복하고 민주화의 과제를 보다 넓은 범위로 확장시키는 계기가 되었지만, 탈자본주의에 맹목적이고 자유민주주의적 의회 정치를 보완하고 지탱하는 시민운동을 성장시키는 매개자이기도 했다. 물론 5월 투쟁이 1980년대 사회운동의 한계를 모두 드러냈다는 점에서 시민운동은 1980년대 운동의 한계를 극복하려는 하나의 시도라고 볼 수 있다. 하지만 전체적으로 초기에는 민중운동과 노동운동에 대한 반정립적 편향을 드러냈다. 그뿐만 아니라 최근에는 민주주의 담론을 축소된 형태로 수용하고 해석하여 국가에 대한 외적인 압력을 통해 자유주의적 의회 질서를 복원하려고 한다. 이런 점에서 시민운동이 표방하는 민주주의는 사실상 고정적인 형태의 민주주의를 위한 '민주화의 억제'라고 할 수도 있다. "민주주의가 발전한다는 것은 민주주의의 내적 동학에 의해서가 아니라, 기존 민주주의 세력과 이들에게서 배제된 '비민주주의적 세력'들과의 투쟁을 통해서 가능하다. '민주화'란 바로 사회적으로 배제된 것들이 투쟁을 통해서 기존의 법적 질서를 자신들이 승인되는 질서로 새롭게 재구성하는 과정"이라 할 수 있기 때문이다.[37] 이런 민

---

37) 이승원, 「91년 5월 투쟁과 민주주의: 한국 민주주의 연구를 위한 시론」, 91년 5월 투쟁 청년 모임, 『그러나 지난밤 꿈속에서 이 친구들이 나에 대하여 이야기하는 소리가 들려왔다 1991년 5

주화 과정 없는 민주주의, 정당 간의 공정한 경쟁이나 부정부패 없는 제도정치만을 강조하는 민주주의는 사실상 민주주의를 발전시키는 데 한계가 있을 수밖에 없다.

하지만 장기적인 측면에서 보자면, 1968년 5월 혁명은 국가권력의 장악이 아닌 다른 혁명(Alternative Revolution)을 정치적 의제로 만들었다는 점에서 혁명적이었다(이른바 '전복의 정치'가 아닌 '정치의 전복'). 그것은 일상 문화적 반란, 특히 여성운동과 생태운동을 중심에 두는 다양한 사회운동의 의제와 실천을 전 세계적으로 부각시키는 효과를 발휘했다. 최근에 신자유주의에 대항하는 반세계화운동은 그 모태를 1968년 혁명에 두고 있다. 5월 투쟁 또한 사회운동의 조직, 문화, 이데올로기, 활동 주체 등의 측면에서 다양한 사회운동으로의 전환을 이끌어 냈다는 점에서는 1968년 혁명과 유사하다. 5월 투쟁은 운동 과제의 확대(여성운동, 생태운동, 자율주의운동, 미시적 일상 세계의 전화), 운동 방식의 새로운 모색(탈중앙집중화, 정당 중심성 비판, 위계적이지 않은 수평적 연대), 새로운 운동 주체의 형성(특히 5월 투쟁을 경험한 '후386세대') 등의 주요 모태로 작용했다. 1968년 혁명과 1991년 5월 투쟁 같은 대중운동은 사회운동의 과제와 실천을 변화시키고, 민주주의라는 기표에 새로운 기의를 결합시킴으로써 더 많은 민주화를 촉진시키는 내재적 계기이다. 이런 인과 방향을 가설적으로 '대중운동→사회운동의 과제와 실천의 변화→민주화의 의미와 범위 확대→민주주의적 법·제도로의 확립'이라고 도식화해볼 수 있을 것이다.

1968년 혁명과 마찬가지로 1991년 5월 투쟁의 장기적 효과는 이제 막 시작되었을 뿐이다. 대중운동이 중요한 이유는 그 장기적 효과를 지속적인 민

월』, 이후, 2002, 244쪽.

주화와 연결시키기 위한 출발점이기 때문이다. 무엇보다도 대중들은 비록 소규모적이고 단기적일지라도 저항하고 투쟁하면서 새로운 역사를 생성시키고 있다는 사실을 기억해야 한다. 대중운동이 역사의 표면에 등장할 때 역사는 다시 한 번 스스로를 구획할 것이다.

〈자료〉

▌1991년 5월 투쟁 일지

4월 26일 명지대 강경대 시위 도중 백골단에 의한 폭행, 사망

4월 27일 '고 강경대 열사 폭력살인 규탄과 공안통치 분쇄를 위한 범국민대책회의' 결성

4월 29일 전남대 박승희 분신(5월 19일 사망) / 고 강경대 열사 폭력살인 규탄과 공안통치 분쇄를 위한 범국민대회, 전국 5만 명 참여(범국민대책회의)

4월 30일 노재봉 국무총리 대국민 사과 발언

5월 1일 안동대 김영균 분신(5월 2일 사망) / 세계 노동절 102주년 기념대회(전노협)

5월 2일 노태우 대통령 간접적인 사과 발언

5월 3일 경원대 천세용 분신, 사망

5월 4일 백골단 전경 해체 및 공안통치 종식을 위한 범국민대회, 전국 20만 명 참여(범국민대책회의)

5월 5일 김지하 『조선일보』에 투고문 게재

5월 6일 한진중공업 노조위원장 박창수 의문사

5월 7일 박창수 위원장 시신이 안치된 안양병원 영안실 백골단 투입, 강제 부검

5월 8일 전민련 전 사회부장 김기설 분신, 사망 / 서강대 총장 박홍 '어둠의 세력' 기자회견 / 전국 145개 대학 동맹휴업 돌입(전대협)

5월 9일 민자당 해체와 공안통치 종식을 위한 범국민대회, 전국 50만 명 참여(범국민대책회의) / 전국 98개 노조 시한부 총파업(전국투본)

5월 10일 광주 윤용하 분신(5월 12일 사망) / 민자당 국가보안법·경찰법 수정안 단독 가결

5월 11일 박창수 위원장 옥중살인 규탄 및 노태우 정권 퇴진을 위한 노동자대회(전노협) / 고 박창수 위원장 옥중살인 및 원진 직업병 살인 규탄 노태우 정권 퇴진 결의 대회(전국투본) / 검찰 범국민대책회의 지도부 9명에 대한 검거전담반 편성

5월 13일 전대협 소속 대학생 46명 민자당 중앙당사 점거, 전원 연행

5월 14일 애국학생 고 강경대 열사 민주국민장(무산)(범국민대책회의) / 해직 교사 120여 명 명동성당 단식 농성 돌입(전교조)

5월 15일 범국민대책회의 '공안통치 분쇄와 민주정부 수립을 위한 범국민대책회의'로 개편

5월 18일 연세대 철교에서 이정순 분신, 사망 / 전남 보성고 김철수 분신(6월 1일 사망) / 광주 운전기사 차태권 분신 / 노태우 정권 퇴진 제2차 국민대회 / 고 강경대 열사 장례식, 전국 40만 참여(범국민대책회의) / 고 박창수 위원장 옥중살인 규탄과 폭력 통치 종식을 위한 전국노조 총파업(전국투본) / 범국민대책회의 명동성당 투쟁 돌입

5월 20일 광주 권창수 시위 도중 진압 전경에 의한 폭행, 중태

5월 22일 광주 정상순 분신(5월 29일 사망) / 노재봉 국무총리 사퇴

5월 25일 성균관대 김귀정 시위 도중 강경 진압에 의한 질식사 / 공안통치 민생파탄 노태우 정권 퇴진 제3차 국민대회, 전국 17만 명 참여(범국민대책회의) / 정원식 국무총리 임명 등 내각 개편

5월 28일 노태우 대통령 민심수습대책 발표

6월 1일 전대협 5기 출범식(부산대)

6월 2일 노태우 정권 퇴진 제4차 국민대회(범국민대책회의) / 고 박창수 위원장 공작살인 안기부 해체 및 노태우 정권 퇴진을 위한 노동자대회(전국투본)

6월 3일 한국외대에서 정원식 국무총리 서리에 대한 달걀·밀가루 세례 사건 발생

6월 7일 검찰 민중운동 핵심 간부 107명에 대한 검거전담반 편성

6월 8일 인천 삼미기공 노동자 이진희 분신(6월 15일 사망) / 6·10항쟁 계승 및 노태우 정권 퇴진 제5차 국민대회, 전국 3만 명 참여(범국민대책회의)

6월 12일 고 김귀정 열사 장례식(범국민대책회의)

6월 15일 인천 공성교통 택시노동자 석광수 분신(6월 24일 사망) / 국민회의 선포식(범국민대책회의 재편) / 민족민주열사 합동추모제(범국민대책회의)

6월 20일 광역의회선거

6월 24일 유서 대필 공방 끝에 강기훈 검찰에 자진 출두

6월 29일 6·29선언 파산 선고와 노동운동 탄압 규탄 제6차 국민대회 / 노동열사 고 박창수 위원장 전국 노동자 장례식 / 범국민대책회의 명동성당 투쟁 해제

▌1968년 5월 혁명 일지

3월 22일 낭테르 대학생 5명이 반베트남 시위 혐의로 체포, 학생들 대학본부 점거 / '3월 22일 운동'(반제국주의와 대학 개혁) 개시

5월 1일 세계 노동절. 노동조합 파업 결의

5월 2일 낭테르 대학생들 소르본 대학에서 집회, 우파 학생들의 습격, 좌우 학생들 간의

무력 충돌

5월 3일 5월 혁명의 본격적인 발발. 경찰 소르본 폐쇄, 가두 투쟁(127명 체포)과 경찰의 폭력 진압

5월 6일 소르본 대학 파업·시위 결의, 파리 라탱 지구 시위(파리 고등학생 조직인 리세행동위원회 결합), 전국 20개 도시 시위(3만여 명), 경찰과 공화국보안대(CRS)의 폭력 진압(805명 부상)

5월 10~11일 바리케이드의 밤(33개 바리케이드 설치), 공화국보안대 무력 진압(1,000여 명 부상)

5월 13일 드골 정권 10주년. 노동총연맹을 비롯한 노동조합 일일파업 및 시위 / 학생들 소르본 점거위원회 구성. 100만 명 행진

5월 14일 낭트의 남부항공기 파업·점거

5월 15일 르노 자동차 공장 파업·점거, 오데옹 극장 점거

5월 18일 프랑스방송협회(편집자, 아나운서, 기자) 정치적 독립 공표

5월 19일 전국 노동 파업(200만 명)

5월 21일 연이은 파업으로 프랑화 가치 폭락

5월 23일 전국 노동 파업(1,000만 명)

5월 24일 드골 대국민 연설(국민투표 실시 제안)

5월 25일 퐁피두 수상 노동조합과 경제 협상에 돌입. 탱크 배치에 관한 소문 유포

5월 26일 그르넬 협정 타결

5월 27일 노동조합 그르넬 타협안 부결

5월 29일 노동총연맹 평화적인 반드골 행진·시위. 드골 독일 바덴바덴 프랑스 군 기지 방

문(드골과 장군들의 협상)

5월 30일 드골 대국민 연설(국민투표 철회, 국민의회 해산, 총선 실시, 군대 동원) / 드골주

의자들의 상젤리제 시위(50~100만 명)

6월 6일 르노 공장에서 노동자·학생과 공화국보안대 충돌, 공화국보안대의 승리, 파업

종결의 신호탄

6월 13일 트로츠키주의, 마오주의, 3월 22일 운동 등 좌파 조직 불법화. 총선 기간 중 시위

금지

6월 23일/30일 총선. 드골파인 공화국민주연합(UDR)의 절대 과반수 획득

69년 4월 27일 국민투표 반대 53% 드골 사임

69년 6월 대통령선거 조르주 퐁피두 당선

2장

민주화 세대의 역사적 좌표

새로운 젊은 세대와 기성 사회의 갈등은 세계사적으로 보편적인 현상이다. "우리 젊은 세대들의 전대미문의 행위들이 이대로 방치된다면 우리 문명의 장래는 어둡다."[1] 고대 메소포타미아의 도시 우르(Ur)에서 발견된 석판에 새겨져 있는 이 말은 오늘날에도 어디서나 흔하다. 물론 젊은 세대의 급진적인 반항이나 저항이 언제나 진보성을 담지하지는 않으며 반드시 사회운동과 결합하지도 않는다. 이런 점에서 새로운 세대들이 '운동에 의한 민주화'를 선도해온 한국 현대사는 다소 예외적이다. 그들에게는 4·19세대, 6·3세대, 민청학련 세대, 5·18세대, 6월 항쟁 세대 등의 이름이 붙여져 있다.

본래 사회운동과 정치적 주체는 불가분의 관계다. 사회의 모순과 구조의 효과로 정치적 주체가 형성되면서 서서히 사회운동이 전개되기도 하고, 우연한 사건이 얽혀 폭발적으로 분출한 대중운동의 효과로 정치적 주체가 구성되기도 한다. 민족국가와 세계 자본주의가 결합해 '역사적 블록'(historical bloc)을 형성하고 있는 현대 사회에서 이런 정치적 주체는 대개 민족이나 지

---

1) R.H. 라우어, 정근식·김해식 옮김, 『사회변동의 이론과 전망: 변동의 유형·메카니즘·전략』, 한울, 1985, 328쪽.

역 주민, 혹은 계급이나 계층의 분할선을 따라 움직인다. 따라서 통상 그와 연계되어 있는 이름을 부여받는다. 이런 점에서 주요 사회운동의 정치적 주체에 '세대'(generation)라는 명칭을 붙이는 일 또한 다소 예외적이다.

이런 예외적인 현상을 통해 한국 민주화 과정의 주요 특징을 간략히 엿볼 수 있다. 첫째, 한국전쟁 이후 좌파 세력의 몰락은 자유주의 세력의 취약성과 더불어 사회운동의 불모화를 불러일으켰다. 그로 인해 오랜 군부정권의 강력한 억압과 탄압 속에서 사회운동은 긴 잠복과 짧은 분출을 불연속적으로 반복하는 양상으로 나타난다. 둘째, 익히 알려져 있듯이 군부정권 시대에 사회운동의 짧은 분출을 주도한 세력은 대학생이었다. 학생운동은 선도적인 정치 투쟁을 통해 정치를 가능케 하는 공간을 창출했다. 이렇게 열린 숨쉴 수 있는 공간에서 재야·지식인운동과 노동운동은 성명서와 행동으로 자신들의 정치를 요구하고 실천했다. 요컨대 사회운동의 불연속성과 주요 세력이 대학생이라는 두 요인이 맞물려, 사회운동의 정치적 주체에 '세대'라는 명칭이 부과된 셈이다.

그러나 운동 세대 담론의 형성과 관련해 어쩌면 가장 중요한 세 번째 요인은 그 사후성이다. 사회운동, 특히 학생운동 지도부 출신의 정치적 행보는 잘 알려져 있다. 당대에도 '전향'이나 '배신'이라는 용어로 비판되곤 했지만, 운동권 출신의 정치적 입신양명은 지금까지도 마치 당연한 수순처럼 인식될 정도로 비판적인 상식을 이루고 있다. "냉정하게 말해 '무슨 무슨 운동 세대'라고 호칭되는 세력이란, 운동이 탈동원화된 이후 기존 질서 내로 통합되고 곧이어 새로운 엘리트층을 형성하는 패턴을 공유하고 있는 집단적 단위 이상의 의미를 갖지 않는다. 적어도 지금까지는 그러했다."[2] 모두들 그래왔음

---

2) 최장집, 『민주주의의 민주화: 한국 민주주의의 변형과 헤게모니』, 후마니타스, 2006, 30쪽.

을 알고 있으며 앞으로도 그러리라 굳게 예상한다. 그러나 사실상 운동이 전개되는 당대에 그 정치적 주체가 스스로를 하나의 '세대'로 지칭하는 경우는 없다. '무슨 무슨 운동 세대'라는 명칭은 언제나 사후에 붙여진다. 운동 세대 담론은 운동 세력이 지배 엘리트로 변모하는 과정에서 사후적으로 (재)생산되고 그것을 정당화한다. 요컨대 사회운동이 운동권 출신 지배 엘리트의 명분이 될 때 그 지배 엘리트를 지칭하는 용어가 '무슨 무슨 운동 세대'이다. 물론 언론이 그것을 부추기거나 확산시키는 경우가 다반사이다.

그러므로 운동 세대 담론은 사회운동과 정치적 주체의 결합이 아니라 분리를 표현한다. 그것은 특정한 사회운동의 정치적 주체를 명확히 밝혀주는 것이 아니라, 그 사회운동과 멀어지고 무관해진 어떤 정치적 존재의 회고적 신화를 구성한다. 민주화 세대는 어떠한가?

12년, 하나의 순환

역사가 없는 곳에 신화가 자리한다면, 이는 민주화 세대에게도 해당한다. 민주화 세대는 주로 1987년 6월 항쟁에 주도적으로 참여한 대학생들을 가리킨다. 때로는 여기에 1970년대 유신독재 시대에 청년기를 보낸 이들이 포함되기도 한다. 대체로 1980년대라고 불리는 민주화를 상징하는 시대에 젊은 시절을 보낸 사람들이다. 하지만 이 경우 민주화 세대라는 명칭보다 더 많이 사용되는 용어는 386세대이다. 익히 알려져 있듯이, 1960년대에 출생해서 1980년대에 대학을 다니고 1990년대에 30대에 이른 연령층을 가리킨다. 1995년에 방영된 드라마 「모래시계」에 빗댄 '모래시계 세대'라는 용어를 대신해 1996년 총선과 1997년 대선을 전후로 회자되기 시작했다. 그 후 시민운동의 정치개혁론과 정치사회의 젊은 피 수혈론, 언론과 자본의 상업적 마케팅 등이 결합해 사회적으로 크게 확산되었다.[3] 1980년대는 신화가 되었고 386세대는 그 신화의 주역이 되었다.[4] 그에 힘입어 386세대는 김대중 정권에서 부분적으로, 노무현 정권에서 전면적으로 지배 엘리트로 변모했다. 이런 점에서 민주화 세대가 386세대로 변모하는 과정은 사회운동의 정치적 주체가 지배 엘리트로 전환하는 과정이라고 표현할 수도 있겠다.

그러나 사회운동에 관한 한 1980년대 민주화 세대의 역사는 이미 오래 전에 종결했다. 역사를 구획하는 방법은 여러 가지가 있다. 사회운동을 중심에 둔다면, 1979년 10월 부마항쟁과 1980년 5월 광주항쟁에서 시작해 1991년 5월 투쟁에 이르는 시기를 동시대적인 정치·이데올로기적 시공간으로 파악할 수 있다. 이런 맥락에서 민주화 세대는 1979년 10월 부마항쟁과 1980년 5월 광주항쟁부터 1991년 5월 투쟁(혹은 1992년 대선 민중후보 투쟁)에 이르는 시기에 사회운동을 주도하거나 그에 참여한 사람들이라고 개념화할 때 보다 정확해질 것이다.

1980년대 사회운동이 12년 동안의 작은 순환을 거친 후 종결했다는 평가는 새삼스럽지 않다.[5] 1987년 6월 항쟁만을 부각시켜 1980년대를 신화화하는 논의들과 달리, 6월 항쟁부터 1991년 5월 투쟁까지의 시기에 주목해야 하

---

3) 박길성, 「왜 세대인가」, 『계간 사상』 가을호, 2002, 19-20쪽.

4) 이 과정에서 언론은 서구의 1968년 혁명에 대한 사회적 관심을 이용해 68년 세대와 386세대의 유사성을 조명하는 방식으로 386세대의 신화화에 기여하기도 했다. 물론 영국의 토니 블레어, 프랑스의 리오넬 조스팽, 독일의 요쉬카 피셔 등으로 대표되는 68년 세대의 제3의 길과 386세대의 정치적 행보 사이에 전혀 유사성이 없는 것은 아니다.

5) 김진균, 「1980년대: '위대한 각성'과 새로운 주체 형성의 시대」, 이해영 편, 『1980년대 혁명의 시대』, 새로운세상, 1999, 12쪽.

는 이유도 여기에 있다. 이 시기는 타협적인 6·29선언과 1987년 13대 대선에서 민주 진영의 패배에도 불구하고 혁명적인 민주화의 열망이 전국적으로 불타오른 국면이었다. 그뿐만 아니라 1989년 공안통치와 1990년 3당 합당 등을 통해 지배 세력이 민주화 과정을 역전시키는 '반격의 시간'이기도 했다. 1991년 5월 투쟁은 민주화 과정이 전진할 것인가 역전할 것인가를 결정짓는 주요 분수령이었다. 이 5월 투쟁을 경과하면서 지배 세력은 상대적인 안정화에 성공하고 민중운동 세력은 '결정적'으로 패배했다. 학생운동과 노동운동은 고립되었고, 재야·지식인운동은 해체, 분화하면서 제도권에 진입하거나 시민운동에 발언권을 넘겨주었다. 1991년 5월 투쟁은 혁명적인 1980년대의 정치적 시공간이 붕괴하는 역사적인 결절점이었던 셈이다.

그 효과는 민주화 과정의 왜곡과 봉쇄였다. 한편으로는 국가에 의한 민주주의 담론의 전유(exploitation)가 시작되었다. 민주주의가 국가 담론으로 전유되면서, 6월 항쟁이 신화화되는 대신 과거 현대사를 수놓은 사회운동들은 선별적으로 포섭되어 명문화된 국가적 정의(definition)에 적합한 '민주화운동'으로 포장되었다. 또한 여러 사회운동에 복합적으로 내재되어 있는 사회민주주의적 내지 공산주의적 성격은 철저히 배제되었다. 인혁당 사건이 공산주의운동이 아니라 '민주화운동'으로 인정받은 에피소드는 그 단적인 사례일 뿐이다. 다른 한편으로는 민중운동 세력에 대한 탄압과 배제가 다시 본격화되었고, 1987년 6월 항쟁 이후 상정된 민주적인 개혁 법안들은 차례차례 폐기되거나 개악되었다. 6월 항쟁이 신화화되는 이면에서 1980년대 사회운동의 혁명성은 철저하게 거세된 것이다. 한국 사회의 민족 모순과 계급 모순을 제기하는 민족해방민중민주주의(NLPD)로 대표되는 혁명적 이념과 이를 위한 실천은 한낱 이론에 사로잡힌 일부 지식인들의 조급한 급진성으로 폄하되었다. 그리고 6월 항쟁 이후의 정치 일정은 정치적 민주주의 내지 절차적 민주주의의 완성을 향한 도정으로 찬양되었다.

이렇게 6월 항쟁이 열어낸 혁명적 분위기가 흘러넘치던 정치적 시공간은 봉합되었다.[6] 그에 따라 6월 항쟁에 대해서도 서구의 근대 부르주아 혁명 모델에 준거하여 정치적 민주주의를 확립시킨 자유민주주의적 시민운동이라는 평가가 일반화되었다. 그러나 그 귀결은 정치적 민주주의의 완성이 아니었다. '운동에 의한 민주화'를 왜곡·축소하고 1980년대 사회운동의 잠재력을 봉합시킨, 서구 모델에도 훨씬 못 미치는 제한적인 정치적 민주화였다. 지금까지도 반복되는 표준적인 민주주의 담론들—형식적 민주주의와 실질적 민주주의를 구분한 후 정치적·절차적 민주주의가 제도화되었으니 이제 사회경제적 민주주의를 실현시켜야 한다는—은 그런 정치적 민주주의의 완성이라는 환상을 재생산하고 있을 뿐이다.

대내적으로 1991년 5월 투쟁이라는 분수령을 넘으며 1980년대 사회운동의 12년 동안의 순환이 종결되고, 대외적으로 1989~1991년 현실 사회주의의 몰락이 가시화된 정세에서 대부분의 민주화 세대가 선택한 것은 사실상 고백과 청산이었다. 1980년대의 '미망(迷妄)'을 증언하고 잘못을 반성하는 고백들이 잇따랐고 이른바 '후일담'이 유행했다. 1980년대 사회운동의 정치적 주체는 이렇게 자신의 역사를 스스로 부정하면서 살아남았다. 민주화 세대의 역사는 바로 이 지점에서 이미 종언했다고 해도 과언이 아니다.

하지만 역사의 얄궂음은 6월 항쟁의 혁명적 효과를 봉쇄한 대가로 확립

---

6) 따라서 '87년 체제'라는 개념은 사회운동적 차원에서도 성립하기 어렵다. 그것은 1991년 5월 투쟁을 기점으로 소멸했다고 봐야 한다. '87년 체제'가 아니라, 극우반공체제를 확립한 '48년 체제'와 개발독재의 산업화를 개시한 '61년 체제'가 보다 적실성 있는 개념이라는 논의로는 손호철, 「민주화운동, 민주화, 민주주의」, 『해방 60년의 한국정치 1945~2005』, 이매진, 2006, 11~12쪽; 최장집, 『민주주의의 민주화: 한국 민주주의의 변형과 헤게모니』, 후마니타스, 2006, 32~34쪽 참조.

된 6월 항쟁의 신화화에 힘입어 '민주화 세대'를 '386세대'로 화려하게 부활시켰다. 그러나 그것은 1980년대 사회운동을 스스로 부정한 '살아있는 죽음'(living-deadness)의 귀환이었다. 문민정부-국민의정부-참여정부와 그에 흡수된 386세대가 민주화가 아니라 신자유주의를 앞장서 추진하는 역설이 전혀 예기치 못한 악몽은 아니었던 셈이다. 신자유주의 정책을 뒷받침하고 있는 386세대는 6월 항쟁을 비롯해 1980년대를 대표하기는커녕 그에 관해 발언할 자격도 주어질 수 없다.

NL과 PD 그리고 민중주의[7]

1980년대를 스스로 부정한 민주화 세대의 역사적 한계를 그들의 이데올로기로 온전히 환원시킬 수는 없다. 그러나 민주화 세대의 이데올로기를 통해 그 저변에 자리한 문제의 한 단면을 유용하게 살펴볼 수는 있을 것이다.

1970년대 운동과 1980년대 운동을 구분하는 표준적인 논의 가운데 하나는, 1980년 5월 광주항쟁의 충격으로 인해 1970년대 사회 비판 세력이 공유했던 추상적이고 소박한 민중주의의 한계를 절감하고 한국 자본주의 분석에서 도출된 계급론에 입각해 운동의 주체를 구체화하는 변혁론을 정립했다는 것이다. 실제로 1980년대의 주요 특징 가운데 하나는 한국전쟁 이후 소멸했

---

7) 여기서 민중주의는 'populism'을 가리킨다. 이를 '인민주의'라고 옮기기도 한다. 남한에서는 한국전쟁 이후 '인민'이란 용어가 실종하고 '민중'이란 용어가 재발견되어 '민중' 개념을 중심으로 '인민주의'가 발전했다. 이를 고려해 이 글에서는 잠정적으로 '민중주의'라는 용어를 사용한다. 하지만 미국, 러시아, 라틴아메리카 등 여러 국가의 'populism'을 비교하거나 이론적으로 논의할 경우에는 '인민주의'라는 용어가 보다 유용할 수 있을 것이다.

던 마르크스주의의 때늦은 부활이었다. 대표적으로 사회성격 논쟁이 전개되었으며, 그 과정에서 선차적인 변혁 과제를 어떻게 설정하느냐에 따라 NL(민족해방)과 PD(민중민주주의)라는 두 정파가 구성되었다. 여기서 NL이 북한의 주체사상을, PD가 레닌주의를 선례로 삼았다는 것은 주지의 사실이다.

그렇다면 민중주의는 어디로 갔는가? 1980년대 사회운동은 과연 1970년대의 민중주의와 결정적으로 단절했는가? 민중 개념에 대한 일대 논전을 경유하여, NL은 민중주의를 민족론으로 이해하고(민족의 핵심으로서 민중), PD는 민중주의를 계급론으로 변형시켰다(민중의 핵심으로서 노동자계급). 한국적 마르크스주의의 두 형태라고 표현할 수도 있는 NL과 PD는 사회운동 속에서 이론적·실천적으로 민중주의와 근본적으로 단절하지 못했다(또는 단절할 수 있는 충분한 시간이 주어지지 않았다). 다만 민중 개념을 재해석하고 이론적으로 정교화했을 뿐이다. 1980년대 중반 이후 마르크스주의의 부활에도 불구하고 민중주의는 마르크스주의가 도입될 수 있는, 동시에 마르크스주의의 적극적인 확산을 저지할 수 있는 지적·이데올로기적 조건을 구성하고 있었다. 1980년대 사회운동의 이데올로기 지형은 'NL과 PD 그리고 민중주의'였다.[8]

그러나 불과 몇 년 만에 1980년대 사회운동의 순환이 종결하고 혁명적인 시공간이 봉합되면서 마르크스주의는 급격히 쇠퇴했다. PD의 퇴조는 말할 것도 없고, 대중적 영향력을 획득했던 NL 내에서도 주체사상이 보다 강화되면서 마르크스주의적 요소는 거의 사라졌다. 그렇다면 민중주의는 어디로

---

8) NL과 PD가 민중주의를 완전히 극복하지는 못했을지라도 그와 대립하면서 성장했음을 고려할 때, 1980년대 사회운동의 이데올로기 지형을 민중주의로 파악하고 그 두 하위 유형으로 NL과 PD를 분류하는 방식(조대엽, 「386세대의 문화와 세대 경험」, 박길성·함인희·조대엽, 『현대 한국인의 세대경험과 문화』, 집문당, 2005, 123쪽; 최장집, 『민주주의의 민주화: 한국 민주주의의 변형과 헤게모니』, 후마니타스, 2006, 31쪽)은 개념상의 혼란을 불러일으킨다.

갔는가? 민주화 세대의 고백과 청산 이후 그들이 살아남기 위해 돌아간 곳은 과거의 소박한 민중주의가 아닌가?

민중주의는 공동체에서 소외된 이들을 민중이란 관념으로 호명하고, 민중과 함께하는 삶을 통해 소외 없는 공동체를 확립하고자 하며, 이를 위해 상하를 막론하고 모든 구성원이 공동체의 도덕적인 규칙을 준수해야 한다는 점을 강조한다. 또한 공동체 구성원들 간의 도덕적 관계를 중요시하기 때문에 공동체의 도덕 규칙을 위반하는 불의와 부정에 대해 분노하고, 가시적인 '적'을 뚜렷하게 식별해낸다. 하지만 사회 모순의 근본적인 해결이 아니라 공동체의 상식적인 도덕성 확립에 보다 더 관심을 기울인다. 이는 1970년대 산업화, 도시화에서 비롯하는 인간 소외와 빈부 격차를 비판했던 해방신학 내지 민중신학의 영향을 받은 것이기도 하다. 어떤 면에서는 조선 시대까지 거슬러 올라가는 농촌공동체에 기반한 농민의 전통적인 세계관에서 유래하는 것이기도 하다.[9]

이런 맥락에서 민중주의는 도덕경제(moral economy)에 유비될 수도 있다.[10] 도덕경제는 물질적인 경제적 관계가 아니라, 경제적 관계를 규제하는 도덕적인 규범과 관습을 강조하는 개념이다. 그에 따르면, 농민들은 최소한의 생계 권리를 방어하기 위해 마을공동체의 관습적인 규범으로 호혜성의

---

9) 윤건차, 『현대 한국의 사상 흐름: 지식인과 그 사상 1980~90년대』, 당대, 2000, 66~70쪽.

10) 도덕경제론을 정초한 톰슨은 18세기 영국의 식량 폭동을 분석하면서, 그것이 전통적인 사회 규범에 입각한 도덕적 분노에서 촉발되었다고 말한다. '공정한' 가격 체계를 침해하는 시장의 자유화에 반대했지만, 체제 전복이나 반자본주의가 아니라 식량에 대한 온정주의적 관료 통제를 재확립하려는 저항이었다고 설명한다. 그리고 이를 전통적인 권리와 관습을 방어하려는 도덕경제라고 지칭한다(E.P. Thompson, *Customs in Common*, Penguin Books, 1993). 영국의 오랜 도덕경제적 전통은 마르크스주의가 영국 노동운동과 확고히 결합하지 못하는 한 원인이기도 했다.

원리를 확립한다. 여기서 호혜성의 원리란 소작인이 지주의 '공평한' 착취와 권리를 인정하는 대신, 지주에게 소작인의 생계를 책임질 의무를 부여하는 도덕적인 규범이다. 소작인은 지주-소작 관계의 불평등을 용인하는 대신 '너무 많은' 착취에 대해서는 '공정성'과 '정의' 등 도덕적인 규범을 내세워 지주에게 일정한 관용과 재분배를 강제한다. 그에 따라 지주-소작 관계는 일종의 후견-피후견(patron-client) 관계로 나타난다. 요컨대 도덕경제는 그 구체적인 내용은 다를지라도, 386세대의 용어로 바꿔 말하자면 '상식이 통하는 사회'에 대한 요구인 셈이다. 지배 세력이 '상식 이하'로 행위할 때 기존의 상식을 방어하는 것은 의미 있는 투쟁의 쟁점일 수 있다. 그러나 공동체의 사회적 상식이 반드시 진보적인 것은 아니다.[11]

이런 민중주의는 사회적 약자나 하층에 대한 정서적 연대를 유지하고 지배 엘리트의 도덕적인 책임과 의무를 강조한다는 점에서 긍정적일 수도 있다. 그러나 구조적이고 제도적인 문제를 도덕적인 잣대로 접근해서 '우리'와 '적'을 구별하고, 대중들의 도덕적 분노를 동원하는 방식은 오히려 그에 대한 적합한 인식과 해법의 창출을 가로막을 가능성이 높다. 또한 노무현 정권에서 두드러지게 나타나듯이, 정당성의 위기에 처한 지배 세력이 구조적인 모순에서 비롯하는 정치 갈등을 호도하기 위해 민중주의를 활용하여 임의의 '적'을 상정하고 도덕 담론으로 '말들의 전쟁'을 전개할 때 대중들의 민

---

11) 이런 점에서도 386세대의 진보성과 이념성은 과대 포장되어 있다. "정치 세대로서의 386세대는 원래부터 다른 세대에 비해서도 특별히 진보적이라거나 이념적이지 않았으며, 개혁 지향적 태도를 유지하면서도 현실과 타협도 잘하는 현실 합리적 태도를 견지해왔다. 그들은 일상의 수준에서 민주화를 달성한 세대라는 자부심을 숙연한 방법으로 잘 표출하고 자신의 위상을 높이는 데 능숙하게 활용할 줄 안다. 그러면서도 대의명분을 현실로부터 분리시켜 관리하는 냉철한 현실주의자의 면모를 보여준다"(고원, 「386세대의 정치의식 변화 연구」, 『동향과 전망』 63호, 2005, 205~206쪽).

주주의 정치에 대한 냉소와 환멸은 더욱 확대될 수 있다. 더구나 보수주의, 자유주의, 사회주의 등 일체의 현대 정치 이데올로기를 거부하고 공동체의 가치 규범만을 강조하는 민중주의에는 어떤 대항헤게모니적 기획도 존재하지 않는다. 그것은 비제도적인 차원에서 민중에 대한 직접적인 호소를 통해 '우리'와 '적'을 나누는 구획선 긋기를 반복하여 사회 질서를 통합하려는 '정치 논리'(political logic)이다. 즉 '텅 빈 기표'(empty signifier)로 작용할 뿐이다.[12] 386 세대를 매개로 민중주의가 신자유주의 기획과 결합할 수 있었던 이유도 여기에 있다.

민주화 기획의 재구성을 위해

젊은 대학생들의 선도적인 정치 투쟁은 1987년 6월 항쟁으로 결실을 맺었다. 하지만 이를 통해 열린 혁명적인 민주화의 시공간은 1991년 5월 투쟁을 경과하면서 지배 세력의 '반격'으로 봉쇄되고 정치적 민주주의조차 제한적인 형태로 성취되었다. 또한 대외적인 현실 사회주의의 붕괴가 맞물린 정세에서 민주화 세대는 1980년대 사회운동을 스스로 부정하고, 민족 모순과 계급 모순이라는 한국 사회의 근본적인 문제를 제기하는 NL과 PD의 혁명적 이념 대신 과거의 전통적인 민중주의로 회귀했다. 문민정부에서 국민의정부를 거쳐 참여정부까지 3기에 이르는 민주정부는 민주개혁에 실패하고 오히려 신자유주의를 도입, 추진했다. 그리고 6월 항쟁의 후광으로 지배 엘리트로 변신한 민주화 세대는 기존 정치체제로 흡수되었다. 도덕경제를 연상시

---

12) Ernesto Laclau, *On Populist Reason*, Verso, 2005, pp. 117~118.

키는 민주화 세대의 민중주의는 민주정부의 신자유주의 개혁을 정당화하거나 그에 대한 대중의 저항을 완화시키는 효과를 발휘했다. 민중주의와 신자유주의의 결합은 '정치의 실종'과 민주주의에 대한 대중들의 무관심과 환멸을 만연시켰다.

이런 오늘날의 정세에서는 '정치적 민주주의에 기초하여 정당 간의 공정한 경쟁을 통해 시민사회의 이해를 대표하고, 사회경제적 민주주의로 나아간다는 기존의 민주화 기획이 여전히 유효한 것인가'라는 질문을 우회할 수 없다. 그러나 금융세계화를 핵심으로 하는 신자유주의에 맞서 대항헤게모니를 구축하거나 대안적인 정치적 전망을 조직하기 어려운 현 상황에서 민주화 기획이 쉽게 포기될 수 없다는 것 또한 분명하다. 이 문제는 보다 심도 깊은 분석과 논의를 필요로 하겠지만, 민주화 기획의 재구성을 위한 몇 가지 준거들을 설정해볼 수는 있을 것이다.

첫째, 민주주의라는 보편적 상징을 재구성할 수 있어야 한다. '현실주의'라는 명목으로 민주주의를 '선거를 중심에 두는 정당 간 경쟁 규칙의 제도화'로 협소화시킬 것이 아니다. 오히려 민주주의의 핵심 가치인 자유와 평등에 대한 권리를 보편적인 시민권으로 정립할 수 있는 이론적·철학적 지표를 세공할 필요가 있다. 이는 민주주의라는 쟁점에서 보수 세력의 헤게모니에 맞설 수 있는 중요한 담론적 자원이 될 수 있을 뿐만 아니라, 대중들을 민주주의의 정치적 주체로 묶어내는 데 있어서도 중요하다.[13]

---

13) 이와 관련하여 시민권을 중심으로 인권의 정치를 재구성하는 발리바르의 작업은 시사적이다 (에티엔 발리바르, 윤소영 옮김, 「'인간의 권리'와 '시민의 권리': 평등과 자유의 현대적 변증법」, 『'인권의 정치'와 성적 차이』, 공감, 2003). 기존의 인권 담론은 자유와 평등을 분리하거나(자유냐 평등이냐의 양자택일), 권리보다 의무를 강조하거나(권리 요구에 선행하는 의무 수행), 도덕성의 차원으로 후퇴하는(시민권 없는 인권) 한계를 갖고 있었다. 이는 인권 담론이 체제 정당화

둘째, 민주주의의 정치적 주체에 관한 고민이 필요하다. 어쩌면 정당 정치 혹은 정당으로의 정치 세력화의 가장 큰 실패는 민주주의를 위한 정치적 주체를 새롭게 구성하지 못한다는 데 있을지도 모른다. '주권을 행사하는 유권자'라는 호명은 선거 국면에서 일시적인 열망을 불러일으킬 수는 있어도 선거 이후까지 지속적으로 민주주의를 위한 정치적 주체를 구성해내기는 어렵다. 더구나 기존의 학생운동이 쇠퇴하고 노동자운동이 내부의 갈등으로 분열하고 있을 뿐만 아니라, 최근 '시민사회 대 시민사회'라는 명제로 표현되듯이 시민사회가 민주주의에 무관심하거나 그에 반하는 모습을 보이고 있는 상황에서 민주주의의 정치적 주체를 구성하는 문제는 중요한 정치적 쟁점이 아닐 수 없다.

셋째, '정치적 행위'(political act)의 윤리를 새롭게 확보해야 한다. 진정한 정치적 행위란 무엇인지, 그것을 가능케 하는 것은 무엇인지 등에 관한 문제는 단순히 집합행동론에서처럼 무임승차를 방지하기 위해 적절한 자극과 유인을 제공하는 차원으로 환원될 수 없다. 신자유주의 이후 국가·정부의 무능력과 주기적인 선거 게임의 성과 없는 반복에 실망한 이들은 냉소적 허무주의로 경도되거나, 그 반대급부로 카리스마적 인물의 영웅적인 정치적 행위에 대한 열망에 사로잡히고 있는 것처럼 보인다. 더구나 진정한 정치적 행위

담론이라고 비판받는 근거가 되었다. 하지만 발리바르가 제기하는 인권의 정치의 기본 명제는 자유와 평등의 동일성, 인권과 시민권의 동일성이다. 자유와 평등의 동일성(평등한 자유라는 의미의 평등자유(égaliberté))은 자유의 억압이나 제한은 불가피하게 평등의 억압이나 제한을 초래하며, 그 역도 마찬가지라는 것이다. 인권과 시민권의 동일성은 시민권이 아닌 인권은 어떤 정치적 현실성이나 가치를 지닐 수 없다는 것을 의미한다. 따라서 자유와 평등의 상호제약성을 부각시켜서 현실의 불완전한 자유와 평등을 불가피한 것으로 수용하거나, 인권과 시민권을 분리시켜서 인권을 전혀 정치적이지 않은 중립적인 도덕 담론에 한정시키려는 기존의 인권 담론과 다를 뿐만 아니라, 그보다 훨씬 더 근본적이다.

를 고민하는 비정규직, 여성, 이주노동자 등 새로운 사회운동은 흔히 기득권 세력에 의해 민주주의의 이름으로 비판되고 억압된다. 민주적인 절차를 지켜야 한다는 지배적 윤리가 민주화를 위한 정치적 행위와 대립한다는 것은 민주화 기획의 유효성을 침해하는 중요한 문제가 아닐 수 없다.

넷째 한국 민주화의 주요 특징이 '운동에 의한 민주화'였다는 사실을 다시 떠올릴 필요가 있다. 1980년대 이후 기존의 사회운동이 퇴조하고 새로운 사회운동이 성장하지 못한 상황에서 사회운동이 민주화로 연결되는 과거의 경로가 다시 성립할 수 있을지 낙관하기는 어렵다. 그러나 사회운동의 활성화에서 나오는 폭넓은 문제 제기와 비판은 정치 개혁과 민주화의 확대에 언제나 유효한 힘을 제공할 수 있다. 이는 민주화에 대한 사유가 사회운동의 활성화에 대한 고민과 병행되어야 함을 의미한다.[14]

---

14) 사실 여기서 제기한 기존의 민주화 기획의 유효성에 관한 질문은 최장집이 다른 맥락에서 다음과 같이 이미 제기한 것이기도 하다. 한 가지 흥미로운 것은 민주화 문제의 해법을 사회운동이 아니라 정당 정치에서 찾고 있는 전체적인 논지에도 불구하고, 이 질문에 대해서만큼은 유달리 운동의 중요성을 강조하고 있다는 점이다. "절차적 민주주의로부터 또는 그것을 기초로 실질적 민주주의를 발전시키는 일이, 현재와 같은 선거 경쟁과 대표의 체계를 통한 대의제 민주주의에 의해 가능할 수 있을까? 실질적 민주주의를 위해서는 참여의 범위가 보다 확대되고, 이를 통해 민중적 힘의 투입이 정치 과정 내로 넓게 수용되어야 할 것이다. 그것은 참여와 시민사회에서의 운동의 중요성을 말한다. …… 운동은 제도가 갖는 본래적 보수성, 즉 경직화와 일상화, 민중적 힘을 제약하는 경향성 때문에 민중적 힘이 정치 과정으로 투입되는 중요한 채널이다"(최장집, 『민주주의의 민주화: 한국 민주주의의 변형과 헤게모니』, 후마니타스, 2006, 160쪽).

3장
1990년대 전향 담론과 반지성주의

    1991년 여름, 소련 영토에서 레닌 동상이 철거되는 장면은 현실 사회주의 국가의 종언을 상징적으로 보여주었다. 수많은 대중들이 운집해 반공산당을 외치는 모습은 냉전의 상상력을 압도하는 것이었다. 고르바초프의 페레스트로이카가 더 나은 사회주의를 향해가고 있다는 대다수 진보 지식인들의 믿음은 허위의식으로 판명되었다. 사회주의와 공산주의 내지 마르크스주의를 정치적 신념과 운동으로 지향했던, 그리고 소련이나 북한을 '새로운 세상'의 전형으로 삼으며 1980년대를 살아낸 지식인들과 활동가들은 커다란 충격에 휩싸였다. 그것은 한국 사회의 1980년대가 그저 연대기일 뿐이 아니라 하나의 상징계로서 무너진다는 것을 뜻하는 사건이었다.

    사회운동적 차원에서 1980년대가 5·18 광주항쟁에서 시작해 1991년 5월 투쟁으로 종결한다면, 1990년대는 대내적으로 1991년 5월 투쟁에서 1980년대식 민중운동이 실추하고 대외적으로 현실 사회주의 국가들이 몰락하는 1991년부터 1997년 외환위기와 IMF관리체제까지로 시대를 구획해볼 수 있을 것이다. 이 7년의 시공간은 1980년대가 해체되는 과정이면서 또한 이를 수용하거나 애도하거나 부정하는 다양한 의지들과 힘들의 교차로였다. 그 작은 조각들 가운데 하나가 '전향'이라는 문제이다. 여기서 '작은 조각'이라고 하는 이유는 전향이라는 용어 자체가 당대의 정치적, 사회적, 문화적인 큰 흐름과는 동떨어져 있었기 때문이다. 1987년 6월 항쟁 이후 문민정부로 계승된 제한적인 정치적 민주화, 1인당 국민소득 1만 달러로 대표되는 본격적인 소비사회 진입, 개인의 욕망을 표방하는 신세대 출현, 포스트모더니즘, 포스트마르크스주의, 포스트산업사회 등 '포스트 시리즈'의 유행 등으로 표상되는 1990년대에 전향은 뭔가 큰 흐름에 어울리지 않는 껄끄러운 기표였다.[1] 한편으로는 구시대의 유물이나 청산의 대상이었지만, 다른 한편으로는 전향과 비전향을 둘러싼 갈등 담론이 간헐적이지만 빈번하게 부상하고 가라앉는 과정이 지속되었던 것이다.

한국 사회에서 전향(轉向)의 사전적 정의는 "1) 신념이나 사상 따위를 다른 것으로 바꿈, 2) 어떤 일을 하던 방향을 다른 데로 돌림"이다(『고려대 한국어 사전』). 지금 말하는 전향은 후자와 같은 단순한 '방향 전환'이 아니라, 전자와 같이 정치적 신념, 이념, 사상 등을 바꾸는 것을 가리킨다. 특히 좌파에서 우파로 극적인 전환을 표명한다는 것을 뜻한다. 하지만 이와 같이 한 극에서 다른 한 극으로 이동하는 가교로서 전향을 강제하는 법적·제도적 구조가 가로놓여 있다는 점에서, 전향은 국가의 억압 장치에 대한 굴종이거나 주류 권력 집단의 일원으로 편입되는 통로라는 함의를 갖고 있다. 요컨대 정치적 신념, 이념, 사상을 바꾼다는 것만이 아니라, 이 바꿈 자체가 그 내용(좌에서 우로 가든 우에서 좌로 가든)과 무관하게 어떤 도덕적 경계선 또는 규범을 위반하는 행위인 것이다. 전향의 근접어가 '변절', '배신' 등인 이유도 여기에 있을 것이다.

---

1) 1990년대를 소비문화의 만개와 개인의 탈정치적 욕망이라는 틀로만 파악하는 서사에 대한 비판으로는 장성규, 「당신들의 90년대」, 『실천문학』 118호, 2015, 291쪽.

1990년대의 세 가지 전향 담론

1990년대 전향 담론은 크게 세 가지 차원으로 구분해볼 수 있다. 첫째 사회주의 혁명 노선을 추구하던 비합법 전위 조직의 노선 전환 논쟁, 둘째 진보 지식인들의 고백, 셋째 전향서 작성을 둘러싼 비전향 양심수의 문제이다. 1990년대는 한편으로 대규모적인 집단적 전향이 일어난 시대였고, 다른 한편으로는 지식인들 사이에서 서로의 정치적·사상적 성찰과 전환을 전향이라는 용어로 비판하는 시대였다.

1) 조직적 전향

1990년대 최초의 집단적·조직적 노선 전환은 노동자정당추진위원회(노정추)에 의해 시도되었다. 노정추는 민중민주주의(PD) 계열 정파들의 통합 조직으로서 비합법 전위 조직에서 합법적 대중정당으로 전환하는 이른바 '신노선'을 제시했다. 1980년대 비합법 전위 조직인 인천지역민주노동자연맹(인민노련), 민족통일민중민주주의노동자동맹(삼민동맹), 노동계급 등 민중민주주의(PD) 계열의 정파들이 통합해 1991년 7월 한국사회주의노동당 창당준비위원회를 구성한다. 이 조직이 현실 사회주의 국가들의 붕괴와 더불어 '신노선'을 채택하고, 12월 15일 전국 20여 개 지역 노동자 대표 214명과 함께 주대환을 대표로 선출한 후 1992년 1월 19일 한국노동당(가칭) 창당 발기인 대회를 개최한다.[2]

---

2) "창당준비위는 이날 발기 취지문에서 '경제 불안, 정치 불신, 민족 자주권 침해 등 각종 문제는 민중의 힘에 의거해서만 해결할 수 있다며 대토지 국유화, 재벌 해체, 군비 축소와 복무연한 단축, 노동3권 완전 보장, 농산물 수입 개방 저지 등 급진적 강령을 제시했다"(「민중당에 통합 제안 기로」, 『한겨레』, 1992. 1. 21).

이와 같은 노정추의 '신노선'은 주로 합법과 비합법을 둘러싼 정치 노선 논쟁으로 나타났다. 하지만 그동안 대부분의 PD 정파들이 의회민주주의에 비판적이었고, 전위 조직이 주도하는 반자본주의 혁명을 지향했다는 점에서는 전향이라고 해도 무방할 것이다. 이는 주대환 위원장이 발기인 대회 직전에 국가보안법 위반으로 구속되지만, "사회주의 혁명을 추구하며 한국노동당 창당준비위원회를 만든 사실은 인정되나 합법적인 공개 정당 활동을 표방한 점 등을 참작해 집행유예를 선고"한 것에서 알 수 있다. 사실상 '혁명 노선의 포기'를 공권력에 의해 인정받는 과정이었다.[3] 이 과정에 관해 주대환은 다음과 같이 밝히고 있다.

우리는 1991년 가을 오랜 토론 끝에 600명의 지하 혁명 정당으로 설정된 한국사회주의노동당 창당준비위원회를 자진 해산하였습니다. 그리고 선거에 참여할 합법 정당으로 한국노동당 창당에 나섰습니다. 이러한 새로운 노선을 우리는 '신노선'이라 이름 붙였습니다. 그러나 대한민국 공안 당국은 이러한 행동을 진짜 빨갱이들만이 할 수 있는 위장 전술로 받아들였습니다. 그리고 저와 민영창, 이용선, 전성을 잡아갔습니다. 저는 며칠 동안 조사

---

3) 「노동당 준비위장 집행유예」, 『한겨레』, 1992. 7. 4. 2008년에 주대환은 민주노동당의 분당 과정에서 노동당 노선을 폐기하고 사회민주주의를 명시적으로 주장하는 「민주노동당의 분당 사태와 좌파의 진로」라는 글을 뉴라이트 계열의 『시대정신』에 기고해 진보 진영에서 '전향'이라고 비판을 받는다. 이에 대해 그는 '전향'이라면 1992년에 이미 했다고 언급한다. "'전향'이라면 나는 1992년에 이미 했다. 16년 전이다. 이번에 내가 한 것은 민주화 과도기 20년 동안 대립해온 두 입장, 비판적 지지파와 독자후보(정당)파의 경계를 허물어버린 것이며, 노동조합을 근거로 '노동당'을 만들어서 '자유당'을 넘어서겠다는 전략의 폐기다"(「구좌파와 전쟁 각오, 동지들에 미안, '대한민국 좌파'하자, 야권재편 필연」, 『레디앙』, 2008. 9. 15). 주대환은 사회민주주의연대 공동 대표이며, 한때 영국 노동당 노선을 추구했다가 지금은 미국 민주당을 지향해야 한다고 주장하고 있다(「인터뷰: '사민주의자' 주대환을 만나다」, 『미디어스』, 2013. 3. 27).

를 받으면서 그들의 의심을 풀어주어야 할 필요를 느끼고 '나의 정치 소신'이라는 메모를 제출하였습니다. 저는 그 메모에서 '프롤레타리아 독재 노선, 폭력 혁명 노선, 전위 정당 노선을 폐기한다'고 선언했습니다. 신노선에서 한 걸음 더 나아간 것이며 신노선의 정치철학적 배경을 밝힌 것입니다. 제 동지들인 민영창, 이용선, 전성과 미리 의논하지 않았지만, 나중에 그들은 전폭적인 지지를 보내주었습니다. 이로써 1992년 봄, 우리는 공산주의자가 아니었습니다.[4]

그는 조사 과정에서 '프롤레타리아 독재 노선, 폭력 혁명 노선, 전위정당 노선을 폐기한다'는 메모를 제출했다. 또한 공안 당국이 나머지 수배자들에게도 탄원서를 제출할 경우 체포하지 않겠다고 제안하여 이를 받아들이고 탄원서를 제출하도록 종용했다고 한다. 이것은 노선 전환과는 별개로 또 다른 논란을 일으켰다. "그러나 '탄원서'라는 형식은 당시 우리가 그 권위와 정당성을 인정할 수 없었을 뿐 아니라 군부독재의 하수인에 불과하다고 보았던 검찰과 경찰 등 공안당국에 대한 굴욕이기도 하였습니다. 그래서 내용에 대한 찬반과 형식에 대한 찬반이 얽혀 조직 내의 논의는 복잡했던 것 같습니다."[5] 이와 같은 메모나 탄원서는 사실상 전향서에 준하는 것이었다. 주대환도 "공안 당국에 대한 굴욕"이라고 표현하고 있듯이 사회주의 혁명이나 프롤레타리아 독재를 폐기하는 것과는 또 다른 차원에서 '신노선'에 대한 비판을 불러왔다.

현실 사회주의 국가들의 몰락으로 인해 '신노선'의 불가피성은 인정될

---

4) 주대환, 『대한민국을 사색하다』, 산책자, 2008, 171~172쪽.

5) 주대환, 같은 책, 172쪽.

수 있다 하더라도 합법적 정당 활동이 억압적 국가권력에 대한 굴복을 전제로 하는 것이라면, 진보 진영에서 쉽게 받아들여질 수 없는 것이었다. 조직적 노선 전환과 국가에 의해 강제된 전향이라는 문제가 한데 얽혀버린 것이다. 예컨대 1930년대 일본에서 '방향 전환'의 축어로 사용된 전향이라는 용어의 "주요한 의미는 국가권력 아래에서 일어난 사상의 변화"이다. 여기에는 첫째 "국가가 강제력을 사용한다는 것", 둘째 "개인 혹은 집단이 압력에 대해 스스로의 선택에 따라서 반응한다는 것"이라는 두 가지 측면이 있다. 즉 전향은 "국가에 의해 강제된 사상 변화"라는 강제력과 그에 대응하는 자발성이 있는 것이다.[6] 이를 기준으로 삼는다면, '신노선'으로의 방향 전환은 현실 사회주의의 몰락이라는 대외적 배경이자 혁명적 모델의 상실이 주요 요인으로 작용하고 있었다. 그런 점에서 정세 변화에 대한 자발적인 조직적 대응이라고 할 수 있다. 하지만 당시 엄존하는 국가권력의 법적·제도적 제약과 압력으로 인해 '신노선'에는 국가의 강제력에 의한 전향이라는 형식이 덧붙여질 수밖에 없었다.

당시 '신노선'에 대해 비판적 마르크스주의자들은 마르크스주의와 사회주의를 포기하고 부르주아 정치에 투항하는 것이라는 취지의 비판을 제기했다. 이는 조직적 전향에 대한 전형적인 부정적 평가에 해당한다. 이를 대리한 것이 이른바 포스트마르크스주의 논쟁이다. 노정추 결성과 유사한 시점에 이병천은 포스트마르크스주의라는 이름을 내세워 마르크스의 역사유물론을 전면적으로 비판하면서 계급투쟁, 프롤레타리아 독재 등 그 핵심 개념들을 폐기하고 새로운 사회운동으로 전환해야 한다고 주장했다. 그러나 이병천이 제시한 포스트마르크스주의는 본래 라클라우와 무페가 마르크스주

6) 쓰루미 슌스케, 최영호 옮김, 『전향: 전시기 일본정신사 강의 1931~1945』, 논형, 2005, 33~34쪽.

의와 포스트구조주의를 결합해 구성한 포스트마르크스주의와 이론적으로 연관성이 없었다. 또한 실천적인 차원에서도 라클라우와 무페가 새로운 사회운동으로서 사회주의를 지향하는 여성운동과 생태운동 등을 중시했다면, 이병천의 새로운 사회운동은 자유주의 친화적인 시민운동이었다. 이런 점에서 포스트마르크스주의 논쟁은 이병천이 반마르크스주의를 개진하기 위해 일시적으로 착용한 가면과 같은 것이었다.[7] 이와 같이 가면을 쓴 논쟁은 당시 전향을 둘러싼 논쟁이 이론적·사상적 차원에서 당면한 쟁점들을 해결해나가는 계기를 만드는 것이 아니라, 포스트마르크스주의라는 허수아비를 세워놓고 각자의 원칙과 입장을 밝히는 것으로 형해화하는 데 일조했다.[8] 대리 논쟁에 가려진 보다 중요한 쟁점은 현실 사회주의가 몰락한 가운데 '신노선'이 아니라면 어떤 노선을 구상할 수 있는가에 있었다. 마르크스주의 내지 본래의 PD 노선에서 이탈하는 것이라는 비판은 가능하지만, 당시 실제로 또 다른 실천적 대안은 제출되지 못했다. 전향한 쪽에서는 전향이 아니라고 하고, 전향이라고 비판하는 쪽에서는 전향 자체에 대한 도덕적 비판을 능가하지 못했던 것이다.

게다가 '신노선'으로의 전향이 실패로 귀결하는 과정은 이후 이와 관련한 일체의 비판적 토론 자체를 무의미하게 만들었다. 한국노동당(가칭)은 1990년에 결성된 민중당과 통합해 통합민중당으로 1992년 3월 14대 총선에 참여한다. 하지만 2퍼센트 득표율을 얻지 못해 해산과 재창당의 과정을 밟아야

---

7) 자세한 내용은 김정한, 「한국에서 포스트마르크스주의의 수용 과정과 쟁점들」, 『민족문화연구』 제57호, 2012. 이 책의 7장 참조.

8) '포스트마르크스주의'에 비판적인 마르크스주의자들은 『이론』 동인으로 결집했다가 나중에 『진보평론』으로 재편한다.

하는 상황에 처한다. 구 민중당 당권파는 진보정당의 가능성에 회의적인 태도를 보이며 재창당을 포기하고, 나머지 구 한국노동당 세력은 진보정치추진위원회를 구성해 진보정당운동을 전개한다. 그 뒤 2000년 민주노동당 창당과 2004년 원내 진출까지 거의 10여 년이 소요되었다.

더구나 구 민중당 당권파는 문민정부 수립 이후 개별적으로 또 다른 전향을 시도한다. 당시 이우재 상임대표, 이재오 사무총장, 김문수 노동위원장 등이 민자당에 입당한 것이다. 이 과정에서는 실제로 전향이라는 용어가 민자당 인사들과 언론에서도 사용되었다.

> "우리 당이 빨갱이를 영입하고 있다." "그 자(김문수)가 주동이 된 데모(5.3 인천사태) 때 대통령도 나도 죽을 고비를 넘겼다." 민자당 민주계 중진으로 부실원외지구당 개편 대상에 오른 박용만 고문이 지난 3일 고문회의에서 쏟아낸 말이다. …… 강삼재 기조실장도 "김 대통령 임기 중 계속될 개혁에 활기를 불어넣기 위해서는 합리적 진보 세력의 수혈이 필요하다"고 박 고문의 말을 반박했다. 그러나 한 민정계 의원은 "박 고문이 용기 있게 본질적인 부분을 짚었다"면서 "재야인사를 영입할 경우 최소한 전향서는 받아야 한다는 게 많은 의원들의 생각"이라고 말했다.[9]

> 11일 서울시 구로부녀복지회관에서 전 민중당 대표 이우재(58) 씨의 '변신'이 공개됐다. 이날 민자당 서울 구로을구지구당 위원장으로 뽑힌 이 씨는 "집권 여당인 민자당과 정치적 입장을 달리했던 민중당 대표였던 사람"으로 자신을 소개한 뒤 "그랬던 사람이 이제는 여러분을 당원 동지라고 부르고 있

---

9) 「짜집기 정당의 숙명」, 『한겨레』, 1994. 5. 5.

다"며 '전향'을 솔직하게 털어놨다. 그는 "이 시대에 할 수 있는 최대의 진보
는 김영삼 대통령이 추진하는 개혁"이라며 김 대통령을 '진보의 화신'으로
추켜세웠다.[10]

당시 전향의 논리는 첫째 한국 정치 지형에서 진보정당의 성공 가능성이
희박하다는 것, 둘째 문민정부의 개혁에 힘을 실어줘야 한다는 것이었다.[11]
여기서 두 번째 논점은 자기 정당화에 가깝지만, 첫 번째 논점은 구 한국노동
당 계열의 실패로 확인할 수 있는 상황적 요인이다. 다시 말해서 '신노선'의
전환이 현실 사회주의의 몰락이라는 상황 요인에 대한 판단이라고 할 때, 진
보정당의 성공 가능성이 없다는 것도 상황 요인에 근거한 것이다. 이처럼 부
인할 수 없는 외부의 상황적 사실이 전향의 주요 근거였다. 이는 "외부를 향
한 행위"는 있어도 "내부를 향한 반성", 즉 자기 지양과 같은 자기비판과 반성
이 부재하다는 것을 시사한다.[12] 요컨대 현실 사회주의의 몰락과 진보정당운
동의 좌절에 의한 전향은 정세 변화나 상황의 불가피성을 이유로 삼는 불모
의 논쟁이거나 내부를 향한 반성의 결여로 나타났다.

---

10) 「이우재 씨 재빠른 '말'의 변신」, 『한겨레』, 1994. 11. 12.

11) 김문수는 1994년 3월 8일 민자당에 입당하는 기자회견에서 이렇게 밝혔다. "재야에서 현 정부
의 개혁을 질타하고 비판하는 것도 중요하지만 직접 참여하여 책임 있게 개혁을 완수하는 일
이야말로 더욱 절실한 시대적 책무라고 확신했다. 내가 민자당에 입당하는 것이 집권 여당의
도덕성과 개혁적 열정을 높이고 선진 조국 창조라는 역사적 과업 수행에 조금이라도 도움이
된다면 더 없는 보람이라고 생각한다"(「노동운동가 출신 김문수 씨, 개혁 완수 위해 민자 입
당」, 『동아일보』, 1994. 3. 9).

12) 후지다 쇼조, 최종길 옮김, 『전향의 사상사적 연구』, 논형, 2007, 14-15쪽.

2) 지식인들의 고백

조직적 전향 외에도 1990년대에는 소련의 붕괴를 바라보는 지식인들의 변화된 입장 표명이 일종의 고백 형식으로 다수 등장했다. 특히 진보적이라고 여겨진 지식인들의 고백은 시대적 유행이나 증후로 인식될 정도였다. 예컨대 이재현은 김동길, 백낙청, 김지하, 리영희 등을 거론하며 다음과 같이 지적한다.

아마도 이런 맥락에서 이 우울한 시대에 고백이 유행하는 것을 이해할 수 있다. '정보부 지하실에서도 여자만 생각했다'는 김동길 씨, '역시 뭐니 뭐니 해도 소시민적 민족문학론뿐'이라는 백낙청 선생, '정신병을 앓았지만 이젠 완전히 치유되었다(?)'는 김지하 선생, '세계가 30%의 타락과 60%의 도덕성, 인간성을 유지하면 성공이라'는 리영희 선생 등의 진술은 비록 장소나 형식은 다를지라도, 일종의 고백이라는 점에서 이 시대의 증후를 드러낸다. 더욱이 이런 일련의 고백이 우리를 더욱 놀라게 만드는 것은 이분들이 적어도 과거의 어느 한때에는 진보적 지식인의 대표 선수였거나 혹은 아직까지는 그러하다는 점일 것이다.[13]

물론 이와 같은 지식인들의 고백이 모두 전향의 내용을 담고 있는 것은 아니었다. 대표적으로 1970~1980년대 진보 지식인들의 '스승'으로 존경받아 온 리영희의 경우가 여기에 해당한다. 그는 1991년 1월 '변혁 시대 한국 지식인의 사상적 좌표'라는 주제의 강연에서 "결과론적으로서는 사회주의적 생산 조직과 정치 조직의 실패에 대한 지적은 수긍"할 수 있으며, "공산주의, 사

---

13) 이재현, 「사람은 무엇으로 사는가」, 『시대와 철학』 2권 1호, 1991, 339쪽.

회주의의 역사적 패배"라고 밝혀 파장을 일으켰다. 하지만 리영희는 전기 마르크스주의와 후기 마르크스주의를 구분하며, 전자는 여전히 유효할 것이라고 평가하고 있다.

마르크스주의 이론 사상 가운데 후기 마르크스주의로 불리는 경제 이론의 결함과 전기 마르크스주의로서의 인간학은 분리되어야 할 것이다. 후기 마르크스주의는 자본주의 자체의 자기 수정 능력으로 말미암아 19세기 중엽을 기준으로 이론 정책의 실효성이 상실되었지만, 전기 마르크스주의는 환경, 공해, 정화, 반전, 인간 가치, 평등, 소외, 시민운동, 저항 등 제도와 체제 내의 이의 제기의 요소로서 사상적 효용을 유지할 것이다. 특히 아직도 계급의 해소 내지는 계급적 융화가 이루어지지 않은 많은 제3세계 지역 국가, 사회에서는 마르크스 인간학의 사상적 설득력은 큰 것이다. 전기 마르크스주의는 수정, 발전(지양의 과정)을 겪어 계속될 것이며 이것은 또한 마르크스주의의 풍부화로 이어지기도 한다. 이 모든 것이 인류 전체의 행복으로 승화되는 것이라 생각하면 사회주의의 패배를 마르크스주의의 후퇴라고 너무 서러워할 것은 없다.[14]

리영희는 소련과 동구 사회에 대한 우리들의 성찰이 충분하지 못했으며, 인간을 도덕적으로 개조하려는 사회주의적인 이상주의적 인간학의 한계를 인정해야 한다고 말한다. 또한 자본주의가 인간의 생물학적인 이기심과 소유욕을 소유 및 사유재산(시장경제)으로 조정하는 데 성공한 측면을 수긍해야 한다고 지적한다. "우리는 세계가 30% 정도의 타락과 60%의 도덕성, 인간성

---

14) 이영희, 「이영희 교수와 전환 시대의 고뇌」, 『말』 3월호, 1991, 177쪽.

을 유지하면 성공이라고 보아야 하며, 이러한 타협을 이루어 내는 것을 목표로 삼아야 할지도 모른다. 이것은 현실과 이상이 조화되는 안정된 사회이며 '존재를 위한 체념'이라고 부를 수도 있다."[15] 요컨대 사회주의 체제가 도덕적 인간을 만든다는 구조결정론을 벗어나 인간이란 어떤 존재인가를 다시 돌아봐야 한다는 것이다.

이와 같이 리영희는 초기 마르크스의 인간학과 후기 마르크스의 정치경제학(비판)을 구분한다. 그리고 현대 자본주의 사회의 여러 문제들을 해결하기 위해 초기 마르크스의 인간학이 여전히 유효하다는 관점에서 자본주의와 사회주의를 배합하는 일종의 사회민주주의를 대안적인 좌표로 제시하고 있다. 물론 이는 그 자체로 이론적·사상적 논쟁의 대상이 되어야 하는 쟁점들이지만, 어디까지나 리영희 자신의 일반적인 사상을 표명한 것이었다. 그러므로 이것을 전향의 일종으로 비판하는 것은 강연 내용의 맥락을 벗어난다.[16] 이 강연을 회고하면서 리영희는 "자기만이 소유해야 한다는 욕심, 배타적 소유욕, 그리고 이기심이 원초적 인간 그 자체"라는 점을 제기한 것이라고 설명한다. "사회주의가 없는 자본주의는 부패, 불법, 부정, 타락, 빈부격차,

---

15) 이영희, 같은 글, 178쪽.

16) "굳이 선생님의 말씀이 아니더라도 지금 무너져가는 지식인들의 모습을 적잖이 발견할 수 있습니다. 많은 사람들이 사상의 혼돈, 아니 사상의 위기를 말하고 있습니다. 불과 1~2년 사이의 일이었습니다. 역사의 진보를 향한 숭고한 열정으로 가득했던 많은 지식인들의 가슴에 회의와 체념과 절망의 독버섯이 피어나고 있음을 보게 됩니다. …… 체념과 절망은 마침내 방관과 냉소로 이어집니다. 그리하여 이런 말이 생겨납니다. '세상이 바뀌었으니 우리의 생각도 바뀌어야 한다'라고 말입니다. 세상이 바뀌면 생각도 바뀌어야 한다, 물론 옳은 말입니다. 그러나 문제는 우리에게는 '세상'이 바뀌지 않고 있다는 점입니다"(유창선, 「이영희 선생님께 드리는 편지」, 『말』 3월호, 1991, 179-180쪽). 반면에 이재현은 리영희의 문제 제기가 "개종적 고백"으로 끝났다고 하면서도 "자기비판과 자기 정정의 기회"로 여겨야 한다고 촉구한다. 이재현, 「사람은 무엇으로 사는가」, 『시대와 철학』 2권 1호, 1991, 376쪽.

폭력, 범죄, 잔인, 인간 소외 등을 낳게 마련"이고 "사회주의의 인간 중시적 가치관만이 그러한 자본주의의 반인간적 측면을 방지하고 보완하는 기능을 수행"할 수 있기 때문에 "상대적으로 바람직한 것이 자본주의와 사회주의의 적절한 배합이라고 생각"한다는 것이다.[17]

오늘날 당연하게 받아들여지는 사회주의의 실패를 언명했다는 자체가 당시에는 무엇보다 논란거리였다. 이것은 소련의 페레스트로이카를 둘러싼 지식 사회의 혼란이 컸다는 사실을 반증한다. 이 때문에 리영희가 제시한 초기 마르크스 인간학의 유효성을 발전시켜야 한다는 이론적·사상적 논점은 충분히 주목되지 못하는 분위기였다. 예컨대 페레스트로이카가 사회주의의 강화라는 주장을 신랄하게 비판했던 정운영은 이렇게 지적하고 있다.

> 잊어서는 안 되는 교훈이 하나 있다. 그것은 사회주의는—소비에트 사회주의뿐만 아니라 모든 사회주의는—패배할 수도 있다는 사실의 확인이다. 별로 새삼스러울 것도 없는 이 평범한 상식을 인정하기까지 우리는 너무 먼 길을 돌아왔다. 발터 벤야민(Walter Benjamin)이 우화적으로 설명하듯, 역사적 유물론은 요술거울을 통해 상대의 카드를 들여다보면서 벌이는 트럼프 놀이가 아니다. 항상 이기도록 '예정된' 경기가 결코 아니라는 말이다. …… 따라서 요술거울을 의심하고 음험한 베일을 거부하는 사람들을 마구 패배주의자로, 마구 청산분자로, 마구 배반자로 몰아세운 이제까지의 오류는 한시바삐 청산되어야 한다.[18]

---

17) 리영희, 임헌영 대담, 『대화: 한 지식인의 삶과 사상』, 한길사, 2005, 684–685쪽.

18) 정운영, 「당신의 민족과 당신의 민중이」, 『한겨레』, 1991. 12. 31; 정운영, 『시지프의 언어』, 까치, 1993, 237쪽에서 재인용.

물론 현실 사회주의의 붕괴가 일부 지식인들로 하여금 기존의 정치적·사상적 신념을 재고하고 나아가 전향하게 만든 것이 사실이다.[19] 그러나 이는 또한 그 역편향으로 사회주의의 패배를 인정하는 진지한 반성과 성찰조차 "패배주의자", "청산분자", "배반자"로 몰아세우는 상황을 빚어내고 있었다. 이 과정에서 스스로는 전향하지 않았지만, 타인들이 전향자라고 낙인을 찍고 비난하는 세태가 지식 사회의 혼란과 갈등을 더욱 증폭시켰다.

3) 양심수의 전향과 비전향

비전향 장기수 문제는 1990년대에 국한되는 것이 아니다. 한국전쟁 시기까지 거슬러 올라가는 남북 분단과, 한국 사회의 강력한 반공 체제 및 이데올로기로 인한 비극적 역사의 산물이다. 1956년 이승만 정권이 도입한 보호감호제도는 1975년 박정희 유신 정권의 사회안전법 제정으로 이어졌고, 1987년 6월 항쟁 이후 민주화 과정에서 1989년 사회안전법이 폐지되어 보안감호제도가 사라졌다. 그 대신 보안관찰법으로 대체되어 1990년대까지 지속되고 있었다.[20] 1991년 4월에 대전교도소의 장기수 55명이 단식농성을 하며 사상전향제도 폐지를 요구했고, 김영삼 문민정부 시기인 1993년 8월에 전국 34개 교도소에서 장기수 포함 2백여 명의 전원 석방, 국가보안법 폐지를 요구하며 단식 농성을 전개했다. 1993년 비전향 장기수 리인모의 송환 논란, 1995년 세계 최장 기간 복역으로 기네스북에 오른 비전향 장기수 김선명의 44년

---

19) 대표적으로 1980년대 주사파의 대부로 알려진 김영환, 『시대정신을 말하다』, 시대정신, 2012 참조. 김영환의 전향에 대한 비평으로는 김원, 「80년대에 대한 '기억'과 '장기 80년대: 지식인들의 80년대 해석을 중심으로」, 『한국학연구』 36집, 인하대 한국학연구소, 2015 참조.

20) 박지현, 「보호감호처분」, 역사비평편집위원회 엮음, 『논쟁으로 읽는 한국사』 2, 역사비평사, 2009, 456~463쪽.

10개월 만의 출소 등을 계기로 간헐적이지만 꾸준히 사상전향제도가 사회적 의제로 떠올랐다. 노벨상 수상자인 김대중 '인권 대통령'의 당선으로 국민의 정부가 출범한 1998년에는 사상전향제도를 폐지하는 대신 특별 사면의 조건으로 준법서약서 제도가 도입되었다. 그러자 준법서약서의 성격을 둘러싸고 또다시 사회적 논란이 일어났다. 준법서약서는 사실상 사상전향제도의 폐지가 아니라 변형이라는 것이 논란의 핵심이었다.

비전향 장기수 문제는 한국 사회에서 허용하는 사상의 자유의 범위가 협소하다는 데 있으며, 국가가 강제적으로 개인의 신념이나 사상을 변화시키는 제도에서 연유한다. 한국의 헌법에 사상의 자유가 명시되어 있지 않다는 점은 여러 차례 지적되어왔다. "헌법 제19조 모든 국민은 양심의 자유를 가진다"라는 조항에서 '양심의 자유'에 '사상의 자유'가 귀속된다고 해석할 뿐이다.[21]

하지만 비전향 장기수는 어떤 면에서는 사상의 방향 전환 자체를 거부한 비전향자가 아니다. 전향을 거부하고 '장기수'를 선택하는 과정에는, 신념과 사상에 대한 국가의 강제는 폭력이고 그와 같은 폭력에 굴복하지 않겠다는 인식이 강하게 작용했기 때문이다. 비전향은 국가의 강제와 억압에 대항해

---

21) "남한에서의 '사상의 자유'에 대한 금압 상태는 최고 법률인 헌법에 반영되어 있다. 제헌 헌법 이래 대한민국 헌법은 8차례의 개헌을 거치면서도 한 번도 사상의 자유를 규정조차 한 적이 없으며, 추상적인 '양심의 자유'만을 규정하고 있을 따름이다. 그리고 많은 학자들도 사상의 자유는 양심의 자유, 기타 정신적 자유에 포함돼 있다는 '축소해석론'을 펴왔다. 사상의 자유는 명문 규정의 존재 유무를 떠나 민주 헌법의 핵심적 요소라는 점에서 볼 때, 이 규정이 존재하지 않는 것은 우리 헌법이 스스로 자유민주주의 헌법이 아님을 선언하는 것이나 마찬가지다. 우리 정부가 이러한 오명을 쓰고 싶지 않다면, 지금 당장 헌법에 '사상의 자유'의 전면적 보장, 곧 사상 소지, 사상 표현, 사상 실천의 자유를 명문화해야 하며, 이에 반하는 모든 법률과 제도, 관행을 제거해야 한다"(조국, 「사상의 자유 없는 민주주의」, 『한겨레』, 1992. 5. 9).

개인의 인권과 존엄성을 지키는 입장과 태도이다. 예컨대 김선명은 "내가 타협할 수 없었던 것은 이데올로기가 아닙니다. 폭력에 굴복하면 그 폭력을 휘두른 자들과 공범이 됩니다. 이데올로기 그 자체는 잣대가 아닙니다. 스스로 인간임을 포기하지 않기 위해서 모든 것을 참고 견뎠습니다"라고 말한 바 있다.[22]

그리고 이는 사실상 전향서 자체가 갖고 있는 특징이기도 하다. 반드시 사상을 문제 삼는 것이 아니라, 국가권력에 대한 완전한 정신적·신체적 굴복을 요구하는 것이다. 1980년대 민주화운동에 관여하다가 과거 일본 유학 시절에 재일조선인과 접촉했다는 간첩 혐의로 1987년 9월에 체포되어 고문을 겪은 장의균의 경우가 이를 잘 보여준다.

> 2심이 끝나자마자 대전으로 이감되었습니다. …… 그런데 아직 미결수니까 3심까지 끝나야 전향도 하고 일도 나갈 수 있다는 것이었습니다. 그래서 저는, "전향? 그런 걸 저두 해야 합니까?" 하고 물었습니다. 그랬더니, "일을 나갈려면 전향을 해야지요. 어쨌든 간첩죄가 붙었으니까." "그래도 전향이야 무슨 공산주의자나 이북에서 내려온 사람이 하는 거겠지. 나는 여기 사람이고 그저 일본에 가서 조총련 사람 만난 거밖에 없는데……."
>
> "글쎄, 그렇지만 일단 간첩죄가 붙으면 누구든지 전향해야지요. 물론 8년짜리니까 억울할 거라는 건 짐작이 되지만, 그래도 2년짜리 불고지죄도 전향해야 나가는데요. 아무튼 간첩죄가 전향 안 하면 형기를 다 마쳐도 또 청송 보호감호소라는 데를 가서 또 살아야 합니다. 전향할 때까지."[23]

---

22) 정운영, 「누가 이 사람을」, 『한겨레』, 1998. 3. 4.

23) 「장의균 동문 헌법소원소견서 2차」(1994년 7월), 44~45쪽.

이 때문에 오히려 자발적인 반성 속에서 정치적, 사상적으로 전향했음에
도 불구하고 전향서 작성을 거부하는 경우도 있었다. 1989년 남한사회주의
노동자동맹(사노맹)을 결성해 1984년 『노동의 새벽』 출간 후 7년의 수배 끝에
1991년에 구속된 박노해가 여기에 해당한다. 그는 『노동의 새벽』이라는 시
집과 사노맹 활동으로 1980년대 사회주의 혁명운동의 상징적 인물이 되었
다. 하지만 감옥에서 소련과 동구의 몰락을 지켜보며 내적인 자기반성을 통
해 실질적인 전향을 하기에 이르렀다. 그는 "'사회주의 붕괴'는 목숨 걸고 지
켜온 내 신념의 바탕을 붕괴시키는 충격"이었다고 고백한다.[24] 그는 "교조주
의를 비판하면서도 전형적인 교조주의자에 다름 아니었던 나, 스탈린주의를
비난하면서도 실상 그 손바닥 안을 기고 있었던 나, 노동자계급의 분노와 과
학을 구분 못한 나, 혁명적 열정과 지성을 구분 못한 나, 세계와 혁명과 현실
과 시와 삶과 사람 그 자체에 대하여 겨우 절반도 깨우치지 못했으면서도 전
부를 아는 것처럼 착각했던 나, 부끄럽고 죄 많은 나, 자칭 사회주의 혁명가인
나는 나는 ……"라며 징역살이 내내 깊은 반성의 시간을 갖는다.[25]

어쩌면 박노해는 1990년대에 전향다운 전향, 사상으로서의 전향에 도달
한 대표적인 사례일 것이다. 그는 사회주의의 붕괴와 관련해 처음에는 즉자
적 반응으로 사회주의 이념의 실패가 아니며 진정한 사회주의를 실현할 기
회라고 변명해보지만,[26] 결국에는 이념 자체에 의문을 갖는다. 박노해는 인

---

24) 박노해, 「살아 있으라, 살아 있으라」, 『오늘은 다르게』, 해냄, 1999, 70-71쪽.

25) 박노해, 「징역에서들 보면」, 『참된 시작』, 창작과비평사, 1993, 85-86쪽.

26) "사회주의가 무너진 건 민중을 주인으로 자각시키지 못한 '대중성'의 실패, '주체성'의 결여 때
문이 아니냐, 사회주의 이념 자체의 문제가 아니지 않으냐 하면서 처음에는 현실 사회주의와
사회주의 이념을 잘라냈다. 마르크스에게서 스탈린을 잘라내고 다시 레닌을 잘라내고, 다시 초
기 마르크스에게서 후기 마르크스를 잘라내고, 일당 독재, 국유화, 폭력 혁명론을 잘라냈다. 그

간의 본성은 본연(本然)과 당연(當然) 두 차원으로 이루어져 있다고 본다. "인간의 본연은 몸이라는 욕망의 그릇이 가지는 동물성, 이기성"이고, "이 본연의 몸에 깃들여 있는 공동체성, 우주적 영성, 공동선에 대한 지향은 당연의 영역에 속하는 것"이다. 그렇기 때문에 본연과 당연의 갈등과 조화가 인간의 본성이라고 지적하면서, "사회주의가 무너지기 전에 이미 그 안의 인간이 무너져 있었다. 먼저 인간이 서야 한다"라고 결론 내린다.[27] 사회주의는 체제, 이념, 가치로 구별할 수 있는데, 체제나 이념이 아니라 오직 가치로서의 사회주의(노동 중시, 평등, 공동선, 돈보다 사람 우선, 사회적 약자 옹호 등)만을 간직하겠다는 것이다. 따라서 '나는 여전히 사회주의자인가'라는 자문에 대해 '예'이면서 동시에 '아니오'라고 자답한다.[28] 이와 같은 결론은 다음의 시에 잘 나타나 있다.

> 사람들은 '아직도' 이렇게 묻습니다 / "아직 사회주의자입니까?" / 나는 정직하게 대답합니다 / "예!" "아니오!" / 당신은 쉽게 물을지 몰라도 나는 지금온 목숨으로 대답하는 겁니다 // 나에게 예스냐 노냐, 둘 중 하나, 유일사상을 찍으라고 / 언젯적 흑백 시험지 한 장 들이대지만 / 흑과 백 사이가 하늘과 땅만큼 광대무변하여 / …… / 굳이 당신이 요구하는 '…주의'의 사고틀로 말하라면 나는 / 비사회주의 탈자본주의 친생태주의 친여성주의라고 해두지요 / 그래서 나의 대답은 "예" "아니오"인 것입니다.[29]

러면서 강변해 보았다. 이제부터 정말 과학적 사회주의의 시작이라고!"(박노해, 「살아 있으라, 살아 있으라」, 『오늘은 다르게』, 해냄, 81쪽).

27) 박노해, 「살아 있으라, 살아 있으라」, 같은 책, 81~83쪽.

28) 박노해, 「흑과 백 사이에서」, 같은 책, 1999, 162~163쪽.

29) 박노해, 「세 발 까마귀」, 『사람만이 희망이다』(개정판), 느린걸음, 2011, 111~113쪽.

박노해는 '사회주의자인가, 아닌가'라는 질문이 모든 것을 흑과 백으로만 나누고 획일적으로 그 가운데 하나만을 강요하는 것이라고 비판한다. 그러면서 "비사회주의 탈자본주의 친생태주의 친여성주의"를 새로운 가치로 제시함으로써 '전향=악, 비전향=선'이라는 등식에 저항하는 대답으로 "예"와 "아니오"를 동시에 말하고 있다. 이 시의 제목이 「세 발 까마귀」인 것도 마찬가지로 새로운 발, 즉 "다시 시작하는 발, 또 하나의 발, 우리 희망의 발"을 하나 더 내디디겠다는 의지의 표현이다. 그는 "이념 따로 생활 따로 노는 사람들 / 정치의식과 주장은 분명 진보인데 / 감성과 생활문화와 인격은 보수투성이인 사람들 / 생각은 모난데 행동은 둥근 사람들 / 그런 사람들을 나는 믿지 않습니다"라며, 이념과 의식이 아니라 생활과 인격에서의 진보가 필요하다고 말한다. 그리고 이러한 주장은 "생각은 둥그나 행동은 모난" 사람을 지향해야 한다는 다짐으로 나아간다.[30]

이와 같은 실질적인 전향에도 불구하고 국가권력이 요구하는 전향서는 받아들일 수 없는 것이었다. 그는 "감옥에서 손발이 묶인 채 강요된 '전향'은 결코 받아들일 수 없다. 그것은 내게 반성을 요구한 사람조차 포함하는 인간 전체에 대한 모독이다. 사상과 표현의 자유를 법으로 보장하는 자유민주주의 체제를 수호한다는 법무부 장관이 '전향서'(반성문)를 거론하는 것은 부끄러운 일이다"라며 전향서 작성을 거부했다.[31] 하지만 1998년 7월 전향서를 준법서약서로 대체한다는 법무부의 방침이 정해지자 법무부 장관에게 반성의 뜻을 담은 옥중서신을 보내 사실상 준법서약서를 수용하고 1998년 8월 15일에 특별사면으로 풀려났다.

---

30) 박노해, 「사는 데 도움이 안 된다면」, 같은 책, 149쪽.

31) 박노해(부인 김진주 대필), 「'반성' 실천하며 변화된 삶을 살 기회 달라」, 『한겨레』, 1998. 3. 19.

준법서약서는 기존의 전향서를 완화시킨 것임이 분명하다. 하지만 전향서와 다를 바 없다는 논란 속에서 비전향 장기수들은 준법서약서 작성을 거부해 사면 대상에서 제외되었다. 국민의정부에서 형식적인 준법서약서라도 받아야 한다는 방침을 고수했던 것은 1990년대 한국 사회에서 여전히 냉전적 보수 세력의 권력과 반공 이데올로기가 강력히 작용하고 있었다는 점을 시사한다. 이런 상황에서 전향 담론은 진정한 사상적 반성과 성찰을 가로막고, 모든 사회적 판단이 반성문의 작성 여부 문제로 귀결하는 한계를 드러낼 수밖에 없었다.

전향 담론과 반지성주의

준법서약서의 수용 여부에 대해서는 당시 진보 지식인들 사이에서도 찬반이 엇갈렸다. 대표적으로 서준식과 신영복을 살펴볼 수 있다. 서준식은 1972년 간첩 혐의로 7년형을 선고받았다가 1978년 5월 형기를 마쳤지만, 사회안전법 때문에 전향서를 쓰지 않았다는 이유로 10년을 더 복역하고 1988년에 비전향자로 출소했다. 그는 서약서가 필연적으로 "항복 문서"이며, 이를 두고 "'항복'이 아님을 주장하는 것은 부정직이요 자기기만이요 '변절의 논리'일 뿐"이라고 비판했다. "그까짓 종이 한 장이 뭐가 문제냐, 쓰고 나가서 활동하겠다 하고 쉽게 생각할 수도 있지요. 그러나 종이 한 장의 문제라면 사상전향제도가 생겨났을 리가 없지요. …… 전향제는 국가권력이 정치범들을 정치적, 정신적으로 병신을 만들기 위해 만든 제도입니다. 그런데도 '나는 전향서 썼지만 병신 안 됐다' 하고 말한다면 강변이지요."[32] 그는 더 나아가 해방 이후 운동 세력의 한계는 자기 세력을 종파주의적으로 확대하기 위해 전향한 자들을 모두 받아들이면서 전향 문제를 덮어버린 데 있다고 지적한다.

신영복은 1968년에 통일혁명당 사건으로 수감되었다가 전향서를 작성하고도 20년을 복역하고 1988년에 특별 가석방으로 출소했다. 그는 "낮은 단계의 준법서약도 기본적으로는 사상과 양심의 자유를 규제하는 전향제와 맥을 같이 하는 것"이라고 비판하면서도, 당시 정치적 상황을 고려해 개인적 판단에 맡길 수밖에 없다고 언급했다. 전향서를 썼느냐 여부가 중요한 것이 아니며, 형식에 얽매이는 순교자적 입장이 아니라 내용에 집중하는 실천적 자세가 필요하다는 것이다. "실천의 내용이 사후에 자기의 형식에 명분을 세워준다고 생각합니다. 나는 이념 지향적인 운동 방식에 대한 반성이 필요하다고 봐요. 우리는 이상적 모델로부터 실천적 과제를 받아오는 데 익숙해 있습니다. 따라서 이상적 모델이 사라지면 자기 실천도 포기하게 됩니다. 이러한 역구조는 실천을 통해 이상을 세우는 방식으로 바로잡아야 합니다."[33] 다시 말해서 이상적 이념이나 순수한 사상에 집착하는 운동 방식이 달라져야 한다는 것이다. 예를 들어 일본의 비전향 공산당원들이 전향하지 않았다는 이유로 전쟁에 대한 책임을 회피하고 공산당의 현실 인식과 조직적 체질에 대한 반성으로 나아가지 못했다는 가라타니 고진의 비판과 상통하는 논리라고 볼 수 있다. 비전향 담론이 전쟁 책임에 면죄부를 주어 전후 일본의 정치와 사상을 왜곡시켰다는 것이다.[34] 전향 자체가 아니라 정치적 실천과 책임이 더 중

---

32) 김경환, 「신영복과 서준식의 '전향에 대하여'」, 『말』 8월호, 1998, 44~45쪽.

33) 김경환, 같은 글, 42~43쪽.

34) 가라타니 고진, 송대욱 옮김, 「비전향 공산당원의 '정치적 책임'」, 『윤리 21』, 사회평론, 2001, 158쪽.

요하다는 논법이다.[35]

전향서 내지 준법서약서 제출이 정신적 굴복으로 인해 변절의 계기가 될 수 있다는 서준식의 비판이나, 전향의 형식 자체가 아니라 그 이후의 정치적 실천이 중요하다는 신영복의 주장은 모두 일리가 있다. 하지만 이를 1990년 대의 전향 담론들에 대입해보면, 어느 쪽도 적절하게 구현되지 못했다는 것을 알 수 있다. 첫째, 현실 사회주의권의 붕괴라는 외적 상황의 변화에 따른 조직 노선의 방향 전환이 억압적 국가장치에 대한 굴복과 일정하게 결합되어 왜곡되거나, 아니면 내적인 사상적 반성 없이 그때그때의 상황에 맞추는 개인의 실용적인 정치적 선택으로 나아갔다. 둘째, 현실 사회주의와 사회주의 이념에 대한 지식인들의 실질적인 청산과 전향 이외에도, 그에 대한 대부분의 해석과 입장 표명이 전향으로 매도되면서 이론적·사상적 쟁점들이 적절하게 토론될 수 있는 기회를 상실했다. 셋째, 사상전향제도에 저항하고 비판하는 과정에서도 사상 문제는 오히려 주변화되었다. 진지한 사상으로서의 전향조차 자기변명으로 인식될 수밖에 없는 제도적 환경에서 완화된 전향서 성격을 가진 준법서약서 수용 여부는 사상과 무관한 개인적 선택으로 귀결했다.

이는 1930년대 식민지 조선과 해방 이후 한국 사회에서 전향의 유형이 첫째, 억압과 고문에 의한 굴복(은둔주의, 실존주의로 나아가거나 자기비판을 통해 자신의 주의와 당으로 복귀), 둘째 상황주의(외적 상황의 변화에 따른 적응, 집단의 결정에 따르는 집단주의, 또는 정치적 출세주의나 기회주의), 셋째 가족주의(고립, 고난의

---

35) 서준식 또한 "완전한 비전향은 현실 정세를 무시한, 미래의 승리라는 관념의 세계에 틀어박혀 대중과 유리된 채 사고 활동을 정지한 상태에서도 가능"하며 "이것이 완전한 비전향자들이 때때로 빠질 수 있는 함정"이라고 그 한계를 지적한 바 있다(서준식, 「전향, 무엇이 문제인가: 영광과 오욕의 날카로운 대치점」, 『역사비평』 24호, 1993, 27쪽).

상황에서 혈연의 미화 및 이상화) 등으로 나타났던 것과 큰 차별성을 보인다.[36] 그러면서도 이런 유형들의 주요 요소들이 1990년대에 더 악화된 형태로 얽히고 섞여 결과적으로 모두 무력해지는 효과를 빚어냈다.

이와 같은 전향과 사상의 분리 효과는 일체의 이론적·사상적 논쟁만이 아니라 전향 자체까지도 정치적으로 무의미한 것으로 인식하게 만들었다. 따라서 1990년대의 전향 담론들은 보수와 진보의 사상적 경계, 또는 우파와 좌파의 사상적 정체성을 더욱 뚜렷하게 형성하는 데 전혀 기여하지 못했다. 오히려 1990년대를 통과하면서 혁명적 실천의 참여 여부나 반성과 성찰을 통한 전향 여부와 무관하게 이념, 이론, 사상에 대한 대중들의 환멸과 반지성주의를 촉진했다. 아울러 지식인 집단과 문화에 대한 대중들의 혐오와 불신을 강화시켰다. 더구나 지식인들 사이에서도 서로간의 '연대'에 대한 고민보다 서로를 비난하고 매도하는 '비판을 위한 비판'의 성향이 더 만연해졌다.

남은 것은 1990년대 전향이 일어나기 이전에 존재하던 다양한 조직적 집단들의 정치적 계보를 계승하는 학맥·인맥 중심주의와 편 가르기일 뿐이었다. 이것은 물론 한국 사회의 법적·제도적·이념적 구속과 한계를 반영한다. 그러나 외적인 상황 논리에 실용적으로 끌려가거나 진지한 사상적 재검토와 성찰에 매진하지 못한 1990년대의 지식인들에게 큰 책임을 돌려야 한다.

---

36) 서준식, 같은 글, 26쪽.

4장

최장집의 민주화 기획을 비판한다

최장집이 한국의 대표적인 민주주의 이론가라는 데에는 이견의 여지가 없다. 그는 정당 민주주의 이론을 체계적으로 소개하여 혼란스런 격동의 한국 정치(사)를 일관된 틀로 이해할 수 있는 커다란 지적 자산을 쌓아올렸다. 심지어 한국 정치에 관한 최장집의 이론과 해석은 '교과서'이자 '원론'(原論)으로 평가되기도 한다. 하지만 보수 독점적 헤게모니가 지배하는 정당 체제의 개혁이 유실되고 있는 현 상황에서, 정당의 기능과 역할을 강조하는 논변은 오히려 대중들의 정치 참여를 껄끄럽게 여기는 기성 정당들의 알리바이로 전락할 위험이 있다. 현재 한국의 양당 체제는 대중들의 새로운 정치에 대한 열망을 대표하지도 포섭하지도 못하고 있다. 그러면서도 여당이든 야당이든 정당 민주주의 이론에 의존하여 자신들이 여전히 새로운 정치의 주연(主演)으로서 정치의 중심에 있어야 한다고 강변한다. 이는 최장집의 민주주의론이 그의 의도와는 달리 보수 독점의 정치적 대표 체제를 변호하는 데 사용될 수도 있음을 잘 보여준다. '정당으로 돌아가라'는 최장집의 고언은 현 정당 체제에서 대중들에게 '적극적인 정치 행위를 자제하라'는 전언으로 변환되기 쉽다.

이와 같은 전도는 보수적 정당 체제에서 기득권을 가진 정당들이 자신들에게 유리한 정당 체제를 스스로 개혁해야 한다는 정당 정치론의 순환론적 해법이 가진 한계와 무관하지 않다. 수렁에 빠진 사람이 자신의 두 팔로 자신의 몸을 수렁에서 건져내야 한다는 주장은 필사적인 허우적거림이 아니라면 정치적으로 공허하다. 미완의 정당 체제를 정상화시키려면 '좋은 정당'이 출현해야 하며, 그것이 급진적인 새로운 정당의 형성이 아니라 기존 정당의 개혁을 통해 온건하게 이루어질 수 있을 것이라는 최장집의 기대는 『민주화 이후의 민주의』을 펴낸 지 한참 지난 지금까지 실현되지 못했다. 이는 최장집의 민주화 기획에 어떤 전환점이 필요한 시점이 되었음을 예시한다.

그러나 더 큰 문제는 '민주주의의 민주화'가 아니라, '민주주의의 탈민주화'라고 부를 수 있는 거대한 변환에 자리하고 있다.[1] 요컨대 기업권력과 시장 논리가 제도정치의 운영과 관리를 주도하면서 민주주의 원리를 구현하는 제도들이 무기력해지는 현상이 곧 탈민주화이다. 이런 상황에서 현대 민주주의의 핵심 기제라는 정당 정치의 퇴조는 너무 분명하다. 노동자를 포함

---

[1] 오늘날 탈민주화의 특징은 크게 다섯 가지로 정리해볼 수 있다(웬디 브라운, 김상운·양창렬·홍철기 옮김, 「오늘날 우리는 모두 민주주의자이다」, 『민주주의는 죽었는가?』, 난장, 2010, 88-93쪽). 첫째, 기업권력과 국가권력의 융합이다. 예컨대 국가의 주요 기능이 기업에 아웃소싱되고, 투자은행가나 CEO가 정부의 요직에 임명되며, 정부 기관이 은밀하게 금융자본의 상당 지분을 소유한다. 둘째, 선거와 투표가 마케팅 경영에 좌우되는 것이다. 그에 따라 시민의 정치적 삶은 기업 미디어와 광고가 지배하고, 민주주의 원리보다 홍보 전문가들의 전략과 포장이 중요해진다. 셋째, 신자유주의적 합리성으로 인해 자유민주주의의 기본 원리가 비용과 수익, 능률, 효율성 등과 같은 시장의 기준으로 대체된다. 이는 국가를 인민의 지배가 아니라 경영 관리의 운용체로 변형하고, 입헌국가의 제도들을 회사 모델로 가공하는 기업가적 원리를 안착시킨다. 넷째, 일국적·국제적 법원의 권력과 활동 영역의 확장이다. 정치적 갈등과 쟁점이 법원에 이양되고, 법 전문가들이 복잡하고 난해한 자신들만의 언어로 정치적 결정을 내리며, 인민주권의 토대인 입법에 대한 사법의 종속이 뒤집힌다. 다섯째, 세계화로 인해 국민국가의 주권이 침식되고 있다. 특히 자본의 초국적 흐름은 국가의 신자유주의적 통치화와 결합하여 한정된 독립적 정치체에서만 실행될 수 있는 인민 주권을 무력화하고, 국가권력을 민주적으로 통제할 수 있는 길을 차단한다.

한 시민의 권리를 대표하기는커녕 사회적 갈등을 조정하는 기능조차 기대하기 어렵기 때문이다. 세계적으로 민주화가 아니라 탈민주화(de-democracy)가 주요 연구 과제로 부상하는 이유도 여기에 있다. 예컨대 비교연구의 대가인 찰스 틸리조차 말년에는 한때 세계적인 물결을 일으킨 민주주의의 확산이 아니라, 민주화가 탈민주화로 변화하는 동학에 대한 연구로 전환했다. 그는 민주화가 '아래로부터' 국가와 시민사회의 공공정치(public politics)를 확립하는 장기적인 과정의 산물이었다면, 탈민주화는 '위로부터' 급속히 빠른 속도로 진행된다고 경고한다. 민주화는 권위주의 체제에 저항하는 대규모 대중 동원으로 가능했지만, 탈민주화는 민주주의에 대한 대중의 환멸이나 불만 때문이 아니라 공공정치를 위한 협약에서 이탈하는 권력 엘리트들의 변절(defection) 때문에 발생한다는 것이다.[2]

포스트민주주의(post-democracy)라는 개념이 담고 있는 문제의식도 이와 다르지 않다. 크라우치는 민주주의의 절차와 제도가 유지되고 있지만, 민주화 이전 시대와 유사하게 특권적인 엘리트들의 지배와 통제가 재확립되고 사회적 불평등이 심화하는 현상을 포스트민주주의라고 부른다.[3] 대중의 요구를 정치에 반영하기보다 제도정치 세계의 일원으로서 자신의 이해관계를 추구하고 자신이 속한 정당의 보존과 유지에 치중하는 '정치계급'과, 금융세계화로 인해 국가의 통치력을 벗어난 대기업의 이윤 활동을 대변하는 '경제계급'이 결합하여 지배 엘리트 집단을 형성하고 권력과 부를 축적한다. 그에 따라 현대 민주주의의 핵심 제도인 정당 정치 모델은 붕괴하고 있다.

---

2) 찰스 틸리, 이승협·이주영 옮김, 『위기의 민주주의』, 전략과문화, 2010, 322-323쪽.

3) 콜린 크라우치, 이한 옮김, 『포스트민주주의』, 미지북스, 2008, 11쪽.

포스트민주주의 모델 하에서도 선거는 분명 존재하고 정부를 교체할 수도 있다. 그러나 선거의 공적 논쟁은 설득 기술에 능란한 전문가들로 구성된 경쟁적 선거 운동 본부에 의해 운영되는 치밀하게 통제된 스펙터클일 뿐이며, 이런 선거 운동 본부에 의해 취사선택된 협소한 쟁점들만 고려에 넣는다. 시민 대중은 수동적이고, 조용하고 심지어 냉담한 역할을 할 뿐이며, 그저 그들에게 주어진 신호에 반응할 뿐이다. 선거 게임이라는 이 호화로운 구경거리의 수면 아래에서, 선출된 정부와 기업 이익을 압도적으로 대변하는 엘리트들 간의 상호 작용을 통해 진짜 정치가 만들어진다.[4]

정당 정치는 정당들의 공정한 상호 경쟁을 통해 유권자들의 지지를 획득하고, 선거에서 더 많은 득표를 차지해 정치권력에 접근하는 데 일차적인 목적이 있다. 이 모델은 더 많은 유권자들의 지지를 얻고 득표율을 높이기 위해서는 필수적으로 유권자들의 이해와 요구를 반영하고 대표하는 정치 활동을 전개할 수밖에 없다는 논리를 전제한다. 그리고 이것이 민주주의를 작동시키는 기본 동력이라고 강조한다. 그러나 정당 간의 공정한 경쟁과 자유선거를 보장하는 규칙과 제도가 민주주의의 형식으로 확고하게 자리를 잡았다고 해도, 이것이 시민들의 이해를 대변하고 공공정치를 실현하리라고 기대하기는 거의 불가능한 조건으로 변모했다. 무엇보다 선거 경쟁에서 대중매체와 여론조사 기관에 영향력을 행사하는 선거 전문가, 정책 자문가, 로비스트들의 기능이 중요해지고 있으며, 막대한 정치 자금이 필요한 정당 활동과 고비용 선거 유세에서 대기업의 후원에 의존하지 않을 방법이 없다. 자연히 정당의 근간이 되는 당원들과 지지자들의 역할과 위상은 무너지고 있다. 이런 상

---

4) 콜린 크라우치, 이한 옮김, 같은 책, 7쪽.

황에서 정치계급이 노동자들이 아니라 경제계급의 이익을 대표하는 것은 차라리 자연스럽다. 마찬가지로 한 정당에 귀속감을 갖는 당원과 지지자들이 비중 있게 정치에 참여하는 것은 불가능에 가깝다. 오히려 민주주의의 형식이 민주주의를 보장하지 못하는 포스트민주주의의 조건에서는 권력 엘리트들에 의해 위로부터 급속한 탈민주화가 진행될 가능성이 높아진다.

이와 같이 정당 정치가 붕괴하는 현실에서 최장집처럼 정상적인 정당 정치의 중요성을 재차 강조하는 일이 전혀 무의미하지는 않을 것이다. 여하튼 정당 정치는 현실 민주주의를 구현하는 역사적 제도들 가운데 하나이기 때문이다. 그러나 권력 엘리트들이 안주하고 있는 양당 체제에서 그것은 언제까지나 희망사항 이상이 되기 어렵다. 기성 정당들은 정치 개혁에 관한 온갖 그럴듯한 미사여구를 동원함에도 불구하고, 실제로는 새로운 정당 세력의 출현도 시민들의 적극적인 정치 참여도 원하지 않을 뿐 아니라 적극적으로 배제하고 있다. 이 때문에 최장집의 정당 정치론에 대한 반론은 대부분 사회운동에 의한 민주화를 대안으로 삼는 논의로 귀결한다. 하지만 그와 같은 사회운동 중심론은 지난 10여 년 동안 정당 정치의 붕괴와 더불어 대부분의 사회운동 또한 무력화되었다는 사실을 간과하고 있다. 민주노조운동의 조직적 성과라고 평가되는 민주노총은 특히 비정규직 노동자 문제를 포괄하지 못하면서 노동자운동의 대표성을 상실해왔고, 민주노동당의 분열 이후 사회운동적 진보정당 모델은 실질적인 파산을 선고받았다. 한때 주목받은 환경·생태와 페미니즘 등 새로운 사회운동들은 뚜렷한 조직력도 사회적 영향력도 보여주지 못하고 있다. '정당으로 돌아가라'는 제안만큼이나 '사회운동으로 돌아가라'는 주장도 현실 정치에서 유효성을 갖기 어렵다고 여겨지는 까닭이 여기에 있다.

최장집의 민주화 기획: 정당-정부의 의지주의

민주주의의 탈민주화가 일어나는 정세에서 '민주주의의 민주화'를 기획하는 최장집의 문제의식에는 타당성이 없지 않다. 그것은 현실 사회주의 국가들의 몰락과 함께 과거와 같은 프롤레타리아 혁명 모델이 유효성을 상실한 상황에서 현실적이고 근본적인 관점일 수 있다.[5] 또한 다원적 자유민주주의 제도에 기초하여 권력 관계의 헤게모니를 변화시키려는 포스트마르크스주의의 '민주주의의 급진화' 전략을 연상시키기도 한다.[6] 어떤 의미에서는 보수 독점적 헤게모니 지형을 변화시키려는 최장집의 기획을 포스트마르크스주의의 한국적 토착 판본이라고 부를 수 있을지도 모른다. 그의 민주화 기획은 한편으로 민주주의와 자본주의의 병행 발전(민주적 시장경제)을 전제한다는 점에서 서유럽의 사회민주주의와 '제3의 길' 사이의 어딘가에 위치할 수 있는 체제를 지향하고 있다고 볼 수 있다. 다른 한편으로 '민주주의의 민주화' 과정에서 사회운동이 수행할 수 있는 독자적인 역할을 인정하지 않은 채, 정당 정치를 통해 나쁜 정당 체제에서 좋은 정당을 구축해가야 한다고 보는 '정당-정부 의지주의'라고 평가할 수 있다.

---

5) 진태원, 「최장집과 에티엔 발리바르: 민주주의의 민주화의 두 방향」, 『민족문화연구』 제56호, 고려대 민족문화연구원, 2012, 212~214쪽.

6) 라클라우와 무페는 자신들의 '민주주의의 급진화'와 '민주주의의 민주화'를 구별한다(에르네스토 라클라우·샹탈 무페, 이승원 옮김, 『헤게모니와 사회주의 전략』, 후마니타스, 2012, 19~24쪽). 그들이 비판하는 '민주주의의 민주화'에 해당하는 것은 헤게모니적 권력 관계의 변화를 상정하지 않는 제3의 길, 그리고 사회적 적대와 갈등이 아니라 화해와 합의를 중시하는 하버마스주의이다. 최장집의 '민주주의의 민주화' 기획은 사회적 갈등과 균열을 중시하고 그것이 광범위하게 대표될 수 있는 정당 체제를 지향한다는 점에서 제3의 길이나 하버마스주의와 다르다(최장집, 『민중에서 시민으로: 한국 민주주의를 이해하는 하나의 방법』, 돌베개, 2009, 17~22쪽).

최장집의 민주화 기획은 우선 민주주의가 실패했다는 평가에서 시작한다. 전체적인 논리는 그의 대표 저서인 『민주화 이후의 민주의』라는 제목에 잘 드러나 있다. 요컨대 선거를 핵심으로 하는 정당 간의 경쟁 규칙을 확립했다는 점에서 '민주화'는 성공했지만, 보수 독점의 정치적 대표 체제로 귀결했다는 점에서 '민주주의'는 실패했다는 것이다. 여기서 민주화의 성공과 민주주의의 실패 사이의 논리적 연결고리는 사회운동이다. 최장집은 한국 민주주의의 핵심적인 특징이 운동에 의한 민주화라고 강조한다. 사회운동이 민주화의 성공을 가져왔지만, 운동에 의한 민주화가 민주주의의 실패를 야기했다는 논리이다.

왜 운동에 의한 민주화가 민주주의의 실패를 가져왔을까? 최장집이 보기에 문제의 핵심에 있는 것은 사회운동의 변형과 무능력이다.[7] 여기서 변형이란 운동 세력이 이념과 대의를 상실한 채 기존 정당 체제에 개별적으로 흡수되는 현상이고, 무능력이란 국가의 구조와 작동원리를 이해하고 민주주의를 제도로서 운용하는 능력의 부족이다. 전자는 운동 세력이 정당을 통해 현실 정치 세력으로 발전하지 못했기 때문이고, 후자는 사회운동 특유의 이상주의로 인해 현실적인 대안과 전망을 추구하지 못했기 때문이다. 그 결과가 보수 독점 정당 체제의 재생산이다.

그렇다면 '민주주의의 민주화'를 위한 대안은 무엇일까? 최장집은 사회운동의 재활성화에서 답을 찾는 것은 후퇴라고 주장한다. 다시 운동으로 돌아가자는 논리는 민주주의의 제도적 틀을 회피하는 퇴행이라는 것이다.[8] 민주주의의 제도적 틀, 혹은 제도적 실천으로서 민주주의의 핵심은 선거와 정

---

7) 최장집, 박상훈 엮음, 『민주주의의 민주화』, 후마니타스, 2006, 33-38, 52-54쪽.

8) 최장집, 박상훈 엮음, 같은 책, 41쪽.

당이다. 그래서 최장집은 '민주주의의 민주화'를 위해서는 사회 균열을 대표할 수 있는 '좋은 정당'을 창출해야 한다고 말한다. 이를 통해 보수 독점의 정당 체제를 개혁하여 시민사회의 다양한 이해와 갈등을 폭넓게 반영하는 새로운 정당 체제를 확립해야 한다는 것이다.

이런 논리에 따라 최장집은 사회운동과 정당을 분리시키고, 전자를 비판하면서 후자를 부각시킨다. 사회운동은 문제를 제기할 수는 있어도 해결할 수는 없으며, 아무리 폭발적으로 분출할지라도 결국 탈동원화되어 일상으로 회귀할 수밖에 없고, 과도한 이상주의로 인해 현실적인 전망을 제시하고 실천하는 데 무능력하기 때문이다. 민주주의는 곧 정당 정치다. 이 확고한 지론에 의거하여 그는, 한국 사회에서 절차적 민주주의(정치적 민주주의)의 확립에도 불구하고 실질적 민주주의(사회경제적 민주주의)가 퇴보하는 이유는 시민사회의 이해와 갈등을 대표하지 못하는 정당 체제의 저발전 때문이라고 밝힌다. 민주정부의 연속 집권에도 불구하고 신자유주의가 제도화된 이유도 마찬가지라고 지적한다. 이로부터 사회운동이 아니라 정당 정치의 발전이 민주주의를 확대하고 심화시킬 것이라는 진단이 나온다.[9]

문제는 사회운동에 있고 해답은 정당에 있다. 또 운동의 문제는 (운동의 이상주의와 무능력, 그리고 보수 세력의 헤게모니 때문에) 정당으로의 정치 세력화에 실패한 데 있으므로, 문제도 정당에 있고 해답도 정당에 있다. 물론 그는 '운동과 정당의 변증법'을 언급하기는 한다.[10] 하지만 여기서 변증법은 단순한 상호작용이 아니라, 정당(동일성)이 운동(차이)을 매개하고 포섭하는 변증법이다. 이런 논리에 따르면, 정당에 의해 대표되지 않거나 대표될 수 없는 운동

9) 최장집, 박상훈 엮음, 같은 책, 38~43, 275~280쪽.

10) 최장집, 박상훈 엮음, 같은 책, 44쪽.

은 쉽게 기각될 수 있다. 그의 의도와 무관하게, 이는 사회운동이 중대한 기로에 놓이는 특정한 정세에서 '운동은 이제 그만!'이라는 오랜 보수적 논리의 세련된 판본으로 기능할 수 있다.[11]

절차적 민주주의로부터 또는 그것을 기초로 실질적 민주주의를 발전시키는 일이, 현재와 같은 선거 경쟁과 대표의 체계를 통한 대의제 민주주의에 의해 가능할 수 있는가? 실질적 민주주의를 위해서는 참여의 범위가 보다 확대되고, 이를 통해 민중적 힘의 투입이 정치과정 내로 넓게 수용되어야 할 것이다. 그것은 참여와 시민사회에서의 운동의 중요성을 말한다. 참여는 투표를 통해 선거에 참여하는 것만을 의미하는 것이 아니라, 실제 노동현장, 직업현장인 사회의 하위조직과 수준에서 성원들의 폭넓은 참여를 말한다. 운동은 제도가 갖는 본래적 보수성, 즉 경직화와 일상화, 민중적 힘을 제약하는 경향성 때문에 민중적 힘이 정치과정으로 투입되는 중요한 채널이다.[12]

이 인용문은 최장집의 문제 설정을 집약적으로 보여주고 있으며, 아마 그가 사회운동에 관해 가장 우호적으로 묘사하는 대목일 것이다. 그러나 이 경우에도 전체적인 논점은 사회운동이 정당의 매개를 통해 정치과정에 투입되어야 한다는 것이며, 정당의 구성 요소 내지 하부 기반으로 작동하는 한에서

---

11) 실제로 2008년 촛불시위 국면에서 최장집은 당시 촛불집회가 "민주주의 제도의 허약한 발전 내지는 실패의 결과"라고 정확히 판단하면서도, 사회운동이 "민주주의에서 발생하는 문제를 해결할 수도 없고, 바람직하지도 않다"라는 평소의 지론을 반복해서 표명함으로써 '촛불시위는 이제 그만!'이라는 정치적 효과를 발휘했다.

12) 최장집, 박상훈 엮음, 같은 책, 161쪽.

사회운동을 긍정하는 데 있다.[13]

『민주화 이후의 민주주의』와 『민주주의의 민주화』라는 최장집의 두 저서의 제목을 연결시켜서 이상의 논의를 단순하게 도식화하면, '사회운동→민주화→민주주의→민주화'라는 논리 구조로 표현할 수 있다. 사회운동이 민주화(정치적 민주주의)를 확립했지만, 이제 민주주의(정치적 민주주의 또는 절차적 민주주의)가 민주화(사회경제적 민주주의 또는 실질적 민주주의)를 성취해야 한다는 것이다. 이런 논리 구조의 근저에 있는 것은 정치적 민주주의의 확립을 통해 사회경제적 민주화를 달성해야 한다는 일종의 '성장전화론'이다. 정치적 민주주의라는 판이 짜이고 게임의 규칙이 제도화되고 나면, 사회경제적 민주주의는 효과적으로 달성할 수 있다는 소박한 믿음이다. 물론 최장집은 절차적 민주주의와 실질적 민주주의의 관계를 서로 구별되는 '단계'로 보지 않는다.[14] 하지만 민주주의의 절차가 경제적 불평등을 최소화하는 '경향'을 갖는다고 강조하는 것은 분명하다. "여기에는 민주주의가 이런 원리[절차적 민주주의의 원리]에 따라 작동할 때 경제적 불평등의 실현에 일정한 효과를 가질 것이라는 가정, 바꿔 말해 선출된 대표·정부는 민주주의를 통해 이런 가치를 실현할 수 있다는 가정이 깔려 있다. …… 즉 민주적으로 선출된 정부가 좀 더 잘 대표되고 책임성을 가진다면, 사회경제적 불평등의 격차를 완화하는 방향으로 작용할 수 있다는 말이다."[15]

그러나 주지하듯이 현실은 그 반대였다. 그래서 최장집은 이를 '민주화의

---

13) 최장집·박상훈·박찬표, 『어떤 민주주의인가』, 후마니타스, 2007, 30~31쪽; 최장집, 「사회적 시민권 없는 한국 민주주의」, 『위기의 노동: 한국 민주주의의 취약한 사회경제적 기반』, 후마니타스, 2005, 284~285쪽.

14) 최장집·박상훈·박찬표, 『어떤 민주주의인가』, 후마니타스, 2007, 20~21쪽.

15) 최장집·박상훈·박찬표, 같은 책, 101쪽.

역설'이라고 지칭하면서, '정치적 민주주의에도 불구하고 왜 사회경제적 민주주의가 후퇴했는가'라는 질문을 던진다.[16] 그리고 이렇게 문제를 제기하는 방식은 이미 해답을 예고한다. 최소한의 제도가 구비되어 있는데 원하는 결과가 나오지 않았다면, 당연히 제도를 제대로 운영하지 못한 담당자에게 가장 큰 책임이 있을 것이다. 최장집이 특히 참여정부의 민주주의 제도에 대한 이해 부족과 무능력을 강력히 질타하는 이유가 여기에 있다.

이런 논리 구조는 복합적인 문제들을 발생시킨다. 첫째, 마치 한국 사회에 정치적 민주주의가 확립된 것처럼 여겨지는 착시 효과가 일어날 수 있다. 하지만 단적으로 국가보안법이 존속하고 특정 이념을 법적, 제도적으로 배제하는 "제한적·정치적 민주주의 수준"에 도달해 있을 뿐이다.[17] 물론 최장집도 이에 대해 동의할 수 있을 것이다. 실제로 그는 "오늘날 우리의 과제는 민주주의의 가치와 원리를 실현하기 위해 어떻게 절차적 민주주의를 강화하고 발전시키느냐 하는 문제"라고 지적한다.[18] 하지만 한국 사회가 정치적 민주화에 성공했다는 환상은 때때로 최장집의 모순적인 언급으로 드러난다. "노동운동에 대한 권위주의적 억압장치들이 제거된 민주적 정치 환경에서 노동에 대한 차별과 배제가 지속되기 때문이다. 즉, 노동 부문에서 절차적 수준의 민주화는 이루었으나, 노동을 포괄하는 보편적 시민권의 확대를 통하여 실질적 수준의 민주화를 수반하지 못한 것이다."[19] '노동 없는 민주주의'의 문제가 절차적 수준에서는 해결되었다는 주장은 기본적인 노동자 파업조차 공권

---

16) 최장집, 박상훈 엮음, 『민주주의의 민주화』, 후마니타스, 2006, 20쪽.

17) 손호철, 『해방 60년의 한국정치』, 이매진, 2006, 91쪽.

18) 최장집·박상훈·박찬표, 『어떤 민주주의인가』, 후마니타스, 2007, 100쪽.

19) 최장집, 박상훈 엮음, 『민주주의의 민주화』, 후마니타스, 2006, 149쪽.

력으로 진압되고 이념 공세에 시달리는 조건에서 쉽게 납득하기 어렵다. 이는 정당 간의 공정한 경쟁이라는 게임의 규칙이 확립되었다는 사실을 지나치게 강조하면서 나타나는 사유의 역편향일 것이다.

둘째, 마치 정당 체제를 보편적이고 중립적인 제도인 양 사유할 수 있는 위험이 있다. 고전적 마르크스주의처럼 국가를 계급독재로 이해하지 않더라도, 정당을 비롯한 정치적 제도들은 국가장치의 일부이며 "자본주의 체제 재생산의 중요한 기제이자 헤게모니와 전략 형성의 장이며 동시에 사회적 역관계가 반영되는 계급투쟁의 장이기도 하다."[20] 또한 사회세력의 역관계와 갈등적 전략들이 응축되어 있는 국가 형태와 정치적 제도에는 차별적이고 비대칭적인 편향으로서 '전략적 선택성'(strategic selectivity)이 내재되어 있다.[21] 이를테면 한국의 정당 체제가 보수 독점적 헤게모니 형태라고 한다면, 그만큼 보수 기득권 세력에게 유리한 전략적 선택성이 작동하고 있다고 말할 수 있다. 그러나 최장집이 민주화 이후에 제도화된 민주주의 틀 내에서 실천하고 목표를 성취해야 한다고 강조할 때, 그는 마치 현 제도를 어떤 세력이든 의도에 따라 능력껏 운용할 수 있는 중립적인 것으로 취급한다. "운동으로 동원된 사회적 힘이 평상시 민주주의에 기여하는 방식은 과거 민주화 운동과 같은 동원화의 방법이 아니라, 민주주의가 개방한 정치적 공간에서의 제도적 실천이라는 것을 내 나름대로 강조하고 싶다. 그리고 이를 위해서는 민주주의의 특성과 이를 이해하는 방법을 잘 알아야 한다고 생각한다."[22] 하지

---

20) 손호철, 「'다원민주주의적' 정치질서와 정당」, 『근대와 탈근대의 정치학』, 문화과학사, 2002, 167쪽.

21) 밥 제솝, 유범상 외 옮김, 『전략관계적 국가이론: 국가의 제자리 찾기』, 한울, 2000.

22) 최장집·박상훈·박찬표, 『어떤 민주주의인가』, 후마니타스, 2007, 76쪽.

만 민주주의를 제대로 이해하고 그 제도적 틀 내에서 실천한다고 해서 전략적 선택성이라는 문제가 자연히 해소되지는 않는다. 최장집은 "다원주의가 지향하는 천국의 문제는 상층계급의 목소리가 가장 크게 들린다는 것이다"라는 샤츠슈나이더의 '상층계급 편향성'을 인용하면서,[23] 그것이 대표성과 책임성의 원리를 구현하는 민주주의의 절차와 형식에는 적용되지 않는다는 듯이 스쳐지나간다.[24]

더구나 정당 정치에서 게임의 규칙은 이중적으로 기능한다. "정당은 특정한 계급 내지 계급들과 사회세력들의 이해를 증진시키기 위해 이들을 조직화하여 다원민주주의의 주어진 경기 규칙 내에 들어가 다른 정당들과 경쟁을 벌이는 과정에서 '불확실성의 게임' 속에서 지지 세력의 이해관계를 실현시키도록 도와주지만, 동시에 이들의 투쟁을 일정한 '게임의 규칙'에 묶어 놓음으로써 특정한 방식, 즉 '제도정치권의 정당 정치'의 방향으로 구조화시키는 것이다."[25] 요컨대 선거라는 게임의 규칙은 정치적 제도의 전략적 선택성에도 불구하고 일정한 불확실성에 열려 있다. 하지만 그 형식적 규칙 자체는 무조건적으로 고수해야 하며 이를 거부하는 자들은 민주주의의 이름으로 배제된다. 당연하게도 게임의 규칙에 따라 행위하면서 그 게임의 규칙을 바꿀 수는 없다. 민주주의에서 권력의 공간은 텅 비어 있으므로 누구나 공정한 경쟁을 통해 권력의 자리를 점유할 수 있다는 사고는 민주주의에 관한 대표적인 정치적 환상이다. 최장집이 때때로 '더러운 손'을 언급하는 이유도 여기

23) E. E. 샤츠슈나이더, 현재호·박수형 옮김, 『절반의 인민주권』, 후마니타스, 2008, 83쪽.

24) 최장집, 박상훈 엮음, 『민주주의의 민주화』, 후마니타스, 2006, 106쪽.

25) 손호철, 「'다원민주주의적' 정치질서와 정당」, 『근대와 탈근대의 정치학』, 문화과학사, 2002, 168~169쪽.

에 있을 것이다. 그것은 "정치 영역에서 행위자가 목적 의지 내지 대의를 달성하기 위해서는 그것이 아무리 정의로운 것이라 하더라도 부도덕한 수단의 사용이 불가피하다는 것이다."[26] 그는 이것을 '악마의 힘'이 작용하는 정치 영역에서는 무조건적인 신념윤리가 아니라, 주어진 상황에서 목적과 수단을 적절히 조율하는 책임윤리가 필요하다는 베버의 논리로 정당화한다.[27] 하지만 이는 사실상 민주주의의 틀 안에서 제도적 실천만으로는 아무리 민주적이고 정의로운 목표일지라도 성취하기 어렵다는 사실을 우회적으로 승인하는 것과 다르지 않다.

이런 문제들은 전체적으로 최장집이 정치, 즉 제도 영역의 정치에 과도한 자율성을 부여하고 있다는 것을 함의한다. 어쩌면 이를 '정당-정부의 의지주의'라고 부를 수 있을 것이다. 이런 점에서 그의 강력한 민주주의 비판에 누락되어 있는 것은 자본주의에 대한 정치경제학 비판이다. 어쩌면 민주주의의 가장 큰 적은 자본주의라고 말할 수 있을 정도로, 자본주의 비판 없는 민주주의론은 사회적 갈등을 포착하고 해법을 찾는 데 실효성을 갖기 어렵다. 예컨대 금융자본 중심의 축적 체제라고 할 수 있는 신자유주의와 관련해서도 최장집은, 사회경제적 민주주의가 후퇴하는 원인을 주로 정당 체제의 실패나 민주정부의 정책적 실책에서 찾고 있다. 민주정부의 무능력을 비판할 경우에도 금융세계화에 따른 구조적 무능력, 즉 일국의 집권 세력이 정책적으로 대항하기 어려운 세계 금융자본의 힘을 과소평가하는 경향이 있다.

물론 최장집에게 경제 분석이 없지는 않다. 그는 폴라니를 따라 정치와 경제를 외재적으로 이분화한 뒤 양자의 대립 및 통일(사회와 시장의 이중운동)

---

26) 최장집, 「스필버그의 링컨」, 『경향신문』, 2013. 3. 25.

27) 최장집 엮음, 박상훈 옮김, 『막스 베버: 소명으로서의 정치』, 폴리테이아, 2011, 85~88쪽.

을 상정한다.[28] 그에 따라 자본주의는 시장경제로 치환되고, 문제는 시장 경쟁의 패자들을 통합하는 '사회공동체와 시장경제가 균형을 이루는 공동체적 시장경제(시장경제의 인간화)를 어떻게 확립할 수 있는가'로 전환된다.[29] 이렇게 문제를 제기하는 방식 또한 이미 해답을 예고한다. '균형'이 필요하다면, 그 적절한 지점은 여하튼 '중간'일 것이기 때문이다. 최장집은 이를 "민주적인 부르주아 우위와 사민주의적 헤게모니 양자 사이의 어느 지점"이라고 표현하기도 하고,[30] 민주정부에서 일정하게 대표되었던 NL(민족해방)이 아니라 혁명적 이념인 PD(민중민주주의)를 계승하여 그것을 실현 가능하도록 최소강령적으로 구체화하는 '자유주의적 평등주의'라고 주장하기도 한다.

> 이 체제에서는 현실적이고도 구체적인 문제 해결을 포괄하는 최소강령적 이념이 효과적일 수밖에 없다. 즉 혁명적 NL-PD는 보편성과 아울러 현실적으로 실현 가능한 이념으로 재구성되어야 한다는 것이다. 이 전환 과정에서 한국의 NL-PD론은 유럽에서 발전한 사민주의 이념이나 실천, 또는 자유주의 이론으로부터 분기한 '자유주의적 평등주의'(liberal egalitarianism)와 같은 보편적인 이념과의 대화를 통해 그 내용이 보편화되고 심화될 수 있을 것이라 생각한다."[31]

---

28) 최장집, 박상훈 엮음, 『민주주의의 민주화』, 후마니타스, 2006, 142쪽.

29) 최장집, 박상훈 엮음, 같은 책, 158-159쪽.

30) 최장집, 「사회적 시민권 없는 한국 민주주의」, 『위기의 노동: 한국 민주주의의 취약한 사회경제적 기반』, 후마니타스, 2005, 483쪽.

31) 최장집, 박상훈 엮음, 『민주주의의 민주화』, 후마니타스, 2006, 276-277쪽.

그가 제시하는 최소강령적 PD의 주요 내용은 노동의 경제적 시민권 획득, 자본주의 시장경제의 존중과 민주적 규제, 재벌 중심 경제 구조의 다원화이다. 이것이 혁명적 이념으로서의 PD를 계승하는 것이라고 보기는 어렵겠지만(또한 그가 평가하듯이 NL의 내용이 과연 민주정부에서 구현된 것인지도 의문이지만), 여기까지가 아마 최장집의 민주화 기획이 도달할 수 있는 사회경제적 민주주의의 최대치일 것이다. 여기서 공동체적 시장경제는 '중소기업 중심의 성장 모델'을 추구하는 것이며, 그 방법은 '사회협약(코퍼러티즘)'이다. "그러므로 우리 현실에서는 중간급 코포라티즘이 실효적이지 않을까 한다. 즉 여기에서 논의하는 중소기업이라는 산업 부문에서 모델 사례들을 통해 코포라티즘을 단계적으로 확대하는 경로가 훨씬 더 가능성이 크다는 생각이다."[32]

정치경제학 비판이 필요하다는 것은 '좋았던 옛 시절'의 경제결정론으로 회귀하자는 말이 아니다. 정치경제학 비판의 중요한 결론 가운데 하나는 정치와 경제의 상호 내재성이다. 세계체계론을 일부 수용하자면, 여기서 정치는 일국적 민족국가이고 경제는 세계 자본주의이다. 이것에 따르면, 신자유주의의 핵심은 자본 이윤율 및 성장률의 하락으로 인해 1980년대 이후 물질적 축적이 금융적 축적으로 변모하는 금융세계화이다. 화폐와 노동력 관리에서 국민국가의 자율성은 크게 약화되고 사회적 갈등을 조정하는 데 무능력을 드러내면서 '정치의 실종' 현상이 만연해진다.

그러나 때때로 자본주의를 시장경제로 치환하는 최장집은 신자유주의를 시장 논리가 전일화하는 시장중심주의로 이해한다. 또한 세계 자본주의의 불균등 발전이나 중심부-반주변부-주변부로 구분되는 '남북 분할'에 대한 문제의식도 거의 나타나지 않는다. 이와 같이 세계 자본주의의 모순이나 갈등

---

32) 최장집, 박상훈 엮음, 같은 책, 195쪽.

에 관한 분석이 부재하기 때문에 최장집은 민주주의와 자본주의를 매끈하게 결합할 수 있는 가능성에 대해 너무 낙관하고 있는 것처럼 보인다. 예컨대 그는 "사적 소유를 바탕으로 한 시장 경쟁을 내용으로 하는 자본주의와, 정치적 평등의 원리에 힘입어 다수의 지배를 실현하고자 하는 민주주의가 양립하는, 이른바 '자본주의적 민주주의'가 실현 가능"할 뿐 아니라, "역사적으로 볼 때 자유의 확대와, 자본주의 시장질서의 총량적 성장에 따른 사회 번영은 병행 발전해왔다"라고 평가한다. 그리고 그 과정에서 소외되고 배제된 자들의 불만은 사회 구성원에게 시민권(특히 복지권)을 부여하는 민주주의를 통해 사회적으로 통합할 수 있다는 소박한 믿음을 표명한다.[33]

물론 그가 제안하듯이, 동일한 자본주의일지라도 그 사회구성(체)은 역사, 문화, 제도 등의 경로의존성에 의해 다양할 수 있다. "강력한 세계화라는 환경에서도 각국의 경제 체제와 제도는 다양성을 유지하고 있으며 …… 국가가 중심이 되는 자율적 경제 정책 영역이 여전히 크게 존재한다는 연구 결과들이 오히려 더 큰 흐름을 이루고 있다."[34] 하지만 이런 다양성은 좋은 정책을 추진하는 '정당-정부의 의지주의'로 확보할 수 있는 것이 아니다. 시민사회의 이해를 반영하면서 사회경제적 기반을 확보하는 방법으로 정당의 대표성과 책임성을 논의하기는 한다. 하지만 이 또한 선거 기제에 의한 평가가 제대로 작동할 수 있도록 하는 정당의 일관성과 지속성에서 답을 찾는 일종의 순환논법을 벗어나지 않는다. 이를 제외하면 '어떻게(how)'에 대한 논의가 거의 없다는 점에서, 최장집이 실현 가능한 정책으로 제시하는 '사회협약을 통한

---

33) 최장집, 『노동 없는 민주주의의 인간적 상처들』, 폴리테이아, 2012, 127~128쪽.

34) 최장집, 「사회적 시민권 없는 한국 민주주의」, 『위기의 노동: 한국 민주주의의 취약한 사회경제적 기반』, 후마니타스, 2005, 463쪽.

중소기업 중심의 성장 모델'은 또 다른 이상주의에 가깝다. 또한 그 사회경제적 기반이 부재한 가운데 '이상적인' 사회협약을 주장하는 것은 '현실적으로는' 신자유주의적 사회협약에 대한 지지 담론으로 작동할 가능성도 크다.

최장집은 1970년대 중반 스페인, 포르투갈, 그리스에서 이루어진 사회협약을 통한 복지 체계 모델을 신자유주의의 대안 사례로 제시한다.[35] 하지만 1980년대 이후 본격화한 신자유주의의 대안 사례를 그 이전 시대에서 발견하는 것이 얼마나 타당성을 가질 수 있을지 의문이다. 요컨대 최장집은 민주주의와 자본주의의 공존을 지향하지만, 역사적 자본주의에 대한 비판적 분석이 취약한 가운데 민주주의의 핵심을 정당 정치로 제시할 뿐이다. 이를 통해 지배 엘리트들의 정치권력과 경제권력을 실질적으로 제어하거나 통제할 수 있는 방안을 찾기는 어렵다.

또 다른 민주화 기획을 향해

최장집의 민주화 기획은 정당을 통한 정치적 조직화의 중요성을 일깨우고, 사회운동이 도덕적 잣대로 제도권에서의 정치 활동과 거리를 두는 풍토를 적절하게 비판하는 등 그 성과가 적지 않다. 그러나 한편으로 정당 체제로 환원될 수 없지만 민주화에 기여할 수 있는 사회운동의 독자적인 역할을 부정하고, 다른 한편으로 민주주의를 최소주의적 형식으로 협소하게 정의하면서 정당-정부의 자율성에 과도하게 의존하는 방향으로 치우쳤다. 그 대가는 탈민주화 시대에 그의 기획이 오히려 보수 독점적 정치 체제를 유지하려는

---

35) 최장집, 같은 책, 469~470쪽.

정치계급의 담론으로 활용되고 있다는 얄궂은 현실이다. 정치계급의 역설은 대중들이 정당을 떠나지 않기를 바라지만, 또한 적극적으로 자신들의 일에 관여하거나 정치에 참여하기를 원하지는 않는다는 데 있다. 어디까지나 정치계급과 정당의 수동적인 지지자로 남아 있기만을 갈망하는 것이다.[36]

익히 알려져 있듯이 최장집의 민주주의 이론과 정치적 입장에 관해서는 많은 도전과 크고 작은 논쟁들이 있었다. 그 주요 쟁점들 가운데 하나는 정당 정치와 사회운동 간의 관계에 놓여 있다. 하지만 이른바 '최장집 논쟁'의 가장 부정적인 효과는 한쪽에서 정당 정치를, 다른 한쪽에서 사회운동을 변호하고 중시하는 가운데 정당 정치와 사회운동을 상호 배제적으로 분리하는 논리가 고착되었다는 데 있다. 이것은 최장집 자신도 의도한 바는 아닐 것이다. 보수 독점적 정당 체제를 개혁하기 위해서라도 정당 정치와 사회운동의 결합은 필수적일 것이기 때문이다.

물론 이와 같은 논쟁의 귀결은 최장집이 자초한 면이 없지 않다. 이는 민주주의를 뒷받침하는 이념적 자원으로 끌어오는 자유주의와 공화주의에 관한 논의에서도 드러난다. 그는 『민주화 이후의 민주주의』 초판에서 자유주의와 관련해 "우리 사회에 자유주의의 전통, 그 가운데서도 내면성의 가치를 중

---

36) 정치계급의 역설에 의해 발생하는 다음과 같은 정치 현상들은 최근 한국 정치에서도 찾아볼 수 있다. "정치계급은 정당이 하는 일에 유권자들이 아예 관심을 잃어버리거나, 아예 투표를 하지 않거나, 정당에 아무런 정치 자금도 기부하지 않거나, 정당을 아예 무시하는 사태는 두려워한다. 정치계급이 추구하는 해결책은 최대 다수의 최소 참여(maximum level of minimal participation)다. 정치계급은 유권자의 무관심을 우려하면서, 투표 시간을 늘리고, 전화나 인터넷으로도 투표할 수 있게 하는 방안을 고려한다. 당원 감소를 걱정하면서, 지지자들이 당원 가입서를 쓰도록 독려하는 마케팅 캠페인을 벌인다는 해결책을 내놓는다. 물론 당원이 실제로 됐을 때 매력적이고 가치 있는 활동을 할 수 있도록 보장하는 일은 그 어떤 것도 하지 않는다"(콜린 크라우치, 이한 옮김, 『포스트민주주의』, 미지북스, 2008, 185쪽).

심으로 자유주의의 전통을 뿌리내리게 하는 문제야말로 한국 민주주의의 토대를 강화하기 위한 핵심적인 문제"라고 진단하면서, "개인의 자율성과 내면적 자유"를 발전시켜야 한다고 주장했다. 또한 공화주의와 관련해 "민주주의가 일련의 절차적·제도적 장치만으로는 제대로 작동하고 발전하기 어렵다는 문제의식"에서 정치적 제도와 시민 및 공직자의 "책임성과 공공성"을 확보해야 한다고 주장했다.[37] 자유주의와 공화주의라는 이념과 가치가 민주주의에 기여할 수 있다는 것이다.

그런데 『민주화 이후의 민주주의』 개정판에서는 "오늘의 시점에서 나는 자유주의와 공화주의를 불러들여 한국 민주주의를 강화하고 발전시킬 수 있을까에 대해 회의적이 되었다"라며 일정하게 입장을 선회하고 있다.[38] 그 이유는 무엇일까? 자유주의와 관련해서, 최장집은 "자유주의는 현실에서의 이념이 아니라 일종의 해독제로서 불러들여졌다고 할 수 있는데, 그것은 민주화를 추동했던 중심 세력의 이념과 관련된 것이다"라고 말한다. 즉 민족주의와 민중주의로 대표되는 사회운동의 강한 이념 지향성을 억제하고 해독하기 위해 고전적 자유주의의 가치들이 필요하다고 생각했다는 것이다. 하지만 사회운동의 열정이 소멸하고 신자유주의가 확산된 상황에서 "고전적 자유주의가 신자유주의의 부정적 효과에 대한 좋은 처방이 될 수 있을지 확신하기 어렵(다)"고 해명하고 있다. 공화주의와 관련해서는, 초판에서 공화주의의 두 원천이 '대한민국은 민주공화국이다'라는 헌정체제와 민중 참여와 평등을 지향한 사회운동에 있다고 했지만, 개정판에서 전자는 정치 전통으로 뿌리 내리지 못했다고 하면서 후자에 대해서도 이렇게 변경한다. "그러나 필자

---

37) 최장집, 『민주화 이후의 민주주의』(1판), 후마니타스, 2002, 226~229쪽.

38) 최장집, 박상훈 개정, 『민주화 이후의 민주주의』(개정 2판), 후마니타스, 2010, 286쪽.

의 생각으로 운동의 과정에서 나타난 이런 정신을 공화주의의 발현으로 이해하는 것은 부자연스러우며 그보다는 민주주의 내지 민족주의로 더 잘 설명될 수 있다고 본다. 더욱 중요한 것은 윤리적 공동체와 그에 복무하는 덕을 강조하는 공화주의 이념에 대한 강조가, 한국적 토양에서는 그렇지 않아도 강한, 정치에 대한 도덕주의적 태도와 가치를 더욱 강화하는 부정적 효과를 낳을 수 있다."[39] 요컨대 그가 자유주의 이념을 끌어들인 이유는 사회운동의 '해독제'라는 함의가 컸지만 이제 필요성이 약해졌기 때문에, 공화주의 이념은 사회운동에 원천이 있다고 생각했지만 사실은 그렇지 않기 때문에 입장을 수정한다는 것이다.[40] 다시 말해서 초판에서 자유주의와 공화주의를 끌어온 이유도, 그리고 개정판에서 두 이념에 대해 회의적이게 된 이유도 모두 사회운동을 부정적으로 판단하면서 강력하게 비판하는 맥락에 놓여 있다는 것을 알 수 있다.

물론 1980년대 NL과 PD라는 정파성이 강한 사회운동이 남긴 공과에 대한 비판적 성찰은 여전히 남겨진 과제이다. 하지만 최장집이 궁극적으로 겨냥하는 바는 혁명적 급진성과 이념 지향성이다. 따라서 그가 비판하는 사회

---

39) 최장집, 박상훈 개정, 같은 책, 283~286쪽. 반면에 최장집은 공화주의의 제도적 함의에 대해서는 지속적으로 긍정한다. 그는 특히 미국 헌법의 기초를 마련한 매디슨을 높게 평가한다. 공화주의의 견제와 균형의 원리를 삼권분립으로 확립함으로써 민주주의의 원리인 수직적 책임성과 수평적 책임성을 제도화했다는 것이다(최장집, 『민중에서 시민으로: 한국 민주주의를 이해하는 하나의 방법』, 돌베개, 2009, 29-30쪽). 매디슨을 포함해 미국 건국의 아버지들이 작성한 「연방주의 교서」가 실제로는 무산자 다수의 정치적 영향력을 견제하고 이들로부터 소수 유산자의 권리(특히 사적 재산권)를 보호하는 데 그 목적이 있었다는 비판으로는 손호철, 「미국 '연방주의 교서' 비판」, 『전환기의 한국 정치』, 창작과비평사, 1993 참조.

40) 하지만 최근에 최장집은 자유주의를 재차 옹호하는 논문에서 여전히 자유주의를 "변혁적 민주주의관"에 대한 "해독제"로서 요청하고 있다(최장집, 「민주주의와 자유주의 사이에서」, 최태욱 엮음, 『자유주의는 진보적일 수 있는가』, 폴리테이아, 2011, 101~102쪽).

운동 또한 급진적이고 변혁적인 사회운동에 초점이 맞춰져 있다. 이는 최장집이 정당 정치론을 주장한 것만이 아니라, 그 이면에서 매우 적극적으로 '이념 논쟁'도 전개한 것임을 추론케 한다. 그는 말과 글에서 언제나 이상과 현실, 열정과 이성, 신념과 책임을 대비시키는 논법을 취하고 있다. 하지만 사회운동의 급진성과 변혁성에 대한 최장집의 과도한 비판은 정당 정치와 사회운동의 선순환에 기여하기는커녕 정당과 사회운동을 분리시켜 사고하도록 하는 효과를 발휘했다.

그러나 최장집의 민주화 기획을 수용한다고 해도 핵심적인 문제는 어떻게 정당 체제를 개혁할 수 있는가 하는 것이다. 김대중 정부에서 대통령자문 정책기획위원회 위원장을 역임하며 '민주적 시장경제론'을 주장했고 민주당 계열을 지지해온 최장집의 정치적 행보를 고려하면, 그는 기존 정당의 온건한 개혁을 통한 정당 체제의 변화에 더 무게를 두고 있다고 여겨진다.

하지만 '최장집 학파'로 분류되는 박찬표와 박상훈은 다소 다른 대안을 제시한다. 우선 박찬표는 정당 정치 개혁의 경로를 두 가지로 정리한다. 하나는 "외부의 압력 또는 공적 개입을 통한 개혁"이다. 하지만 정당에 대한 공적·법적 규제의 강화는 오히려 정당의 자율성을 침해하고 탈정당화로 귀결할 수 있다. 다른 하나는 "정치사회의 자체적 변화에 의한 것"이다. 하지만 "기존의 보수정당 체제 내에서 이런 변화는 불가능"하며, "새로운 이념과 조직을 추구하는 새로운 정당의 진출이라는 충격이 있을 때나 가능할 것이다."[41] 이와 같이 박찬표는 기존 정당의 개혁이 아니라 새로운 이념과 조직에 기반한 새로운 정당의 형성이 정당 체제 개혁의 가능한 방법이라고 주장한다. 박상훈도 이와 다르지 않다. 그는 "정당 민주주의로의 전환은 곧 지금까지는

---

41) 최장집·박상훈·박찬표, 『어떤 민주주의인가』, 후마니타스, 2007, 262~263쪽.

'다른 종류의 정당'을 필요로 한다"라고 명시한다.

　　민주화를 가져왔던 운동은 정당으로 전환하지 않았고 '통일 전선 운동'에
매몰되어 스스로의 역량을 서서히 소진해 갔는데, 사실상 그 다른 이면은 운
동권 엘리트들이 개인적 차원의 결정을 통해 점진적으로 제도권 정치 엘리
트로 변화한 것이었다. 그리하여 현실 정치에 운동권이 많이 참여하게 되었
지만 현재 존재하는 정당 역시 기존의 정당들과 유형적으로 크게 다르지 않
다. 기대를 모았던 민주노동당 역시 넓게 보면 교육받은 중산층의 정치관이
지배하는 엘리트 정당의 유형이 아니라고 말하기 어렵다.[42]

　　기존의 정당들로는 정당 민주주의로 전화하는 데 한계가 있으며 '다른 종
류의 정당'이 출현해야 한다는 것이다. 그렇다면 '다른 종류의 정당'은 어떻
게 만들 수 있을까? "누가 어떻게 정당 대안을 만들 수 있나? 많은 사람이 이
문제와 관련해 앞선 역사에서 모델을 찾거나 뭔가 정치학 이론에 답이 있지
않을까 생각하는 것 같다. 그러나 새로운 정당의 충격이 과거 대중정당의 역
사적 형태와 동일할 수도 없고 또 동일할 필요도 없다. 우리에게 필요한 것은
한국 현실에 맞는 대안적 정당 모델이고 이는 외부의 어떤 로드맵에 따라 이
루어질 수 있는 일이 아니다. …… 오늘날 한국 사회는 이를 실현하기 위해 제
2의 민주화 운동을 요구하고 있으며, 이를 앞서 개척할 선도적 지도부를 기
대하고 있는 것으로 보인다."[43] 이처럼 그는 '다른 종류의 정당'을 만들 수 있
는 '제2의 민주화 운동'을 요구하고 있다. 즉 새로운 사회운동을 통한 새로운

---

42) 최장집·박상훈·박찬표, 같은 책, 319~320쪽.

43) 최장집·박상훈·박찬표, 같은 책, 320~321쪽.

정당의 구성을 대안으로 찾고 있다.

보수 독점적 정당 체제를 개혁하려면 그 외부에서 사회운동의 충격이 필요하다는 논변은 정당 정치와 사회운동을 상호 배제적인 것으로 사유하지 않을 수 있는 실마리를 제시한다. 사실 사회적 갈등과 균열을 대표하지 못하는 저발전 정당 체제가 문제라는 최장집의 지론은, "근대 시민혁명 이후 민주주의가 한 번도 '정당을 통한 대의민주주의'와 일체화된 적이 없으며, 정당이 '대중 자신의 정치'를 모두 대표한 적이 없다"는 말로 반박될 수 있다.[44] 정당은 대중들의 정치와 사회 갈등의 일부를 대표하고 표상하는 하나의 역사적 조직 형태일 뿐이다. 오히려 한국 사회에서 정당 체제는 지속적으로 합리화되고 강화되었지만, "대중들 다수는 자신의 부나 권력, 의견을 대변할 조직으로부터 배제되기 시작"했다. 따라서 "대의제가 덜 발달했다기보다, 대의제의 발달과 대의제로부터 대중 추방이 동시에 일어났다"라는 비판이 보다 타당하다.[45]

그러나 정당 정치와 대의제에 대한 정당한 비판이 곧 그것을 포기할 이유가 되지는 않는다. 많은 한계에도 불구하고 정당을 대체할 수 있는 대중들의 정치적 조직 형태는 아직 발명되지 못했기 때문이다. 우리는 포스트민주주의의 조건에서 낡고 쇠퇴해가는 정당 모델을 선택할 것인가, 아니면 현실 정치에서 직접적인 영향력을 갖고 있는 제도정치를 외면하고 사회운동을 선택할 것인가 하는 딜레마에 직면해 있다. 하지만 둘 중 하나만을 선택할 수는 없는 정세 속에 자리하고 있다. 『포스트민주주의』의 저자인 크라우치도 "정

---

44) 조희연, 『민주주의 좌파, 철수와 원순을 논하다: 포스트민주화 시대의 정치혁신과 희망의 대안』, 한울, 2012, 97쪽.

45) 고병권, 『민주주의란 무엇인가』, 그린비, 2011, 2001쪽.

당을 버리고 사회운동을 택하는 것은 포스트민주주의의 승리를 더욱 심화시킬 뿐이다. 그렇다고 다시 독점적인 정당의 낡은 모델에 집착하는 것은 되돌아갈 수 없는 과거에 대한 향수로 침잠하는 것에 불과하다"라고 지적한다.[46] 그의 대안은 사회운동의 힘을 키워가면서 정당 정치에 끊임없이 개입하고 압박하는 것이다. 이와 유사하게 조희연은 "제도정치가 특정한 계급적·사회적 지형 내에서 이루어지는 활동"이라면, "사회운동은 그 지형 자체를 변화시키는 운동"이며 "기성의 제도화된 민주주의 '외부'의 불온한 투쟁들이 기성의 민주주의를 새롭게 재구성할 수 있는 동력"이라고 지적한다. 그러면서 "근대 민주주의의 작동양식을 존중하면서도 의회정치와 직접행동정치, 제도정치와 비제도정치, 정당정치와 비정당정치의 새로운 상호작용 모델 혹은 협력 모델을 상상해야 한다"라고 강조한다.[47]

한국 민주화의 주요 특징은 '운동에 의한 민주화'였다. 그러나 1980년대 이후 기존의 사회운동이 퇴조하고 새로운 사회운동이 성장하지 못한 상황에서, 사회운동이 대중들의 정치 조직화를 통해 정당 체제 개혁과 민주화로 나아가는 경로가 다시 성립할 수 있을지 낙관하기는 어렵다. 하지만 적어도 당분간은 포스트민주주의의 조건에서 배제된 자들의 사회운동과 정당 정치를 결합하는 '민주주의에 대항하는 민주주의 전략'이 유효할 수 있다. 새로운 정당은 새로운 사회운동의 힘으로 구성될 수 있으며, 새로운 사회운동은 제도정치를 무시하고 기각할 것이 아니라 그에 적극적으로 참여하고 개입해야한다. 현대의 군주가 정당이고 현대의 호민관이 사회운동이라면, 현 정세에

---

46) 콜린 크라우치, 이한 옮김, 『포스트민주주의』, 미지북스, 2008, 183쪽.

47) 조희연, 『민주주의 좌파, 철수와 원순을 논하다: 포스트민주화 시대의 정치혁신과 희망의 대안』, 한울, 2012, 96, 101, 106쪽.

서 우리에게는 군주와 호민관이 모두 필요하다.

> 오늘날의 상황에서 유일하게 새로운 문제는 어떤 수준에서 권력들에 대한
> 통제가 실행되어야 하며, 대표가 구성되어야 하는가 하는 점이다. 나에게 답
> 변은 자명하다. 그것은 모든 수준에서 이루어져야 한다. …… 지역적 수준 및,
> 아직 완전히 사라지지 않은 국민적 수준, 그리고 초국민적 수준이 존재한다.
> 우리가 이로부터 끌어내야 할 결론은, 대항권력, 권력에 대한 통제가 존재하
> 는 한에서, 권력 및 대표가 존재하는 모든 수준에서 실질적인 대표가 존재하
> 는 한에서 시민권이 다시 존재하게 될 것이라는 점이다."[48]

발리바르는 "대표는 미리 존재하는 대표의 틀 속에서 자리를 얻는 것이
아니라 그런 대표의 틀을 창출해내는 것이며, 이를 위해서는 기존의 틀을 변
형하거나 전복해야 한다"라고 주장한다.[49] 그러면서 권력을 통제할 수 있는
'모든 수준에서' 실질적인 대표를 구성해야 한다고 말한다.

우리는 사회운동의 무력화를 극복하기 위해 사회운동적 차원에서 대표
의 틀을 재구성하면서, 동시에 정당 정치의 차원에서도 기존의 대표의 틀을
전복하고 실질적인 대표를 만들어야 한다. 이를 위해서는 특히 당 좌파와 사
회적 좌파의 연대가 필수적이다. 당 좌파가 정당 정치에 집중하면서 의회 진
출이나 정권 교체를 통해 사회적 변혁을 도모한다면, 사회적 좌파는 사회운
동에 전념하면서 자율적인 풀뿌리 민주주의를 실현하기 위해 노력한다. 그
런데 당 좌파는 사회적 좌파가 권력에 대한 현실적인 고민도 대안도 없이 무

---

48) 에티엔 발리바르, 진태원 옮김, 『정치체에 대한 권리』, 후마니타스, 2011, 164쪽.

49) 에티엔 발리바르, 진태원 옮김, 같은 책, 184쪽.

정부주의를 부추긴다고 비판하고, 사회적 좌파는 당 좌파가 제도정치에 매몰되어 진정한 민주주의의 과제를 회피한다고 비판한다. 물론 국가의 민주화가 필요하다는 당 좌파의 주장이나 국가 중심적 변혁 모델을 탈피해야 한다는 사회적 좌파의 주장은 모두 타당하다.

그러나 정치권력과 경제권력을 통제할 수 있는 대안 기획이 부재한 상황에서 사회적 좌파는 국가장치에 개입하고 통제하려는 정당 정치를 포기할 수 없다는 것을 받아들여야 한다. 그리고 주어진 선거 게임에 집중해야 하는 당 좌파는 의회에 진출하더라도 풀뿌리 대중들의 자율적인 운동과 조직화 없이 사회적 변혁으로 나아갈 수 없다는 것을 인정해야 한다. 당 좌파와 사회적 좌파의 연대는 정당 정치와 사회운동을 결합하는 필수적인 출발점이다. 최장집의 민주화 기획이 어떤 전환점에 서 있는 오늘날, 우리에게는 그의 성과와 한계를 넘어 또 다른 민주화 기획을 구성해야 할 과제가 놓여 있다.

5장

자투리 인간들은 어디로?
— 세계체제 위기와 개인의 정체성

    세계체제의 위기가 반체제운동에 유리한지에 대해서는 논란의 여지가 많고, 대체로 그렇지 않다는 평가가 일반적이다. 실제로 2007~2009년의 세계 금융 위기 국면에서 노동자운동은 강력해지지 않았다. 그렇다고 해서 소수 자운동이 활성화된 것도 아니다. 가장 중요한 이유 가운데 하나는 역설적이게도 금융 위기가 개인의 실존을 더욱더 위태롭게 하리라는 당연한 전망에 있었다. 체제의 위기는 물에 빠진 사람이 지푸라기라도 잡듯이 기성 질서에 도전하기보다는 주어진 기회를 필사적으로 붙들려는 성향을 강화한다. 설득력 있는 가시적인 대안이 없는 상태에서, 더구나 당장의 궁핍화 전망을 목전에 두고 집합적인 행동보다 개별적인 생존 전략을 추구하는 것을 '보수화'라고 폄하할 수는 없는 노릇이다. 이미 실증적으로 밝혀진 바 있듯이 대체로 호황기에 파업 건수가 증가하고 불황기에 감소하는 경향이 나타나는 이유도 마찬가지이다. 경제 위기는 생활 조건을 악화시키지만, 이는 오히려 고용 기업에 대한 충성을 강제하기 쉽다. 당장 눈앞의 수많은 실업자들을 목도하면서 일자리를 잃을 위험을 기꺼이 감수한 채 적극적인 저항의 목소리를 내기는 어렵다.

    이와 유사한 맥락에서 '아래로부터의 신자유주의'라는 표현도 가능해진다. 1980년대 이후 케인즈주의를 대체한 신자유주의적 금융세계화에 맞서기 위해 처음에는 세계화 자체에 반대하는 '반세계화(Anti-globalization)' 전략이 유효해보였다. 하지만 의고적 민족주의 내지 폐쇄적 탈식민주의를 조장할 수 있다는 한계가 드러나면서 점차 '대안세계화(Alternative globalization)' 전략이 주목을 받기 시작했다. 이는 제국적 국가와 초국적 금융자본이 주도하는 '위로부터의 세계화'와 민초들의 자유와 평등을 중심에 두는 '아래로부터의 세계화'를 구분하는 데 기초한다. 그러나 '위로부터의 신자유주의'에 편입되어 "아무리 보잘것없는 시장 기회라도 붙들어서 자신의 생활과 생존을 안정시켜야만" 하는 불안정 노동자들과 비정규직 실업자들이 초국적 금융자본의 논리를 수용하고 그에 따라 행위하는 '아래로부터의 신자유주의' 현상도 '아래로부터의 세계화' 못지않게 무시할 수 없는 흐름을 이루고 있다. 일찍이 민주주의를 적극 지지하는 계층이 빈농이 아니라 중농이라던 베링턴 무어(Barrington Moore, Jr)의 중농 테제와 마찬가지다. "사회의 구조적 억압으로부터 해방을 추구하려는 욕구와 그에 따라 사회를 변화시키는 행동은, 최소한의 생활 대책이 보장되어 있을 때만 생겨날 수 있다. …… 생존을 위해 힘겹게 노력하는 사람은 그와 동시에 다른 집단의 해방을 실현시키는 데 관심을 기울일 수 없다. 이런 사람은 시장 체제와 그 법칙성에 몰입되어 있다."[1] 더구나 한국 사회에서 생활 대책을 얼마간 수립할 수 있는 중산층은 이미 몰락했거나 곧 그렇게 됨으로써 '중산층은 없다'라는 테제를 입증하고야 말 태세다.

이 때문에 왼쪽과 오른쪽을 왕복하는 진자운동에 비유할 수 있는 개인들의 정치적 동요가 빈번해진다. 한편으로 신자유주의적 금융세계화의 효과로 삶이 불안정해지고 빈곤이 확대되는 데 반대하고 저항하지만, 다른 한편으

---

1) 엘마 알트파터, 염정용 옮김, 『자본주의의 종말』, 동녘, 2007, 274쪽.

로는 그와 같은 금융자본의 운동 논리를 체현하고 활용하여 개인적 생존을 도모하기 때문이다. 따라서 저항하는 자와 순응하는 자는 서로 다른 직업군이나 사회계층에 속하는 것도, 서로 양립할 수 없는 이해관계를 갖는 상이한 사회 세력에 속하는 것도 아니다. 오히려 동일한 개인이며, 그 사람이 그 사람인 양태로 나타난다. 어쩌면 2007년 대선에서 '경제대통령'을 선출하고 나서 2008년에 '2MB'에 반대하는 대규모 촛불시위를 벌인 것도, 4대강 사업에 반대하면서 뉴타운에 열광한 것도, 2010년 6·2 지방선거에서 'MB 심판'에 나섰다가 불과 두 달도 안 된 7·28 재보궐 선거에서 다시 여당을 지지한 것도 모두 이런 진자운동의 일환일지 모른다.

국민국가의 탈민주화

세계체제론에 따르면 현대 세계체제는 하나의 경제 단위로서 세계 경제와, 다수의 정치 단위로서 국민국가들로 이루어져 있다. 이로 인해 세계 경제의 통합적 효과에도 불구하고 대체로 유의미한 정치운동은 일국적으로 분산되어 나타난다. 1789년 프랑스혁명 이후 등장한 세 개의 이데올로기, 즉 보수주의, 자유주의, 사회주의 모두 제각각 국제주의나 세계시민주의에 호소함에도 불구하고 일국적인 민주주의 정치와 결합할 수밖에 없었던 이유도 여기에 있다. 게다가 민주주의에 핵심적인 시민권도 국적과 연계되며, 시민권이 규정하는 시민-개인의 정체성은 민족-국민(nation)과 분리되지 않는다. 인간이라면 누구나 누려야 한다는 인권은 실제로 시민권으로 제도화되지 않는다면 공허한 도덕적 수사에 불과하다고 할 수 있다. 그런데 '시민권=국적'이라는 등식은 민주주의의 틀이 국민국가이며, 국민국가에 소속되지 않을 때 시민권도, 나아가 인권도 전혀 보장될 수 없다는 점을 여실히 확인시킨다.

자유민주주의는 다른 정체(政體)와 마찬가지로 그 시행을 위해서는 정치 단위가 필요하다. 그 정치 단위란 통상적으로 말하는 '국민국가'다. 아무리 자유민주주의의 확립이 시급한 문제라고 해도 그런 정치 단위, 즉 '국가'가 존재하지 않거나 존재할 가능성이 없는 곳, 특히 국제적인 문제 같은 데에는 적용될 수 없다.[2]

그래서 나치즘을 피해 미국으로 망명한 한나 아렌트는 국적 없이 국민의 권리를 상실한다면 인권을 상실하게 되며, "어떤 형태로든 권리로부터 배제되면 될수록 그만큼 더 그들은 한 나라의 국민으로, 자신들의 고유한 민족공동체 속에 다시 통합될 수 있는 길을 찾으려 했다"라고 말한다.

권리를 상실한 사람들의 재난은 그들이 생명, 자유와 행복 추구 또는 법 앞에서의 평등과 의견의 자유—주어진 공동체 안에서 발생하는 문제들을 풀기 위해 고안된 공식들인데—를 빼앗겼다는 것이 아니라 어느 공동체에도 속하지 않는다는 것이다. 그들의 곤경은 그들이 법 앞에서 평등하지 않아서가 아니라 그들을 위한 어떤 법도 존재하지 않기 때문이고, 그들이 탄압을 받아서가 아니라 아무도 그들을 탄압하려 하지 않는다는 데 있다.[3]

---

2) 에릭 홉스봄, 이원기 옮김, 『폭력의 시대』, 민음사, 2008, 103쪽.

3) 한나 아렌트, 이진우·박미애 옮김, 「국민국가의 종말과 인권의 종말」, 『전체주의의 기원』 1, 한길사, 2006, 526, 531쪽.

그렇다면 신자유주의적 합리성을 앞세우는 초국적 자본이 국민국가의 경계를 가로지르며 그 주권을 유린할 때 무슨 일이 일어날지는 자명하다. 이를 웬디 브라운은 민주주의의 원리인 '인민에 의한 지배'와 관련해서 세 가지로 정리한다. 첫째, 인민에 의한 지배는 주권의 한정된 관할권을 벗어난다면 정치적으로 무의미해지는 바, "인민이 스스로를 지배할 수 있기 위해서는 동일화할 수 있는 집단적 실체(그 안에서 권력이 배분되고 그것에 대해 그 권력이 실행되는 실체)가 있어야 한다." 그러나 주권이 쇠퇴하여 주어진 영토 내에서 국민적 헤게모니가 작동하지 않으면 인민은 자신의 정체성을 확인하고 형성할 수 있는 사회적 조건을 잃고 만다. 둘째, 국가권력의 자율성이 침식되면서 국가는 인민을 대의할 수도 보호할 수도 없으며, 단지 "경제적 세계화의 촉진자이자 안정자"로서 대내외적인 "불량국가"로 변모한다. 이와 같이 대내적으로 회사처럼 기능하고, 대외적으로 자본의 세계 질서에 대한 관리자로 기능하는 국가에서 인민은 수동적인 소액주주일 뿐이다. 셋째, 세계화와 더불어 탈냉전에도 불구하고 국가의 안보 정책은 더욱 중요해지고 있다. 하지만 테러리즘을 예방하거나 억제하려는 조치들도 정작 '안전'보다는 '비용, 이윤, 효율'을 강조함으로써 민주주의 원리를 현저히 탈민주화한다.

요컨대 인민이 스스로를 지배할 수 있으려면 우선 인민이라는 것 자체가 존재해야만 하며, 자신들이 민주화하려고 하는 권력에 접근해야만 한다. 세계화로 국민국가의 주권이 쇠퇴됨에 따라 이 조건들 중 전자의 기반은 약화됐고, 신자유주의가 자본의 권력을 고삐 풀린 세계권력으로 만들어버린 탓에 후자의 가능성은 완전히 제거됐다.[4]

---

4) 웬디 브라운, 김상운 외 옮김, 「오늘날 우리는 모두 민주주의자이다」, 『민주주의는 죽었는가?』, 난

'인민'이 없을 뿐더러 '지배'할 대상도 없다면, '인민에 의한 지배'라는 민주주의의 원리는 속수무책과 지리멸렬을 벗어나지 못할 것이다. 물론 그렇다고 해서 국민이기를 그만두는 것이 해법이 될 수는 없다. 아렌트가 말하듯이 하나의 공동체 구조에 속한다고 하는 "권리를 가질 수 있는 권리"(즉 "어떤 사람이 그의 행위와 의견에 의해 평가를 받을 수 있는 하나의 구조 안에서 살고 있다는 것을 의미하는" 권리)가 없다면,[5] 그에게는 어떤 인권도 주어지지 않을 것이기 때문이다.

개인의 정체성 위기

이상의 논의는 시중에 떠도는 '국가가 나한테 해준 게 뭐가 있냐'라는 유행어에 분명한 물적 기반이 있음을 시사한다. 국적이 없는 난민이나 영주권이 없는 이주노동자(또는 미등록 체류자)는 말할 것도 없다. 국적을 갖고 있으나 국민국가의 탈민주화로 시민권이 축소되거나 박탈되는 이들에게 하나의 국민국가에 속한다는 것, 또는 하나의 민족-국민이라는 상상은 개인의 정체성을 표상하거나 재현하는 데 곤란을 겪을 수밖에 없다. 국적이 더 이상 자유와 평등을 구성하는 형식이 아니기 때문에, '시민권=국적'이라는 등식이 오히려 본래의 민주주의적 의의에 역행하는 장애물로 기능하고 있는 것이다. 따라서 전 세계의 신자유주의적 재편에 의해 국민국가의 주권이 쇠퇴하는 과정에서 무너지고 있는 것 가운데 하나는 개인의 정체성이다.

장, 2010, 92-94쪽.

5) 한나 아렌트, 이진우·박미애 옮김, 「국민국가의 종말과 인권의 종말」, 『전체주의의 기원』 1, 한길사, 533쪽.

사실 국민국가는 일차적 정체성(계급, 지역, 언어, 종교, 가족, 성적 정체성)을 이차적 정체성(국민적·시민적 정체성)으로 전환하고 포섭함으로써 자신의 헤게모니를 구성한다. 여기서 중요한 역할을 담당하는 것이 루이 알튀세르가 이데올로기적 국가장치들(ISAs)이라고 부른 가족과 학교이다.[6] 이 장치들 속에서 수년에 걸쳐 일차적 정체성을 이차적 정체성으로 통합하는 과정은, 한편으로는 일차적 정체성에 기초한 다양한 개인성들을 억압, 해체, 배제하면서, 다른 한편으로는 이차적 동일성에 입각하여 정상적 규범과 규칙을 규율화함으로써 일차적 정체성을 재구성한다. 그 자체로 상징적 폭력이라고 부를 수 있는 이런 해체와 재구성의 효과로 개인은 국민-시민이라는 정체성을 정립하고 '비정상적'이지 않은 태도와 행위를 내면화할 수 있다.

그러나 이와 같이 이차적 정체성을 중심에 두고 일차적 정체성들 간의 경쟁과 갈등을 조정하는 국민국가의 헤게모니적 기능이 제대로 작동하지 않는다면, 개인의 정체성은 어디로 나아갈까? 이와 관련해 에티엔 발리바르는 두 가지 가설을 제시한다. 첫째 (예컨대 전체주의에서처럼) 정체성이 일의적으로 고착되는 경우이고, 둘째 (예컨대 포스트모더니즘에서처럼) 정체성이 다양하게 유동하는 경우이다.[7] 전자에서 하나의 정체성에 붙들려 있는 개인은 어떤 상황에서도 하나의 사회적 역할만을 고집할 것이며, 후자에서는 하나의 정체성에서 다른 정체성으로 끊임없이 이동하는 가운데 어떤 사회적 역할도 떠맡지 못할 것이다. 이 두 가지 상황에서 개인은 스스로 고립되어 자기-파괴적이 되거나, 자신이 소속될 만한 보상적인 공동체(때로는 종교적이거나 인종적인)

---

6) 마키아벨리라면 여기에 군대를 추가할 것이다. 루이 알튀세르, 오덕근·김정한 옮김, 『마키아벨리의 가면』, 이후, 2001, 146~156쪽.

7) 에티엔 발리바르, 진태원 옮김, 『우리, 유럽의 시민들?』, 후마니타스, 2010, 65~66쪽.

에 휘말리기 쉽다.[8] 다시 말해서, 이 지점에서 정체성은 폭력과 착종한다.

개인이 하나의 정체성에 고착될 때 나타나는 위험에 대해서는 아마르티아 센의 논의를 참조할 수 있다. 그는 한 개인이 갖고 있는 다양한 정체성(아시아인, 인도인, 경제학자, 남성, 이성애자 등등) 가운데 단 하나의 분류 범주에 따라 독보적인 정체성을 추출해내서 그 단일한 정체성 속으로 개인들을 밀어넣을 때 폭력이 발생한다고 주장한다. 이를테면 종교라는 단일 기준으로 문명권을 구분하는 새뮤얼 헌팅턴의 '문명충돌론'은 하나의 분류 범주로 편을 가르고 폭력적 대결을 부추긴다. 이와 같은 종교적·종족적 근본주의는 "다른 모든 소속 관계 및 교제 관계와의 관련성을 무시하는 일"이며, "'단 하나의' 정체성에 대한 요구를 각별히 호전적인 형태로 재정의하는 일"이다.[9] 이에 대한 센의 해법은 서로에게 공통된 수많은 정체성이 있음을 인정하고, 이성적 추론, 의지적 선택과 책임을 강조하는 것으로 모아진다. 하지만 하나의 정체성에 고착되지 말고 정체성의 다원성을 인식해야 한다는 주장은 다소 진부한 도덕 담론을 연상시킨다.

반면에 개인의 정체성이 끊임없이 유동할 때 나타나는 위험에 대해서는 슬라보예 지젝의 논의를 참조할 수 있다. 그는 질 들뢰즈처럼 "인간의 '기계-되기'나 '동물-되기'로서, 계속적인 변신으로서" 신체를 제시하는 것은 다채롭게 새로운 변종을 끊임없이 생산하면서 틈새시장을 개척하는 후기 자본주의의 논리를 묘사하는 데 불과하다고 주장한다. 마찬가지로 "개인들(individuals)이 '유목적'이며 가분자들(dividuals)이어서 끊임없이 스스로를 재

---

8) 장진범, 「에티엔 발리바르: 도래할 시민(권)을 위한 철학적 투쟁」, 김상운·양창렬 기획, 『현대 정치철학의 모험』, 난장, 2010, 191쪽.

9) 아마르티아 센, 이상환·김지현 옮김, 『정체성과 폭력』, 바이북스, 2009, 278~279쪽.

창안하고 다양한 역할들을 채택한다"라면서 네트사회를 찬송하는 것도 친자본주의적인 지배이데올로기일 뿐이라고 비판한다.[10] 그에 따르면 한곳에 정착하지 않는 유목민(nomad)도, 잡종적인 무정형의 다중(multitude)도 혁명적 주체와는 거리가 멀다.[11] 이에 대한 지젝의 대답은 다원주의적인 정체성 정치가 아니라, '계급환원주의와 본질주의'라는 비판조차 감수하는 반자본주의적 계급투쟁이다. 하지만 그의 계급투쟁에 대한 요청은, 어떻게 소련을 비롯한 현실 사회주의 국가들의 몰락을 재연하지 않을 수 있는지와 관련하여 인류의 역사적 상상력을 필요로 한다.

당신의 권리를 알라

세계체제의 위기와 더불어 국민국가가 제 기능을 수행하지 못할 때 개인의 자구책이 등장하는 것은 자연스런 일이다. 그래서 어쩌면 최근에 유행하는 문신이나 피어싱은 개인의 정체성 위기를 예시하는 탁월한 사례일지도 모르겠다. 피부에 글자나 그림을 새기는 문신, 신체에 장신구를 다는 피어싱에 대해서는 단순한 패션일 뿐이라는 견해도 있다. 하지만 느슨하게 말한다 해도 개인성과 정체성을 보충하고 나아가 과시하는 표식이라는 점에서는 크

---

10) 슬라보예 지젝, 김지운 외 옮김, 『신체 없는 기관: 들뢰즈와 그 결과들』, 도서출판 b, 2006, 347~348, 363-364쪽.

11) 발리바르도 유동적 정체성을 이상으로 삼는 것은 시장 교환의 모델에 예속될 위험이 있다고 경고한다. 그러나 여기에 들뢰즈의 '소수적 생성/소수화'나 주디스 버틀러의 '성역할의 수행적 전복' 등이 포함되는지에 대해서는 판단을 유보하고 있다. 에티엔 발리바르, 진태원 옮김, 『우리, 유럽의 시민들?』, 후마니타스, 2010, 66쪽 주32 참조.

게 이견이 없을 것 같다. 레나타 살레클은 그와 같은 신체 예술이 전근대적인 신체 절제와 구별되는 지점을 밝혀주는데, 그것이 상징질서(큰타자)의 변동이다. 요컨대 전통사회의 성인 입문식에서 행해지는 할례와 같은 의례가 아이에게 성적 정체성을 제공하고 집단의 구성원임을 확인시켰다면, 상징질서(큰타자)의 법과 권위가 무너진 포스트모던 사회에서는 개인이 자신에게 정체성을 부여하고 스스로 확인하는 방법이 신체 예술로 표현된다는 것이다. 더구나 자본의 세계화, 계급적대, 전통의 침식 등과 더불어 개인들은 자신의 견실한 정체성을 상실해왔다. 신체 예술은 그 "안정적 정체성을 위한 자리를 신체 속에서 찾으려는 시도"라고 할 수 있다. 또한 큰타자의 공백을 메우려는 나르시시즘적인 자기-숭배의 일부로 전환될 수도 있다. 그 주요 사례는 다이어트, 운동, 성형수술 등이다.

> 오늘날 주체가 큰타자의 부재를 다루는 방식들 가운데 하나는 나르시시즘적인 자기-숭배이다. 자아 이상(상징적 역할, 혹은 권위의 이상)과의 동일화의 결핍은 주체가 상상적 역할(즉 이상적 자아)—즉 주체가 스스로를 호감이 가는 모습으로서 발견하게 되는 역할—과 동일화하는 것으로 귀결된다. 완벽한 이미지에 대한 이와 같은 나르시시즘적 추구는 과도한 다이어트, 운동, 성형수술 등의 도움을 받아 신체를 바꾸는 것에 대한 주체의 강박으로 귀결된다.[12]

이와 같이 자신의 정체성을 내면의 의식이 아니라 외부의 피부와 신체에서 발견하려는 태도는 근본적으로 유물론적이다. 하지만 이를 통해 과연 개

---

12) 레나타 살레클, 이성민 옮김, 「신체 절제: 음핵 절제에서 신체 예술까지」, 『사랑과 증오의 도착들』, 도서출판 b, 254, 241쪽.

인의 정체성 위기를 진정으로 벗어날 수 있을지는 매우 의심스럽다. 아무리 나르시시즘적으로 자신의 신체를 바꾼다고 해도, 세계에 적합하지 않은 쓰레기 인간들, 자투리 인간들을 추방하는 데 열중하고 있는 신자유주의적 금융세계화는 그렇게 바뀐 신체조차 예외로 취급하지 않을 것이기 때문이다. 지그문트 바우만이 지적하듯이, 모든 사람들을 남김없이 감시하던 왕년의 빅브라더는 이제 자투리 인간들을 철저히 배제하는 새 동생 빅브라더와 함께 내부와 외부를 가르는 경계선을 순찰하고 관리한다.

> 옛날의 빅브라더는 포함—사람들을 대열에 정렬시키고 그곳에서 벗어나지 않도록 하는 통합—하는 데 열중했다. 오늘날의 새로운 빅브라더의 관심은 배제—그들이 있는 자리에 '어울리지 않는' 사람들을 골라내, 거기서 쫓아내면서 '그들에게 어울리는 곳'으로 추방하거나 (더욱 바람직한 것은) 아예 처음부터 근처에 도 오지 못하게 하는 것—이다.[13]

바우만이 비관하듯이, 이제 우리가 할 수 있는 일은 두 빅브라더 형제 중에서 누구의 관리를 받을 것인지 선택하는 것밖에 없을까?

아무튼 2007~2009년의 세계 금융 위기는 미국 연방준비제도이사회(FRB) 의장인 벤 버냉키의 활약 덕분에 일단 안정세로 돌아서고 있는 중이다. 그는 정부의 구제금융과 재정 적자를 적절히 배합하여 금융 위기가 은행의 붕괴나 증시의 몰락으로 연결되지 않도록 하는 데 성공했다. 물론 그렇다고 해서 세계체제의 위기가 종결된 것은 아니다. 무엇보다 실물경제는 회복되지

---

13) 지그문트 바우만, 정일준 옮김, 『쓰레기가 되는 삶들: 모더니티와 그 추방자들』, 새물결, 2008, 241쪽.

않았고 그가 뿌린 엄청난 양의 화폐는 인플레이션을 경고하고 있다. 출구전략의 실패에 따른 더블딥(double dip)의 가능성이 상존해 있으며, 금융을 대신해 수익성 상승을 주도할 새로운 산업 부문은 출현하지 않고 있다.[14] 이는 결국 금융 위기를 벗어나는 데 필요한 비용을 누가 어떻게 지불할 것인가를 둘러싸고 특히 미국, 유럽연합, 한중일 동아시아 블록 간에 치열한 경쟁과 갈등, 심지어 전쟁까지 예고되고 있음을 의미한다. 체제 위기는 일시적으로 잠복했지만 전 세계는 언제 분출할지 모르는 화약고가 되었다.

아마도 자신의 피부에서 정체성을 발견이라도 하려는 듯이 점점 문신 마니아가 되어가는 안젤리나 졸리의 목 뒤편 아래쪽에는 이런 문장이 새겨 있다고 한다. "당신의 권리를 알라(know your rights)." 우리에게 주어진 권리를 주장하고 행사하려면, 먼저 우리가 어떤 권리를 갖고 있는지, 그 내용은 무엇인지 알아야 한다. 이것이 그녀의 신념일 것이다.

"당신의 권리를 알라"는 록그룹 클래쉬(Clash)의 동명 노래이기도 하다. 가사의 일부는 이렇다. "다음 세 가지, 당신의 권리를 알라. 첫째, 당신은 죽임을 당하지 않을 권리가 있다. 살해는 범죄, 단 그것이 경찰이나 상류층에 의해 저질러지지 않는다면. 둘째, 당신은 음식과 돈을 가질 권리가 있다. 물론 약간의 취조와 수치심을 신경 쓰지 않는다면. 행운이 따른다면 갱생도 가능. 셋째, 당신은 언론의 자유가 있다. 그것을 실제로 시도할 만큼 얼간이가 아닌 한에서." 그러니, "그 길에서 나와, 달려!"

---

14) 백승욱, 「역사적 맥락에서 본 신자유주의의 위기」, 『경제와 사회』 제83호, 2009, 31쪽; 윤종희·박상현, 「2007-09년 금융 위기 논쟁 비판」, 『2007-09년 금융 위기 논쟁』, 공감, 2010 참조.

6장

한국 마르크스주의의 위기 돌파를 위해

마르크스주의의 위기 이후 마르크스주의에 관해 질문하고 토론하는 일은 쉽지 않다. 마르크스의 철학과 사상에 대한 일반적인 관심은 여전히 존재하지만 이는 대부분 인문학적 교양의 차원에 머물러 있다. 세계 자본주의에 심각한 위기가 발생할 때마다 마르크스의 정치경제학이 소환되곤 하지만 지적 흥미 이상을 넘지 않는다. 자본주의가 아닌 다른 세상을 지향하는 이들은 마르크스주의의 혁명론을 배우고자 한다. 이 경우에는 마르크스주의의 위기가 마르크스 자신의 모순과 한계에서 유래하기 때문에 '순수한' 마르크스주의는 결코 존재하지 않는다는 사실을 잊고 있다. 더구나 마르크스주의의 위기와 더불어 마르크스주의적인 이론, 운동, 조직과 체제는 실추했으며, 오늘날에는 다양한 마르크스주의들 또는 마르크스주의적인 경향들이 있을 뿐이다.

한국에서 마르크스주의의 위기는 대외적으로 1989-1991년 현실 사회주의 국가들의 종언과, 대내적으로 1991년 5월 투쟁의 실패를 계기로 갑작스럽게 도래했다. 1980년 5·18 광주항쟁 이후 지식 사회에서 재발견된 김일성-마르크스주의와 레닌-마르크스주의는 냉전 및 분단 체제를 배경으로 5공화국의 군사독재에 저항하는 이념적·사상적 기반을 제공했다. 하지만 1980년대 이후 세계적인 신자유주의의 물결 속에서 노동자운동이 쇠퇴하고, 계급투쟁을 통한 사회주의 내지 공산주의의 전망이 더욱 불투명해지는 세계사적 시간과 어긋나 있었다. 1980년대의 이른바 민중운동은 강력한 사회정치 세력을 조직했지만, 1987년 6월 항쟁과 노동자 대투쟁에서 1991년 5월 투쟁에 이르는 약 4년 동안의 전투적인 투쟁 끝에 사실상 존립이 어려운 상황에 직면했다. 1991년 5월 투쟁은 1980년대 민중운동의 대중적 정치력, 조직적 동원력, 문화적 군사주의, 남성 중심주의 등의 한계를 모두 드러내면서 한국 사회의 민주화를 더 급진적으로 촉발하지 못했다. 그 효과로 1990년대에는 민중이라는 용어 자체가 급속히 자취를 감추었다.

이 혼란의 시대에 부상한 시민운동과 포스트모더니즘은 사실상 반마르크스주의를 지향하고 있었고 민중운동의 반정립으로서 노동자운동과 거리를 두었다. 당시 시민운동은 "과거의 급진적이고 전투적인 민중운동과 자신을 구별하면서—비민중운동 혹은 반민중운동적 정체성—온건한 이념을 표방하고 합법적·제도적 수단과 통로를 활용하는 운동으로, 나아가 계급·계층적 기반이라는 점에서 중간층적 운동으로 자신의 정체성을 설정하였다."[1] 또한 다양한 포스트 담론들은 마르크스주의에 부정적인 방식으로 수용되었다. 따라서 "마르크스주의를 복원하거나 유지하려고 했던 사회과학자들은 포스트주의에 대해 아주 부정적인 시각을 가지고 있었던 반면에, 포스트주의의 수용을 주도했던 서양 문학이나 프랑스 철학 연구자들은—반드시 마르크스주의를 배격하려는 뜻은 없었지만—비마르크스주의적인 관점 내지 어떤 점에서는 반마르크스주의적인 관점에서 포스트주의를 수용했다는 점에서 마르크스주의를

---

1) 조희연, 「한국 민주주의의 전개와 시민운동의 변화」, 『저항, 연대, 기억의 정치』 2, 문화과학사, 2003, 166쪽.

해소시키는 데 일조했다."[2]

그 가운데 하나인 포스트마르크스주의도 마찬가지였다. 당시 한국에 수용된 포스트마르크스주의는 본래 포스트마르크스주의를 이론화한 라클라우와 무페를 인용하기는 했지만, 사실상 그와 무관한 반마르크스주의의 알리바이였다. 이와 달리 라클라우와 무페의 『헤게모니와 사회주의 전략』은 반자본주의 전략으로서 급진민주주의 기획을 제시하고 있고, 자본주의적 생산관계의 폐지를 포함하며 사회주의에 대한 지향을 분명히 하고 있다. 물론 자유민주주의를 수용하고 이를 급진화함으로써 사회주의로 나아간다는 전략 자체에 대해서는 논란의 여지가 있다. 하지만 포스트마르크스주의가 반자본주의 기획을 기각하고 개혁이나 개량을 추구하는 이론적·정치적 입장이라는 비난은 오해에 의한 것이었다.

이와 같은 오해가 일어난 당대의 지적·운동적 상황과 분위기를 인식하는 것이 중요하다. 사회운동적 관점에서 1980년대가 5·18 광주항쟁에서 1991년 5월 투쟁에 이르는 12년의 연대기를 갖고 있다면, 1990년대는 1991년 5월 투쟁의 실패 이후 1997년 민주노총 총파업과 외환위기로 나아가는 7년의 시공간을 가리킨다. 이 짧은 1990년대는 한편으로는 문민정부의 출범, 경제 성장에 대한 상찬, 신세대의 출현, 각종 포스트 담론의 유행으로, 다른 한편으로는 비합법 전위 조직의 해산, 마르크스주의의 청산과 전향, 1980년대에 대한 후일담의 유행으로 채워졌다. 1998년 김대중 정부에서 대표적인 악법인 사상전향제도를 폐지하려다가 보수 세력의 반발로 기존의 전향서를 준법서약서로 대체한다는 방침으로 후퇴했다. 그에 따라 1991년에 사노맹 사건으로

---

2) 진태원, 「마르크스주의의 전화와 현재적 과제」, 김항·이혜령 엮음, 『인터뷰: 한국 인문학 지각 변동』, 그린비, 2011, 460쪽.

구속된 박노해가 준법서약서를 수용하고 사실상 전향해 특별사면으로 풀려 났다. 2003년에는 재독 학자 송두율이 방한했다가 북한 노동당의 정치국 후보위원이라는 간첩 혐의로 구속 수감되었다. 이러한 사건들은 1990년대가 1980년대의 증상을 앓았다는 사실을 일깨운다.

현실 사회주의 국가들이 몰락하고 1980년대 민중운동은 실추했지만, 제도적인 사상의 자유는 부재한 상황에서 마르크스주의에 대한 지적이고 학문적인 논의와 토론은 실종되었다. 마르크스주의를 비판하는 것도 마르크스주의를 견지하는 것도 그저 관점 확인이나 입장 표명 이상으로 나아가지 못했다.

마르크스주의의 위기는 여전히 현재진행형이고 이는 마르크스주의를 궁리하거나 실천하려는 모든 이들에게 반복적인 곤혹을 안겨주고 있다. 오늘날 우리가 돌아갈 수 있는 '순수한' 마르크스주의는 없다. 이러한 마르크스주의의 위기 선언은 그 위기의 원인과 효과를 적합하게 인식하여 마르크스주의를 혁신해야 한다는 요청이었다. 그렇다면 한국에서 마르크스주의의 위기 이후 주요한 정치적·사회적 갈등의 쟁점들을 살펴보는 일은 마르크스주의를 어떻게 혁신해야 하는지 그 최소한의 좌표를 드러낼 수 있을 것이다.

쟁점들

한국에서 1991년 5월 투쟁의 실패와 더불어 도래한 마르크스주의 위기 이후의 연대기에는 2008년 촛불 시위, 2009년 용산 참사와 쌍용자동차 파업, 2014년 세월호 참사, 2016년 강남역 여성 살인 사건과 구의역 비정규직 사망 사건, 2016~2017년 촛불 항쟁 등 한국 사회를 뒤흔든 커다란 사건들과 사회운동이 자리하고 있다. 이와 같은 연대기는 '사건→운동(촛불)'이라는

2000~2010년대의 독특한 흐름을 보여준다. 어떤 사건이나 참사가 발생하고 그에 대해 개별적으로 또는 소규모 집단으로 대응하다가 예측할 수 없이 커다란 대중 집회나 시위로 전개되기도 하고, 어느 순간 별다른 성과 없이 흩어지기도 하는 흐름이다. 이는 대중들이 사건에 개입하는 방식, 운동에 참여하는 방식이 달라졌다는 것을 함의한다. 또한 이런 흐름은 기존의 조직적인 사회운동의 전반적인 퇴조를 반영하는 것이기도 하다. 이 과정에서 나타난 주요 쟁점들을 크게 국가, 포퓰리즘, 정치적 주체, 페미니즘 등으로 구분해 볼 수 있다.

1) 국가

2008년 촛불 시위에서 이미 '국가란 무엇인가'라는 문제가 제기되었다가 세월호 참사를 겪으며 '이것이 국가인가'라는 물음으로 절정의 파급력을 발휘한 쟁점이 국가이다. 세월호 참사로 알게 된 것은 국가의 총체적인 부패였다. 세월호의 승무원들은 대부분 단기 계약으로 일하는 비정규직으로 위급 상황에 대한 대처 훈련이 되어 있지 않았고, 해경은 구조에 대한 책임을 회피하고 방관했으며, 정부는 상황을 파악하지도 통제하지도 못한 채 인명을 구할 수 있는 귀중한 시간을 허비했다. 더구나 정부와 해경이 구조와 수색의 독점권을 부여한 '언딘'이라는 민간 구난 업체는 외려 인명 구조 요청은 받은 적이 없다고 변명하고, 세월호를 운영한 청해진해운은 정부 관료, 공무원, 정치인 등과 유착해 안전에 대한 고려 없이 탐욕스럽게 돈벌이 사업을 벌여 온 것으로 드러났다. 또한 거의 모든 방송과 신문은 객관적인 보도와 진상 규명을 외면할 뿐만 아니라 사실을 왜곡해서라도 정부를 변호하려는 행태를 보였다. 정부 기관, 민간 업체, 대기업, 언론 등이 모두 총체적으로 부패해 있었던 것이다.

세계적인 신자유주의적 금융세계화를 본격적으로 도입할 수밖에 없었던 1997년 외환위기 이후 핵심 정책들 가운데 하나는 외주화였다. 이는 노동의 안전장치를 제거하는 데 기여했다. 외주화는 노동과정의 일부를 외부 전문 업체에 맡겨서 생산 비용을 절감한다는 취지였다. 하지만 정규직 노동자들을 축소하고 비정규직 노동자들로 대체하는 노동의 유연화와 결합해 일차적으로 노동력을 보호하도록 기능하는 노동조합을 무력화시켰다. 기업 활동을 감시하고 견제하는 노동조합의 힘은 더욱 약화되었다. 더구나 노동자들의 안전에 무감하고 이윤 획득에 민감한 기업과 시장의 논리는 정부의 운영 원리로 도입되어 적자 재정을 극복한다는 명목으로 국가의 주요 기능 또한 외주화되었다. 공공 기업의 민영화가 추진되고 국민의 안전을 담당하는 기능도 일반 기업으로 외주화되었다. 이와 같은 국가의 공공성 해체는 시민 스스로 자신의 삶을 향상시켜야 하는 자기 복지의 삶을 강요했다. 민간 경비 업체와 보험 업체의 성장은 개인이 기업과 계약해 생명과 안전을 보호해야 하는 세태를 잘 보여준다.

이것은 사실상 국가 민주화의 전면적인 후퇴였다. 민주주의의 형식이 민주주의의 원리가 실현되도록 보장한다는 정당 정치의 담론은 민주주의의 형식이 온존한 가운데 민주주의의 원리가 무너지는 현상을 적절히 파악하지 못했다. 게다가 국가의 탈민주화 과정에서 많은 사람들은 자신의 삶을 스스로 계발하고 관리하는 자기 관리 주체로 행위했으며, 자기 관리에 실패한 이들을 열패자로 간주하는 신자유주의적 통치성을 마치 상식인 듯 받아들였다. 이와 더불어 국가와 거리를 두는 것이 민주화라는 개인주의 담론은 더욱 강화되었다. 더구나 2000년대에 전개된 네그리와 하트의 『제국』을 둘러싼 논쟁은 인문학에서 국민주의(nationalism)를 비판하고 국가를 손쉽게 기각하면서 탈국가, 탈국민주의, 탈민족주의를 주장하는 경향을 강화했다. 이와 같은 지형에서 국가의 민주화라는 쟁점을 사유하기는 더욱 어려워졌다. 하지만 오히려 주요한 문제는 국가를 내부에서 개혁하려는 모든 작업을 국가주의로 비판하는 것이 아니라, 어떤 국가를 만들어야 하는지에 관한 토론을 개시하는 것이다. 우리가 어떤 정치 공동체를 구성해야 하는가에 대한 세월호 참사의 문제 제기는 여전히 유효하다.

2) 포퓰리즘

포퓰리즘이라는 쟁점은 오늘날 작동 불능의 위기에 직면한 정당 민주주의에 대한 비판을 바탕으로 직접민주주의에 대한 요청과 결부되어 있다. 다시 말해 정당 중심의 대의민주주의를 주장하는 입장에서는 포퓰리즘에 비판적이고, 대의민주주의의 간접성을 비판하며 직접민주주의를 주장하는 입장에서는 포퓰리즘에 긍정적이다. 현대 민주주의의 핵심을 정당 정치라고 본다면 포퓰리즘은 부정적인 현상일 뿐이다. 시민사회의 이익 갈등이 정당을 매개로 대표되지 않을 경우, 민주적 절차에 따라 조정되는 것이 아니라 폭력적인 대립으로 표출되기 때문이다. 반면에 포퓰리즘을 피플(people)의 직접적인 정치 활동으로 인식하는 관점에 따르면 포퓰리즘은 급진적 민주화(또는 민주주의의 민주화)를 이끌어나가는 주요 동력이자 운동 방식이다. 예컨대 라클라우는 포퓰리즘을 활성화시켜서 자유민주주의를 급진화하자는 급진민주주의 전략을 제시한다. 피플은 포풀루스(populus)와 플레브스(plebs)를 모두 가리키기 때문이다. 포풀루스는 공동체 전체를 지칭하는 총체성을 함의하고, 플레브스는 사회 질서의 하층에 있는 자들로서 공동체의 한 부분 집단을 가리킨다. 피플은 특수한 하층민들이면서 동시에 보편적인 공동체 자체이다.[3] 플레브스가 공동체 내의 특수한 부분(parciality)임에도 불구하고 공동체의 총체성(totality)을 구현하는 포풀루스를 자임하고 여타의 특수한 부분 집단들을 등가사슬(chain of equivalence)로 묶어낼 수 있을 때 '우리, 피플'(we, the people)과 '그들, 적'이 구별되는 적대가 창출된다. 라클라우에 따르면, 이는 사실상 모든 사회운동이 전개되는 형식이다.

이와 같은 맥락에서 좌파 포퓰리즘이라는 용어가 가능해진다. 이는 노무현 정부의 성격을 둘러싼 논쟁에서 출현한 바 있다. 최장집은 1980년대 민중주의의 "낭만적, 급진적, 도식적, 추상적, 관념적, 비현실적" 성격을 지적하면서, "민중주의 운동의 중요한 약점은 민주주의 이론을 한국적 현실에 맞게 구체화시키지 못했고, 대의제를 특징으로 하는 현대 민주주의의 제도적 역동성을 이해하지 못했다는 점"이라고 비판한다. 민중주의적 사회운동은 정당 정치를 핵심으로 하는 현대 민주주의의 제도적 실천에 무능하며, 이것이 노무현 정부가 "신자유주의 헤게모니에 통합되고 실패"한 큰 이유라는 것이다.[4] 반면에 조희연은 "노무현 정부는 보수의 비판처럼 포퓰리즘적이어서 실패한 것이 아니라 사회경제적 이슈에서 충분히 포퓰리즘적이지 못해서 실패했다"라고 평가한다. 그에게 포퓰리즘의 핵심은 "제도적 통로에 의해서 반영되지 않는 대중들의 정치적·사회경제적 요구들을 정치 지도자 혹은 세력이 특정한 방식으로 수용·전유하는 것, 그리고 그를 통해 스스로의 대중적 기반을 강화하는 것"이다. 이런 맥락에서 박정희 대통령의 새마을운동과 같은 우익 포퓰리즘이 대중과 결합하는 데 성공했다면, 참여정부는 좌익 포퓰리즘(또는 진보적 민중주의)이 부재한 가운데 대중적 지지자들을 획득하지 못했다

---

3) Ernesto Laclau, *On Populist Reason*, Verso, 2005, pp. 224~225.

4) 최장집, 『민주주의의 민주화』, 후마니타스, 2006, 33, 38쪽.

고 지적한다.[5] 다시 말해 노무현 정부에 관해 최장집은 '민중주의의 과잉' 때문에 실패했다고 비판하고, 조희연은 '민중주의의 과소' 때문에 실패했다고 주장한다. 물론 두 사람의 상반된 평가는 민중주의 내지 포퓰리즘을 이해하는 차이에서 비롯한다. 최장집이 포퓰리즘에 관한 표준적인 정치학적 관점을 견지하고 있다면, 조희연은 라클라우의 포퓰리즘 개념에 의존하고 있다.

이처럼 최근 포퓰리즘에 대한 긍정적 평가에 주목하는 논의들은 좌파 포퓰리즘의 가능성을 적극적으로 사고하려는 경향을 보인다. 그러나 기성 권력과 엘리트에 대한 반대라는 포퓰리즘의 단순한 구도는 자본주의의 계급 모순이나 계급적대를 인식하는 데 곤란할 수 있고, 국민주의 내지 민족주의를 강화할 수 있으며, 조직이 아니라 인물(특히 카리스마적인 지도자)에 크게 의존한다는 점에서 한계가 있는 것도 사실이다. 또한 포퓰리즘이 다수자 전략인 한에서 소수자를 배제할 수 있으며, 다수결 투표제에 기반한 한국 정치 지형에서는 집권 전략으로 축소될 수 있다.

그러나 보다 중요한 것은 한국에서 피플에 해당하는 용어가 무엇인지가 불분명하다는 데 있다. 해방 공간에서 널리 사용되었다가 남북 분단 이후 한국 사회에서 사라진 인민이라는 용어는 말할 것도 없고, 1980년대에 널리 복권되었던 민중이라는 용어도 오늘날 일상어로서 거의 소멸했다. '우리가 피플이다'와 유사한 보편적 함의가 '우리가 민중이다'에는 담겨 있지 않다. '민중'과 '반민중'이라는 구별은 일부 운동 세력이나 지식인들의 용어일 뿐이다. 한국에서 좌파 포퓰리즘 정치가 가능하기 위해서는 대중들을 호명할 수 있는 보편적 언어의 발견이 필요하다.

---

5) 조희연, 「노무현의 실패, 더 포퓰리즘적이지 못한 탓이다」, 『프레시안』, 2010. 4. 23; 『민주주의 좌파, 철수와 원순을 논하다』, 한울, 2012, 182, 231~233쪽.

3) 정치적 주체

마르크스주의의 위기 이후 노동자운동이 특권적인 중심성을 갖지 않는다는 것은 상식처럼 통용되고 있다. 이는 특히 청년 실업이 만연한 상황에서 새로운 자율적 주체에 대한 주장들과 결합하여, 자율적 삶을 보장하기 위해 기본소득을 제안하는 것으로 이어진다.

'프롤레타리아여 안녕'이라는 작별 인사로 유명한 앙드레 고르는 1968년 혁명을 사상적으로 선취한 사상가로도 잘 알려져 있다. 그의 지론 가운데 하나가 기본소득이다. 고르는 마르크스가 발견한 프롤레타리아트는 현실의 구체적인 노동자들과 다르다고 비판하면서, 노동자들은 노동과정에서 소외되어 있으면서도 임금제 자체를 폐지하려고 하지 않은 채 소비에 대한 열망으로 임금 인상에만 관심을 기울이고 있다고 주장한다. 프롤레타리아트는 더 이상 혁명의 주체가 아니라는 것이다. 새로운 혁명적 주체는 후기 산업사회의 '신프롤레타리아트'(새로운 노동자들), 즉 불안정한 노동자들(보조직, 기간직, 대체직, 파트타임직 등)과 실업 상태에 있는 자들(비노동자)이다. 노동과 직업에 애착이 없고 계급적 소속감이 없기 때문에 새로운 노동자들에게 중요한 것은 개인적 삶의 주체적 자율성이며, 이 경우 가장 필요한 것은 자유 시간이다. 따라서 자유 시간 확대를 위한 노동시간 단축과 일자리 나누기, 노동하지 않고 개인적 자율성을 유지할 수 있는 기본소득을 주장한다. 그러나 프롤레타리아가 혁명적이지 않다고 작별 인사를 했던 고르가 새롭게 주목한 노동자들이 과연 혁명적 주체인지는 불분명하다. 고르에게는 주체화 과정에 대한 문제의식이 거의 드러나지 않는다.

물론 고르가 선도적으로 제안했던 과제들은 1997년 구조조정 이후 한국 노동운동의 주요 의제들이었다. 그러나 노동시간 단축과 일자리 나누기는 정부의 정책으로 반영될 경우에 애초의 의도가 왜곡된 탓도 있지만, 장기적인 경제 위기 국면에서 유효한 성과를 거두지 못했다. 노동시간이 실질적으로 단축된 것도 아니고 제대로 된 일자리가 나눠진 것도 아니다. 기본소득과 관련해서는 그것이 빈약한 복지 체제를 보완하는 하나의 정책이라는 관점부터 자본주의를 극복하는 대안적인 사회주의의 핵심 요소라는 평가까지 다양한 입장들이 있다. 하지만 한국 사회에 기본소득이 필요하다고 할지라도 그 효과를 과장할 이유는 없을 것이다. 이는 최근 최저임금과 기본소득의 대립이라는 쟁점으로 나타난 바 있다. 사실 최저임금 인상은 노동과정 내부에 진입한 노동자들에게 일차적으로 해당하며 이를 성취하기 위해 필요한 조직이 노동조합인 반면에, 기본소득은 노동과정 외부에 있는 노동자들에게 직접적으로 필수적이지만 이를 성취하기 위한 운동 방식과 조직 형태는 모호한 실정이다. 기본소득은 진보정당이나 지방자치단체에서 유권자들을 고려한 정책으로 제안되고 있을 뿐, 노동조합운동 같은 어떤 집단적인 정치적 주체의 사회운동으로 추진되고 있지는 않다. 정치적 주체가 스스로 쟁취하지 못하고 위로부터 구현되는 정책은 실질적으로 해방적 효과를 발휘하는 데 제한적이다.

오히려 새로운 주체는 자본주의적 생산양식의 변화가 아니라 구체적인 사건에 대한 충실성에서 발견될지도 모른다. 세월호 참사 이후 '가만히 있으라'라는 어른들의 말을 구호로 적은 표지판을 들고 침묵의 마스크를 쓰고 행진한 청소년들이 하나의 예가 될 수 있다. 어떤 단원고 학생은 프란체스코 교황에게 보낸 편지에 "저희는 이제 어른들에게 신뢰를 잃었고 이 세상에 대해 신뢰를 잃었습니다. 우리가 어른이 되었을 때 우리와 같은 학생들에게 이 나쁜 세상을 물려주어 죄를 짓지 않게 도와주세요"라고 썼다.[6] 이와 같은 그들

---

6) 김유정(가명), 「단원고 학생, "교황님, 우리나라는 미쳤습니다"」, 『프레시안』, 2014. 8. 14.

의 판단이 타당하다면, 어른들은 신뢰할 수 없는 나쁜 세상에 어떤 변화도 기대하지 않는 낡은 정치적 주체일 뿐이다. 새로운 정치적 주체는 주어진 세계 자체를 거부할 뿐만 아니라 진정한 변화를 열망하는 오늘날의 청소년들일지도 모른다. 물론 현재 한국 사회에 유의미한 변화를 일으키고 있는 새로운 주체는 여성들이다.

4) 페미니즘

여성들의 페미니즘은 특히 2016년 강남역 묻지마 살인 사건으로 촉발되어 현재까지 가장 강력한 사회운동으로 전개되고 있다. 세월호 참사에서 '가만히 있으라'라는 말이 역설적인 반역의 언어가 되었다면, 강남역 살인 사건에서는 '나일 수도 있었다'라는 말이 그러했다.

> 강남역 10번 출구에 도착했을 때 내가 본 수많은 포스트잇은 마치 트라우마 생존자의 자기 고백과 비슷한 내용으로 채워져 있었다. …… 강남역에서 우연히 모르는 사람에 의해 비극적으로 살해된 익명의 20대 여성은 오직 죽음 그 자체로만 기억되었다. 아무것도 공유하지 않는 개별자의 죽음이었지만, 그 죽음은 또한 '나'의 죽음이기도 했다. 포스트잇에 써 있던 '나일 수도 있었다'는 글귀가 삶의 우연성과 죽음의 필연성에 대한 깨달음을 경유하여 여성의 삶에 대한 자각으로, 페미니즘 정치학으로 이어진 것은 어쩌면 필연적인 일이었다고 생각한다.[7]

---

7) 권김현영, 「성폭력 2차 가해와 피해자 중심주의의 문제」, 『피해와 가해의 페미니즘』, 교양인, 2018, 65-66쪽.

'나일 수도 있었다'는 것은 '나도 범죄의 대상이 될 수 있다'는 공포감을 포함한다. 강남역 살인 사건은 우발적인 일회성 사건이 아니라 한국 사회에 내재한 여성에 대한 혐오와 증오를 나타내고 있기 때문이다. 또한 특정한 젠더와 집단에 대한 편견으로 발생하는 증오 범죄는 차별과 배제를 공공연하게 예고한다.[8]

한국 사회의 남성 중심주의와 여성 차별에 본격적으로 문제를 제기하고 이에 저항하는 최근의 페미니즘은 1987년 6월 항쟁 이후 민주화 과정 또한 젠더 차별에 기초했다고 보면서 총체적으로 거부하는 것처럼 보인다. 2016~2017년 촛불 항쟁과 박근혜 탄핵 이후 미투운동이 출현한 것을 '페미니즘 봉기'라고 표현할 수도 있을 것이다.[9] 그에 따르면 '페미니즘 봉기'는 1987년 체제의 '민주 대 반민주' 구도를 넘어서는 젠더 차별의 문제 설정과 강력한 운동 방식으로 분출하고 있다.

최근 미투운동을 둘러싼 논쟁들은 대개 남성들의 반격에서 기인하지만, 여기에는 페미니즘 담론의 내적인 한계도 존재한다. 그 한가운데 있는 것이 피해자 중심주의 담론과 2차 가해라는 용어이다.

'2차 가해'라는 용어는 진상 조사 자체를 불가능하게 만드는 방식으로 남용되었고, '피해자 중심주의'라는 담론은 피해자의 주관적 감정에 지나치게 독점적인 지위를 부여하는 방식으로 오용되었다. 공론장에서 계속 합의되

---

8) 홍성수, 『말이 칼이 될 때: 혐오 표현은 무엇이 문제이고 왜 문제인가?』, 어크로스, 2017, 95-96쪽. 혐오 담론의 전개와 대응 과정에 대한 비판적인 성찰로는 손희정, 「혐오 담론 7년」, 『문화과학』 93호, 2018.

9) 천정환, 「'1987년형 민주주의의'의 종언과 촛불 항쟁 이후의 한국 민주주의」, 『문화과학』 94호, 2018, 23쪽.

고 갱신되어야 하는 성폭력 판단 기준에 대한 논의는 좀처럼 진전되지 않았다. 지금까지의 판단 기준은 성별, 계급, 나이 등에 따른 권력관계에서 약자의 위치에 있는 사람의 편을 들어주는 방식('피해자 중심주의')이었다. 그러나 위치 자체가 곧 피해의 근거가 된다는 생각으로는 권력관계를 변화시킬 수 없었다. 나는 오히려 소수자나 약자라는 위치를 방패삼는다는 이유('피해자 코스프레'라는 악의적인 말이 잘 드러내듯)로 소수자나 약자에 대한 혐오가 더욱 기승을 부리게 되었다고 생각한다.[10]

이와 같은 비판적인 인식에 따르면 페미니즘이 대항 담론이 되지 못하고 있는 이유들 가운데 하나는 2차 가해라는 개념이 합리적 토론 자체를 봉쇄하는 효과를 발휘하고, 피해자 중심주의가 새로운 도덕주의로 받아들여지면서 페미니즘 지식을 기계적으로 적용하는 문제가 나타났기 때문이다. 어떤 일반적인 기준의 적용보다 중요한 것은 피해자를 타자화하지 않는 일이며, 성폭력에 관한 말과 행위를 변화시켜 페미니즘을 새로운 상식으로 만드는 일이다. "피해자 중심주의는 피해자를 타자화하고, 2차 가해라는 담론은 성폭력을 다시 개인적인 것으로 만든다. 피해자의 목소리를 듣기 위해서, 우리는 지금까지 속해 있다고 생각했던 사회를 다시 생각해야 하고, 그 목소리를 통해 알게 되는 것에 질문을 멈추지 말아야 한다."[11]

2010년을 전후한 시기부터 2015년까지 한국 사회에 대한 페미니즘적인

---

10) 권김현영, 「성폭력 2차 가해와 피해자 중심주의의 문제」, 『피해와 가해의 페미니즘』, 교양인, 2018, 29쪽.

11) 권김현영, 같은 글, 70쪽. 성폭력 폭로 이후 새로운 과제로서 피해자화를 넘어서야 한다는 논의로는 권김현영, 「성폭력 폭로 이후의 새로운 문제, 피해자화를 넘어」, 『더 나은 논쟁을 할 권리』, 휴머니스트, 2018 참조.

문제 제기가 후퇴한 이후 최근 페미니즘의 재부상과 여성들의 젠더 차별에 대한 저항은 향후 마르크스주의가 스스로 어떻게 무엇을 혁신할 수 있을 것인가를 가늠하는 주요한 지표가 되고 있다.

한계들

국가, 포퓰리즘, 정치적 주체, 페미니즘 등으로 간략히 일별한 한국 마르크스주의의 위기 이후 주요 쟁점들은 한국 사회의 실천적 역동성을 잘 보여주고 있다. 하지만 앞서 말했듯 '사건→운동(촛불)'이라는 2000~2010년대의 독특한 흐름을 반영하고 있다는 데 주의한다면, 어쩌면 무한 반복의 악순환에 빠진 것처럼 보이기도 한다. 참사와 같은 사건이 발생하고 촛불이 일어나지만 실질적인 한국 사회의 변화는 끊임없이 지연되고 있기 때문이다. 이와 같은 저항의 곤경에 관해 다음과 같은 비판은 많은 고민을 던져준다.

광화문이거나 대한문 앞이거나 밀양이거나 강정마을이거나 아니면 두리반 칼국숫집이거나 마리 카페이거나 그 모든 곳에서 우리는 끊임없이 극적인 윤리적 열정을 가지고 참여해야 할 순간들이 있다고 통지를 받는다. 그러나 그 자리에 모이는 다중은 추상적인 세계를 상대할 뿐이다. 그리고 각각의 사태는 모두 동등한 보편적 대의를 위해 헌신해야 할 무엇으로서 상징화된다. 게다가 그런 사태는 너무나 많고 무엇 하나 해결되지 않은 채 다음에 오는 화려한(?) 사태에 자리를 넘겨준다. 이는 실은 너무 퇴폐적으로 보이지 않는가. 그러한 하나하나의 사태들은 지극히 추상적인 주관적 윤리를 요청할 뿐이다. 그것은 해결해야 할 사태의 총체 속에 등록되지 않는다. 그러므로 그것은 세계를 부정하는 몸짓인 척하지만 부정으로부터 수축된, 더 심하게 말하자면 부정이 불가능하다는 것을 말해 주는 행위처럼 보일 지경이 된다. 그렇게 우리는 팽목항에서 밀양으로 다시 어딘가로 희망버스를 타고 떠난 벗과 동지들에게 미안하고 착잡할 뿐이다. 어느 순간이나 '운동'은 너무 많고 너무 강하지만 그것은 또한 너무 적고 너무 유약하다.[12]

최근 사회운동의 경향에 대한 하나의 마르크스주의적 비판이라고 볼 수도 있는 이 인용문에서 말하고자 하는 바는 세계 자본주의의 모순을 체계적으로 분석하고 인식해 세상을 변화시킬 수 있는 전체적인 조망이 부재하다는 것이다. 그로 인해 수많은 이들의 정치적 행위는 계속해서 새롭게 발생하는 사건들을 따라가는 데 머물 뿐 실질적인 변화를 이끌어내지는 못했다.

물론 한국 사회의 구조적 모순에 대한 분석이 부족하다는 비판은, 마르크스주의 또한 마르크스주의의 위기로 표현되었듯이 이론적 곤궁을 궁극적으로 벗어나지 못하고 있다는 점에서 불공평할 수 있다. 하지만 예컨대 『소년이 온다』에 등장하는 것과 같은 실천적 상상력은 다시 살펴볼 필요가 있다.

2009년 1월 새벽, 용산에서 망루가 불타는 영상을 보다가 나도 모르게 불쑥 중얼거렸던 것을 기억한다. 저건 광주잖아. 그러니까 광주는 고립된 것, 힘으로 짓밟힌 것, 훼손된 것, 훼손되지 말았어야 했던 것의 다른 이름이었다. 피폭이 아직 끝나지 않았다. 광주가 수없이 되태어나 살해되었다. 덧나고 폭발하며 피투성이로 재건되었다.[13]

---

12) 서동진, 『변증법의 낮잠』, 꾸리에, 2014, 208쪽.

13) 한강, 『소년이 온다』, 창비, 2014, 207쪽. 이 소설에 대한 전반적인 비평으로는 김정한, 「소설로

6장 _ 한국 마르크스주의의 위기 돌파를 위해 | 161

5·18 광주항쟁과 용산 참사의 동일시는 대부분의 문학평론가들이 『소년이 온다』의 문학적 성취라고 평가했던 대목이다. 하지만 5·18과 용산이 같을 수는 없다. 그와 같은 동일시 과정에서 1980년의 광주와 2009년의 용산 사이의 시간과 공간, 구조적 차이는 지워지고 오늘날 한국 사회의 모순에 대한 인식은 멀어진다. 그럼에도 사실 이와 유사한 동일시는 많은 이들이 즐겨 사용하는 것이기도 하다. 그 주체적 표현은 아마 '내가 샤를리다'와 같은 동일시일 것이다. 이것은 연대의 발언일 수 있지만 실질적인 정치적 효과는 거의 없다. 한 사건과 다른 사건을 동일시하는 것과 나와 희생자를 동일시하는 것은 실천적 상상력과 정치적 행위의 한계를 드러낸다.

이와 같은 한계들은 어디에서 비롯하는 것일까? 잘 알려져 있듯이 마르크스주의의 위기라는 개념은 프랑스의 철학자 알튀세르가 제안한 것이다. 그는 마르크스주의의 위기가 마르크스 자신의 이론적 공백과 난점에서 기인한다고 하면서, 그 예로 국가론의 부재와 계급투쟁의 조직론이라고 지적한 바 있다.[14] 이와 같은 공백과 난점은 국가를 어떻게 사유하고 지양할 수 있는가에 대한 구체적인 토론을 불가능하게 만들고, 계급투쟁의 조직들(특히 정당과 노동조합)이 어떻게 대중들의 자율적인 운동을 대표할 수 있는가에 관해서도 적합하게 인식하지 못하는 한계로 나타난다.

이는 2000~2010년대에 촛불 시위나 촛불 항쟁을 사유할 때도 마찬가지이다. 대중들은 정당에 비판적이거나 노동조합에 무관심하면서 그 외부에서 사건에 개입하고 운동에 참여하는 새로운 흐름을 만들어냈다. 하지만 이와

읽는 5·18, 그 언어의 세계」, 『실천문학』 117호, 2015.

14) 루이 알튀세르, 「마침내 마르크스주의의 위기가!」, 이진경 엮음, 『당 내에 더 이상 지속되어선 안 될 것』, 새길, 1992, 70-71쪽.

같은 대중들의 흐름을 어떻게 인식해야 하는가는 물음표로 남아 있다. 더구나 선거 국면에서는 실질적인 양당 체제를 보증하는 선거 제도로 인해 주어진 정당들 중에서 선택해야 하는 조건이 강제되고, 대중들의 운동은 어떤 조직체를 통해서도 적합하게 대표되지 못한 채 더 급진적인 방향으로 나아가지 못하는 효과가 반복되고 있다.

그렇다면 사건들이 발생할 때 실질적으로 어떤 조직이 있는 것일까? 거의 모든 대책위에 참여하고 운영에 관여하는 한 활동가의 말은 실마리를 던져 준다.

> 무슨 사안이 터지면 1~2주 만에 대책위를 만들 수 있다. 그런데 세월호 문제는 장기적으로 대처해야 하는데 특별법이 제정되면서 참여한 운동 세력이 빠지기 시작했다. 참여 단체들도 노동은 노동, 통일은 통일 등 자기 사업을 해야 했다. 내가 범국민 시민 연대 조직으로 가자고 설득했다. 처음 유가족들도 이게 무슨 뜻인지 몰랐다. 2015년 2월 4·16연대 조직에 착수해 1주기 추모 대회를 마치고 6월 28일 정식으로 연대 조직을 발족했다. 장기적으로 싸울 수 있는 연대 조직이 만들어진 것이다. 그때 판단이 옳았다.[15]

어떤 사안이 터지면 대책위가 만들어진다. 대책위에 참여한 단체들은 자기 사업도 해야 하고, 더구나 다른 사건이 터지면 또 다른 대책위가 만들어지는데, 앞선 대책위의 구성과 거의 유사하기 때문에 차츰 동력이 빠지게 된다는 것이다. 이것을 '대책위 정치'라고 명명해 볼 수도 있을 것이다. 하나의 사건이 터지면 대책위가 만들어지고 위원들을 구성하지만, 또 다른 사건이 일

---

15) 「인권운동가 박래군」, 『한겨레』, 2017. 7. 27.

어나면 대책위가 만들어지고 그 위원들이 다시 대책위를 맡는 것이다. 발생하는 사건마다 대책위의 참여 단체와 위원들의 구성은 거의 동일하다. 하나의 '사건→촛불'에서 또 다른 '사건→촛불'로 이어지는 '대책위 정치'는 조직력과 대중 역량을 강화하는 것이 아니라 활동가들의 헌신을 요구하고 역량을 소진시킨다.

위기의 돌파를 위해

당연한 말이 되겠지만 마르크스주의의 위기가 마르크스 자신의 이론적 공백과 난점에서 연원할지라도 이론적 혁신만으로 마르크스주의의 위기를 돌파할 수는 없다. 이 때문에 마르크스주의의 위기에 대한 사유는 자본주의적이지 않은 사회적 관계와 삶을 명명하는 공산주의에 대한 문제의식과 짝을 이뤄야 한다. 그러나 공산주의가 무엇이며 어떻게 성취할 수 있는지 또한 여전히 모호하고, 남북 분단의 조건과 국가보안법이 잔존해 있는 한국 사회에서 공산주의에 관해 사유하고 말한다는 것은 곤란한 일이 아닐 수 없다.

물론 잠정적으로 '현재의 상태를 지양하는 현실의 운동'을 공산주의라고 할 수는 있다. 하지만 그와 같은 운동의 주체들이 공산주의를 어떻게 이해하고 수용하는지도 고려하지 않을 수 없다. 앞서 살펴본 국가, 포퓰리즘, 정치적 주체라는 쟁점뿐만 아니라 페미니즘 담론과 운동에서도 공산주의라는 말은 전혀 출현하지 않았다. 이것은 자본주의에 대항하는 비판적 인식과 운동이 한국 사회의 이론적·실천적 좌표에서 자신의 자리를 찾지 못하고 있다는 것을 함축한다. 예컨대 2013년 가을 지젝이 바디우와 함께 진행한 '공산주의 이념 서울 컨퍼런스'는 수많은 대중들의 운집으로 화제를 모았고 공산주의에 관해 공개적이고 적극적으로 논의했다. 그러나 한국 사회에서 공산주의에 대한 관심과 토론을 촉발하지는 못했다. 오히려 이 컨퍼런스 이후 지젝의 인기가 사그라지기 시작했다는 것은 역설적이다. 세계적인 명사로서가 아니라, 공산주의자로서 지젝은 한국 사회에서 매력적이지 않았다. 실제로 라캉 해석을 둘러싸고 사회민주주의 입장에서 지젝의 공산주의를 비판하는 이론적·정치적 논쟁도 벌어졌다.

이것은 현실의 운동이 마르크스주의나 공산주의와 거리가 멀다고 재단하고 폄하해야 한다는 뜻이 아니다. 오히려 마르크스주의의 위기를 돌파하기 위해서는 현실의 갈등과 쟁점을 마르크스주의가 어떻게 받아들이고 인식해야 하는지, 더 나은 정치적 조건을 만들기 위해 스스로 어떻게 변화해야 하는지에 관한 과제들이 남아 있을 뿐이다. 한국 사회에서 마르크스주의의 위기 이후 마르크스주의는 이론적·실천적 아포리아를 여전히 극복하지 못하고 있다. 그 실마리는 대중들의 현실 운동에서 발견해야 한다.

2부
정치철학의 풍경

7장

한국에서 포스트마르크스주의의 수용 과정과 쟁점들

포스트모더니즘을 이해하는 한 방식은 큰 이야기들(grand narratives)의 실추이다. 그에 따르면, 사회와 역사 전체를 총체적으로 설명하는 큰 이야기는 다양한 이질적 차이들을 억압하거나 배제한다. 따라서 큰 이야기가 추구했던 통합과 합의, 총체성과 전체주의에 대립하는 작은 이야기들(little narratives)이 바람직하다. 모더니즘을 주도한 큰 이야기의 대표적인 사례들로는 헤겔 철학, 마르크스주의, 기독교, 자유주의 경제론, 의회민주주의론, 복지국가론 등이 모두 망라된다. 이와 관련해 도정일은 '포스트모던의 세계'를 큰 이야기에 대한 불신과 배척이라고 요약한다. 이는 오늘날 '담론의 질서'를 규정하는 작은 이야기들의 주요 특징들을 잘 보여준다.

그에 의하면 소서사[작은 이야기]란 각자 자기의 규칙 안에서 이루어지고 그 규칙에 의해 정당화되는 서사이기 때문에 자기 규칙을 강요하여 다른 서사들을 통합하려 들지 않으며 따라서 통합에 의한 '총체화'나 전체주의를 지향하지 않는다. 상호 이질성이 이들 서사의 특징적 성격이며 사회는 실제로 이처럼 무수히 많은 이질적 소서사들로 이루어진 우주이다. 그러므로 사회를 어떤 한 개의 통약 언어로 깨끗이 설명해내려는 거대 이론들은 이들 소서사의 우주를 감당해내지 못할 뿐 아니라 이질적 소서사들이 하나의 거대 이론 속에 통합되지도 않는다. 따라서 소서사는 총체화 경향이나 전체주의에 대한 가장 확실하고 강력한 저항세력이다. 포스트모던의 세계는 동질적 총체성을 지향하는 세계가 아니라 이질적 다수성을 지향하는 세계이다. 그것은 같은 소리보다는 다른 소리를, 합의보다는 반리를, 하나의 게임보다는 많은 게임과 새로운 게임 규칙들을 만들고 지향하는 세계이다.[1]

물론 이와 같은 주장 자체가 또 다른 큰 이야기일 수 있고, 오늘날에도 총체적인 큰 이야기들이 사라졌다고 할 수는 없다. 그러나 큰 이야기들조차 다양한 이야기들 중에서 특별할 것 없는 하나의 이야기일 뿐이라고 여겨진다는 점에서 그것은 실제로는 일종의 작은 이야기에 지나지 않는다. 포스트모던화는 큰 이야기의 쇠퇴를 의미하고, 이는 다시 현실 인식의 다양화를 함의한다.[2] 이를 간단히 다원주의(관점, 진리, 정치적 입장, 사적 취향 등의)라고 부를 수 있을 텐데, 이 다원주의 세계에서 요구되는 일반적인 윤리는 이질적인 차이의 인정과 관용일 것이다.[3]

---

1) 도정일, 「리오따르의 소서사이론 비판」, 정정호·강내회 엮음, 『포스트모더니즘의 쟁점』, 도서출판 터, 1991, 106~107쪽.

2) 아즈마 히로키, 장이지 옮김, 『게임적 리얼리즘의 탄생』, 현실문화연구, 2012, 10~11, 55쪽.

3) 페터 지마는 포스트모던의 문제 상황에서 나타나는 특징을 다원주의, 관용, 무차별성(보편 가치에 대한 무관심)이라고 정리한다(페터 지마, 김태환 옮김, 『모던/포스트모던』, 문학과지성사, 2010, 42, 426쪽). 어떤 보편적인 진리나 가치라고 주장되는 것도 상대적인 것일 뿐이라는 태도에서 유래하는 관용(tolerance)은 사회적 불평등과 억압의 문제를 개인이나 집단이 지닌 편견의 문제로 치부하고, 집단 간의 갈등을 정체성이나 문화적 차이에서 유래하는 것으로 자연화함으로써 정치적 문제와 갈등을 탈정치화한다(웬디 브라운, 이승철 옮김, 『관용: 다문화제국의 새로운 통

한국의 마르크스주의에 국한해서 보자면, 1980년대에서 1990년대로 넘어가는 어느 시점에서 확실히 큰 이야기에서 작은 이야기로 전락했다. 포스트마르크스주의는 이 전환점에 잠시 세워졌다가 슬며시 치워진 하나의 깃발이었다. 이 깃발을 둘러싸고 사방에서 원색적인 비난이 쏟아졌고, 곧이어 한국의 현실과 무관할 뿐 아니라 이론적으로도 쓸모없다는 딱지가 붙여졌다. 어쩌면 그것은 각종의 포스트 담론들 가운데 가장 많은 논란의 중심에 있다가 가장 빨리 사라져버린 것일지도 모른다. 그러나 한국 사회에 포스트마르크스주의가 남긴 흔적은 가볍지 않다. 예를 들어 사회운동과 관련해 흔히 말해지는 '차이 속의 연대'(여성, 환경, 계급 등)라는 것도 가만히 살펴보면, 다원적인 사회적 적대들을 헤게모니적 실천을 통해 등가사슬로 묶어냄으로써 민주주의를 급진화해야 한다는 라클라우와 무페의 포스트마르크스주의 전략과 크게 다르지 않다. 포스트마르크스주의의 핵심적인 전언 가운데 하나는 고전적 마르크스주의의 기본 전제가 되는 계급적대의 중심성을 거부하고 사회적 적대들의 다원주의를 승인해야 하며, 따라서 노동운동만이 아니라 다양한 사회운동들의 동등한 가치를 인정해야 한다는 데 있기 때문이다.

이런 점에서 포스트마르크스주의는 마르크스주의 사상사에서 베른슈타인의 수정주의가 갖는 위상에 필적한다. 외양적으로 악명이 널리 퍼졌지만, 사실상 실질적인 효과를 발휘하며 암묵적인 참조점으로 기능하고 있기 때문이다. 가령 베른슈타인이 제시한 선거를 통한 집권 전략은 오늘날 거의 모든 진보정당이 채택하고 있으며, 라클라우와 무페가 제기한 급진민주주의 전략은 사회의 모든 영역에서 부단한 민주화를 추구하려는 거의 모든 (신)사회운동들의 기본적인 논리 구조로 작동하고 있다. 1985년에 처음 출간된 『헤게모

치 전략』, 갈무리, 2010, 39~42쪽).

니와 사회주의 전략』의 2판 서문(2000년)에서 저자들이 "커다란 시대적 변화[냉전의 종언, 소비에트 체제의 붕괴, 유로코뮤니즘의 쇠퇴, 신사회운동의 부상, 세계화와 다문화주의 등 새로운 쟁점의 형성]에도 불구하고, 우리는 그리 최근에 쓰인 것이 아닌 이 책을 다시 꼼꼼히 읽어 내려가면서, 이 책에서 개진한 지적·정치적 관점들에 대해 문제를 제기할 필요가 거의 없다는 사실에 우리 스스로도 놀랐다"라고 자부하는 이유가 없지 않은 것이다.[4]

이 글은 한국에서 이와 같이 겉으로 거부되고 속으로 수용되는 표리부동한 현상이 일어난 과정을 회고하면서, 한국의 포스트마르크스주의 논쟁에서 누락된 주요 쟁점들을 재정립해보고자 한다. 당시 대내외적 정세 속에서 포스트마르크스주의 논쟁의 구도는 그것과 마르크스 사상, 마르크스주의와의 관계에 전적으로 집중되었다. 그리고 이런 쟁점조차 그에 대한 찬반이 정치적 입장과 결단에 따라 좌우되고 갈리는 경향이 강하게 나타났다. 이 과정에서 애초에 라클라우와 무페가 실험했던 '마르크스주의와 포스트구조주의의 결합'이라는 또 다른 쟁점은 전혀 주목되지 않았다. 하지만 어쩌면 이것이 진정한 쟁점이었을지도 모른다. 물론 이 글 또한 하나의 작은 이야기에 불과하다.

한국의 포스트마르크스주의: 반마르크스주의와 개혁적 자유주의

먼저 한국에서 포스트마르크스주의가 출현했던 시대적 배경과 정세를 간략히 살펴볼 필요가 있다. 익히 알려져 있듯이 한국의 마르크스주의는

---

4) 에르네스토 라클라우·샹탈 무페, 이승원 옮김, 『헤게모니와 사회주의 전략: 급진민주주의 정치를 향하여』(제2판), 후마니타스, 2012, 8쪽.

1980년 5·18 광주항쟁의 사후 효과로 복권되었다. 여기서 사후 효과라고 하는 이유는 다음과 같다. 마르크스주의가 5·18 항쟁의 참여자들(시민군을 포함한)이 견지한 이데올로기는 아니었다. 하지만 신군부와 계엄군에 맞서 싸운 시민군의 무장 항전에 대한 사회적 성찰 과정에서 가장 급진적인(radical) 이념과 사상에 대한 열망이 형성되었고, 이것이 1980년대에 마르크스주의를 확산시키는 토양이 되었기 때문이다. 이후 5·18 항쟁은 1871년 파리 코뮌에 비견되는 민중권력 내지 노동자권력의 가능성을 보여준 시도로 해석되었다. 그리고 죽음을 무릅쓰고 최후의 항전을 감행한 시민군은 전사와 열사를 중심에 두는 정치적 논법 및 운동 문화의 형성과 더불어 전투적인 사회운동 모델로 받아들여졌다. 마르크스주의는 그 이론적·실천적 기초로 작동하기 시작했으며, 특히 1980년대 중후반에 소수 그룹으로 등장한 PD(민중민주) 정파에서 체계적으로 수용했다. 하지만 이른바 혁명의 시대라고 불리는 '1980년대'라는 상징적 시공간은 1980년 5·18 항쟁에서 시작해 1987년 6월 항쟁과 연이은 7~9월 노동자대투쟁에서 절정에 이른 후 1991년 5월 투쟁에서 민중운동 세력이 결정적으로 패배함으로써 12년 동안의 순환을 종결하고 막을 내린다.

1991년 5월 투쟁은 1987년 6월 항쟁에서 못다 이룬, 전민항쟁을 통한 사회 변혁의 실험을 반복하려는 최후의 시도였다. 그만큼 민중운동 세력이 1980년대 내내 축적한 제도적·비제도적인 자원과 역량을 결집시킨 투쟁이었다. 하지만 한편으로는 당시 연속적인 분신과 죽음을 둘러싼 공방 과정에서 확산된 대중들의 공포를 제어하지 못하고, 다른 한편으로는 대안권력의 구체적인 실현 방안이 부재한 가운데 사회운동 지도부가 야당의 정치 활동에 의존하는 타협적 전술에 치중함으로써 패배를 돌이키기 어려웠다. 결과적으로 민중운동 세력의 도덕성과 정당성은 크게 훼손되었다. 그 효과는

1980년대 사회운동 모델과 문화에 대한 전반적인 반성으로 나타났고, 위계
적인 조직 질서, 군사 문화, 과도한 중앙집중화, 정당(야당) 의존성, 운동사회
의 성차별, 폭력성('우리 안의 파시즘') 등에 대한 성찰을 가능하게 했다. 반면에
1980년대 사회운동 전체를 낭만적 혁명의 미망으로 치부하고 청산과 고백으
로서의 '전향'을 정당화하는 분위기로 나아가기도 했다. 흔히 포스트마르크
스주의가 등장하는 계기로 1989~1991년 현실 사회주의 국가들의 몰락을 지
적한다. 이를 간과할 수 없지만, 이런 대외적 요인보다는 1991년 5월 투쟁의
패배라는 대내적 요인이 더 크게 작용했다고 볼 수 있다.

　이와 같이 대내적으로 1980년대 사회운동의 한계가 명백해지고, 대외적
으로 1917년 혁명 이후 소련의 역사와 정통 마르크스주의(또는 마르크스-레닌
주의, 스탈린주의)의 실상이 가시적으로 드러나는 정세에서 포스트마르크스주
의의 깃발을 든 것이 1991~1992년의 이병천이다. PD 정파의 대표적인 이론
가 가운데 한 명이었던 그는 현존 사회주의의 실패를 이유로 마르크스주의
의 파산을 선언한다. 마르크스의 역사유물론에서 나타나는 합리주의, 목적
론, 진화주의, 경제결정론, 노동자계급을 보편적인 역사 주체로 상정하는 계
급투쟁론과 프롤레타리아 혁명론 전체를 비판하고, 그 대안으로 포스트마르
크스주의를 내세웠다.

　포스트마르크스주의는 '주의'로서의 마르크스주의의 핵심에 해당하는 역
사적 유물론과 단절한다는 의미에서 이미 마르크스주의가 아니다. 그러나
자본주의에 대한 비판이론으로서의 정치경제학 비판을 비판, 보존, 전환시
킨다는 점에서 그것은 마르크스의 전통 속에 있다. 그렇지만 포스트마르크
스주의의 정체성은 결코 마르크스주의와의 관계로만 환원될 수 없다. 포스
트마르크스주의는 마르크스의 이론뿐만 아니라, 철학, 국가와 정치이론, 경

제이론, 여성해방이론, 생태이론 등에서 비마르크스적인 많은 진보 이론의 유산을 흡수함으로써 그 내실을 갖추어 나가지 않으면 안 된다.[5]

요컨대 포스트마르크스주의는 마르크스주의와 단절하면서도 마르크스의 자본주의 비판을 다양한 진보 이론과 결합하는 것이라고 규정한다. 구체적으로 근대 정치의 두 원리로서 자유와 평등에 기초한 다원적 급진민주주의, 계급 정치 중심 모델에서 벗어나 생활의 질을 높이는 정치, 노동계급 헤게모니론에서 탈피해 새로운 주체와 사회운동들의 민주적 연대, 소유의 사회화가 아니라 자본 기능의 사회화를 추구하는 임노동자민주주의, 국가의 장악이나 파괴 및 소멸을 지향하지 않는 국가와 시민사회의 이중적 민주화, 세계 경제와 정치의 상호의존성 심화에 부합하는 국제적인 협력 등을 그 과제로 제시하고 있다.[6] 이는 사실상 국가 소멸과 자본주의 변혁, 그 핵심 주체로서 노동자계급 등 고전적 마르크스주의의 주요 명제들을 모두 부정하는 내용이다. 이와 유사한 논변들은 프롤레타리아 독재론, 독재적 과학관과 전위정당론 등을 비판하고, 반유토피아적 현실주의에 입각해 민주주의 혁명을 확대, 심화해야 한다고 주장하는 다른 글에서도 반복되고 있다.[7]

그러나 흥미롭게도 이병천의 포스트마르크스주의는 라클라우와 무페의 포스트마르크스주의와 큰 차이가 있다. 무엇보다도 "라클라우와 무페가 민주주의 혁명이 갖는 의미를 새로운 민주주의 담화의 도입의 측면에서 보고 있는 것은, 그들의 포스트마르크스주의와 급진민주주의론 전체와 관련되는

---

5) 이병천, 「포스트마르크스주의와 한국 사회」, 『사회평론』 17호, 1992, 107쪽.

6) 이병천, 같은 글, 107~108쪽.

7) 이병천, 「민주주의론의 새로운 발전을 위하여」, 『창작과 비평』 75호, 1992.

그 강점이자 약점이다"라고 한 각주에서 밝히면서 라클라우와 무페의 가장 중요한 이론적 근거인 담론(discourse) 이론과 거리를 두고 있다.[8] 더구나 한국에서 현 단계 민주주의의 과제는 "서구 사회와는 달리, 그 훨씬 이전 상태에 있는 한국 사회에서의 포스트마르크스주의 정치는 새로운 사회운동의 자율성과 그 독자적 가치를 충분히 존중하면서도 주요하게는 서구 사회가 자유민주주의적 복지국가자본주의 형태로 달성한 정치·사회·경제적 차원에서의 시민권의 기본 목록을 압축적으로 획득하는 데 주어져야 하며, 새로운 사회운동은 여기서 부차적으로 결합되어야 할 것이다"라고 하여 라클라우와 무페가 중시하는 새로운 사회운동(특히 페미니즘과 생태주의)을 부차적인 문제로 간주한다.[9] 또한 한국의 주체 형성과 관련해서는 라클라우와 무페가 특정한 계급이나 계층과 같은 주어진 사회 집단이 아니라 복합적이고 우연적인 정체성들 사이의 헤게모니적 실천을 강조하는 것과 달리, "지식노동자와 더불어 특히 학생의 역할이 중요"하다고 보고 있다.[10] 이병천의 포스트마르크스주의가 라클라우와 무페의 것과 다르다는 점은 당시에도 이미 여러 차례 지적된 바 있다.[11]

이런 정황은 이병천이 라클라우와 무페에게서 포스트마르크스주의라는

---

8) 이병천, 같은 글, 419쪽 주15.

9) 이병천, 「포스트마르크스주의와 한국 사회」, 『사회평론』 17호, 1992, 112쪽.

10) 이병천, 같은 글, 114쪽.

11) 대표적으로 김동춘, 「1980년대 후반 이후 한국 마르크스주의 이론의 성격 변화와 한국 사회과학」, 『창작과 비평』 82호, 1993, 311쪽. 김동춘은 이병천과 라클라우·무페의 차이를 세 가지로 정리한다. 첫째 담론적 주체 형성과 관련한 비일관성, 둘째 지식노동자의 과도한 특권화와 자본주의 개념 자체의 폐기, 셋째 마르크스주의적 헤게모니 개념의 발전사를 무시하는 마르크스의 역사관 전체의 부정 등이다.

명칭을 빌려오면서 실제로는 일체의 마르크스주의를 비판하고 부정하는 알리바이로 삼았다는 추론을 가능케 한다. 한 서평에서 지적하듯이 그것은 "정체불명의 포스트마르크스주의"였고,[12] 정통 마르크스주의를 비롯해 마르크스 자신의 한계까지 비판하는 가운데 다양한 좌파 성향의 현대 이론들을 소개하는 것이었다. 이런 점에서 이병천의 포스트마르크스주의는 오히려 마르크스의 이론과 사상 자체를 폐기하는 반마르크스주의라고 해야 타당할지 모른다. 이에 대해서는 이른바 구좌파 지식인들 사이에서 여러 비판들이 개진되었지만, 대체로 마르크스와 엥겔스의 원전에 대한 해석학을 통해 고전적 마르크스주의를 방어하는 차원에 머물렀다.[13] 하지만 한 좌담회에서 시민민주주의의 주창자인 최장집조차 이병천에게 제기한 반론은 시사적이다.

　　이병천 교수는 가장 대표적인 '포스트마르크시스트'라 할 라클라우나 무페보다 훨씬 더 나아간 것이거나, 어떤 면에서는 포스트마르크스주의 이론과도 사실상 관계가 없는 것이 아닌가 생각합니다. 내가 이해하기로는 라클라우와 무페조차, 국민적-대중적 또는 대중적-민주적인 이데올로기적 요소가 그 자체로서 존립하는 것을 인정하고 있다 하더라도, 이러한 요소들이 순전히 비계급적 이데올로기의 결합물로서만 구성되어 있다는 사실을 받아들이지 않고, 또 그 요소들은 계급투쟁을 통하여 항상 중층결정되었다고 주장하고 있기 때문입니다. 이병천 교수의 용어들이 자주 마르크스 이론적인 표피를 입고 나타난다 하더라도, 그 내용상으로는 반마르크스주의적이기 때문

---

12) 유팔무, 「포스트마르크스주의란 무엇인가」, 『동향과 전망』 17호, 1992, 221쪽.

13) 그 가운데 가장 세련된 논법으로 라클라우와 무페를 비판한 문헌은 엘린 메익신즈 우드 외, 손호철 편역, 『계급으로부터의 후퇴』, 창작과비평사, 1993일 것이다.

에 왜 굳이 '포스트마르크시즘'이라고 하면서 마르크스를 말하는 것인지 모르겠습니다. 여러 가지 좋은 이미지와 함께 자연스럽게 자유주의라고 말하면 되지 않을는지요.[14]

여기서 이병천의 포스트마르크스주의가 사실상 자유주의라고까지 하는 것은 지나치고 부당할 수도 있다. 그렇지만 이병천 이외에 한국에서 포스트마르크스주의에 관해 언급한 연구자들이 대체로 개혁적 자유주의의 입장에 서 있었다는 사실은 주목할 만하다. 가령 윤평중은 포스트마르크스주의를 다원주의 사회에서 다양한 사회운동들을 포괄하여 "사회주의와 자유주의의 덕목을 결합시키려고 하는 급진민주주의에의 시도"라고 평가한다. 그러면서 라클라우와 무페가 정식화한 이념형으로서 급진민주주의를 현실적으로 구체화하면 계급, 인종, 성, 생태, 일상성의 영역을 가로질러 국가와 시민사회의 이중의 민주화를 추구하는 시민사회론이 적실하다고 주장한다.[15] 정철희는 라클라우와 무페의 포스트마르크스주의가 계급적이지 않은 시민사회의 개혁운동에 부합하며, 비고정적이고 가변적인 정체성에 대한 강조는 차이와 연대의 조화를 이루는 가운데 다방면의 사회적 민주화를 추진하는 유효한 틀이라고 평가한다. 그에 따르면, "포스트마르크스주의 시각에서 6월 항쟁 이후 '시민운동'으로 일컬어지는 사회의 여러 영역에서의 요구들의 분출이 체제 순응적이며 반민중적이라고 인식하는 것이 아니라 시민운

---

14) 최장집 외, 「좌담: 한국 사회와 마르크스주의」, 『동향과 전망』 17호, 30-31쪽. 이 좌담회에는 최장집 외에도 김용기, 박형준, 이병천, 이종오, 정태인 등이 참석했다.

15) 윤평중, 『포스트모더니즘의 철학과 포스트마르크스주의』, 서광사, 1992, 163쪽; 「포스트마르크스주의 논쟁의 구조와 함의」, 『철학』 제43집, 한국철학회, 1995, 431~432, 442쪽.

동은 각 영역에서의 새로운 권리의 확보를 위한 투쟁으로 인식할 수 있는 것이다."[16] 그러나 포스트마르크스주의를 시민사회론이나 시민운동론과 동일시하는 평가는 1990년대에 활성화된 시민운동을 상기해볼 때 부적절하다. 1989년에 창립된 경실련은 1980년대 민중운동이나 노동운동에 반대하는 중산층 운동을 표방했으며, 1994년에 구성된 참여연대도 민중운동과 시민운동의 분립 구조를 그대로 유지한 채 노동운동에 대해서도 대단히 비판적이었기 때문이다.[17] 적어도 1990년대 한국의 시민운동은 다양한 사회운동들의 '차이와 연대의 조화', 또는 '체제 순응적이지 않은 민중적 지향'과는 거리가 멀었다. 이와 대조적으로 라클라우와 무페가 주목했던 1968년 혁명 이후의 페미니즘과 생태주의로 대표되는 신사회운동들은 매우 급진적인 요구들과 실천들을 조직했다.

이와 구별되기는 하지만, 포스트마르크스주의를 포스트모더니즘과 결합하려고 했던 시도들 또한 전체적으로 개혁적 자유주의로 범주화할 수 있다. 라클라우와 무페의 저서를 『사회 변혁과 헤게모니』라는 제목으로 번역한 김성기는 이병천의 포스트마르크스주의가 일관성이 없고 모호하다고 비판하면서, 포스트마르크스주의는 포스트모더니즘의 조건에서 마르크스주의를 재조정하는 것이라고 규정한다. "문제는, 마르크시즘이냐 포스트마르크시즘이냐 하는 데 있지 않으며, 마르크시즘에 대한 '포스트모던의 조건'의 영향을 어떻게 볼 것인가 하는 데 있다. 흔히 말하는 포스트모던의 조건이란, '계

---

16) 정철희, 「포스트마르크스주의와 한국 사회연구」, 『사회비평』 17호, 1997; 「포스트마르크스주의와 시민사회」, 『한국 시민사회의 궤적: 1970년대 이후 시민사회의 동학』, 아르케, 2003, 62쪽.

17) 조희연, 「한국 민주주의의 전개와 시민운동의 변화」, 『저항, 연대, 기억의 정치』 2, 문화과학사, 2003; 이광일, 「현단계 시민운동의 딜레마와 과제」, 『황해문화』 29호, 2000.

몽주의의 프로젝트'에서 배태된 규범적 인식론과 보편적 담화들이 이론적/
실천적으로 무너지는 상황을 가리킨다. …… 그것은 포스트모던의 조건에 마
르크스주의적 분석을 재조정시키며, 이와 연관하여 급진 정치를 재구성하려
고 한다."[18] 요컨대 포스트모던의 조건에서는 모더니티의 일부인 마르크스주
의의 보편성이 무너졌으며, 민주주의의 전면화와 급진화를 위해 마르크스주
의의 한계를 명확히 하고 포스트모던 사회를 적절히 분석해야 한다는 주장
이다. 한국에서 포스트모더니즘의 수용을 주도했던 김성기의 관심은 라클라
우와 무페의 포스트마르크스주의가 아니라, 어디까지나 포스트모더니즘에
치중되어 있었다. 그에게 포스트마르크스주의는 포스트모더니즘의 한 프로
젝트일 뿐이었다.[19] 마찬가지로 마르크스주의의 보편성을 상대화하면서 총
체적 계급혁명과 인간해방론을 비판하는 이진우는 인간 소외의 극복이라는
마르크스주의적 비판철학을 포스트모더니즘과 결합시켜 '약한 마르크스주
의'를 지향해야 한다고 주장한다.[20] 이와 같이 포스트모더니즘을 우위에 두
고 마르크스주의를 그 아래 포섭하려는 시도들은, 포스트모던 사회에서는
마르크스주의가 자본주의의 변혁이나 계급투쟁이 아니라 시민사회의 자유
화와 민주화를 위해 재정향되어야 한다는 개혁적 자유주의의 문제틀에 조응
한다.

　　포스트마르크스주의는 한국에서 한편으로는 반마르크스주의로 전환하
는 알리바이로 기능하고, 다른 한편으로는 개혁적 자유주의(냉전 자유주의와

---

18) 김성기, 「이병천 교수의 포스트마르크시즘 논의에 대하여」, 『사회평론』 17호, 122~123쪽.

19) 김성기, 「포스트마르크스주의의 한 시각」, 『포스트모더니즘과 비판사회과학』, 문학과지성사,
　　1991, 252~253쪽.

20) 이진우, 「지나 바티모의 '약한 존재론'과 포스트마르크스주의」, 『탈현대의 사회철학: 마르크스주
　　의와 포스트마르크스주의』, 문예출판사, 1993 참조.

대비되는)가 딛고 서는 발판으로 사용되었다. 이것은 라클라우와 무페의 포스트마르크스주의와 무관할 뿐 아니라, 상당 부분 제대로 이해되지 않았거나 고의적으로 곡해되었다는 것을 함의한다. 사실 라클라우와 무페의 급진민주주의 기획은 반자본주의와 사회주의에 대한 지향을 포괄하고 있다.

> 급진민주주의를 위한 모든 기획은 사회주의적 차원을 함의하는데, 수많은 종속 관계들의 뿌리가 되는 자본주의적 생산관계는 반드시 종식되어야 하기 때문이다. 그러나 사회주의는 급진민주주의 기획의 여러 구성 요소 가운데 하나일 뿐, 그 역은 성립하지 않는다. 바로 이런 이유 때문에, 급진적이고 다원적인 민주주의 전략의 요소 가운데 하나로 생산수단의 사회화를 말할 때, 그것이 노동자 자주관리만을 의미할 수는 없음을 강조해야만 한다. 이는 무엇을 어떻게 생산하고, 그 생산물을 어떻게 분배할 것인가를 결정하는 과정에 모든 주체가 진정으로 참여하는 것이 관건이기 때문이다. 오직 그와 같은 조건에서만, 생산의 사회적 전유가 존재할 수 있다.[21]

급진민주주의는 "자본주의적 생산관계의 폐지"를 포함한다. 이는 라클라우와 무페의 포스트마르크스주의가 자본주의에 대항하는 혁명을 기각하고 일정한 개혁을 지향한다는 한국적 포스트마르크스주의의 입론이 부정확하다는 점을 잘 보여준다. 물론 라클라우와 무페에게 사회주의는 급진민주주의의 하나의 구성 요소일 뿐이다. 생태주의, 페미니즘, 반인종주의 등 다양한 사회적 적대들을 해결하려는 새로운 사회운동들 또한 급진민주주의에 필수

---

21) 에르네스토 라클라우·샹탈 무페, 이승원 옮김, 『헤게모니와 사회주의 전략: 급진민주주의 정치를 향하여』(제2판), 후마니타스, 2012, 305쪽.

적이기 때문이다. 현대 사회에는 자본주의적 모순과 적대로 환원되지 않는 다양한 적대들이 있으며, 이 다원주의적 조건에서는 어떤 하나의 사회운동이 선험적으로 중심적인 지위나 지도적인 역할을 담지할 수 없다. 따라서 모든 운동들은 등가 관계에서 헤게모니적 실천을 전개함으로써 민주주의를 확대하고 심화시켜야 한다. "좌파의 대안은 민주주의 혁명의 영역에 확고히 위치하고, 억압에 맞서는 다양한 투쟁들 사이의 등가사슬을 확장하는 것으로 구성되어야 한다. 따라서 좌파의 과제는 자유 민주주의적 이데올로기를 단념하는 것일 수 없으며, 이와 반대로 그것을 급진적이고 다원적인 민주주의 방향으로 심화하고 확대하는 것이어야만 한다."[22]

따라서 라클라우와 무페의 포스트마르크스주의와 한국에서 수용된 포스트마르크스주의 사이의 먼 거리를 고려한다면, 윤건차의 다음과 같은 논평은 매우 타당하다.

> 한국에서 포스트마르크스주의 이론을 본격적으로 전개한 논자는 실제로 찾아볼 수 없을 뿐 아니라 마르크스주의를 계승한다는 의미에서의 포스트마르크스주의는 말뿐인 구호에 그치고 포스트마르크스주의가 이론으로서 전개, 성숙되지는 못했다고 이해해도 무리가 없을 것이다.[23]

이글턴은 서양에서 1980~1990년대 포스트모더니즘이 1960~1970년대 마

---

22) 에르네스토 라클라우·샹탈 무페, 같은 책, 302쪽.

23) 윤건차, 장화경 옮김, 『현대 한국의 사상 흐름: 지식인과 그 사상 1980~90년대』, 당대, 2000, 135~136쪽.

르크스주의에 대한 비판에서 시작되었다고 말한다.[24] 이 진술을 믿을 수 있다면, 한국에서도 포스트모더니즘 기획과 결합된 포스트마르크스주의는 무엇보다 마르크스주의를 비판하는 맥락에서 도입되었으며, 1980년대에 복권된 마르크스주의의 해체를 공개적이고도 단호하게 선언했다. 그리고 시민사회와 시민운동을 강조하는 논변들은 현실의 자본주의를 변혁하는 것이 불가능하거나 바람직하지 않다는 개혁적 자유주의에 기초하고 있었다. 이것은 1980년 5·18 광주항쟁에 궁극적인 기원을 두고 있는 좌파 성향의 지식인과 학생들만이 아니라 사회운동 활동가들에게 격렬한 반감을 불러일으켰다. 또한 라클라우와 무페의 철학과 이론이 진지하게 학술적인 논쟁의 대상이 되지 못한 채 많은 부분 '정치적 결단'에 따라서 호불호가 좌우되는 반지성주의와 이론의 빈곤화를 촉진했다.[25] 이런 사정 때문에 포스트마르크스주의에 호의적인 입장이든 반대하는 입장이든 기본적인 논쟁 구도는 마르크스(주의)와의 유사성과 차별성에 초점이 맞춰질 수밖에 없었다. 하지만 1990년대 마르크스주의의 세계적인 이론적·실천적 위기가 분명해지고, 1980년대 사회운동이 실추하는 가운데 그것은 불모의 논쟁으로 흘러갔다. 여기에서 누락된

---

24) 테리 이글턴, 이재원 옮김, 「포스트모더니즘으로 가는 길」, 『이론 이후』, 길, 2010, 77-78쪽.

25) "제 생각에는 포스트주의의 부상이 마르크스주의의 유산하고 포스트주의의 흐름 간에 생산적인 대화나 토론이 이뤄지기 어려운 일종의 시대적인 분위기, 지적인 분위기를 만들어냈다는 면에서 부정적인 영향을 미친 것 같아요. 그래서 마르크스주의를 복원하거나 유지하려고 했던 사회과학자들은 포스트주의에 대해 아주 부정적인 시각을 가지고 있었던 반면에, 포스트주의의 수용을 주도했던 서양문학이나 프랑스철학 연구자들은—반드시 마르크스주의를 배격하려는 뜻은 없었지만—비(非)마르크스주의적인 관점 내지 어떤 점에서는 반(反)마르크스주의적인 관점에서 포스트주의를 수용했다는 점에서 마르크스주의를 해소시키는 데 일조했다고 볼 수 있을 것 같습니다"(진태원, 「마르크스주의의 전화와 현재적 과제」, 김항·이혜령 엮음, 『인터뷰: 한국 인문학 지각 변동』, 그린비, 2011, 460쪽).

것은 포스트마르크스주의와 포스트구조주의의 관계라는 쟁점이다.

포스트마르크스주의와 포스트구조주의: 배제와 보편의 동일화

한국의 포스트마르크스주의에 대한 선언과 토론(좌담회) 등에서 포스트구조주의라는 용어는 거의 언급되지 않거나, 라클라우와 무페에게 영향을 주었다는 정도로 간단히 지나가듯이 다루어졌다.[26] 하지만 라클라우와 무페의 주요 이론적 자원들은 그람시와 알튀세르의 마르크스주의와 더불어 라캉과 데리다의 포스트구조주의였다.

먼저 그람시에게 중요한 것은 헤게모니 개념이다. 본래 레닌주의에서 헤게모니는 계급 동맹을 위한 프롤레타리아트의 정치적 지도력이라는 의미로 사용되었다. 이 헤게모니 개념을 변용해서 그람시는, 한 집단이 경제적이고 조합주의적인 한계를 벗어나 자신의 이익이 여러 하층민들(subalterns)의 이익이 된다는 보편성을 보여줌으로써 도덕적이고 지적인 지도력을 발휘할 때 헤게모니가 창출된다고 했다.[27] 여기서 라클라우와 무페는 다양한 사회운동들을 통합하는 정치적 실천의 전형을 발견하고 이를 헤게모니적 절합(articulation)이라고 부른다. 다만 그람시가 여전히 헤게모니적 실천의 주체로

---

26) 다만 서규환은 "후기구조주의의 늪"이라고 표현하면서, 라클라우와 무페가 담론을 통한 인식을 과장함으로써 현실의 인과관계에 대한 구조적 분석을 방기하고 모든 인식을 그 객관적 조건에 대한 고려 없이 정치투쟁의 문제로 사고한다고 비판한다(서규환, 「포스트 00주의의 도전과 마르크스주의의 위기」, 『경제와 사회』 제14권, 한국산업사회학회, 1992, 107~108쪽). 이와 같은 인식론 차원의 논평은 당시 포스트 담론에 대한 흔한 비판들 가운데 하나였다.

27) 안토니오 그람시, 이상훈 옮김, 『옥중수고』 I, 거름, 1986, 185~186쪽.

노동계급을 상정했다면, 라클라우와 무페는 오히려 정치 주체가 헤게모니적 실천의 효과로 형성되는 것이라고 비판한다. 다양한 정치 세력들의 복합적인 집합적 실천과 상호작용 과정에서 헤게모니 확립이 가능해진다는 것이다.

그리고 알튀세르에게는 과잉결정(overdetermination) 개념이 있다. 알튀세르는 프로이트의 정신분석학에서 가져온 과잉결정 개념을 언어학과 결합하여 사회적 관계와 모순들의 불균등한 결합을 사유하고자 했다.[28] 여기서 라클라우와 무페는 과잉결정을 상징적 차원에서 의미들의 다원성과 비고정성을 가리키는 것으로 재해석하고, 이로부터 주체 위치(subject position)와 정체성(identity) 또한 불안정하고 복합적이며 상대적이라는 점을 잘 드러내준다고 설명한다. 다만 알튀세르가 과잉결정 개념과 함께 제출했던 '최종심급에서의 경제 결정'은 여전히 생산관계와 경제를 중심에 놓고 사유하는 한계를 보인다고 비판하고 폐기한다.

이와 같이 그람시와 알튀세르의 주요 개념들을 가공하는 논리를 살펴보면, 라클라우와 무페가 고전적 마르크스주의와 단절하는 지점들을 쉽게 알수 있다. 그것은 "노동계급이 사회 변화의 근본적 추동력을 가진 특권적 행위자를 대표한다는 관념"으로서 계급주의, "국가 역할의 확대가 모든 문제의 만병통치약이라는 관념"으로서 국가주의, "성공적인 경제 전략으로부터 연속적인 정치적 효과들이 따라 나오며, 그 효과들은 분명하게 종별화될 수 있다는 관념"으로서 경제주의이다. 그리고 그 모든 것의 궁극적인 핵심에 놓여 있는, 일정한 계급 위치에 기초해서 사회를 "합리적으로 재조직할 수 있는 권력

---

28) 루이 알튀세르, 이종영 옮김, 『맑스를 위하여』, 백의, 1997, 248쪽.

의 집중점의 설립"이 필요하다는 자코뱅적 혁명관이다.[29] 이와 달리 라클라우와 무페는 어떠한 필연적·선험적·특권적 정치 주체도, 실천 영역도 존재하지 않는다는 반본질주의를 철저하게 고수한다. 모든 것은 다원주의적 정치세력들의 우연적이고 복합적인 정치적 실천에 달려 있다는 것이다.

하지만 그람시와 알튀세르를 비판하는 논리의 바탕에 있는 것은 포스트구조주의이다. 이에 대해서는 『헤게모니와 사회주의 전략』의 2판 서문에서 명시적으로 언급하고 있다.

우리가 이론적 성찰의 주요 자원을 발견한 지형은 포스트구조주의이며, 포스트구조주의 가운데서도 [데리다의] 탈구축(해체)론과 라캉의 이론이 헤게모니에 대한 우리의 접근법을 정식화하는 데 결정적으로 중요했다.[30]

데리다에게 주요하게 빌려오는 것은 결정불가능성(undecidability) 개념이다. "결정불가능한 것은 계산 가능한 것과 규칙의 질서에 이질적이지만, 그럼에도 불구하고 법과 규칙을 고려하면서 불가능한 결정에 스스로를 맡겨야 하는—우리는 이 해야 함(devoir, 의무)으로부터 말해야 한다—것의 경험이다."[31] 라클라우와 무페는 이 개념이 구조적 인과관계로 결정되지 않는, 결정불가능한 헤게모니적 실천들의 우연적 절합을 사유할 수 있게 해주는 참조점이라고 설명한다. 또한 라캉에게는 누빔점(point de capiton) 개념이 있다. 누빔점은 부

---

29) 에르네스토 라클라우·샹탈 무페, 이승원 옮김, 『헤게모니와 사회주의 전략: 급진민주주의 정치를 향하여』(제2판), 후마니타스, 2012, 302~303쪽.

30) 에르네스토 라클라우·샹탈 무페, 같은 책, 13~14쪽.

31) 자크 데리다, 진태원 옮김, 『법의 힘』, 문학과지성사, 2004, 52쪽.

유하는 기표들의 의미를 소급적으로 결정하는 주인기표(또는 대타자)를 가리킨다.[32] 라클라우와 무페는 이 개념에서 착안하여 어떤 특수한 요소가 다양한 정치적 실천들을 하나로 누벼서 묶어주는 결절점(nodal point)으로 기능할 수 있다고 설명한다. 그리고 이는 사전에 결정되지 않은 특수한 요소가 비어 있는 보편성의 자리를 차지하는 헤게모니적 실천으로 가능해진다.

요컨대 라클라우와 무페는 포스트구조주의의 지형에서 주요한 마르크스주의 전통을 새롭게 혁신하고자 했다. 이 과정에서 구조적 결정으로 환원되지 않는 정치적 실천(헤게모니적 절합)을 특권화하는 논리를 제시하고 있다. 이런 맥락에서 보자면, 포스트마르크스주의는 차라리 포스트구조주의와 마르크스주의의 특정한 결합이라고 해석해볼 수도 있겠다.

우선 포스트구조주의는 구조주의에 기초하면서 그 한계를 돌파하려는 일련의 철학적 실험이라고 말할 수 있다. 들뢰즈는 구조주의를 인지하는 첫 번째 규준이 실재(le réel)와 상상계(l'maginaire)의 이분법을 벗어나 상징계(le symbolique)를 발견한 것이라고 지적한다. "구조주의의 첫 번째 규준은 상징적인 것의 질서와 영역을 제3의 질서와 영역으로 발견하고 인지하는 일이다. 상징적인 것을 실재적인 것과 혼동하지 않고 상상적인 것과도 혼동하지 않는 것, 이것이 구조주의의 첫 번째 차원을 구성한다."[33] 구조주의가 상징계를 발견했다면, 포스트구조주의는 상징계의 외부(바깥)를 사유하는 철학이다.

상징계의 구조와 질서는 항상 자신의 내부로 완전히 포함될 수 없는 과잉 요소들(잉여 또는 잔여)을 배제할 때에만 구성될 수 있다. 따라서 과잉 요소들

---

32) 슬라보예 지젝, 이수련 옮김, 『이데올로기라는 숭고한 대상』, 인간사랑, 2002, 3장 참조.

33) 질 들뢰즈, 박정태 옮김, 「구조주의를 어떻게 인지할 것인가」, 『들뢰즈가 만든 철학사: 생성과 창조의 철학사』, 이학사, 2007, 366쪽.

은 상징계의 내부에 있으면서도 상징계에서 온전히 재현될 수 없는 '내부에 있는 외부'(구성적 외부)로 작용한다.[34] 라클라우와 무페가 사회 질서(상징계)로 완전히 포섭될 수 없는 사회적인 것들(과잉 요소들)의 다양성으로 인해 총체적으로 봉합된 사회는 존재하지 않는다(불가능하다)고 주장하는 것도 이와 동일한 논리이다. 그들이 말하는 헤게모니적 실천이란 사회 질서에서 배제된 하나의 특수한 요소가 비어 있는 기표의 위치를 점유하여 스스로 보편성을 자임하는 것이고, 그럼으로써 여타의 특수한 요소들을 등가사슬로 묶어내는 것이다. 이처럼 라클라우와 무페는 포스트구조주의를 활용하여 사회의 내부에 있으면서도 그에 이질적인 타자들의 저항 논리를 제시한다.

이와 같이 구조주의를 전제하면서도 이를 비판적으로 극복하려는 포스트구조주의에 기초해서 정치적 실천과 저항을 사유하는 실험은 현대 정치철학의 주요한 흐름을 형성하고 있다.[35] 예를 들어, 최근 한국에서 주목받고 있는 랑시에르와 지젝도 그 가운데 하나이다. 라클라우가 인민이라고 지칭하는, 상징계에서 배제된 자들을 랑시에르는 '몫 없는 자들(les sans-parts)'이라고 부른다.[36] 그는 사회 질서를 조직하는 치안(police)과 치안에 대립하는 정치(la

---

34) "구조주의에 대한 이론적 반성을 통해 우리는 구조(상징적 질서)가 평면적인 형태로는 완결될 수 없다는 것, 그것을 완결하기 위해서는 그에 완전히 복속되지 않는 과잉된 부분을 한 요소 안에 모아 이것을 바깥으로 배제해야만 한다는 것, 또 그렇게 배제된 요소가 초월적인 원점의 위치에 오르면서 구조를 안정시킨다는 것을 배웠다"(아사다 아키라, 이정우 옮김, 『구조주의와 포스트구조주의』, 새길, 1995, 93쪽).

35) 예컨대 사토 요시유키는 "포스트구조주의라는 것이 구조주의라는 운동과 일종의 문제 구성을 공유하며(예를 들어 효과로서 구성된 주체성, 기원의 부정 등), 그 한계의 내적 극복을 지향하는 사유"라고 규정하고, '구조주의적 권력'에 대항하는 '포스트구조주의적 저항'의 사례로서 푸코, 들뢰즈, 데리다, 알튀세르 등의 철학을 비판적으로 재구성한다(사토 요시유키, 김상운 옮김, 『권력과 저항: 푸코, 들뢰즈, 데리다, 알튀세르』, 난장, 2012, 21쪽).

36) 자크 랑시에르, 양창렬 옮김, 『정치적인 것의 가장자리에서』, 길, 2008.

politique)를 구분한다. 치안이 위계적으로 자리와 기능을 배분하는 통치 과정이라면, 정치는 행위를 통해 평등을 입증하는 민주주의적 삶(vita democratica)이다. 몫 없는 자들은 치안이 셈에서 배제하고 몫을 나눠주지 않은 자들이다. 셈해질 자격이 없는 자로서 자격을 주장하고, 몫이 없는 자로서 자신의 몫을 단언하는 자이다. 또한 인민은 빈민이나 하층 같은 주어진 사회 집단이 아니라, 민주주의를 실천하는 과정에서 불안정하게 출현했다가 사라지는 정치 주체이다. 이는 치안 논리에 따라 배분된 정체성을 거부하고 스스로를 몫이 없는 자로 정체화하는 과정에서 구성되는 것이다.

지젝의 경우에는 정치 주체를 상징계의 공백으로 파악한다.[37] 진정한 정치 주체는 현존하는 상징계 내부에서 어떤 주체 위치도 갖지 못하는, 상징계의 공백이자 텅 빈 장소이다. 기존의 상징적 좌표 내의 주체-위치에 자신을 정체화하는 데 실패할 때, 바로 그 지점에서 정치 주체의 고유한 정치적 행위(political act)가 가능해진다. 여기서 고유한 정치적 행위란 기존의 상징계를 거부하고 새로운 상징질서를 창출하는 것을 뜻한다. "행위는 주체의 재탄생이라고 할 수 있다. 그것은 현존하는 상징적 질서, 즉 주체에게 부여된 상징적 위임 내지 역할의 완전한 거부를 포함"하며, 이와 같은 정치적 행위를 통해 "새로운 주체가 존재할 수 있는 새로운 상징적 질서가 탄생할 것이다."[38] 기존의 상징계에서 배제되어 자신의 자리가 없는 정치 주체가 새로운 상징질서를 창출하는 것이 바로 '혁명'이다.

이런 사례들을 통해 알 수 있듯이 포스트구조주의를 바탕에 두고 있는 정치철학들은 상징계와 그 외부의 상호작용에 주목하면서, 상징계에서 배제

---

37) 슬라보예 지젝, 이성민 옮김, 『부정적인 것과 함께 머물기』, 도서출판 b, 2007, 44쪽.

38) 토니 마이어, 박정수 옮김, 『누가 슬라보예 지젝을 미워하는가』, 앨피, 2005, 123쪽.

된 자들 또는 배제된 장소에서 보편성의 정치를 재구성하려 한다는 공통점이 있다. 다시 말해 사회 질서에서 배제된 자들은 포스트모더니즘의 윤리처럼 차이의 인정이나 관용을 요구하는 것이 아니라, 자신의 보편성을 자임하고 그에 근거해 행위함으로써 사회 질서를 변화시킨다는 것이다. 배제된 자들의 보편성에 입각해 상징계를 재구성한다는 논변은 정치적 저항을 개념화하는 유용한 자원이다.[39]

라클라우와 무페는 포스트구조주의에서 유래하는 이론적 자원으로부터 계급적대로 환원되지 않는 사회적 적대들의 다양성을 성찰하고, 배제와 보편의 동일성에 기초한 헤게모니적 실천으로 사회운동들 간의 연대를 구성하는 논리를 탁월하게 설명하고 있다. 그렇지만 이 지점에서 자유민주주의의 급진화라는 그들의 정치적 결론이 필연적으로 도출되는 것인지는 의문이다. 불화(mesentente)라는 개념으로 민주주의를 다른 방식으로 사유하는 랑시에르처럼, 혹은 새로운 프롤레타리아 혁명의 논리를 가공하는 지젝처럼 다른 유형의 정치적 결론들이 얼마든지 가능하기 때문이다. 예를 들어 발리바르의 경우에도 사회적 적대의 다원성을 인정하고, 사회적 배제의 지점('권리에 대한 권리'가 없는 자들)에서 헤게모니적인 보편성의 정치를 추구한다는 점에

---

39) 반면에 들뢰즈는 상징계를 재구성하는 것이 아니라, 상징계를 벗어나 그 외부로 탈주하는 주체를 상정한다. 이를 서동욱은 다음과 같이 설명하고 있다. "[들뢰즈가 말하는] 욕망은 본성상 무엇을 추구하기에 혁명을 원하지 않음에도 불구하고 애초부터 '혁명적 위치'를 점하고 있단 말인가? 바로 실재계의 부분 대상과 연결되고자 하기 때문에 애초에 욕망은 '상징계에 대해서' 혁명적이다. 억압적인 모든 상징계적 장치를 넘어, 실재계의 대상과 연결되고자 하기에, 오이디푸스적으로 짜인 자본주의적 상징계는 붕괴할 수밖에 없는 것이다. …… 여기서 '참된 욕망의 정립'이란 상징계적 매개를 거치지 않은, 실재와 욕망의 직접적인 연결을 뜻한다"(서동욱, 「라캉과 들뢰즈: 들뢰즈의 욕망하는 기계와 라캉의 부분충동」, 김상환·홍준기 엮음, 『라캉의 재탄생』, 창작과비평사, 2002, 458~459쪽).

서 유사하다. 그러나 라클라우와 무페와는 달리 발리바르는 대중 봉기의 문제 설정을 도입한다.

철학자들이 '부정성'이라고 불러온 전복적 요소는 내가 여기서 이상적 보편성이라고 부른 것에 조응한다. 그렇다 해도 역사 속에서 모든 정치적 헤게모니는 '혁명적' 경험이나 '인민의 봉기'에 기초하는 것 같다. 그러나 헤게모니의 한복판에서 작동 중인 부정성이 필연적으로 모든 제도적 시민권을 넘어선다는 점에는 변함이 없다. 그것이 제기하는 '평등한 자유'(또는 평등 없는 자유의 불가능성과 또한 자유 없는 평등의 불가능성)라는 질문은 사실상 그 자체로 무한하다. 이와 같은 보편성의 이상은 정치의 이미 확립된 언어를(특히 개인주의의 언어나 사회주의의 언어를) 말한다는 사실과도, 또 정치에서 기성의 규칙들에 따라 게임을 한다는 사실과도 아무 상관이 없다. 반대로, 그것은 공적 교통의 장벽들을 '돌파할' 새로운 언어의 발명을 목표로 한다. 이 때문에 그러한 새로운 언어는 무엇보다도 '역설적 계급들'의 운동에 의해서만 예시되는데, 이 역설적 계급들은 특수한 집단의 권리들을 이러한 특수성 자체의 이름으로 방어하는 것이 아니라, 이 집단에 가해지는 차별 또는 배제는 인류 그 자체에 대한 부정을 표현하는 것임을 선포하면서 방어한다.[40]

물론 『헤게모니와 사회주의 전략』에서 라클라우와 무페는 계급적대를 부정하지도, 자본주의의 변혁이라는 과제를 폐기하지도 않는다. 하지만 그들은 현존하는 민주주의의 장을 훼손시키지 않는 한에서 사회주의로 갈 수 있

---

40) 에티엔 발리바르, 최원·서관모 옮김, 「보편적인 것들」, 『대중들의 공포』, 도서출판 b, 2007, 548~549쪽.

다는 신념에 크게 얽매여 있는 것처럼 보인다.[41] 프랑스혁명 이후 가능해진, 헤게모니적 실천을 통해 어떤 특수자일지라도 텅 빈 권력의 장소를 점유할 수 있다는 민주주의에 대한 믿음 때문에 다원적인 자유민주주의 체제를 유지하고 강화하는 한에서 자본주의의 변혁을 요구하고 있는 것이다. 이는 라클라우와 무페에게 현존하는 민주주의에 대한 역사적·제도적 분석이 부재한 이유이기도 하다. 민주주의가 작동하는 논리와 형식을 뛰어나게 포착하고 있음에도 불구하고, 헤게모니적 실천을 제약하거나 촉진하는 역사적·제도적 경로의존성(path-dependent)에 대한 고려가 없는 것이다. 이것은 그들이 급진민주주의 전략에 부합하는 제도나 조직에 관해 문제를 제기하지 않는다는 것을 함의한다. 라클라우와 무페는 "그들이 그렇게도 열정적으로 옹호했던 일종의 급진적이고 다원적인 민주주의의 토대가 될 수 있는 어떤 특수한 제도적 메커니즘이나 조직 형태도 제시하지 못했다."[42]

라클라우의 다원적 급진민주주의를 지지하는 라캉주의 연구자인 스타브라카키스는 그와 같은 제도에 관해 언급한다. 그럼에도 불구하고 스타브라카키스가 상징계의 공백을 제도화하는 것으로 민주주의를 이해하고, 사회

---

41) 자유주의에 대한 경도는 무페에게서 더 두드러진다. 적대(antagonism)를 경합(agonism)으로 전치시킨다는 그녀의 경합 민주주의론은 갈등의 해결을 위해 사회 내부에 이미 확립되어 있는 원칙과 규칙을 존중할 것을 요구한다는 점에서 실효적인 차원에서 자유주의 내지 자유민주주의와 차별성을 갖기 어렵다(곽준혁, 「무페와의 대화」, 『경계와 편견을 넘어서』, 한길사, 2010, 160~166쪽; 홍철기, 「상탈 무페: 경합적 다원주의로서의 급진민주주의」, 『현대 정치철학의 모험』, 난장, 2010 참조). '다원주의적인 사회운동들의 등가성'을 단언하는 라클라우와 '계급투쟁의 예외성'을 주장하는 지젝 사이의 논쟁에 대해서는 김정한, 「알튀세르와 포스트마르크스주의: 라클라우와 지젝의 논쟁」, 진태원 엮음, 『알튀세르 효과』, 그린비, 2011 참조. 이 책의 8장 참조.

42) 밥 제숍, 유범상·김문귀 옮김, 「반마르크스주의적 복원과 포스트마르크스주의적 해체」, 『전략관계적 국가이론: 국가의 제자리 찾기』, 한울, 2000, 423쪽.

의 구성적 결여와 우연적 성격을 정기적으로 분출하도록 하는 제도로서 '선거'를 제시할 때 급진민주주의는 갑작스럽게 희화화된다.[43] 선거 제도는 누가 권력의 자리를 차지할지 사전에 알 수 없다는 점에서 우연성을 제도화하고 있다. 그렇지만 후보자 개인의 사회적 신분과 재산 및 교육 수준, 또는 후보자가 속한 정당의 자본과 조직 등등과 무관하게 '아무나' 선출되지 않는다는 점 또한 분명하다. 오히려 마르크스주의적 관점에서 흔히 비판하듯이 대의제 선거는 사회 엘리트가 대중(시민)의 대표를 자임하는 것을 정당화하는 기제일 수 있다. 급진민주주의가 내세울 수 있는 제도가 선거라면 그것이 애초의 기획처럼 급진적일 수는 없을 것이다.

이와 마찬가지로 마르크스주의에 입각할 경우 포스트구조주의의 정치 주체에 대해서도 비판적인 논점을 제기해볼 수 있다. 곧 주체의 무능력이다. 상징계에서 배제된 자들은, 그렇게 배제되어 있는 만큼 어떤 권리도 행사하지 못하는 제도적·비제도적 폭력에 노출되어 있으며, 어떤 구조적 힘도 보유하고 있지 않다. 이는 마르크스(주의)가 발견한 저항 주체인 노동자들과 비교할 때 분명해진다. 예컨대 실버는 노동자들이 지닌 힘의 원천을 다음과 같이 두 가지로 설명한다.

> 연합적 힘은 "노동자들이 집단조직(특히 노동조합과 정당이 가장 중요하다)을 형성해 생겨난 다양한 형태의 힘"으로 구성된다. 이에 비해 구조적 힘은

---

43) "우리가 때때로 선거를 필요로 한다면, 그것은 구체적 내용과 그 충만성의 체현 간의 헤게모니적 연계가 끊임없이 재확립되고 재협상되어야 한다는 사실을 우리가 받아들이고 있기 때문이다. 이것은 민주주의 내에서 증상(대개 단순한 부수 현상으로 나타나는 사회적인 것의 구성적 적대)과 동일시하고 조화로운 사회 질서라는 환상을 횡단하는 하나의 방식이다"(야니 스타브라카키스, 이병주 옮김, 『라캉과 정치』, 은행나무, 2006, 332쪽).

"노동자들이 놓여 있는 경제체계 내의 장소 자체"에서 얻게 되는 힘으로 구성된다. …… 구조적 힘의 첫 번째 하위 유형은 "노동시장의 공급이 부족한 상태에서 직접적으로 생기는" 힘이다(우리는 그것을 시장 교섭력이라고 부를 것이다). 두 번째 유형은 "특정 노동자 집단이 핵심 산업 부문 내에서 차지하는 전략적 위치 때문에 생기는 힘"이다(우리는 그것을 작업장 교섭력이라고 부를 것이다).[44]

노동자들의 경우에는 크게 연합적 힘과 구조적 힘(시장 교섭력과 작업장 교섭력)을 갖고 있다. 이것은 여러 형태의 파업을 통해 국가와 자본에 일정한 타격과 손실을 입힐 수 있는 자원이다. 그러나 상징 구조와 질서에서 아예 배제된 자들은 구조적 힘이 전혀 없다. 오직 연합적 힘에 의존해야 한다. 이를 위해서는 집단적인 조직 형태가 필수적이다. 하지만 라클라우와 무페는 사회운동들의 연대를 가능케 하는 방식으로서 헤게모니적 실천을 잘 설명하고 있지만, 조직 형태에 대해서는 언급하지 않는다. 랑시에르의 경우에는 다양한 몫 없는 자들 사이에서 어떻게 연합적 힘을 창출할 것인가에 대한 사유가 부족하다. 지젝은 프롤레타리아라는 기표를 사용하고는 있지만, 어떻게 상징질서의 주어진 주체-위치에서 탈정체화할 수 있는지에 대해서는 밝히지 못하고 있다. 지젝의 주체 개념이 궁극적으로 개인의 윤리적 결단(때때로 영웅적인)에 좌우되는 것이라는 비판이 제기되는 이유도 여기에 있다.[45] 다시 말

---

44) 비버리 실버, 백승욱 외 옮김, 『노동의 힘: 1870년 이후의 노동자운동과 세계화』, 그린비, 2005, 35쪽.

45) 지젝이 진정한 정치 주체의 구성 기제로 제시하고 있는 '사회적 환상의 횡단'에 대한 비판으로는 이 책의 9장 참조. 최근에 지젝이 '프롤레타리아 입장'이라고 부르는 것도 모호하기는 마찬가지이다. "저는 하나의 혁명 주체가 있다고 생각하지는 않습니다. '새로운 노동자계급'과 같은

해서 포스트구조주의의 주체는 구조적 힘, 연합적 힘과 관련하여 마르크스주의에서 발견한 노동자계급에 필적하지 못하는 채로 남아 있다.

물론 이것이 마르크스주의로 돌아가야 한다는 것을 함의하지는 않는다. 사실상 마르크스주의의 위기를 통해 드러난 것은 마르크스주의 자체에 내재해 있는 공백과 난점들이었기 때문이다. 라클라우와 무페의 포스트마르크스주의는 마르크스주의와 포스트구조주의를 결합함으로써 일정한 한계에도 불구하고 커다란 이론적·개념적 진전을 성취했다. 이는 작은 이야기들이 지배하는 포스트모던 시대에 마르크스주의와 포스트구조주의가 서로의 곤경과 한계를 인식하고 극복하기 위해 진지한 대화가 필요하다는 것을 예증한다. 적어도 마르크스주의와 포스트구조주의는 '배제와 보편의 동일화'를 사유하고 단언하면서 정치 주체의 저항을 사유하려는 공통 기반을 갖고 있기 때문이다.

마르크스주의와 포스트구조주의의 대화는 가능한가

포스트마르크스주의가 한국 사회에서 회자되던 당시 포스트마르크스주의는 반마르크스주의와 개혁적 자유주의가 잠시 착용했던 가면과도 같았다.

것은 더 이상 존재하지 않습니다. 새로운 혁명의 주체는 제가 '프롤레타리아 입장'이라고 부르는 위치를 스스로 점유하고 체현하는 사람들이라 할 수 있습니다. 때로는 가난하고, 때로는 살 만한 그런 유동하는 삶의 양식 말입니다. 저에게 '프롤레타리아 입장'이라는 것은 프랑스 철학자 카트린 말라부가 말했던 것처럼, 누군가가 철저하게 궁핍하게 되었을 때 '새로운 형태의 정신적 질병'의 상태에 처하게 되는 것에서부터 시작합니다. …… 프롤레타리아 입장이라는 것은 이러한 의미에서 보자면 '아무것도 없는 상태'가 되는 것입니다"(슬라보예 지젝, 인디고 기획, 『불가능한 것의 가능성』, 궁리, 2012, 101~103쪽).

이 때문에 포스트마르크스주의의 창시자인 라클라우와 무페의 문제의식은 적실하게 논의조차 되지 못했다. 불행하게도 포스트마르크스주의는 하나의 텍스트가 새로운 장소에 도착함으로써 새로운 힘을 얻게 되는 '탈맥락화의 미덕'을 전혀 누리지 못했다.[46] 돌이켜보면 한국에서 포스트마르크스주의를 수용하는 과정에서 보다 중요한 쟁점은 그것이 마르크스주의를 계승하고 있는가 이탈하고 있는가에 놓여 있었던 것이 아니라, 마르크스주의와 포스트구조주의의 결합을 실험했다는 데 있었다. 왜곡된 논쟁 구도 속에서 마르크스주의 지식인들은 포스트구조주의를 반마르크스주의를 위한 궤변에 불과한 것으로 여겼으며,[47] 정작 포스트마르크스주의를 주창했던 이들은 포스트구조주의에 관해 적합하게 인식하지 못했고 관심도 없었다. 하지만 마르크스주의의 위기가 계속되고 있는 정세에서 마르크스주의는 포스트구조주의를 통해 새로운 개념과 사유를 적극적으로 수용할 필요가 있으며, 포스트구조주의는 마르크스주의에 담겨 있는 현실의 모순을 실질적으로 해결하려는

---

46) 프랑수아 퀴세, 문강형준 외 옮김, 『루이비통이 된 푸코?』, 난장, 2012, 34쪽.

47) 하지만 박영균은 예외적인 평가를 제출한 바 있다. 포스트 담론에 의한 마르크스주의의 해체는 오히려 마르크스주의를 확장시키는 긍정적인 측면도 갖고 있다는 것이다. "현재 진행 중인 비판과 해체의 특징은 1) 마르크스주의의 분화에 따른 이데올로기 지형의 다층화와 분산이며, 2) 마르크스주 외부를 통해서 마르크스의 결함을 정정한다는 측면에서 마르크스로부터 마르크스 외부로의 적극적인 포스트적 작업의 수용과 전화, 재구축이며, 3) '탈노동패러다임'(시민, 문화, 권력, 욕망 패러다임)의 정립과 모색이다. 하지만 이런 해체가 마르크스 자체에게 무조건적인 해악이거나 파괴, 또는 부정만을 의미하는 것은 아니다. 마르크스주의의 해체란 '마르크스주의 이론 자체의 위기'의 산물로, 마르크스주의가 더 이상 현실을 읽어내지 못하는 공백의 지점(국가론과 조직론, 변혁론→이데올로기론의 부재와 철학에서의 과학의 과잉결정 또는 이데올로기와 과학의 불분명한 연계성)에서 시작되었기 때문이다. 이런 의미에서 해체는 '마르크스주의의 확장'(사회권력의 문제와 이데올로기론의 정립→주체 형성과 근본 변혁에서 사회 권력의 문제 설정)이라는 다른 측면이 있다고 할 수 있다"(박영균, 「포스트 마르크스와 마르크스, 그리고 이행」, 『진보평론』 17호, 2007, 211쪽).

문제틀을 받아들일 필요가 있다.[48]

지난날 냉전 시대에 교조적 마르크스주의를 혁신하는 데 크게 공헌했던 알튀세르는 마르크스에게는 철학이 부재했으며, 따라서 마르크스를 위한 철학을 만들어내기 위해서 구조주의와 불장난을 해야 했다고 말한 바 있다.[49] 이와 유사한 맥락에서 어쩌면 오늘날 포스트모던 세계화 시대에 마르크스주의와 포스트구조주의의 '불장난'에서 새로운 창조적인 계기들이 만들어질지도 모른다. 적어도 양자는 사회적 배제의 지점에서 새로운 보편성을 찾으려는 노력을 기울이고 있기 때문이다. 상호 대화와 소통을 통해 또 다른 작은 이야기들이 만들어진다면, 그리고 지금보다 나은 우호적인 정세가 도래한다면 다시금 대중들을 사로잡는 큰 이야기로 발돋움할 수 있을지도 모른다.

---

48) 이와 유사한 문제의식을 보여준 연구자로는 윤소영과 이진경이 있다. 윤소영은 한편으로 '포스트구조주의 비판'이라는 쟁점을 제기하면서도, 다른 한편으로는 알튀세르와 발리바르를 재구성하면서 '마르크스주의의 전화'와 '일반화된 마르크스주의'를 연구 전략으로 제시했다. 이진경은 푸코와 들뢰즈를 수용하면서 '탈주'와 '소수자 되기'를 중심으로 마르크스주의 철학을 재구성하는 전략을 제시했다. 대표적으로 윤소영, 『마르크스주의의 전화와 인권의 정치』, 문화과학사, 1995; 이진경, 『마르크스주의와 근대성』, 문화과학사, 1997 참조. 최근에 한국적 상황에서 급진민주주의를 재성찰하는 연구로는 조희연, 「한국적 '급진민주주의론'의 개념적·이론적 재구축을 위한 일 연구」, 『데모스: 급진민주주의 리뷰』, 데모스미디어, 2011 참조.

49) 루이 알튀세르, 서관모·백승욱 옮김, 『철학에 대하여』, 동문선, 2003, 99쪽.

8장

알튀세르와 포스트마르크스주의
— 라클라우와 지젝의 논쟁을 중심으로

생전에도 알튀세르에 대한 비판은 극단적이었다. 그가 항상 마르크스주의에 관한 '뜨거운 논쟁'의 중심에 있었기 때문이다. 한편으로 스탈린주의적 교조주의(경제주의와 인간주의)를 비판하고 마르크스주의를 혁신하려는 그의 시도는 탈마르크스주의라는 비판에 시달렸다. 다른 한편으로 프랑스 공산당 당적을 유지하며 마르크스주의의 '과학성'을 재구성하려는 시도에 대해서는 스탈린주의라는 비판이 따라다녔다. 더구나 이론적·정치적 정세에 대한 철학적 개입을 특징으로 하는 알튀세르의 작업은 이런 극단적인 반응을 더 강화하는 조건이 되었다. 물론 알튀세르는 더 이상 그런 '전투들'의 중심에 있지 않다.[1] 그러나 역사적 마르크스주의의 주요 교차로에 있었던 그는 오늘날에도 여전히 주요 논쟁들에 짙게 드리워 있는 그림자로 기능한다. 이런 알튀세르의 기능은 이례적으로 주목할 만한 설전을 벌인 라클라우와 지젝의 논쟁에서도 잘 드러난다. 다원적 헤게모니 투쟁을 주장하는 라클라우와 계급

---

1) Frederic Jameson, "Introduction", Louis Althusser, *Lenin and Philosophy and other essays*, Monthly Review Press, 2001, p. xii.

투쟁의 예외성을 강조하는 지젝의 모습은, 탈마르크스주의적 알튀세르와 스탈린주의적 알튀세르 사이의 대립을 연상시킨다. 생물학적으로는 살아 있지만 상징적으로는 죽어 있는 존재가 호모 사케르(homo sacer)라면, 알튀세르는 생물학적으로는 죽었지만 상징적으로는 여전히 살아 있는 '유령'이 아닐 수 없다.

그러나 논쟁의 지형은 달라졌고, 현실 사회주의의 몰락 이후 20여 년 동안 좌파 담론에서 적대, 모순, 변혁, 이행 등의 용어는 고색창연해졌다. 이제 그 자리에는 시민사회, 정당, 선거/투표 등을 배치하는 각종 '수식어(자유, 참여, 다원 등) 민주주의' 담론이 들어섰다. 그리고 이를 긍정하는 한에서 어쩌면 오늘날 우리는 모두 포스트마르크스주의자라고 선언해야 할지도 모른다. 지젝의 전략이 이목을 끄는 이유는 당연하게 받아들여지는 이런 '포스트마르크스주의의 지형'을 다른 방식으로 뒤집으려 한다는 데 있으며, 그 과정에서 알튀세르의 '유령'이 마치 불가피한 듯이 출몰한다는 데 있다.

하지만 사실 포스트마르크스주의를 대표하며 한때 자유민주주의로 전향했다고 '오해'받은 라클라우와, 그의 기획에 참여하는 사상적 동료로 한때 '오해'받은 지젝이 서로 주고받은 격렬한 응전, 특히 적대 개념을 둘러싼 논쟁은 그 자체로도 세간의 흥미를 끌기에 충분하다. 더구나 두 사람은 마르크스주의와 정신분석학의 마주침을 보여주는 유일한 사례는 아니지만, 라캉의 정신분석학을 주요 이론적 자원으로 삼아 강단과 시장에서 대단한 성공을 거둔 대표적인 인물들이다. 라클라우는 무페와 공저한 『헤게모니와 사회주의 전략』(1985)에서 그람시, 알튀세르, 라캉을 결합한 '급진민주주의 전략'을 정립하여 당대 논쟁을 주도했다. 지젝은 『이데올로기라는 숭고한 대상』(1989)에서 마르크스, 헤겔, 라캉을 결합한 '이데올로기 비판'으로 정체된 학계에 활력을 불어넣었다. 단 한 권의 책으로 세상의 주목을 끌어냈다는 점에서도 두 사람의 이력은 닮아 있다.

『이데올로기라는 숭고한 대상』에 라클라우가 "유럽의 지성계에 대한 가장 혁신적이고 유망한 이론적 기획들 가운데 하나"라는 찬사를 보낸 서문을 붙이고, 『우리 시대의 혁명에 대한 새로운 성찰』(『헤게모니와 사회주의 전략』의 후속 논문집)의 부록으로 실린 「담론 분석을 넘어서」에서 지젝이 라클라우의 작업을 "참신"한 "돌파"라고 추켜세웠을 때만 해도 두 사람의 차이는 별로 인지되지 못했다.[2] 당시에는 아마 라클라우와 지젝 자신들도 잘 몰랐던 것 같다. 그러나 최근에 이르기까지 두 사람의 차이는 보다 분명해지고 있으며, 그만큼 논쟁도 점차 신랄해지고 있다.

지금까지 라클라우와 지젝의 논쟁은 1) 『우리 시대의 혁명에 대한 새로운 성찰』(1990)에서 전개된 『헤게모니와 사회주의 전략』에 대한 지젝의 비판과 이에 대한 라클라우의 일정한 수용, 2) 『우연성, 헤게모니, 보편성』(2000)에서 서면 대화에 (버틀러와 함께) 참여한 라클라우와 지젝의 논쟁, 3) 『인민주의 이성』(2005)을 둘러싼 라클라우와 지젝의 비판과 재비판 등으로 구분할 수 있다. 이 글에서는 이 세 국면을 통과하는 라클라우와 지젝의 논쟁을 특히 적대 개념에서 나타나는 차별성을 중심으로 개괄하면서 주요 쟁점들을 정리하고, 이 과정에서 알튀세르가 어떻게 기능하고 있는지를 살펴보고자 한다.

---

2) 슬라보예 지젝, 이수련 옮김, 『이데올로기라는 숭고한 대상』, 인간사랑, 2001, 11쪽; 이경숙·전효관 엮음, 「담론 분석을 넘어서」, 『포스트맑스주의?』, 민맥, 1992, 244쪽. 번역 수정.

사회적 적대와 실재의 적대

포스트마르크스주의보다 급진민주주의라는 명칭을 선호하는 라클라우가 『헤게모니와 사회주의 전략』에서 제시한 핵심 표어는 반본질주의(anti-essentialism)이다. 라클라우는 구좌파들이 정세 변화를 따라가지 못한 채 이론적, 실천적으로 무능력한 이유가 본질주의—여러 요소들 가운데 어떤 한 요소를 나머지 모든 요소들의 본질로 상정하는—에 있다고 비판한다. 본질주의에 빠진 구좌파들은 1) 노동계급이 사회 변동의 근본적 추진력을 담지하는 특권적 행위자라는 계급주의, 2) 국가의 역할 확대가 모든 문제의 만병통치약이라는 국가주의, 3) 성공적인 경제 전략이 필요한 정치적 효과를 보장한다는 경제주의, 4) 사회를 합리적으로 재조직하기 위해 중앙집중적 권력이 필요하다는 자코뱅적 혁명관을 고수할 뿐이다.[3] 그러나 다양한 사회운동들 중에서 노동자운동이 선험적인 우위에 있지는 않으며, 다양한 정치적 주체들 중에서 노동계급이 선험적인 특권을 가질 수는 없다. 그것은 우연적이다. 이는 경제가 정치와 이데올로기를 필연적으로 결정하는 본질이 아닌 것과 마찬가지이다. 경제, 정치, 이데올로기는 서로 동등하게 과잉결정(overdetermination) 과정에 참여하며, 최종심급에서 경제가 모든 것을 단순 결정하는 고독한 순간은 결코 도래하지 않는다.[4] 또한 국가권력을 장악한 뒤 중앙집권적으로 위로부터

---

3) 어네스토 라클라우·샹탈 무페, 김성기 외 옮김, 『사회 변혁과 헤게모니』, 도서출판 터, 1990, 215~216쪽; 밥 제숍, 김문귀·유범상 옮김, 『전략관계적 국가이론: 국가의 제자리 찾기』, 한울, 2000, 405~406쪽. 번역 수정.

4) 알튀세르는 '과잉결정'과 '최종심급에서의 경제 결정'이라는 두 개념을 마치 한 쌍처럼 제시했지만(루이 알튀세르, 이종영 옮김, 『맑스를 위하여』, 백의, 1997), 라클라우는 '최종심급에서의 경제 결정'이 기존의 경제환원론과 다를 바 없다고 기각하고 '최종심급 없는 과잉결정'만을 수용한다.

사회를 변혁하는 '기동전'에 집착할 이유는 없다. 오히려 사회의 다양한 영역에서 권력관계를 변화시키는 지속적인 민주화 과정, 곧 '진지전'이 필요하다.

적대(antagonism)도 마찬가지이다. 고전적 마르크스주의에서 적대는 생산관계에 위치한다. 자본주의에서 적대는 자본이 노동을 착취하는 계급관계이고 이로부터 계급적대가 발생한다. 통상적인 오해와 달리, 라클라우와 무페가 계급적대를 부정하는 것은 아니다. 분명히 자본주의에는 계급적대가 존재한다. 그들이 거부하는 것은 생산관계에서 필연적으로 적대가 발생한다고보는 관점이다. 적대는 생산관계에 내적이지 않다. 이는 라클라우와 무페가적대를 생산관계가 아니라 동일성(identity)의 차원에서 파악하기 때문이다. 무엇보다 적대는 객관화할 수 있는 실재적 대립(칸트)이나 모순(헤겔)과는 다르다.

> 모순의 경우에, A는 완전하게 A이기 때문에 not-A임(being-not-A)은 모순이다. 따라서 불가능하다. 실재적 대립의 경우에, A는 또한 완전하게 A이기 때문에 A와 B의 관계는 객관적으로 규정할 수 있는 효과를 산출한다. 그러나 적대의 경우에, 우리는 상이한 상황에 직면한다: '타자'의 현존은 내가 총체적으로 나 자신이 되지 못하게 저지한다. 이 관계는 완전한 총체성들이 아니라총체성들의 구성 불가능성에서 발생한다. …… 적대가 있는 한, 나는 나 자신의 완전한 현존일 수 없다. 그러나 내게 적대하는 힘 또한 완전한 현존일 수 없다: 그 객관적인 존재는 나의 비존재(non-being)의 상징이며, 이런 식으로

물론 과잉결정이 항상 과소결정(underdetermination)과 함께 작동한다는 알튀세르의 주장을 고려한다면, 최종심급의 개념적 위상은 애초부터 미약했다고 볼 수 있다. "과소결정 없는 과잉결정은 없다"(Etienne Balibar, "Althusser and the Rue d'Ulm," *New Left Review* vol. 58, 2009, p. 100).

그것의 존재를 완전한 실정성(positivity)으로 고정되지 못하게 저지하는 복수의 의미들이 흘러넘친다. 실재적 대립은 사물들 사이의 객관적 관계—즉 규정할 수 있는, 정의할 수 있는—이다. 모순도 똑같이 개념들 사이의 정의할 수 있는 관계이다. 적대는 부분적이고 불안정한 객관화를 드러내는 모든 객관성의 한계를 구성한다. 언어가 차이의 체계라면, 적대는 차이의 부재이다. 이런 의미에서 적대는 언어의 한계에 위치하며, 언어의 파열로서, 즉 은유로서만 실존할 수 있을 뿐이다.[5]

나를 나 자신이 되지 못하게 하는 것이 적대이다. 적대는 나의 완전한 동일성을 가로막는 외적 타자의 현존이다. 외적 타자로 인해 나의 완전한 동일성의 실현이 방해받을 때, 나의 불완전성의 원인이 외적 타자에게 향해질 때 적대가 발생한다. 이런 적대 개념에 함축되어 있는 것은 (칼 슈미트를 따라서) 동지와 적, 우리와 그들의 명확한 구별이다. 따라서 적대관계에서 나와 우리는 자신의 완전한 실현을 위해 외적 타자, 외부의 적을 제거해야 한다. 요컨대 적대는 동일성의 부정(negation)이다. 이런 적대는 생산관계와 내적 필연성이 없다. 동일성은 생산관계가 아니라 담론 내의 주체 위치(subject position)에 대한 동일화(identification)를 통해 형성되기 때문이다. 예컨대 자본가와 노동자의 관계는 그 자체로 적대적이지 않으며, 노동자가 계급적 담론 내의 계급적 주체 위치와 자신을 동일화할 때 적대가 발생한다.

하지만 담론이 복수로 존재하듯이 주체 위치 또한 복수로 존재한다. 예컨대 나는 자본가/노동자이고 남성/여성이고 국민/외국인 등이다. 알튀세르의 개념을 빌려 말하자면, 동일성은 여러 주체 위치들에 의해 과잉결정된다. 내

---

5) E. Laclau & Chantal Mouffe, *Hegemony and Socialist Strategy*, pp. 124~125.

가 어떤 주체 위치와 동일화하느냐 하는 것은 여러 담론들의 절합(articulation)에 달려 있으며, 특히 적대를 형성시키는 담론들의 절합이 헤게모니적 실천이다. 헤게모니적 실천은 다원적인 동일성들을 등가연쇄로 묶어내는 것이며, 등가연쇄가 창출될 때 동일성들의 변별적(differential) 성격은 붕괴한다. 차이들을 가로질러 등가를 확립하는 적대가 차이의 실패이자 언어의 파열인 이유도 여기에 있다. 적대관계의 두 항은 서로 상이한 담론, 상이한 주체 위치와 관계하고 있다. 따라서 언어의 객관성, 객관적인 언어는 존재하지 않는다. 적대는 객관성의 한계이다.[6] 이는 또한 합리적이고 객관적으로 인지될 수 있는 중립적인 총체화된 사회의 불가능성을 의미한다("사회는 존재하지 않는다").

이런 라클라우와 무페의 적대 개념에 대한 지젝의 논평은 간략하지만 핵심적이다. 그것은 적대 개념에서 이룩한 돌파에 조응하지 못하는 주체 개념의 후퇴라고 묘사된다.

하지만 가장 근본적인 차원에서 적대 개념을 파악하기 위해서는 두 항의 관계를 뒤집어야 한다: 나 자신의 동일성을 획득하지 못하게 저지하는 것은 외부의 적이 아니다. 이미 모든 동일성은 본래 가로막혀 있으며, 불가능성을 특징으로 한다. 또한 외부의 적은 단순히 작은 조각, 우리가 그런 본래적이고 내재적인 불가능성을 '투사'하거나 '외화'하는 현실의 잔여물이다.[7]

---

6) 라클라우는 다음과 같은 예를 들고 있다. "예를 들어 농민과 지주가 있을 때, 지주의 관점에서 농민의 담론은 완전히 비합리적이다. 농민의 관점에서 지주의 담론도 똑같이 비합리적이다. 그래서 이 두 담론 간의 공통된 기준은 전혀 없다"(A. Avgitidou & E. Koukou, "The Defender of Eventuality: An Interview with Ernesto Laclau," *Intellectum*, 2008).

7) S. Zizek, "Beyond Discourse-Analysis," E. Laclau, *New Reflections on the Revolution of Our Time*,

라클라우와 무폐는 적대를 외적 분할로 파악했지만, 지젝은 그것을 내적 분할로 봐야 한다고 지적한다. 적대는 동일성의 부정이 아니라, 부정된 동일성의 부정으로서 '부정의 부정'이기 때문이다. 다만 사회적 적대는 내적으로 이미 부정된 동일성을 외부의 적을 향해 투사/외화할 때 나타날 뿐이다(내적 분할의 외부화). 이는 사회적 적대에 선행하는 부정성을 함축한다. 이 부정성이 상징화에 저항하는 라캉적 실재이다. 상징계(the symbolic)에서 주체는 구성적 결여를 특징으로 하는 빗금친 주체($)이며, 사회적 적대는 이런 구성적 결여를 외부화함으로써 발생한다. 이런 이유로 지젝은 사회적 적대(동일성의 부정)와 실재로서의 적대(동일성의 부정에 선행하는 부정성)를 구별해야 한다고 주장한다.

> 따라서 우리는 그 근본적 형식에서 사회적인 것의 한계로서, 사회 영역이 구조화되는 불가능성으로서의 적대에 대한 체험과, 적대적 주체 위치들 간의 관계로서의 적대를 구별해야 한다. 라캉의 용어로 말하자면, 우리는 실재(the real)로서의 적대와 적대적 투쟁의 사회적 현실(reality)을 구별해야 한다.[8]

이런 비판은 적대 개념을 세공하려면, 우선 라캉의 정신분석학을 향해 한 걸음 더 전진해야 한다는 것을 의미한다. 그리고 라클라우는 지젝의 비판을 환영하면서 자신의 적대 개념과 라캉의 실재 개념을 연결해야 한다는 점을 인정한다. 그러나 지젝처럼 적대와 실재를 동화(assimilation)하는 데에는 반대

---

verso, 1990, pp. 251~252.

8) S. Zizek, "Beyond Discourse-Analysis," ibid., p. 253.

한다.[9] 이는 라클라우가 사회적 적대를 여전히 동일성의 차원, 즉 실재가 아니라 상징계에 위치시키기 때문이다. 대신에 그는 사회적 적대에 선행하는 부정성을 탈구(dislocation)로 파악한다. 탈구는 담론이 상징계로 통합할 수 없는 사건의 발생에서 유래하는 담론의 탈안정화, 곧 사건과 담론의 어긋남이다. 여기서 사회적 적대는 탈구에 대응하는 하나의 방식으로 재개념화된다. 상징화될 수 없는 사건과 그로 인한 구조적 탈구에 직면하여, 외부의 타자성을 구축하고 배제함으로써 조화로운 사회 질서를 (재)확립하려는 담론적 대응이 사회적 적대로 나타난다는 것이다. 이때 외부의 타자성은 담론 및 동일성의 구성에서 배제되지만, 동시에 담론 및 동일성의 구성을 가능케 하는 조건이라는 의미에서 구성적 외부(constitutive outside)이다.

물론 『헤게모니와 사회주의 전략』에서 라캉은 분명히 중요한 흔적을 남기고 있지만(예컨대 라캉의 "성관계는 존재하지 않는다"를 연상시키는 "사회는 존재하지 않는다"는 명제), 지젝의 비판적 논평의 영향으로 라클라우가 라캉을 향해 한걸음 더 가까이 다가서기 시작했다는 점도 사실이다.[10] 그러나 여기서 얼핏 해결된 듯 보이는, 당시 라클라우와 지젝 또한 해결되었다고 생각했을 법한 쟁점은 이후 두 사람의 논쟁 전체를 규정하는 결정적인 쟁점의 드러난 이면일 뿐이었다. 라캉이 아니라 헤겔이 문제였던 것이다.

---

9) E. Laclau, "Theory, Democracy and the Left: an Interview with Ernesto Laclau," *UMBA(a)*, 2001, p. 15.

10) Marianne Jorgensen and Louise Phillips, *Discourse Analysis as Theory and Method*, SAGE, 2002, p. 42.

반본질주의와 반-반본질주의

물론 라클라우는 『이데올로기라는 숭고한 대상』에 붙인 서문에서 슬로베니아 학파의 "헤겔 독해에 관해서는 많은 부분 유보하고 있다"라고 밝히고 있다.[11] 이런 잠정적 유보를 지적은 『그들은 자기가 하는 일을 알지 못하나이다』(1991)에서 더 이상 유보가 아닌 것으로 현실화시킨다. 이 책의 「2판 서문」(2002)에서 지적은 『이데올로기라는 숭고한 대상』에 "철학적 결함"이 있다면서, 그 이유를 자신의 "라캉적 헤겔 독해"의 불분명함에서 찾고 있다. 또한 그로 인해 "자유민주주의적 정치적 태도의 잔재"를 청산하지 못했다고 반성한다. 이 책은 온통 헤겔에 대한 탐구로 이루어져 있으며, 따라서 이 책이 『이데올로기라는 숭고한 대상』보다 "더 실질적인 성과"라는 그의 자평이 헤겔의 변증법을 가리킨다는 것은 분명하다.[12] 헤겔의 변증법이 전면으로 부상하면서 라클라우의 급진민주주의 전략 또한 명시적으로 거부된다.

> 라클라우(그리고 클로드 르포르)의 표준적인 대답은 민주주의이다. …… 설득력 있게 들릴지라도 우리는 그런 손쉬운 방식을 거부해야 한다. 왜? 민주주의의 문제는, 다수의 정치 주체들이 권력을 두고 경합하는 방식을 조절하는 실정적인 형식 체계로서 민주주의가 확립되는 순간, 그것은 어떤 선택들을 '비민주주의적'인 것으로 배제해야 한다는 데 있다. 이런 배제, 민주주의적 선택의 영역에서 누가 포함되고 누가 배제되는가에 관한 창시적 결정은

---

11) 슬라보예 지젝, 이수련 옮김, 『이데올로기라는 숭고한 대상』, 인간사랑, 2002, 10쪽. 번역 수정.

12) 슬라보예 지젝, 박정수 옮김, 『그들은 자기가 하는 일을 알지 못하나이다』, 인간사랑, 2004, 11-12, 21쪽. 번역 수정.

민주주의적이지 않다. …… 정확히 이 지점에서 마르크스의 통찰은 완전히 타당하기 때문이다: 이런 포함/배제는 근본적인 사회적 적대('계급투쟁')에 의해 과잉결정되며, 바로 이런 이유로 사회적 적대는 민주주의적 경합의 형식으로 결코 적합하게 번역될 수 없다.[13]

이것이 급진민주주의 전략에 대한 지젝의 비판적 결론이다. 민주주의의 영역은 포함/배제라는 비민주주의적 선택이 이루어진 장(場)이며, 이 장의 지평 자체를 과잉결정하는 것은 계급적대이다. 그에 따르면, 헤게모니적 실천이 창출하는 여러 동일성들의 등가연쇄에 기초하여 자유와 평등을 지향하는 (모든 불평등과 종속을 거부하는) 민주주의 투쟁을 통해 민주주의를 모든 영역에서 급진화(근본화)한다는 라클라우의 전략은, 여타의 적대들(성, 민족, 인종 등)보다 계급적대가 우위에 있다는 점을 놓치고 있는 셈이다.

이런 결론에 도달하는 지젝의 논리는 『우연성, 헤게모니, 보편성』(2000)에서 진행된 라클라우와의 논쟁에서 잘 드러난다.

여기서 나와 라클라우의 논쟁점은 헤게모니 투쟁에 참여하는 모든 요소들이 원칙상 동등하다는 것을 내가 받아들이지 않는다는 데 있다. 일련의 투쟁들(경제적, 정치적, 페미니즘적, 생태적, 인종적 등등)에는 이 연쇄의 일부이면서도 이 연쇄의 지평 자체를 은밀히 과잉결정하는 하나가 항상 존재한다. 특수자에 의한 보편자의 이런 혼성작용은 헤게모니 투쟁(즉, 어떤 특수한 내용이 문제의 보편성을 헤게모니화할 것인가를 둘러싼)보다 '강력'하다. 그것은 다수의 특수한 내용들이 헤게모니를 위해 투쟁하는 지반 자체를 사전에 구조

---

13) 슬라보예 지젝, 박정수 옮김, 같은 책, 102-103쪽. 번역 수정.

화한다.[14]

요컨대 계급투쟁은 여러 투쟁들로 이루어진 등가연쇄(등가사슬)의 일부임과 동시에 등가연쇄의 지평 내지 지반 자체를 사전에 구조화한다. 마찬가지로 계급적대는 일련의 여러 사회적 적대들 가운데 하나이면서도, 그와 동시에 그 밖의 다른 사회적 적대들보다 우위에 있는 종별적 적대이다. 그러나 이런 지젝의 입장은 라클라우가 그토록 거부하는 본질주의가 아닌가?

물론 탈근대주의자들은 내가 계급투쟁을 '본질화'하고 있다고 응수할 것이다. 오늘날의 사회에는 일련의 특수한 정치 투쟁들(경제, 인권, 생태, 인종주의, 성차별주의, 종교……)이 있으며, 어떤 투쟁도 '진정한' 투쟁, 다른 모든 투쟁들의 핵심이라고 주장할 수는 없다고 말이다.[15]

이에 대해 지젝은 크게 세 가지 방향에서 대응한다. 첫째, 이데올로기 비판이다. 반본질주의는 오히려 세계화된 현대 자본주의의 이데올로기이다. 오늘날 다문화주의적 동일성 정치는 다원적 주체들의 차이에 대한 존중이라는 명목으로 자본주의적 생산관계에 대한 언급을 본질주의라고 몰아붙이고 그것을 중립화한다. 개방적 동일성에 대한 방어가 계급적대의 억압과 결부되어 있는 것이다. 개방적이고 우연적인 동일성을 갖는 주체성의 지평을

---

14) 슬라보예 지젝 외, 박미선 외 옮김, 『우연성 헤게모니 보편성』, 도서출판 b, 2009, 433~434쪽. 번역 수정.

15) 슬라보예 지젝 외, 박미선 외 옮김, 「계급투쟁입니까, 포스트모더니즘입니까? 예, 부탁드립니다」, 같은 책, 143쪽. 번역 수정.

제공하는 '열린사회'는 적대가 부과하는 제약에서 스스로 자유롭다고 상상한다. 지젝은, '열린사회'를 사회적 이상으로 삼아 대체물들의 끝없는 놀이를 주장하는 역사주의는 세계 자본주의의 구조화 원리의 변화라는 구체적 역사성을 망각케 한다고 비판한다.

둘째, 정치경제학 비판이다. 지젝은 비어 있는 기표(empty signifier)를 중심으로 작동하는 헤게모니적 실천의 우연성을 부정하는 것이 아니라, 그런 보편성의 공간이 등장할 수 있는 근거를 제시해야 한다고 강조한다. "'본질주의적' 마르크스주의에서 탈근대적인 우연적 정치로의 이행(라클라우의 경우)은 …… 단순한 인식론적 진보가 아니라 자본주의 사회의 본성 자체에서 일어난 세계적 변화의 일부이다."[16] 이와 같이 헤게모니 투쟁이 일어나는 보편성의 공간을 가능케 하는 것이 바로 자본주의의 세계화이다. 헤게모니적 정치 형태의 일반화는 일정한 사회경제적 과정에 의존해 있다. 본질주의적 정치를 기각하고 새롭게 다원적인 정치 주체성들을 양산하는 조건을 창출하는 것이 현대 세계 자본주의의 탈영토화이다. 이는 탈근대적 정치 투쟁의 다원적 우연성과 자본의 총체성이 양립할 수 있음을 보여준다. 그리고 이 때문에 역사적 지평 내에서 전개되는 우연성(동일성 정치 및 헤게모니적 실천)과 이 지평 자체를 구성하는 근본적 배제(계급투쟁)를 구별해야 하는 것이다.[17]

우연적인 헤게모니적 실천이 반본질주의적임을 인정하면서 동시에 '자본의 논리'에 입각하여 반본질주의를 비판한다는 점에서, 이런 지젝의 입장

---

16) 슬라보예 지젝 외, 박미선 외 옮김, 같은 책, 157쪽. 번역 수정.

17) 지젝에 따르면 오늘날 좌파는, 지배적인 자유민주주의적 지평(민주주의, 인권, 자유 등)을 수용하고 그 내부에서 헤게모니 투쟁을 전개할 것인지, 아니면 어떤 근본적인 변화도 전체주의에 도달할 수밖에 없다는 자유민주주의의 협박을 단호히 거절하고 그 지평 자체를 거부할 것인지 갈림길에 있다(슬라보예 지젝 외, 박미선 외 옮김, 같은 책, 441쪽).

을 (단순한 본질주의가 아니라) 반-반본질주의(anti-anti-essentialism)라고 지칭해볼 수도 있겠다. 또는 한 대담에서 지젝 자신이 밝히고 있듯이 그의 입장은 (반본질주의적 우연성을 인정하는) 고전적 마르크스주의일 수도 있다.

나의 입장은, 반자본주의 투쟁이 더 많은 평등, 문화적 인정, 반성차별주의 등등을 위한 여타의 정치 투쟁들 가운데 단지 하나에 불과한 것이 아니라고 강조한다는 의미에서 고전적 마르크스주의에 가깝다. 나는 반자본주의 투쟁의 중심적인 구조화하는 역할을 믿는다. 또한 나는 나의 입장이 무모하거나 별나다고 생각하지 않는다. …… 내 생각에 오늘날 더 이상 중심적인 투쟁은 없고 다수의 투쟁들만 있다고 하는 관념은 가짜이다. 우리는 다수의 투쟁들의 기반이 현대 세계 자본주의에 의해 창출되었음을 잊지 말아야 하기 때문이다. 이것은 그런 투쟁들을 평가절하하지 않는다: 나는 그런 투쟁들이 진정한 투쟁이 아니라고 말하고 있는 것이 아니다. 내가 말하는 바는, 구식 계급투쟁으로부터 생태적, 문화적, 성적 등등 모든 탈근대적 투쟁들로의 이행은 세계 자본주의에 의해 가능하게 되었다는 점이다. 그런 투쟁들의 기반은 자본주의적 세계화이다.[18]

셋째, 이상의 비판들을 가능케 해주는 것은 지젝이 곳곳에서 반복하는 헤겔의 구체적 보편성(concrete university) 개념이다. 지젝에게 구체적 보편성은 이데올로기 비판과 정치경제학 비판의 지평을 제공하는 제3항이다. 마르크스의 '자유, 평등 그리고 벤담'이라는 표현처럼(벤담이 가리키는 상품교환, 시장매매, 공리적 이기주의 등은 자유와 평등의 구체적 내용을 제공하는 사회적 환경이다),

---

18) Slavoj Zizek & Glyn Daly, *Conversations with Zizek*, Polity, 2004, pp. 149~150.

'그리고'(and)가 나타내는 제3항이 동일한 내용(보편성)을 자신의 두 양태(구체적 실존 조건) 속에 합체시킨다는 지젝의 의미를 차용하자면, '이데올로기 비판, 정치경제학 비판 그리고 구체적 보편성'인 셈이다.

구체적 보편성의 핵심은 보편자와 특수자의 단락(short circuit)이다.[19] 라클라우의 경우 보편성은 특수성에 의존한다. "순수한 보편성으로 작동하는 보편성은 없다. 단지 중추적인 특수주의적 핵심을 중심으로 등가연쇄를 확장함으로써 창출되는 상대적 보편화만 있다."[20] 보편성은 보편적 대표(재현, representation)를 자임하는 특수성이 헤게모니적 실천을 통해 다른 특수한 부문들을 등가연쇄로 묶어낼 때 확립되는 특수자의 일시적 보편화이다. 보편성은 비어 있는 기표이며, 어떤 특수성이 그 비어 있는 기표의 자리를 차지하는가는 우연적인 정치적 경합에 달려 있다. 하지만 그렇다고 해서 미리 구성되어 있는 헤게모니 세력이 구조 내의 비어 있는 자리를 채우는 것은 아니다. 비어 있는 기표는 특수성에 의해 변형되지만, 동시에 특수성 또한 헤게모니적 실천 과정에서 변형되기 때문이다.

---

19) 슬라보예 지젝 외, 박미선 외 옮김, 같은 책, 425쪽.

20) E. Laclau, "Structure, History and the Politica,l" *Contingency, Hegemony, University*, p. 208. 라클라우는 다음과 같은 예를 들고 있다. "예를 들어 나는 헤게모니 개념이 페미니즘에 완벽하게 적실하다고 말할 수 있는데, 페미니즘은 헤게모니적 공간에서만 실존할 수 있기 때문이다. '여성'이라는 기표를 생각해보자. 그것의 의미는 무엇인가? [다른 기표들과] 고립시키면 그것은 아무 의미도 갖지 않는다. 어떤 의미를 지니기 위해서 그것은 일련의 담론 관계 속으로 들어가야만 한다. 그러나 한편으로 '여성'은 가족, 남성에 대한 종속 등등과 등가 관계 속으로 들어갈 수도 있고, 다른 한편으로 '억압', '흑인', '동성애자' 등등과의 담론 관계 속으로 들어갈 수도 있다. '여성'이라는 기표 자체는 아무 의미를 갖지 않는다. 결론적으로, 사회에서 그 의미는 헤게모니적 절합에 의해서만 주어진다"(E. Laclau, "Metaphor and Antagonisms," Cary Nelson & Lawrence Gross(eds.), *Marxism and the Interpretation of Culture*, University of Illinois Press, 1988, pp. 254~255).

어떤 면에서 이는 지젝의 구체적 보편성과 매우 유사하다. 지젝 또한 특수자에 대한 보편자의 우위성을 비판하고, 그것이 비어 있는 기표에 불과하다고 보기 때문이다. 하지만 그는 비어 있는 보편적 형식의 구성에서 어떤 외상적 내용의 배제가 일어난다고 보는 점에서 라클라우와 다르다. "그래서 우리는 두 수준을 구별해야 한다. 특수한 내용이 비어 있는 보편적 개념을 헤게모니화하는 헤게모니 투쟁과, 보편자를 비어 있게 하는—따라서 헤게모니 투쟁의 지반을 제공하는—보다 근본적인 불가능성을 말이다."[21] 비어 있는 보편성의 구성에는 반드시 배제된 한 요소가 존재한다. 이 배제된 외부성(내부의 외부)은 보편성에 항상 흔적을 남기고 있으며, 따라서 완전한 총체적 보편성은 불가능하다.

다시 말해서 다양한 특수한 내용이 보편자의 중립적 틀 속에 분할, 종적 차이를 도입한다는 흔한 통념과는 반대로, 보편자 자체는 한 집합에서 어떤 특수자—보편자 자체를 구현하도록 되어 있는—를 뺄셈하는(subtracting) 방식으로 구성된다. 보편자는 …… 무수한 특수자의 다양성과 그 한가운데에서 보편자를 '구현'하는 요소 사이의 근본적인 분열 작용에서 발생한다.[22]

이것은 헤게모니적 실천의 논리와는 달리, 보편자에 대해 모든 특수자들이 동일한 관계를 누리지 않는다는 것을 함축한다. 모든 요소들 중에서 보편자에 대한 예외적 단독 사례(exceptional singular case)가 존재하는 것이다. 지젝

---

21) 슬라보예 지젝 외, 박미선 외 옮김, 같은 책, 163~164쪽. 번역 수정.

22) 슬라보예 지젝, 박정수 옮김, 『그들은 자기가 하는 일을 알지 못하나이다』, 인간사랑, 2004, 202쪽. 번역 수정.

은 (보편적) 규칙에는 항상 (특수한) 예외가 있으며, 이 예외는 규칙을 반증하는 게 아니라 확증한다고 말한다. 가령 "체스에는 다른 가능한 움직임들의 기본 논리에 위배되는 움직임, 즉 예외로서의 로카드(rocade)가 있다. 카드 게임에는 종종 가장 높은 조합을 뒤엎어버릴 수 있는 어떤 예외적인 낮은 조합이 있다"라는 예를 든다.[23] 이 예외는 규칙에서 배제된 것이지만, 동시에 규칙 전체를 구조화한다. 이와 다소 맥락은 다르지만, 사실 이것은 애초 '과잉결정'을 제시하는 알튀세르 자신의 문제 설정이기도 했다.

> '예외적 상황'은 무엇 때문에 예외적인지, 그리고 다른 모든 예외처럼 이 예외 또한 규칙을 밝혀주고 있는 것은 아닌지, 규칙에는 의식되지 않은 상태지만 그것이 규칙 자체인 것은 아닌지를 자문해봐야 한다. 왜냐하면 결국, 우리는 항상 예외 속에 있는 것은 아닌가? …… 모순은 겉으로 단순하게 보이지만 항상 과잉결정되어 있다는 식으로 밖에는 달리 말할 수가 없다. 바로 여기에서 예외는 자기 자신을 규칙으로, 규칙의 규칙으로 드러낸다.[24]

이 지점에서 지젝은 알튀세르와 가장 가깝게 밀착해 있다. "과잉결정의 주요 특징으로서 알튀세르가 강조했던 특징은 …… 헤겔적인 구체적 보편성의 바로 그 근본적 특징이다."[25] 주지하듯이 알튀세르는 목적론적인 헤겔 변증법과 비목적론적인 마르크스의 변증법을 구별하는 데 심혈을 기울였다. 이런 대목은 지젝이 말하는 '헤겔 변증법'이 (초기) 알튀세르가 말한 '마르크

---

23) 슬라보예 지젝, 이성민 옮김, 『까다로운 주체』, 도서출판 b, 2005, 167쪽.

24) 루이 알튀세르, 이종영 옮김, 『맑스를 위하여』, 백의, 1997, 121, 123-124쪽.

25) 루이 알튀세르, 이종영 옮김, 같은 책, 174쪽.

스의 변증법'과 결과적으로 상당히 유사함을 추론케 한다. 헤겔의 변증법에서 끌어낸 구체적 보편성 개념은 이후 지젝의 정치적 입장을 근거 짓는 기본 논리로 작동한다. 예컨대 『이라크』(2004)에서는 다음과 같이 진술한다.

> 마르크스주의의 내기는 다른 모든 적대를 과잉결정하며 또한 그러한 것으로서 전 영역의 '구체적 보편자'인 하나의 대립('계급투쟁')이 있다는 것이다. 여기서 '과잉결정'이라는 용어는 정확히 알튀세르적인 의미에서 사용되는 것이다. 그 용어는 계급투쟁이 다른 모든 투쟁들의 궁극적 참조항이거나 의미지평이라는 것을 의미하지 않는다. 그것은 계급투쟁이 여타의 적대들이 '등가연쇄'로 절합될 수 있는 상이한 방식들의 '비일관적인' 복수성 그 자체를 설명할 수 있도록 해주는 구조화 원리라는 것을 의미한다. …… 여기서 계급투쟁은 엄밀히 헤겔적인 의미에서 '구체적 보편성'이다. 그것은, 그것의 타자성(다른 적대들)에 관계하면서, 그 자신에게 관계한다. 즉 그것은 그것이 다른 투쟁들과 관계하는 방식을 (과잉)결정한다.[26]

---

26) 슬라보예 지젝, 박대진·박제철·이성민 옮김, 『이라크: 빌려온 항아리』, 도서출판 b, 2004, 132~133쪽. 지젝은 다음과 같이 페미니즘과 인종차별주의를 예로 들고 있다. "예를 들어 페미니즘의 투쟁은 해방을 위한 진보주의적 투쟁과 묶인 상태로 분절될 수 있다. 또는 그것은 상위 중산계급들이 그들의, '가부장적이고 불관용적인' 하층 계급에 대한 우월성을 주장하는 데 사용되는 이데올로기적 도구로서 기능할 수 있다(그리고 분명 그렇게 기능한다). 그리고 여기서 요점은 페미니즘의 투쟁이 계급적대와 함께 다른 방식으로 분절될 수 있다는 것뿐만 아니라 계급적대가 말하자면 여기에 이중적으로 각인되어 있다는 것이다: 왜 페미니즘의 투쟁이 상위 계급들에 의해 전유되는가를 설명하는 것은 계급투쟁의 특정 좌표 자체이다(인종차별주의도 마찬가지이다: 노골적인 인종차별주의가 왜 최하층 계급의 백인 노동자들 사이에서 강하게 나타나는가를 설명하는 것은 계급투쟁의 역동성 자체이다)"(슬라보예 지젝, 김서영 옮김, 『시차적 관점』, 마티, 2009, 708쪽).

그래서 지젝은 계급투쟁이 성, 인종, 생태 등 여러 특수성들 가운데 하나이지만, 동시에 보편성을 비어 있는 기표로 구성하기 위해 배제되어야 하는 예외적 특수성이라고 주장한다. 즉 오늘날의 민주주의는 계급적대를 제거하는 한에서 헤게모니 투쟁의 전장이다. 따라서 진정한 정치적 행위(political act)는, 자본주의 지평 내에서의 헤게모니 투쟁이 아니라 그 지평 자체를 전복하는 반자본주의 투쟁이다. 이는 '계급투쟁으로 돌아가라'는 좌파의 주장을 비판하며 새로운 헤게모니를 구축하기 위해 '헤게모니 투쟁으로 돌아가라'고 외치는 라클라우와 명백히 대립적이다.[27]

'헤겔 없는 라캉'과 '라캉과 함께하는 헤겔'

이러한 논쟁은 어떤 면에서 앞선 논쟁 주제들의 반복과 변주이다. 『인민주의 이성』에서 라클라우는 급진민주주의 전략을 인민주의 개념으로 구체화하고 인민(people)을 정치 주체로 지목한다. 정치적 범주로서 인민은 주어진 집단이 아니라 복수적인 이질적 요소들로부터 새롭게 창출되는 행위자이다. 그것은 물론 사회정치적 요구들을 등가연쇄로 묶어내는 헤게모니적 절합을 통해 가능해진다. 따라서 생산관계 차원에서 선험적으로 결정되는 행위자가 아니라 적대 전선을 확립할 수 있는 체계에 이질적인 약자들(underdogs)이다(여기서 라클라우는 프롤레타리아 계급이 아니라 비계급인 룸펜프롤레타리아 범주를 확장할 필요가 있다고 본다). '인민주의 이성'은 이런 특수한 이질

---

27) E. Laclau & Chantal Mouffe, "Preface to the Second Edition," *Hegemony and Socialist Strategy*, pp. xviii-xix.

적 타자(구성적 외부)를 인민이라는 비어 있는 기표를 중심으로 보편화하는 논리이다. 따라서 인민주의는 역사적인 경험적 현상과 무관한 민주주의의 정치적 논리 그 자체와 동일하다.

이와 같은 인민주의에 대한 관심은 이미 라클라우의 초기 저술에서 나타난 바 있듯이 전혀 새로운 것은 아니다. 단지 초기 저술이 주로 알튀세르의 호명(interpellation) 이론에 기초해 있다면, 『인민주의 이성』에서는 라캉의 개념들이 폭넓게 사용되고 있을 뿐이다. 예를 들어 라캉의 대상 a(object petit a) 개념으로 헤게모니의 논리를 설명하기도 하는데, 특수자가 보편자의 비어 있는 자리를 점유하듯이 대상 a는 부분에 의해 전체가 구현되는 과정을 보여준다고 한다. 이것은 라클라우가 『헤게모니와 사회주의 전략』 이후 라캉의 이론을 더 많이 수용해왔음을 의미한다.

이 책의 후반부에서 라클라우는 『우연성 헤게모니 보편성』에서 지젝의 비판에 대해 충분히 해명하지 못했다고 하면서 (네그리와 하트, 랑시에르와 함께) 지젝의 사유를 간략히 언급한다.[28] 여기서 그의 비판의 핵심은 역시 지젝이 본질주의적 마르크스주의자라는 데 있다. 자본주의 경제가 이질적 요소들에 의해 과잉결정된다는 것을 이해하지 못하고 계급과 경제투쟁만을 특권화하고 있으며, 반자본주의 투쟁의 지표를 전혀 제시하지 않은 채 그 외의 모든 투

---

28) 라클라우는 랑시에르의 몫 없는 자들의 민주주의 개념이 자신과 매우 유사하다고 판단한다. 셈할 수 없는 것이 셈하는 원리 자체에 파열을 내는 랑시에르의 개념화는 한 부분(특수성)이 전체(보편성)로서 기능하는 자신의 헤게모니 논리와 유사하며, 특수한 투쟁이 자신의 특수성을 초월하는 상징적 의미와 결부될 때 보편적으로 기능하는 과정을 예리하게 지각하고 있다는 것이다. 그러나 라클라우는 인민이 과연 진보적 동일성을 중심으로 구성될 것인지는 선험적으로 보증된 것이 아니라고 반박한다. 담론 형식은 본래 비결정적이기 때문이다. 이런 이유로 그는 랑시에르가 정치의 가능성을 해방 정치의 가능성과 동일시하는 것은 문제가 있다고 비판하고, 그것이 파시즘적 방향으로 나아갈 수 있음을 고려해야 한다고 지적한다.

쟁을 기각함으로써 해방적 주체에 관한 이론을 제시하지 못하는 정치적 허무주의라는 것이다. 또한 그 이유는 지젝이 서로 양립할 수 없는 정신분석학과 헤겔적/마르크스적 역사철학에 근거하기 때문이라고 지적한다.

이에 대해 지젝은 라클라우를 다시 비판하고, 이후 서로 비판과 반비판을 주고 받으며 뜨거운 논전을 전개한다. 지젝은 라클라우가 계급투쟁보다 인민주의를 선호하고 있지만, 그가 제시하는 인민주의의 정의는 인민주의의 역사적·경험적 현상들을 정당화하는 데 부적합하다고 비판한다. 더구나 인민주의 담론이 임의의 적을 구축하면서 계급적대를 전치하는 방식을 고려하지 않고 있으며, 혁명적인 정치적 행위는 사회정치적 요구들을 등가연쇄로 구성하는 것이 아니라 그런 요구들의 지평을 넘어서는 것이라고 비판한다. 결국 라클라우는 지젝이 라캉 이론을 체계적으로 왜곡하고 있다고 공격하고, 지젝은 라클라우가 상투적인 헤겔 비판을 벗어나지 못하고 있다고 반박한다.

여기서 누가 더 라캉의 이론을 정치적으로 타당하게 번역하고 있다고 평가할 필요는 없다. 분명한 것은 라클라우가 '헤겔 없는 라캉'을 요구한다면, 지젝은 '라캉과 함께 헤겔'을 읽어야 한다고 본다는 점이다. 물론 라클라우가 비판하는 헤겔은 목적론적 변증법의 헤겔이며, 지젝이 해석하는 헤겔은 비목적론적 변증법의 헤겔이다. 이런 차이는 특히 적대 개념에서 잘 드러난다. 『인민주의 이성』에서 라클라우는 적대를 설명하면서 다음과 같이 적고 있다.

A - B 대립은 결코 완전하게 A - not A가 되지 않을 것이다. B의 'B임'(B-ness)은 궁극적으로 변증법화할 수 없을 것이다. '인민'은 항상 권력의 순수

한 대립물 이상의 어떤 것이다. 상징적 통합에 저항하는 '인민'의 실재가 존재한다.[29]

앞서 논의한 최초의 논쟁에서 라클라우는 적대를 상징계에 위치시키고 이를 동일성의 부정이라고 본 반면, 지젝은 적대를 실재에 위치시키고 이를 부정된 동일성의 부정(부정의 부정)이라고 정의했다. 이 차이를 다음의 도해로 표현할 수 있다.[30]

```
○ 라클라우   A   ← anti-A
○ 지젝       A / ← anti-A
```

그런데 『인민주의 이성』의 라클라우에 따르면, A - B 대립은 완전한 A - not A가 될 수 없다. 이질적 타자인 B를 B이게 하는 것에는 not - A로 완전히 통합될 수 없는 실재가 있기 때문이다. 이는 라클라우가 자신의 초기 적대 개념을 수정해서 실재와 연결시키고 있음을 보여준다(이 경우 B를 B이게 하는 실재의 조각은 대상 a이다). 이에 대해 지젝은 이렇게 비판한다.

실재를 다루면서 라클라우는 적대로서의 실재라는 형식적 개념과, 형식적 대립으로 환원될 수 없는 것으로서의 실재라는 경험적 개념 사이에서 동

---

29) E. Laclau, *On Populist Reason*, p. 152.

30) J. Torfing, *New Theories of Discourse*, p. 128.

요하는 것 같다. …… 물론 결정적인 질문은 다음과 같다. 권력의 '순수한 대립물'을 넘어서는 인민의 이런 과잉의 성격은 정확히 무엇인가? 또는, 인민 속에 있는 무엇이 상징적 통합에 저항하는가? 그것은 (경험적이든 아니든) 단순히 자신의 규정들(determinations)의 집적이 아닌가? 만일 그렇다면, 우리는 상징적 통합에 저항하는 실재를 다루고 있는 것이 아니다. 이 경우 실재는 정확히 A - non-A의 적대이므로, 'B 속에 있는 non-A보다 더한 것'은 B 속에 있는 실재가 아니라 B의 상징적 규정들이기 때문이다.[31]

다시 말해서, 지젝이 보기에 라클라우가 말하는 non - A로 통합되지 않는 B 속에 있는 것은 실재가 아니라 상징계에 위치한 B의 수많은 규정들에 불과하다. 요컨대 적대를 상징계에 위치시킬 것인가 실재에 위치시킬 것인가 사이에서 여전히 동요한다는 것이다. 하지만 이를 라클라우는 다시 반박하고, 지젝도 재비판한다. 다소 길지만 나란히 읽어보자.

적대의 현존은 사회적 행위자들에게 동일성의 완전함을 부인한다. 결과적으로 일정한 대상, 목표 등이 부재하는 완전함의 이름이 되는(그것들을 "사물의 존엄성으로 끌어올리는") 동일화 과정이 존재한다. 이것이 정확히 B의 B임이 의미하는 바이다. 그것은 단순히 경험적 대상이 아니라, 존재적 특수성을 흘러넘치는 완전함을 재현하는 기능이 투여된, 주어진 대상이다. 그래서 우리가 알 수 있듯이 지젝의 양자택일은 전적으로 오해이다. 첫째, 그는 적대의 실재를 A - not A의 변증법적 관계로 이해하는데, 여기서 두 항의 완전한 재현가능성은 실재의 방해하는(interruptive) 성격을 제거한다. 그리고 둘째, 그

31) S. Zizek, "Against the Populist Temptation," *Critical Inquiry* 32, pp. 566~567.

는 B의 B임을 대상의 경험적 규정들로 환원하며, 따라서 대상 a의 논리 전체를 무시한다. 지젝의 반론에는 약간의 실내용도 없다.[32]

여기서 차이는 적대의 실재와 변증법적 모순(A - not A의 변증법적 관계)의 관계에 달려 있다. 라클라우에게 양자는 명백히 양립할 수 없다. 적대는 동일성의 방해인 반면, (헤겔적) 모순은 A의 동일성의 내재적 발전이기 때문이다. 그러나 그런가? 나의 주장(또한 나의 것만은 아닌)은, 헤겔적 모순이 A와 non - A 사이에 있지 않다는 것이다. 그것은 내부로부터 A를 훼방하고 좌절시키는 것, A의 동일성을 획득하지 못하게, 그것인 바가 되지 못하게 하는 것이다. (라클라우가 요청하는) 완전한 재현가능성의 공간에서, A와 B는 서로에게 대립되는, 이런 대립을 통해 서로를 정의하는, 따라서 서로를 구성하는 자기-동일적인 두 항일 것이다. 남성은 여성에 대한 대립 속에서만 남성이다 등등. 내가 주장하는 바는, 이것은 헤겔적 모순이 전혀 아니며, 단순히 두 항들이 서로를 보완하는 양극성의 관계라는 것이다. 대립물들의 양극성에서 모순으로 나아갈 경우에는 두 가지를 해야 한다. 첫째, 내부로부터 A를 훼손(박탈, 가로막음)하는, 자기-동일성을 저지하는(구성하지 못하게 하는) 것으로 B를 이해해야 한다. 그리고 둘째, 완전하게 자신이 되지 못하는, 자기-동일성을 획득하지 못하는 A의 불가능성의 효과(물질화)로서 B를 이해해야 한다. 요컨대 B는 A가 자기-동일성을 획득하지 못하도록 저지하는 것 - 그것의 한가운데 있는 낯선 신체 - 일 뿐만 아니라, 또한 B는 A가 그 자신이 되지 못하는 실패-

---

32) E. Laclau, "Why Constructing a People is the Main Task of Radical Politics," *Critical Inquiry* 33, pp. 670~671.

이런 실패의 물질화 내지 육화에 다름 아니다.[33]

라클라우의 논점은 지젝이 적대의 실재를 A‒not A의 변증법적 관계로 파악한다는 것이다. 반면에 지젝의 논점은 헤겔의 모순은 A‒non A 관계가 아니며, 이는 상호 보완적인 대립물들의 양극성의 관계에 불과하다는 것이다. 모순은 A‒non A 관계가 아니라, 내적으로 분할된 A와 B의 관계에 있다. 앞서 제시한 도해를 반복하자면, A는 A와 빗금친 A로 분할되어 있으며, 빗금친 A와 B의 관계가 지젝이 말하는 변증법적 모순 관계이다.

대부분의 논쟁이 인신공격으로 귀결하듯이 '대가들'도 다르지 않다. 이쯤에서 두 사람은 서로 자신의 입장을 반복해서 설명할 뿐, 서로를 설득하거나 이해시킬 수 있는 언어를 상실하고 있다. 라클라우와 지젝이 서로 동의하듯이 적대가 객관성의 한계라면, 이 두 사람의 논쟁은 이제 적대의 한 사례가 된 것인지도 모르겠다.

돌파되지 못한 '마르크스주의의 위기'

최초의 논쟁 이후 거의 20여 년이 지난 지금, 이제 라클라우는 적대의 실재를 말하는 만큼 라캉을 보다 폭넓게 수용하면서 초기의 적대 개념을 상당히 수정한 것처럼 보인다. 적어도 상징계와 실재의 관계를 적극적으로 사고하면서 자신의 급진민주주의 전략을 보다 정교하게 다듬고 있다. 반면에 지젝은 헤겔을 전면적으로 재해석하면서 초기의 급진민주주의적 잔재를 청산

---

33) S. Zizek, "Schlagend, aber nicht Treffend!," *Critical Inquiry* 33, pp. 204~205.

하고 고전적 마르크스주의의 입장으로 돌아가 그것을 세련화시키고 있다. 하지만 여기서 살펴본 것처럼, 적대 개념을 둘러싼 두 사람의 논쟁은 그 핵심에서 최초의 입장을 반복하고 있다. 요컨대 라클라우가 (사회적) 적대를 상징계의 효과로 본다면, 지젝은 (실재의) 적대를 상징계를 구조화하는 원리로서 실재에 위치시킨다. 알튀세르에 국한시켜 보자면, 여기에 결려 있는 내기는 '과잉결정'을 어떻게 이해할 것인가에 달려 있다. 라클라우는 과잉결정 개념에 결부되어 있는 최종심급이라는 관념을 폐기하고, 상징계에서 정체성의 정치가 작동하는 논리로 그것을 재가공한다. 반면에 지젝은 헤겔의 구체적 보편성 개념을 끌어와서 과잉결정과 최종심급의 기능을 동시에 수행하는 것으로 계급적대를 이해한다. 이는 최종심급이라는 관념을 라캉적 실재 개념으로 복원하는 것이라고 평가할 수 있다.

사실 라클라우가 호언하듯이 지난 20여 년의 정세에서 민주주의를 급진화하자는 그의 포스트마르크스주의는 현실 정치의 기본 논리로 작동해왔으며, 명시적이든 암묵적이든 대부분의 (신)사회운동들은 더 많은 민주주의를 위한 헤게모니 투쟁을 충실히 수행해왔다고 해도 과언이 아니다. 그러나 거꾸로 보면, 그럼에도 불구하고 (신)사회운동들이 세계 자본주의를 변혁하거나 개혁하는 데 실패하고 상당 부분 자본에 포섭되거나 애초의 활력을 상실해온 것도 사실이다. 지젝이 급진민주주의 전략을 내세우는 라클라우의 포스트마르크스주의에 반기를 드는 이유도 여기에 있을 것이다. 민주주의라는 상징계 내부에서 헤게모니를 쟁취하기 위한 투쟁으로는 자본주의는커녕 현실의 민주주의조차 근본적으로 변화시키는 데 한계가 있다는 것이다. 그렇다면 우리는 헤게모니 투쟁을 상대화하고 다시 계급투쟁으로 돌아가야 할까? 그러나 우리가 돌아가야 할 계급투쟁이란 과연 무엇이며, 어떤 조직 형태를 통해 어디를 향해 나아가야 할까?

마치 마지막 유언인 것처럼 알튀세르는 평생의 신념이었던 공산주의가 도래한다면 스피노자의 '기쁜 정념들'이 넘치고 베토벤의 「환희의 찬가」가 울려퍼질 것이라고 말했다. 그에게 공산주의란 "상품관계의 부재, 즉 국가 지배와 계급적 착취 관계의 부재"이다.

그러나 어떤 방법으로 이런 공산주의적 조직들이 전 세계로 퍼질 수 있을 것인가가 문제다. 아무도 그것을 예견할 수는 없다. 하지만 어쨌든 소련의 방식은 아닐 것이다. 국가 권력의 장악? 아마도 그럴 것이다. 그러나 그런 행위는 '너절한 것'(국가, 필연적으로 국가)인 사회주의로 말려들게 될 것이다. 그렇다면 국가의 쇠퇴? 물론 그럴 수 있다. 그러나 그 자체의 하부구조에 따라 점점 공고해지는 제국주의적 자본주의 세계, 그렇게 해서 국가권력의 장악을 현실성 없는 것은 아니지만 일시적인 것으로 만드는 그런 세계에서 국가의 쇠퇴를 기대할 수 있겠는가? 부르주아적인 국제주의적 자본주의 헤게모니의 지배에 필수불가결한 국가에서 우리를 해방시키게 될 것은 분명 가스통 데페르가 부르짖는 지방 분권화도 아니고 레이건이나 시라크 같은 신자유주의자들의 멍청한 슬로건도 아니다. 단 하나 희망이 있다면, 그것은 대중운동 속에서 가능한데, 나는 (특히 엘렌느 덕분에) 그 운동들이 저런 자들의 정치 조직보다 우위에 있다고 항상 생각했다.[34]

그는 단 하나의 희망은 대중운동 속에 있다고 했다. 하지만 대중운동이 어떻게 기존의 오류와 한계를 넘어서 공산주의에 다가갈 것인지 우리는 알지 못한다. 다시 말해서 우리는 알튀세르가 선언한 바 있는 '마르크스주의의

---

34) 루이 알튀세르, 권은미 옮김, 『미래는 오래 지속된다』, 이매진, 2008, 296~297쪽.

위기' 속에 여전히 살고 있고 그것을 돌파하지 못하고 있다. 라클라우와 지젝의 논쟁이 탈마르크스주의적 알튀세르와 스탈린주의적 알튀세르의 대립인 것처럼 보이는 까닭도, 그것이 '마르크스주의의 위기'를 구획하도록 만든 알튀세르적인 이론적·실천적 지형을 진정으로 벗어나지 못하고 있기 때문이다. 어쩌면 지금 우리에게는 '헤게모니 투쟁'(라클라우), '계급투쟁'(지젝), 그리고 '대중운동'(알튀세르)이라는 세 개의 카드가 쥐어져 있는 것일지도 모른다. 당신이라면 어디에 내기를 걸겠는가?

9장

한국 라캉주의 정치의 가능성과 조건
— 지젝의 '사회적 환상의 횡단' 개념을 중심으로

한국에서 가장 강력한 정치 주체는 공장 노동자였다. 1987년 6월 항쟁 이후 '열린 공간'에서 분출한 7~9월 노동자대파업은 한국에서도 노동자들이 마르크스주의적인 의미에서 계급으로 구성될 수 있는 잠재력을 보여주었다. 특히 1970년 전태일의 분신을 계기로 초보적인 형태로 시작된 민주노조운동은 1980년대 말부터 1990년대 중반까지 공동체적 연대의 정신으로 공장뿐 아니라 거주 지역, 가족, 학교 등을 노동자운동의 정치 현장으로 전환시켰다. 그러나 오늘날 이 노동자 정치의 장소들은 사라졌다. 공장은 신자유주의적 통치성이 지배하며, 도시 재개발로 인해 주거 공동체는 해체되었고, 소비와 여가의 문화는 노동자 고유의 운동 문화를 침식했다. 사라진 정치의 장소들은 현실 정치에서 노동자라는 명명 자체도 사라지게 하고 있다.[1] 반면에 1995년 민주노총의 출범과 1999년 민주노동당의 창당으로 서구와 유사한 노동조합-진보정당 모델이 정착할 가능성이 엿보이기도 했지만, 대기업·남성·정규직 중심의 민주노총은 대다수 비정규직 노동자들을 대표하지 못하고 있다.

---

1) 김원·신병헌 외, 『사라진 정치의 장소들』, 천권의책, 2008, 20~23쪽.

또한 2007년 대선 이후 민주노동당과 진보신당의 분열과 경쟁의 여파로 진보정당들 내부에서 새로운 정치 주체를 조직하는 문제 설정은 활로를 찾기 어려운 상황에 직면했다.

이와 같은 노동자운동의 쇠퇴와 공장 노동자라는 정치 주체의 상실로 인해 최근 새로운 주체 형성에 관한 문제의식이 크게 주목을 받아왔다. 계급, 민중, 시민 등 기존 정치 주체의 범주들이 비판적으로 재검토되고, 다중, 대중들, 소수자(약소자) 등 새로운 정치 주체의 범주들이 부각되었다. 그리고 2008년 촛불 항쟁을 계기로 여성과 청년(청소년)이 한국 정치를 진보적인 방향으로 이끌어갈 전범으로 탐색되기도 했다. 하지만 익히 알려져 있듯이 마르크스와 엥겔스는 1848년 혁명과 1871년 파리 코뮌을 겪으며 노동자를 정치 주체로 발견한 바 있다. 그러나 오늘날 공장 노동자에 필적하는 사회적 역량과 대규모 동원력을 갖춘 정치 주체는 여전히 발견되지 않고 있으며, 이는 새로운 정치 주체를 모색하는 무성한 정치철학적 담론들의 결정적인 한계로 작용하고 있다. 물론 계급투쟁이 계급 형성에 선행한다는 알튀세르의 말처럼 새로운 정치 주체는 운동과 실천 과정에서 구성되는 것이므로, 지금처럼 전체 사회운동이 크게 약화되어 있는 정세에서 정치 주체를 발견하지 못하는 책임을 현대 정치철학에 전가하는 것은 온당하지 않다. 그러나 현실의 정치 주체에 조응하지 못하는 정치 주체 담론들은 공허한 이론적 도식에 불과하다는 비판에서 자유로울 수 없으며, 사회적 영향력을 유지하고 확대하는 데에도 제약이 있을 수밖에 없다. 예컨대 한동안 사회적 상상력을 자극하고 지적 토론의 중심에 있었던 들뢰즈 사상이 점차 대중적 인기를 잃고 있는 까닭도 여기에 있을 것이다.[2]

---

2) 진태원, 「스피노자와 알튀세르에서 이데올로기의 문제: 상상계라는 쟁점」, 『근대철학』 제3권 1호,

반면에 라캉의 정신분석학은 지젝이라는 '스타 철학자'의 역할에도 불구하고 한국의 정치 주체 담론을 주도하는 데 일정하게 실패했다고 할 수 있는데, 이는 라캉 텍스트 자체의 난해함 때문만은 아니다. 오히려 한국의 라캉주의자들이 라캉의 정신분석 담론을 적합한 정치(학)로 번역하지 못했기 때문이다. 물론 개인의 무의식을 다루는 정신분석학이 과연 사회정치적 차원에서도 유효한 발언력을 가질 수 있을 것인지에 대해서는 프로이트 시대부터 논란의 중심에 있었다. 그러나 비록 라캉 자신은 직접적인 정치 참여에 소홀했고 상당히 보수적인 관점을 갖고 있었음에도 불구하고, 그가 창안한 주요 개념들은 정신분석학의 본령인 임상치료와 무관하게 사회·문화·정치 현상을 분석하는 데 활용되었다. 특히 라캉주의 정치학의 두 가지 주요 판본이라고 할 수 있는 라클라우의 급진민주주의론과 지젝의 프롤레타리아 혁명론은 서구에서 큰 반향을 불러일으켰으며, 라캉주의 좌파의 주요 논쟁 지점을 형성하고 있다. 하지만 한국에서 급진민주주의는 1980년대 사회구성체 논쟁과 1990년대 민중운동의 몰락, 시민운동의 부상 과정에서 독자적인 입지를 구축하지 못했으며, 프롤레타리아 혁명론은 한국의 정치 환경에서 생경한 것으로 치부되고 있을 뿐이다. 한국 정치학계에서 라캉에 대한 참조가 전혀 없다는 것은 그 단적인 사례이다.[3]

이런 지식 사회의 사정은 라캉의 정신분석학이 오늘날 한국의 정세에서 과연 적합하게 정치적으로 번역될 수 있는지, 그 조건은 무엇인지에 관해 탐

2008, 490~491쪽.

3) 예를 들어 최근에 한국에서 최초로 급진민주주의를 표방하며 창간된 급진민주주의 리뷰 『데모스』에서도 라클라우와 지젝에 대한 비판적 논의는 일부 있어도 라캉에 대한 언급은 전혀 없다. 이는 한국의 급진민주주의론이 그람시를 계승하는 것이라고 자기규정하고 있기 때문이다.

구해볼 필요성을 제기한다. 이 글에서는 특히 사회적 환상의 횡단(traversing the social fantasy)이라는 개념에 주목하여 그 정치적 함의를 살펴볼 것이다. 이 개념은 임상치료에서 정신분석의 끝에 해당하는 근본 환상의 횡단을 사회정치적 차원에 적용한 것으로서 이데올로기 비판의 가장 핵심적인 대안이라고 평가할 수 있다. 이를 통해 정치 주체에 대한 고민만이 아니라 정치의 장소를 사유하는 데에도 작은 기여를 할 수 있기를 기대한다.

이데올로기 비판과 사회적 환상

먼저 지젝이 제시한 초기의 문제 설정을 정리할 필요가 있다. 고전적 마르크스주의를 비판하면서 지젝은 증상과 환상을 구별해야 한다고 지적한다. 증상은 이데올로기의 장에 이질적이면서도 그것을 완결시키는 데 불가결한 것이다. 현실을 은폐하는 허위의식으로 이데올로기를 파악하는 고전적 마르크스주의에서 이데올로기 비판은 주체에게 증상의 본질을 드러내는 데 목적이 있다. 주체는 자신이 하는 일을 알지 못하고 있기 때문이다. 그러나 이데올로기의 또 다른 형식인 냉소주의에 대해서 이런 고전적 이데올로기 비판은 효력이 없다. 주체는 자신이 하는 일을 잘 알고 있음에도 불구하고 그것을 하고 있기 때문이다. 따라서 현실과 이데올로기의 간극을 잘 알고 있는 냉소적 이성에 대한 이데올로기 비판은 증상이 아니라 환상에 개입해야 한다. 환상은 현실을 은폐하는 것이 아니라 현실 자체를 구조화하는 것이며, 내적인 믿음이 아니라 외적인 행위의 차원에서 작동한다. 환상은 주체에게 사회적 활동과 실천의 좌표를 제공하고, 주체는 마치 모른다는 듯이 행위를 반복함으로써 환상이 구성하는 현실을 재생산한다.

이와 같은 증상과 환상의 구별은 이데올로기 비판에 두 가지 단계가 있음을 함축한다. 첫째 증상의 해석이다. 주체는 증상의 논리에 무지하며, 이를 해석하고 인지할 때 증상은 해소될 수 있다. 해석은 증상의 이면에 숨겨져 있는 상징적인 과잉결정의 네트워크를 밝혀내는 것이다. 둘째 환상의 횡단이다. 증상과 달리 환상은 해석될 수 없다. 환상은 주체에게 현실 자체를 제공하는 것이므로 환상의 이면에 숨겨져 있는 현실은 없기 때문이다. 주체는 환상의 논리에 무지하지 않으며, 단지 상징적인 과잉결정의 네트워크에 물질화되어 있는 외적 믿음에 근거해서 행위할 뿐이다. 따라서 환상의 차원에서는 횡단만이 가능하다.

환상은 해석될 수 없으며 단지 '횡단'만이 가능하다. 우리가 해야 할 일은 어떻게 환상의 '이면'에 아무 것도 없는지를, 어떻게 환상이 정확히 그 '아무 것도 아닌 것'을 가리고 있는지를 체험하는 것이다. (그러나 증상의 이면에는 많은 것, 상징적 과잉결정의 네트워크 전체가 있으며, 이런 이유로 증상은 해석을 수반한다.).[4]

다시 말해서 증상의 해석이 증상을 상징질서 내부로 상징화하는 것이라면, 환상의 횡단은 상징질서에 대한 믿음에 아무 근거가 없다는 것을 깨닫고 환상과 거리를 두는 것이다. 따라서 증상의 차원에서 이데올로기 비판이 상징질서와의 관계에서 증상의 의미를 분석하는 것이라면, 환상의 차원에서는 상징질서에 일관적인 의미를 부여하는 환상 너머에 의미의 공백이 있으며 그에 대한 믿음에 근거한 행위는 궁극적으로 무의미한 것임을 받아들이는

---

4) 슬라보예 지젝, 이수련 옮김, 『이데올로기라는 숭고한 대상』, 인간사랑, 2002, 220쪽, 번역 수정.

것이다. 이와 같이 증상의 해석과 환상의 횡단은 주어진 상징질서의 좌표를 변화시키는 상호 보완적인 절차이다.

그러나 증상의 해석과 환상의 횡단에도 불구하고 증상은 완전히 해소되지 않는다. 증상은 주체가 향유를 조직하는 하나의 방편이기 때문이다. 주체는 자신의 향유를 어떤 상징 기표와 매듭처럼 묶어서 자신의 존재의 일관성을 유지하며, 증상은 주체의 세계-내-존재의 최소한의 일관성을 보증하는 방편이다. 따라서 증상이 완전히 해소될 수 없고, 심지어 그럴 경우 주체의 존재가 파멸할 수 있다면 유일한 길은 증상과 동일화(identification)하는 것이다.

이 근본적인 차원에서 증상이 해체된다면, 이것은 문자 그대로 '세계의 종언'을 의미한다. 증상에 대한 유일한 대안은 무(無)이다: 순수한 자폐증, 정신적 자살, 죽음충동이나 심지어 상징적 우주의 총체적 파괴에 대한 굴복이다. 정신분석 과정의 끝에 대한 라캉적인 최종 정의가 증상과의 동일화인 이유가 여기에 있다. 환자가 증상의 실재 속에서 자신의 존재의 유일한 버팀목을 인지할 수 있을 때 분석은 끝에 도달한다.[5]

따라서 환상의 횡단은 증상과의 동일화를 동반한다. 라캉의 정신분석학에서 증상과의 동일화는 증상이 해석을 통해 완전히 사라질 것이라는 초기의 가정을 철회하고, 환상의 횡단 후에도 남아 있는 증상을 받아들이고 그와 공존하는 법을 찾아야 한다는 것을 함의한다. "라캉에 따르면 정신분석학이 창립되던 시기의 특징이었던, 증상들의 (완전한-옮긴이) 해소 가능성이라는 믿음은 옳지 못하다. 증상은 주체에게 고정점을 주기 때문이다. 그리하여 정신

---

5) 슬라보예 지젝, 이수련 옮김, 같은 책, 136쪽, 번역 수정.

분석학 치료를 통하여 주체는 자기의 증상과 더불어 살아가고, 그것과 자신이 공존해야 한다는 것을 배워야 한다."[6]

　그런데 증상과의 동일화를 정치적 맥락에 위치시킬 때, 지젝은 라클라우가 제시한 바 있는 헤게모니적 실천과 등가연쇄를 고려하고 있다. 지젝에 따르면 마르크스주의의 관점에서 사회적 증상은 보편적 원리의 구성적 '계기'이면서, 그 보편적 토대를 전복하는 특수한 '요소'이다.[7] 예컨대 자본주의의 대표적인 사회적 증상은 프롤레타리아트이고 서구 사회에서 그것은 유태인이다. 이와 같은 논의에서 계기(moment)와 요소(element)의 구별은 라클라우에서 유래한다. 그는 차이들을 절합하는 실천의 효과로 생겨나는 구조화된 총체성을 담론(또는 담론구성체)이라고 지칭하는데, 이 담론 내부로 절합되는 차이를 계기라고 하고 그렇지 않은 차이를 요소라고 한다.[8] 헤게모니적 실천은 차이의 요소를 총체성의 계기로 절합하여 등가연쇄를 구성하는 것이다. 따라서 지젝이 사회적 증상과의 동일화를 요약하는 구호로서 '우리 모두가 유태인이다', '우리는 모두 체르노빌에 살고 있다', '우리는 모두 보트피플이다' 등을 제안할 때, 이는 일반적인 의미에서 다양한 실천들의 연대를 함의할 수도 있지만, 또한 특정하게 라클라우의 헤게모니적 실천과 등가연쇄의 구성을 염두에 두고 있다고 평가할 수 있다. 지젝은 이와 같은 증상과의 동일화를 수단으로 삼아서 환상을 횡단해야 한다고, 즉 증상이 출현하는 환상의 틀을 거부하고 전복해야 한다고 주장한다.

---

6) 피터 비트머, 홍준기·이승미 옮김, 『욕망의 전복』, 한울, 1998, 246쪽.

7) 슬라보예 지젝, 이수련 옮김, 『이데올로기라는 숭고한 대상』, 인간사랑, 2002, 49쪽.

8) 에르네스토 라클라우·샹탈 무페, 김성기 외 옮김, 『사회 변혁과 헤게모니』, 터, 1990, 131쪽.

증상과의 동일화 대 환상과의 동일화

　지젝의 문제 설정을 따라서 보다 체계적으로 라캉의 용어법을 활용하여 라클라우와 지젝을 종합하려는 이가 스타브라카키스이다. 그는 라캉의 정신분석학과 윤리학이 급진민주주의를 실천하는 데 필수적이라고 강조하고, 그 두 축으로 승화와 증상과의 동일화를 제시한다. 라캉의 정의에 따르면 승화(sublimation)는 대상을 사물의 위엄으로 격상시키는 것이며, 이는 상실된 불가능한 실재를 재현하려는, 즉 재현할 수 없는 것을 재현하려는 시도로 나타난다. 스타브라카키스는 승화가 잃어버린 사물의 공백을 재현하는 과정에서 재현할 수 없는 것을 위한 공통의 공간을 창조하며, 이런 승화의 윤리는 공백과 결여를 기반으로 삼아서 실재의 불가능성을 제도화하려는 급진민주주의와 동일한 바탕을 이루고 있다고 주장한다. 하지만 상상을 본질로 하는 승화는 환상에 의해 제약될 수 있기 때문에 반드시 증상과의 동일화가 필요하다.

　그렇지만 증상과의 동일화에 관한 스타브라카키스의 논의는 지젝의 것을 거의 그대로 차용하고 있다. 사회적 증상과의 동일화는 증상(사회적 장에서 배제된 진리)을 보편성으로, 곧 주체의 동일화 지점으로 격상시키는 것이다.

　그는 아테네 반인종주의자들의 구호인 '우리 모두는 집시이다'를 대표적인 예로 들고 있다.[9]

---

9) 지젝도 사회적 증상과의 동일화는 보편성을 배제의 지점과 동일화하는 것이라고 진술한 바 있다. "한 나라에 사는 사람들을 '정식' 시민과 일시적 이주노동자로 하위 구분하는 것은 '정식' 시민을 특권화하고 이주자들을 고유의 공적 공간에서 배제시킨다는 것을 보여주는 것은 손쉬운 일이다. 이론적으로건 정치적으로건 이보다 훨씬 더 생산적인 것은 보편성을 배제의 지점과 동일화하는 정반대의 작업이다(이는 헤게모니의 '진보적' 전복을 위한 길을 연다)─우리의 경우, 이런 동일화는 '우리 모두가 이주노동자'라고 말하는 것이다"(슬라보예 지젝, 이성민 옮김, 『까다로운 주체』, 도서출판 b, 2005, 367쪽).

여기서 촉구하는 것은 사회적 증상과의 동일화 및 사회적 환상의 횡단과 양립하는 태도이다. 불가능한 재현을 받아들이고 불가능성을 선언할 때에만, 불가능한 것을 '재현'하거나 나아가 그 재현의 불가능성과 동일시할 수 있다. 따라서 증상과의 동일화는 환상의 횡단과 관계한다. 환상의 횡단은 환상이 가리고 있는 대타자 내의 결여나 비일관성을 자각하게 해주고, 대상 a와 대타자를 분리시키며, 이런 분리는 윤리적일 뿐 아니라 우리의 정치적 상상력에 대해 '해방적'이다.[10]

욕망의 원인인 대상 a와 관련해서 보자면, 증상과의 동일화를 통한 환상의 횡단은 대타자 내에 존재한다고 가정된 대상 a가 근본 환상 안에서 대타자의 결여를 메우는 상상적 표상에 불과함을 자각하는 것이다. 그리고 이를 통해 대타자의 욕망에 종속된 상태를 벗어나 자신의 고유한 욕망과 향유를 발견하는 것이다. 따라서 분석의 끝에서 환상의 횡단은 대타자와의 분리, 상징계와의 분리를 수반한다.[11]

그런데 스타브라카키스는 상징계의 결여와 공백을 제도화하는 것으로 민주주의를 규정하고, 그 독특한 제도가 선거라고 명시한다. 선거는 사회의 구성적 결여와 우연적 본성을 정기적으로 분출하도록 하는 제도이다.

우리가 때때로 선거를 필요로 한다면, 그것은 구체적 내용과 그 충만성의

10) 야니 스타브라카키스, 이병주 옮김, 『라캉과 정치』, 은행나무, 2006, 327쪽, 번역 수정.

11) L. Chiesa, *Subjectivity and Otherness: A Philosophical Reading of Lacan*, Cambridge/London: The MIT Press, 2007, pp. 161~162.

체현 간의 헤게모니적 연계가 끊임없이 재확립되고 재협상되어야 한다는 사실을 우리가 받아들이고 있기 때문이다. 이것은 민주주의 내에서 증상(대개 단순한 부수현상으로 나타나는 사회적인 것의 구성적 적대)과 동일시하고 조화로운 사회 질서라는 환상을 횡단하는 하나의 방식이다.[12]

여기서도 스타브라카키스는 선거에 대한 지젝의 견해를 직접 인용하고 있다. 하지만 지젝은 『그들은 자기가 하는 일을 알지 못하나이다』의 2판 서문에서 그동안 자유민주주의적 정치적 태도의 잔재를 청산하지 못했다고 반성하면서 민주주의를 새롭게 정의하고, 더불어 라클라우의 급진민주주의를 비판하기 시작한다. 민주주의는 근본적인 포함과 배제를 결정하는 창시적인 비민주주의적 선택이 이루어진 장이며, 사회적 적대는 민주주의적 경합(agonism)의 형식으로 번역될 수 없다는 것이다.

이와 관련해 스타브라카키스는 후속 저작인 『라캉주의 좌파』에서도 환상의 횡단에 대한 기존의 입장을 고수한다.[13] 지젝은 이를 비판하면서 환상의

---

12) 야니 스타브라카키스, 이병주 옮김, 같은 책, 332쪽, 번역 수정.

13) 야니 스타브라카키스, 이병주 옮김, 같은 책, 276쪽. 이 책에서 스타브라카키스는 승화 및 증상과의 동일화 외에 정신분석학적 윤리학의 세 번째 축으로 보충(suppléance)을 제시한다. 그에 따르면, 상징적 수준에서 구조화된 결여를 은폐하지 않는 보충적(supplemental)·과잉적(excessive) 요소의 생산이 가능하며, 이는 기표의 언어 내에 있는 결여와 부재를 보충하는 것이지만, 환상 속의 대상 a로 기능하는 것이 아니라 환상을 넘어서 작동한다. 환상적 욕망이 대타자 내의 결여의 기표를 환상 속의 대상 a로 대체한다면, 정신분석학적 정치의 과제로서 보충은 대타자 내의 결여의 기표로부터 대상 a를 분리시키는 것, 결여의 민주적 제도화로부터 (반민주적이고 탈민주적인) 환상을 분리시키는 것이며, 이는 환상을 넘어서 부분 향유를 가능케 한다. 스타브라카키스에게 이 보충적 요소는 급진민주주의이다. 이에 대해 지젝은 보충이 반드시 민주주의와 결합하지는 않으며, 민족주의나 애국주의 또한 그런 보충의 이름이 될 수 있다고 비판한다. 스타브라카키스가 라캉과 양립할 수 없는 '대상 a 없는 욕망'을 상정하는 이유는 대상 a를 욕망과 관

횡단에 대해 다른 해석을 제기한다.

충동의 과잉을 무시하기 때문에 스타브라카키스는 마치 환상이 우리의 부
분 대상들과의 관계를 부예지게 하는 환영적 스크린인 것인양 '환상의 횡단'
에 관한 단순화된 통념을 전개한다. 이런 통념은 정신분석의 임무에 대한 상
식적인 관념과 완벽하게 부합한다. 물론 정신분석은 우리를 개인 특유의 환
상들로부터 해방시켜 실제 그대로의 현실과 대면할 수 있게 한다……. 그러
나 정확히 이것은 라캉이 염두에 두고 있는 것이 아니다. 그의 목적은 거의
정반대이다. 일상적 실존에서 우리는 (환상에 의해 구조화되고 지탱되는) '현
실'에 침잠해 있으며, 이런 침잠은 우리 정신의 또 다른 억압된 차원이 이런
침잠에 저항한다는 사실을 증명하는 증상에 의해 교란된다. 따라서 '환상의
횡단'은 역설적으로 환상과의 완전한 자기 동일화, 즉 일상적 현실에의 침잠
에 저항하는 과잉을 구조화하는 환상과의 동일화를 의미한다.[14]

지젝은 스타브라카키스가 환상의 횡단 이후에도 남아 있는 충동의 과잉
(또는 잉여향유로서의 대상 a)을 간과하고 있으며, 이 때문에 현실을 은폐하는 것
으로 환상을 사고하고 있다고 비판한다. 오히려 환상은 현실을 구성하는 것
이며, 환상을 횡단하기 위해서는 이렇게 구성된 현실에 저항하는 증상을 구
조화하는 환상과 동일화해야 한다고 지적한다. 요컨대 증상과의 동일화가
아니라 환상과의 동일화가 필요하다는 것이다.

런해서만 사고하고, 대상 a와 충동의 관계를 무시하기 때문이다. 대상 a는 욕망의 원인이면서
동시에 충동의 대상이다.

14) 슬라보예 지젝, 박정수 옮김, 『잃어버린 대의를 옹호하며』, 그린비, 2009, 494쪽, 번역 수정.

물론 환상과의 동일화는 전혀 새로운 개념화가 아니다. 이미 『환상의 돌림병』에서 지젝은 환상과의 과잉동일화(overidentification)를 통해 환상의 지배력을 훼손시킬 가능성이 있다고 언급한 바 있다. 흥미로운 점은 자신의 글들을 '짜집기'해서 펴낸 라캉에 관한 대중적인 입문서에서 환상을 다룰 때에도, 증상과의 동일화에 관한 내용은 전혀 수록하지 않은 채 "환상과의 과도한 동일화를 통해 환상의 포획에서 벗어날 가능성이 열린다"라고 주장하고 있다는 것이다.[15]

물론 지젝이 증상과의 동일화 개념을 명시적으로 폐기한 적은 없다. 그러나 앞서 살펴본 것처럼 증상과의 동일화는 라클라우의 헤게모니적 절합을 통한 등가연쇄의 구성과 밀접한 관계가 있으며, 지젝은 이후 자기비판을 통해 급진민주주의와 결별했다. 이 점을 감안한다면, 지젝이 환상의 횡단을 증상과의 동일화보다 환상과의 동일화로 재개념화하고 있다고 평가할 수 있을 것이다. 스타브라카키스에 대해서도 민주주의를 타자 안의 결여의 제도화로 정의하는 것은 대타자를 민주적으로 합법화하고 정당화하는 데 불과하며, 이는 결여의 기표 자체에 어떤 전복성이나 진보성도 없기 때문이라고 반박한다. 또한 그의 '향유의 정치'는 근대 사회가 총체적인 향유의 결여를 특징으로 한다고 보는 낡은 프로이트-마르크스주의의 새 판본일 뿐이며, 대상 a를 환상의 기능으로 축소시킴으로써 환상을 횡단한 후에 욕망이 대상 a 없이 작동하는 '부분 향유'의 사회를 꿈꾸는 것은 기괴하고 공허한 주장이라고 비판한다.

더구나 『시차적 관점』에서 지젝은 레비나스의 윤리학(타자의 고통에 대응해 '내가 여기 있어요!'라고 응답하는 윤리적 주체)을 비판하면서, 자신도 증상과의 동일화의 대표적인 구호로 제시했던 형식이 아감벤의 호모 사케르(Homo Sacer,

---

15) 슬라보예 지젝, 박정수 옮김, 『How To Read 라캉』, 웅진지식하우스, 2007, 88쪽.

벌거벗은 생명)에는 적용될 수 없는 한계가 있다고 우회적으로 지적하고 있다. 호모 사케르처럼 법 내부에 포함되어 있으면서도 자신의 실존에 대해 어떤 권리도 갖지 못한 채 배제되어 있는, 적나라한 폭력에 노출되어 있는 존재의 경우에 증상과의 동일화는 역겨운 일이 될 수도 있다는 것이다.

> 무젤만은 정확히 더 이상 '내가 여기 있어요!'라고 말할 수 없는 자라고 할 수 있다. ...... '우리는 모두 사라예보의 시민들이다!'와 같이 범례적 희생자와 동일시하는 거창한 행동을 생각해보라; 무젤만의 문제는 정확히 이러한 행위가 더 이상 가능하지 않다는 것이다. 격정에 가득차서 '우리는 모두 무젤만들이다!'라고 외치는 것은 역겨운 일이다.[16]

사회적 환상의 횡단을 위한 정치적 조건

사회적 환상의 횡단에 대한 라캉주의 좌파의 해석은 증상과의 동일화에 초점을 맞추면서 급진민주주의를 주장하는 입장과, 이를 비판하고 환상과의 동일화라고 재해석하면서 민주주의가 아니라 공산주의를 제창하는 입장으로 나뉘어 있다. 하지만 환상의 횡단에 관해 다루는 국내 연구 가운데 환상과의 동일화에 주목한 것은 아직 없는 것 같다. 대체로 증상과의 동일화를 환상의 횡단이나 진정한 정치적 행위의 전범으로 결론 내리고 있을 뿐이다.[17]

---

16) 슬라보예 지젝, 김서영 옮김, 『시차적 관점』, 마티, 2009, 228쪽.

17) 물론 모든 문헌을 전부 검토한 것은 아니다. 내가 발견한 예외는 김소연이다(김소연, 『실재의 죽음: 코리안 뉴 웨이브 영화의 이행기적 성찰성에 관하여』, 도서출판 b, 2008, 246쪽). 그녀는

오히려 환상의 횡단에 대한 비판들은 여럿 제출된 바 있다.[18] 그 공통적인 비판의 핵심은 정신분석학에서 제시하는 환상의 횡단이 개인에게 부과하는 칸트의 정언명령과 유사한 준엄한 윤리적 요청일 뿐이며, 개인에게 윤리적 선택을 요구하는 것만으로는 진정한 정치적 행위를 실행하는 데 한계가 있다는 것이다. 사회의 근본적인 변화 가능성을 믿고 그것을 추구하는 윤리적 태도와 행위가 중요하다고 역설하는 것으로는 개인의 윤리를 사회적 차원에서 정치적 행위로 연결하기 어렵다.[19]

환상을 넘어 그것과 대면한다는 것은 어떻게 가능한가? 이는 환상 없는 세계로 우리가 가야 한다는 의미인가? 아니면 하나의 환상을 또 다른 환상으로 대체해야 한다는 뜻일까? 억압적이고 보수적인 환상을 해방적이고 진보적

각주에서 환상의 횡단에서 유의할 점은 "결코 환상을 아는 것이나 그로부터 거리를 두는 것으로는 불충분하며 '상상의 영역과의 과잉동일화'를 통해서, 즉 환상을 구축하고 지탱해주는 그 욕망을 끝까지 고집함으로써만이 가능하다는 것"이라고 강조한다. 이와 다른 차원에서 이만우는 '우리'와 '그들'을 폭력적으로 구별하는 남성 주체성의 '조증적 환상'을 가로지르는 정치 윤리로서 여성 주체성의 (남근을 소유하지 않는) '무소유와의 동일시'를 제시하는데, 이는 매우 독창적인 시도이지만 여전히 스타브라카키스의 '증상과의 동일화'를 바탕에 두고 있다(이만우, 「'우리'와 '그들'의 구별짓기에 대한 비판적 단상: 라캉의 여성 주체성 정치의 기여」, 홍준기 엮음, 『라캉, 사유의 모험』, 마티, 2010, 375쪽).

18) 김종갑, 「행위의 윤리학과 행위의 정치학」, 『철학연구』, 고려대학교 철학연구소, 2007; 김현, 「슬라보예 지젝의 정치적 주체 이론」, 『민주주의와 인권』 제10권 1호, 2010; 정정훈, 「대중들의 환상, 대중들의 욕망: 대중정치에서 욕망과 이데올로기의 문제」, 『문화과학』 64호, 2010; 진태원, 「스피노자와 알튀세르에서 이데올로기의 문제: 상상계라는 쟁점」, 『근대철학』 제3권 1호, 2008.

19) 이와 비판의 맥락이 다르기는 하지만 홍준기도 지젝의 행위 개념에 많은 비판이 제기되는 까닭은 "결국 지젝이 행위 개념에 대한 체계적인 철학적(헤겔적) 설명을 '명확하게' 제시하는 데 성공하지 못했기 때문"이라고 평가한다(홍준기, 「욕망과 충동, 안티고네와 시뉴에 관한 라캉의 견해: 슬로베니아 학파의 라캉 해석에 대한 비판적 고찰」, 『시대와 철학』 제20권 2호, 2009, 213쪽).

인 환상으로 전환해야 한다는 것인가? 이 문제에 대해 지젝의 입장은 모호하다. 환상을 가로지른다는 것이 환상 너머로 간다는 것인지, 아니면 새로운 환상을 구축한다는 것인지에 대한 명쾌한 답변이 없는 것이다.[20]

이런 비판들은 상당히 타당성이 있다. 개인의 윤리적 결단이나 비극적이지만 영웅적인 행위를 강조하는 것은 정치적으로 한계가 명확하기 때문이다. 하지만 오히려 사회적 환상의 횡단에 관한 논의에서 결정적으로 누락되어 있는 것은 분석가의 역할과 기능이다. 잘 알려져 있듯이, 라캉의 임상치료에서 분석자(분석주체)가 환상을 횡단하고 분석의 끝에 도달하는 과정에서 분석가의 기능은 필수적이다. 분석가는 주체의 체험적 세계를 지배하는 근본환상에서 주체가 벗어날 수 있도록 하는 유일한 사람이며, 임상 분석은 분석가와 분석자의 상호작용을 통해 가능하다.

> 정신분석은 자신의 실재 세계에, 즉 무의식에 무언가 문제를 느끼고 정신분석을 하기 위해 찾아온 분석주체 스스로에 의해 이루어지는 것이다. 물론, 그렇다고 해서 분석가 없는 순수한 자기 분석이 완전히 가능하다는 말은 아니다. …… 분석가는 일반적인 정신분석적 '교리' 혹은 '지식'을 바탕으로 분석 대상(객체)을 분류, 진단, 처방하는 '지배자'의 역할이 아니라, 환자가 전이의 효과를 확인하고 자신의 무의식을 탐구하는 데 그 전이의 효과를 이용할 수 있도록 분석 공간을 제공하는 역할을 해야 한다.[21]

---

20) 정정훈, 「대중들의 환상, 대중들의 욕망: 대중정치에서 욕망과 이데올로기의 문제」, 『문화과학』 64호, 2010, 116쪽.

21) 홍준기, 「이데올로기의 공간, 행위의 공간: 슬라보예 지젝의 포스트마르크스주의」, 『마르크스주

분석 작업을 수행하는 이가 분석자 자신이라는 원리는 마치 노동 해방은 노동계급 스스로의 힘으로 쟁취해야 한다는 마르크스의 언급을 연상시키지만, 그렇다고 해서 분석가 없는 순수한 자기 분석이 가능한 것은 아니다. 그럼에도 불구하고 사회적 환상의 횡단과 관련해서는 대부분 마치 분석가의 역할과 기능이 불필요하다는 듯이 그에 관한 논의를 생략하고 있다. 다시 말해서 라캉의 정신분석학을 정치(학)로 번역하는 과정에서 분석가의 기능을 담당하는 정치적 대행자에 대한 사유가 부족하다. 이 때문에 환상의 횡단이 마치 개인의 영웅적인 결단과 선택에 달려 있는 것처럼 비춰지는 것이다.

그렇다면 정치적 차원에서 분석가의 역할과 기능을 담당하는 것은 무엇인가? 일반적으로 정치 지도자나 정치 조직을 상정해볼 수 있을 것이다. 대중들을 대표하면서도 교리나 지식, 정보를 통해 대중들을 지배하지 않으며, 대중들 스스로 자신의 해방에 도달할 수 있도록 개입하는 지도자, 의견 그룹, 조직 등이 사회적 환상을 횡단하는 데 필수적이지 않을까? 이와 관련해 지젝은 비록 사회적 환상의 횡단과 명시적으로 연결해서 논의하지는 않을지라도 문제의 핵심을 잘 지적하면서 정당을 내세운다. 분석자가 자신을 스스로 분석하는 것은 불가능하고 정신분석 치료에서 분석가의 외부성이 필수적이듯이, 노동계급의 해방에서 외부로부터 개입하는 당의 외부성이 필요하다는 것이다. 물론 여기서 지젝이 의미하는 바는 진리를 독점하는 악명 높은 '전위 정당'이 아니라, 실증적 지식의 권위보다 지식의 '형식'에 의한 권위를 갖는, 분석가의 기능을 하는 '정신분석학적 정당'이다. 그는 당이라는 형식 없는 운동은 저항의 악순환에 사로잡힐 뿐이고, 당이라는 조직 없는 정치는 '정치 없는 정치'이며 '혁명 없는 혁명'을 원하는 것이라고까지 질타한다.

의 연구』, 2008, 15-16쪽.

혁명 정당에 대한 요청은 유의미한 정치적 변화를 일으키기 위해서는 조직적인 행동이 필요하다는 평범한 진실을 환기시킨다. 혁명 정당이라는 낡은 마르크스주의적 수사학을 통해서 지젝은 집단적인 행동과 연대에 관해 사유하도록 촉구하고 있다. 특히 행위를 정치화하는 당의 역할, 그리고 당과 진리의 관계에 주목해볼 수 있다. 대중들의 '행위로의 이행' 자체는 맹목적인 분출에 불과하며, 파괴와 폭력 자체는 본연의 정치적 행위가 아니다. 그것은 해석, 번역, 대표(표상)되어야 하며, 이것이 당의 역할이다. 당은 '행위로의 이행'에 관한 상황의 진실을 해석하고 대표함으로써 기존의 상징 좌표에서는 허용될 수 없는 어떤 새로운 것이 가능해지는 공간을 창출하기 위해 지배적인 사유 방식을 깨뜨린다. 또한 당은 객관적인 진리가 아니라 하나의 정치적 관점으로서의 진리를 제시한다. 이는 당이 진리의 형식을 체현함으로써 사회에서 배제된 요소의 장소를 점유하고, 통합적인 총체성을 전제하는 폐쇄된 보편성이 아니라 비-전체로서의 보편성을 표상하고 대표하는 과정이다.

그러나 혁명운동에서 정당 형태는 역사를 갖고 있다. 다시 말해서 정치 조직에 대한 요청이 반드시 정당으로 수렴되어야 하는 것은 아니다. 예컨대 1970년대 후반에 마르크스주의의 위기를 선언한 바 있는 알튀세르는 그 위기가 마르크스주의에 내재적인 난점과 공백에서 유래한다고 지적하면서 그 가운데 하나로 계급투쟁의 조직에 관한 이론을 들고 있다. 그 효과는 '모방'이었다. 알튀세르는 마르크스주의적이고 공산주의적인 실천이 정당을 중심으로 조직되는 역사적 과정이 사실상 부르주아 국가장치 및 군사기구를 모방하는 데 불과했다고 진단한다.

정치에 대해서 보자면, 무엇보다도 정치를 부르주아 이데올로기에 의해 정치적으로 승인된 공식적인 형태들(국가, 인민대의제, 국가권력을 소유하기 위한 투쟁, 정당 등)로 환원시키지 않는 것이 중요합니다. ······ 그리고 당연히 공산당의 조직 형태도 의문에 붙여지고 있어요. 왜냐하면 그것은 정확히 부르주아적인 정치적 장치의 모델에 따라 건축되었기 때문입니다. 정치에 대한 공산주의적 관념이 이렇듯 부르주아 이데올로기에 의해 근본적으로 얼룩져 있는 것이 노동운동의 미래를 좌우할 바로 그 지점이라는 사실은 아주 분명합니다.[22]

마찬가지로 알튀세르는 프랑스공산당 또한 부르주아 국가장치에 근거해 있으며 정치의 부르주아적 기능 방식을 답습하고 있다고 비판한다. 공산당이 대중운동과 분리되고, 지도부와 기층 당원들이 수직적으로 분할되어 있다는 것이다. 그래서 알튀세르는 마르크스주의의 위기의 핵심에 정당 형태의 위기가 있다고 하면서 정당은 계급투쟁의 잠정적 조직 형태일 뿐이라고 정당 형태를 상대화한다.

더구나 한국 사회에서 과연 분석가의 기능을 수행하는 정당의 구성이 가능한 것인지에 대해서는 논란의 여지가 많다. 현재 한국의 진보정당-노동조합 모델이 직면한 한계는 '쉐보르스키의 딜레마'라고 알려져 있다. 진보정당-노동조합 운동은 계급적 변혁을 강조할 경우 득표에 실패하여 의회 진출이 좌절되거나, 의회 진출을 목적해 더 많은 득표를 얻기 위해서는 탈계급적 지향을 추구할 수밖에 없는 구조적 조건 속에 놓여 있다는 것이다. 이런 상황에서 당 좌파가 자유민주주의적 게임의 규칙에 갇혀 있다는 비판과 사회적 좌파가 성취할 수 있는 현실적인 변화를 무시한다는 비판은 모두 타당성이 있다. 이 때문에 당 좌파와 사회적 좌파의 연대를 촉구하고 사회운동과 정당운

---

22) 루이 알튀세르, 이진경 엮음, 『당 내에 더 이상 지속되어선 안 될 것』, 새길, 1992, 82-83쪽.

동의 새로운 결합을 모색하는 사회운동정당(Social Movement Party)이 유효한 대안으로 부상한 바 있다. 그러나 한국적 사회운동정당으로서 민주노동당의 실추는 사회운동과 정당 간의 간극을 더욱 심화시켰고 진보정당의 분열로 귀결했다. 심지어 한국 민주주의의 대표적 이론가인 최장집은 사회운동의 힘을 정당에 집중시켜 '좋은 정당'을 만들어야 한다는 정당 정치를 강조하면서, 사회운동과 정당 정치를 상호 배제적으로 분리하는 논리를 더욱 고착시켰다.

이런 맥락에서 보자면 지젝의 정신분석학적 정당 개념은 사회적 환상을 횡단하는 데 있어서 분석가로 작동하는 정치 조직의 필요성을 적절하게 지적하고 있기는 하지만, 그에 관한 구체적인 사유와 분석 없이 원론적으로 정당이라는 이름만을 강조하는 한계가 있다. 그는 마치 정당 형태의 역사가 없었다는 듯이 초역사적이고 초월론적인 주장을 되풀이하고 있을 뿐이다. 마르크스주의의 위기를 간과하는 지젝의 혁명정당론이 한국 사회에서 자신의 적합한 정치의 장소를 발견하기는 쉽지 않을 것이다.

새로운 정치 조직의 구성?

지난 10년 동안 민주정부들은 한국 사회의 낡은 구체제를 혁파하는 수단으로서 자본주의의 '혁명성'을 이용하기 위해 적극적으로 신자유주의적 개혁을 추진했고, 그 효과 가운데 하나는 국가 개입을 통한 시장권력의 강화였다. 하지만 사실상 과거 주요 기득권 세력이 신자유주의의 수혜자로 변신하는 데 성공했기 때문에, 구체제는 사라졌어도 그 정점의 권력자들은 더 부강해지는 기이한 구조가 만들어졌다. 또한 시장의 자율성 확대가 노동의 시민권을 축소시키는 한에서 그것은 (민주정부들의 선의와는 무관하게) 민주주의의 절차를 준수하면서도 사회 전체를 탈민주화하는 역설로 귀결했다. 민주주의의 이름으로 민주적 절차를 거쳐서 탈민주화가 급속히 진행되는 과정은, 한국 사회를 '민주주의인 것도 아니고 아닌 것도 아닌' 기묘한 상태로 얽어 놓았다.

이와 같은 정세에서 한국의 라캉주의 정치는 어디를 향해 갈 수 있을까? 사회적 환상의 횡단을 증상과의 동일화로 해석할 때 그것은 등가연쇄를 구성하는 급진민주주의를 향해 있지만, 타자의 결여의 제도화가 결국 선거를 중심에 두는 정치를 가리키는 것이라면 자신의 '급진성'을 확보하기는 쉽지 않을 것이다. 여기에서는 선거 정치를 추구하는 데 있어서 '왜 라캉인가'에 대한 해명이 필요하다. 현대 민주주의의 핵심이 선거 정치에 있다고 보는 영미식 정치학에서 이미 수많은 관련 연구들을 축적해왔기 때문이다. 반면에 사회적 환상의 횡단을 환상과의 동일화로 재구성할 때 그것은 프롤레타리아 혁명론과 혁명 정당을 요청하고 있지만, 환상과의 동일화가 어떤 정치로 구현될 수 있는지에 대해서는 구체적인 논의가 없다. 여기에서는 환상과의 동일화 개념과 혁명 정치 사이에 해명되지 않은 이론적 단락이 있다.

또한 사회적 환상의 횡단과 관련하여 한 개인에 대한 정신분석의 끝에 해당하는 근본 환상의 횡단을 정치적 차원에서 논의할 때 라캉주의 정치에서 결정적으로 누락되어 있는 것은 분석가의 역할과 기능이다. 이 때문에 사회적 환상의 횡단을 통한 정치 주체의 형성에 관한 논의는 개인의 윤리적 결단을 요청하는 것으로 귀결하는 한계가 있다. 다만 지젝은 혁명 정당의 역할을 강조함으로써 분석가의 기능을 대행하는 정치 조직이 필수적이라는 점을 시사한다. 하지만 정당이 과연 혁명 정치를 전개하는 데 적합한 정치 조직 형태인지에 대해서는 이론적·실천적 문제들이 존재한다. 더구나 한국에서 정당 정치는 역사적으로 자유민주주의 이외의 정치적 대안에 대한 상상력을 제약해왔다. 따라서 라캉주의 정치가 한국 사회에 뿌리내리기 위해서 주목해야 할 정치의 장소는 분석가의 역할과 기능을 수행하는 정치 조직의 구성에 놓여 있다.

10장
정신분석에 적합한 정치는 무엇인가

　어떤 하나의 철학이나 사상도 필연적으로 하나의 정치적 입장과 일대일 대응하지는 않는다. 물론 학문의 창시자들은 자신들의 생애에서 정치적 입장을 분명하게 드러내기도 하지만, 그들의 텍스트를 읽는 후세대 학자들은 그와 무관하게 또 다른 정치적 입장에 헌신하는 일이 빈번하다. 이는 기본적으로 아무리 정합적인 텍스트일지라도 다양한 해석의 가능성에 열려 있기 때문이다. 텍스트를 만들어낸 저자의 의도가 무엇이든, 텍스트 자체가 갖는 '사후 효과'가 존재하는 것이다. 예를 들어 헤겔주의에 우파와 좌파가 있고, 마르크스가 공산주의로 개종하기 전에 우파 헤겔주의에 대립하는 좌파 헤겔주의에 심취했었다는 사실은 잘 알려져 있다. 또한 마르크스주의 내부에도 자본주의의 부단한 개혁에 몰두하는 우파 마르크스주의가 있고, 반자본주의를 분명히 하면서 공산주의를 지향하는 좌파 마르크스주의가 있다. 이와 같이 철학, 사상과 정치의 관계는 일의적이지 않고 다의적이다.

　정신분석이 정치와 맺는 관계도 마찬가지이다. 비록 그 창시자인 프로이트는 군중의 봉기와 폭력적 행위에 반대했을지라도, 그의 이론은 여러 정치적 분파들과 결합하여 때로는 보수주의나 자유주의를, 때로는 사회민주주의나 공산주의를 지지하는 논거로 기능해왔다. 라캉과 지젝도 다르지 않다. '프로이트로 돌아가자'며 정신분석학을 혁신했던 라캉은 '새로운 혁명'을 상상했던 1968년 5월 혁명에 회의적이었다. 하지만 라캉과 더불어 마르크스와 헤겔을 사숙한 지젝은 2011년 '1대 99의 사회'를 비판하며 뉴욕 주코티 공원을 점거한 '월가를 점령하라'(OWS; Occupy Wall Street) 시위 현장에서 공개적인 지지 연설을 해서 세계적인 화제를 불러일으켰다.

사실 임상치료의 관점에서 보자면 정신분석학은 정치적으로 보수적인 학문에 가깝다. 정신분석 치료의 목표는 환자가 타인들과 적절한 관계를 맺으며 잘 살아가도록 도와주는 데 있기 때문이다. 주어진 사회에 적응하도록 환자를 치료하는 것이지, 환자를 위해 사회를 변화시키는 것이 아니다. 이는 라캉이 제시한 상상계와 상징계의 관계로 살펴볼 수 있다. 어린아이는 말을 배워야 '언어의 세계'에서 살아갈 수 있는데, 이 '언어의 세계'를 상징계(the Symbolic)라고 하고 상징계에 진입하기 이전의 '언어 없는 세계'를 상상계(the Imaginary)라고 한다. 상상계에서 어린아이는 어머니와 충만한 관계를 맺고 있지만, 상징계로 진입하기 위해서는 어머니와 분리되고 아버지의 법을 내면화해야 한다. 즉 상징계의 법, 규범, 관습 등을 습득하고 사회화되어야 한다. 이것이 실패할 때 나타나는 증상이 정신병이다.

정신병 여부를 판정하는 주요 지표는 언어를 은유(metaphor)로 사용하지 못하는 데 있다. "라캉에 따르면, 정신병자는 가장 중요한 은유를 정초시키는 데 실패함에 따라 언어를 은유적으로 사용할 수 없다."[1] 정신병자는 언어의 세계인 상징계와 단절되어 있기 때문이다. 상징계에 안착한다는 것은 상징계를 떠받치는 아버지의 법에 의거해 부모, 선생, 친구 등의 여러 상징적 관계들과 조화롭게 살아간다는 것을 뜻한다. 물론 어린아이가 아버지의 법을 수

---

1) 브루스 핑크, 맹정현 옮김, 『라캉과 정신의학』, 민음사, 2002, 160쪽.

긍하고 받아들이는 과정은 수많은 실패와 좌절, 소외와 고통을 동반한다. 이 때문에 상징계로 들어간다고 해도 대부분의 사람들이 신증경(강박증과 히스테리)이나 도착증을 갖고 살아가게 된다. 정신분석의 끝은 '대화' 치료를 통해서 상징계에 안착할 수 있도록 하는 것이다. 주체는 언어의 구조 속에서 타자와 관계를 맺을 때만 주체일 수 있으며, 타자의 욕망에 종속되지 않고 자신의 고유한 욕망을 발견하고 추구할 수 있어야 한다.[2] 이와 같은 임상치료에서는 주어진 상징계(또는 현존 사회)를 어떻게 변화시킬 것인가 하는 질문이 제기되기는 어렵다.

지젝의 경우에는 정신분석학을 임상치료가 아니라 이론이나 철학으로 받아들이는 '이론적 정신분석학'이다. 그는 정신분석학의 개념과 논리로 상징계(또는 이데올로기)를 비판하는 데 초점을 맞춘다. 지젝의 여러 저서들에서 자주 등장하는 유머는 이를 잘 보여준다.

자신이 씨앗 한 알이라고 믿는 사람이 정신병원에 보내졌다. 그곳에서 의사들은 그에게 그가 씨앗 한 알이 아니라 사람이라는 것을 확신시키기 위하여 최선을 다했다. 그러나 그가 치료되었을 때(그가 씨앗 한 알이 아니라 사람이라는 것을 확신하게 되었을 때) 그리고 병원을 떠나도 좋다는 허락을 받았을 때 그는, 몸을 떨고 매우 두려워하며 즉시 되돌아왔다. 문 밖에 닭이 한 마리 있었고 그는 닭이 자신을 먹을까봐 겁내고 있었다. "아! 여보게." 의사가 말했다, "당신은 당신이 한 알의 씨앗이 아니라 사람이라는 것을 잘 알고 있지 않은가?" "물론 저는 알고 있습니다." 환자가 대답했다. "그러나 닭이 그것을 알

---

2) 자크 라캉, 맹정현·이수련 옮김, 『자크 라캉 세미나 11: 정신분석의 네 가지 근본 개념』, 새물결, 2008, 285쪽.

까요?" 이것이 정신분석 치료의 진정한 관심사이다: 환자에게 그의 증상의 무의식적 진실을 확신시키는 것만으로는 충분하지 않다; 무의식 자체가 이 진실을 받아들이도록 유도되어야 한다.[3]

환자의 무지가 아니라 '닭의 무지'가 정신분석학의 진정한 관심사라는 것은, 환자의 치료가 아니라 상징계의 변혁이 중요하다는 뜻이다. 주체의 무의식적 믿음은 주체의 내면에 있는 것이 아니라, 외부의 상징적 네트워크에 있다. 이와 같은 믿음의 구조는 '믿음에 대한 믿음'으로 표현할 수 있는데, 환자가 자신은 믿지 않지만 닭이 믿고 있다면 어쩔 것이냐고 질문하듯이 주체의 믿음은 '타자들의 믿음에 대한 나의 믿음'으로 나타난다. 나는 믿지 않는다, 다만 타자들이 믿고 있다고 믿을 뿐이다. 가령, 나 자신은 시장 경쟁의 이데올로기 따위는 믿지 않으며 타인을 배려하고 협력하는 가운데 보다 풍요로운 사회가 만들어질 수 있다고 믿는다. 하지만 타자들도 과연 그럴까? 타자들이 시장 경쟁의 이데올로기를 믿고 경쟁력을 쌓기 위해 행위한다면, 결국 그렇게 하지 않는 나만 도태되지 않겠는가? 그러므로 나는 믿지 않지만 타자들이 그렇게 믿고 있을 것이기 때문에 나 역시 그렇게 행위할 수밖에 없다.

이와 같이 '닭의 무지'에 대한 믿음, '믿음에 대한 믿음'은 자신이 하는 일이 잘못임을 잘 알고 있음에도 불구하고 행위하는 냉소적 주체를 만들어낸다. 따라서 지젝에 따르면, 진정한 정신분석학의 윤리는 '닭의 무지'를 비판하고 상징계를 변혁하는 것이다. "윤리적 행동이란 단지 ('시류를 거스른다'거나 현실에 아랑곳하지 않고 대의·사물을 고집한다는 뜻에서) '현실 원칙 너머에' 있는 것일 뿐만 아니라 한발 더 나아가, '현실 원칙'이라는 바로 그 좌표 자체를 변

---

3) 슬라보예 지젝, 김서영 옮김, 『시차적 관점』, 마티, 2009, 686쪽.

화시키는 개입을 뜻하는 것이다. …… 행동이란 '불가능한 것을 행하는' 몸짓일 뿐만 아니라 '가능할 법한' 것으로 받아들여지는 사회적 현실의 좌표 자체를 변화시키는 개입이기도 하다. 행동은 단지 '선(善) 너머에' 있는 것이 아니라 무엇을 '선'이라 할 수 있는가라는 규정 자체를 새롭게 바꿔놓는 것이다."[4]

라캉의 정치적 회의주의

라캉의 정치적 입장은 1968년 5월 혁명에서 분명하게 살펴볼 수 있다. 당시 라캉은 주체의 전복에 관한 사상가로 인정받기 시작하고 있었다. 1968년 5월 혁명에 참여한 학생들은 라캉이 자신들을 지지해줄 것을 기대했다. 라캉은 파리고등사범학교(ENS; École normale supérieure)에서 학생들의 요청을 받고, 1967년 4월 19일 체 게바라의 친구로서 볼리비아에서 30년 형을 선고받은 레지 드브레의 석방을 위한 탄원서에 서명한다. 또한 1968년 5월 9일 학생들의 봉기를 지지하는 성명서에 서명한다. 이것이 라캉의 거의 유일한 직접적인 정치 참여였다. 하지만 라캉의 관심은 학생들 사이에서 자신의 명성을 유지하고 제자들을 규합하는 데 있을 뿐이었다. 예컨대 그는 프롤레타리아 좌파(GP)를 위한 지원금을 거부하면서, "혁명이라고? 내가 바로 혁명이다. 내가 왜 당신에게 보조금을 주어야 하는지 모르겠네. 당신은 '내' 혁명을 불가능하게 만들고 있고, 내 제자들을 빼앗아가고 있지 않은가"라고 대응했다.[5]

또한 1969년 12월에 파리 8대학에서 행한 라캉의 강연은 1968년 5월 혁명

---

4) 슬라보예 지젝, 한보희 옮김, 「우울증과 행동」, 『전체주의가 어쨌다구?』, 새물결, 2008, 255쪽.

5) 엘리자베트 루디네스코, 양녕자 옮김, 『자크 라캉: 삶과 사유의 기록』 2, 새물결, 2000, 159쪽.

에 관한 그의 태도를 핵심적으로 보여준다. "혁명가로서 여러분이 열망하는 것은 새로운 주인이다. 여러분은 새로운 주인을 얻게 될 것이다."[6] 라캉이 보기에 혁명은 낡은 주인을 새로운 주인으로 교체하는 데 불과하며, 주체를 노예 상태에서 해방시키는 데 무력하다. 오히려 당시 급진파 학생들이 추구했던 전체주의적인 마오주의 혁명보다, 전체의 사유를 파괴하는 프로이트 혁명에 기초해 정신분석 담론을 혁신하는 것이 더 진보적인 행위이다. 라캉은 "혁명은 항상 자기가 제거한 지배자보다 더 포악한 지배자를 낳는다고 주장했다."[7] 이런 관점은 1968년 5월 혁명이 실제로 전문적인 기술관료(technocrat)의 새로운 지배로 귀결했다는 점에서 일정하게 정치적 진실을 담고 있다. 하지만 더 근본적으로는 혁명만이 아니라 일체의 정치에 의문을 품는 정치적 회의주의를 바탕에 두고 있다.

이와 같은 라캉의 정치적 회의주의는 그의 공식적인 후계자인 자크-알랭 밀레(Jacques-Alain Miller)에게 그대로 반복되어 나타난다. 밀레에게 "정신분석은 전복적이다. 즉 정신분석은 모든 공식적 이념들과 제도들에 대한 불신을 낳는다. 하지만 혁명적이지는 않은데, 왜냐하면 정신분석은 혁명 이후의 밝은 미래에 관한 이상들 또한 불신하기 때문이다."[8] 지젝은 어떤 주인기표와도 거리를 두어야 한다는 이런 태도를 자유주의의 낡은 주문("현실주의적 지혜")이라고 비판한다. 밀레가 '도시에서의 정신분석'이라고 부르는 정신분석의 사회적 기능은 권력자들과 협력해서 불안전에 대해 염려하는 대중들의 심리적 공황을 방지하고 안심시키는 데 있을 뿐이다.

---

6) 엘리자베트 루디네스코, 양녕자 옮김, 같은 책, 166쪽, 번역 수정.

7) 엘리자베트 루디네스코, 양녕자 옮김, 같은 책, 172~173쪽.

8) 슬라보예 지젝, 박대진·박제철·이성민 옮김, 『이라크: 빌려온 항아리』, 도서출판 b, 2004, 135쪽.

[밀레에 따르면-인용자] 현대의 사회적 삶은 기초적인 인지적 지도를 결여하고 있으며, 그렇기 때문에 그들은 자기 자신 속으로, 그들의 내적 삶 속으로 방향을 돌려야 하고, 그러지 못하면 이러한 방어 전략에 실패할 경우 공황 상태에 빠지게 된다. 분석가의 임무는 권력을 가진 사람들이 (타자 속의 결여를 가면 씌우는 외양들을 안정적으로 유지하는 것을 통해서) 이러한 공황의 분출을 방지하는 데 도움을 주는 것이다.[9]

지젝에 따르면, 밀레의 정치적 입장은 그의 라캉 해석과 무관하지 않다. 정신분석 치료와 관련하여, 초기 라캉은 상상적 동일화를 떨쳐내고 상징적 질서의 한계를 넘어 실재-물의 너머와 영웅적으로 대면하는 윤리를 제시한다. 반면, 후기 라캉은 이런 '한계-경험' 자체를 거부하고 급진주의를 포기하면서 온건한 방식으로 후퇴한다. 라캉에 따르면, "분석을 너무 멀리까지 밀고 나가서는 안 된다. 환자가 사는 게 행복하다고 생각한다면 그것으로 충분하다."[10] 후기 라캉에게 정신분석 치료는 주체성의 철저한 변형이 아니라 국소적 미봉책이다. 밀레는 이 후기 라캉에 초점을 맞추면서 정신분석의 끝을 '환상의 횡단'(가로지르기)으로 개념화하는 것을 포기하고, 이와 반대로 분석의 목표를 '증상과의 동일화'로 재정식화한다. 주체는 자신의 독특한 향유 방식을 압축하고 있는 증상이 치유될 수 없다는 것을 받아들이고 그와 함께 사는 법을 배워야 한다는 것이다. 요컨대 밀레는 '환상의 횡단'과 '증상과의 동일화'를 대립시키면서, '증상과의 동일화'를 통해 주체가 자신의 독특한 향유를

---

9) 슬라보예 지젝, 박대진·박제철·이성민 옮김, 같은 책, 139쪽.

10) 슬라보예 지젝, 조형준 옮김, 『라캉 카페』, 새물결, 2013, 1692~1693쪽에서 재인용.

유지하는 길을 제시한다.[11] 이것이 정치적 맥락에서 함의하는 바는 "냉소적인 자유주의적 보수주의"이다. 왜냐하면 주체의 안정적인 향유를 위해서는 기성 권력의 상블랑(유사물/허울, semblant)이 향유의 실재가 아니라는 것을 인정하면서도, 기성 권력이 규정하는 일상의 법과 전통을 존중하고 준수해야 하기 때문이다.[12] 상징적 상블랑들이 가짜 내지 허상이라는 것을 잘 알고 있으면서도 마치 그렇지 않은 것처럼 즐기라는 것은 냉소적인 윤리이다.

상징적 상블랑과 향유의 실재를 대립시키는 것에 기반하고 있는 밀레의 독법에 따르면 속지 않는 자가 길을 잃는다는 비록 우리의 가치, 이상들, 규칙들 등은 단지 상블랑들일 뿐이지만 그것들을 훼손해서는 안 되며 사회의 기본 구조가 해체되는 것을 막기 위해 그것들이 실재인 양 행동해야 한다는 냉소적인 낡은 격언에 이르게 된다.[13]

따라서 밀레에 따르면, '속지 않는 자가 길을 잃는다'(les non dupes errent)라는 라캉의 격언은 기존 상징계의 규칙들이 가짜라는 것을 알면서도 우리가

---

11) 로렌초 키에자, 이성민 옮김, 『주체성과 타자성: 철학적으로 읽은 자크 라캉』, 난장, 2012, 395~396쪽.

12) 슬라보예 지젝, 조형준 옮김, 『라캉 카페』, 새물결, 2013, 1696~1697쪽. 상블랑은 '가장하는 척 가장하는 것'으로서 상징계에서 환상을 작동시키는 비어 있는 기표이다. "상블랑에 대한 핵심적인 공식은 밀레에 의해 제안되었다. 즉 상블랑은 무의 가면(베일)이라는 것이다. 물론 여기서 물신과의 연관성은 저절로 나타난다. 물신 또한 공백을 감추는 대상인 것이다. 상블랑은 베일과도 같다. 그것은 아무것도 없음(무)을 감추는 베일이다. — 베일 아래 무엇인가 감추어져 있다는 환상을 만들어내는 것이 그것의 기능이다"(슬라보예 지젝, 조형준 옮김, 『헤겔 레스토랑』, 새물결, 2013, 100쪽).

13) 슬라보예 지젝, 조형준 옮김. 같은 책, 1699쪽.

길을 잃지 않기 위해 그것들이 진짜인 양 속아주어야 한다는 것을 뜻한다. 이에 대해 지젝은 밀레처럼 상징적 상블랑과 실재의 향유를 대립시킨다면, 상징적 상블랑들이 상징적 과정에 내재하는 비정합성과 적대의 산물임을 인식하지 못한다고 비판한다. 상징과 실재는 이분법적으로 대립하지 않는다. 따라서 실재를 불변의 실체로 전제하고 상징을 실재와 무관한 것으로 냉소하며 기각하는 것이야말로 환상이다.

이와 같은 지젝의 비판은, 정신분석의 목표가 '증상과의 동일화'(환자의 임시적 치유)가 아니라 '환상의 횡단'(상징계의 궁극적 변혁)에 있다는 관점을 담고 있다. 물론 지젝 자신도 『이데올로기의 숭고한 대상』에서는 환상의 횡단에도 불구하고 증상은 주체가 향유를 조직하는 방편이기 때문에 완전히 해소될 수 없고, 따라서 '증상과의 동일화'를 통해 증상과 더불어 살아가는 공존의 길을 찾아야 한다고 주장했다.[14] 하지만 최근에는 환상의 횡단을 증상과의 동일화와 결부시키는 것을 비판하고, 환상의 횡단이 뜻하는 바를 "환상과의 완전한 자기 동일화"로 재규정한다.[15] 환상과의 과잉동일화(over-identification)를 통해 환상의 포획에서 벗어나 상징계의 지배력을 훼손시킬 수 있다는 것이다.[16] 지젝은 맥주 광고에서 재현된 동화를 예로 든다. 한 여성이 개구리를 발견하고 키스를 하자 개구리는 멋진 남성으로 변하지만(여성의 환상), 이 남성이 여성에게 키스하자 여성은 한 병의 맥주로 변한다(남성의 환상). 이처럼 환상과의 과잉동일화는 "동일한 공간 속에 많은 비일관적인 환상적 요소들을 동시에 감싸 안는 것"이며, 이는 '이상적인 한 쌍'의 환상적 지지물이 "맥주

---

14) 슬라보예 지젝, 이현우·김희진·정일권 옮김, 『폭력이란 무엇인가』, 난장이, 2011, 136쪽.

15) 슬라보예 지젝, 박정수 옮김, 『잃어버린 대의를 옹호하며』, 그린비, 2009, 494쪽.

16) 슬라보예 지젝, 이성민 옮김, 『부정적인 것과 함께 머물기』, 도서출판 b, 2007, 88쪽.

한 병을 끌어안고 있는 개구리"라는 불안정한 형상임을 드러낸다.[17]

이데올로기 비판의 맥락에서 보자면, '환상과의 과잉동일화를 통한 상징계의 변혁'이라는 명제는 '지배이데올로기와의 과잉동일화를 통한 이데올로기적 반역'이라는 명제로 바꿔 쓸 수 있다. 환상이 여러 비일관적인 요소들로 이루어진 불안정한 것이듯이, 지배이데올로기는 지배자들만의 관념이 결코 아니다. 거기에는 또한 피지배자들의 갈망이 통합되어 있다. 발리바르는 다음과 같이 알튀세르의 이데올로기 개념을 정정했다. "지배자들의 이데올로기 그 자체인 지배이데올로기는 존재하지 않는다. …… 주어진 사회에서 지배이데올로기는 항상 피지배자들의 상상의 특수한 보편화이다."[18] 여기에 동의하면서 지젝은 이렇게 지적한다.

지배적 이데올로기가 작동하기 위해서는 그것이 피착취/피지배 다수자가 자신의 본래적 갈망들을 인지할 수 있을 일련의 특징들을 통합시켜야 한다. 요컨대 모든 헤게모니적 보편성은 적어도 두 개의 특수한 내용을 통합시켜야 한다: '본래적인' 대중적 내용과, 지배와 착취의 관계들에 의한 그것의 '왜곡'.[19]

이데올로기의 보편성은 피지배자들의 갈망이 담긴 대중적인 내용과 지배자들의 이익을 표현하는 특수한 내용 간의 갈등과 긴장을 통합할 수 있을

---

17) 슬라보예 지젝, 김서영 옮김, 『시차적 관점』, 마티, 2009, 517쪽.

18) 에티엔 발리바르, 「비동시대성: 정치와 이데올로기」, 윤소영 옮김, 『알튀세르와 마르크스주의의 전화』, 이론, 1993, 186쪽.

19) 슬라보예 지젝, 이성민 옮김, 『까다로운 주체』, 도서출판 b, 2005, 298-299쪽.

때 확립될 수 있다. 따라서 이데올로기적 반역은 지배이데올로기와 거리를 두거나, 라캉이나 밀레처럼 지배이데올로기가 상블랑일 뿐이라고 냉소하거나 기각하는 것이 아니다. 지배이데올로기에 내재한 피지배자들의 상상의 보편성을 현실화시키기 위해 집단적으로 실천할 때 발생하는 것이다.

지젝의 공산주의

본래 지젝은 라클라우의 지적 동료로서 포스트마르크스주의의 급진민주주의 전략을 지지했다. 급진민주주의는 고전적 마르크스주의의 '본질주의'(계급주의, 국가주의, 경제주의, 중앙집중주의)를 비판하면서, 노동운동만이 아니라 환경운동, 여성운동 등 다양한 사회운동들의 등가연쇄(연대)를 확립하는 헤게모니적 실천을 통해 민주주의를 끊임없이 급진화하여 사회주의를 성취하자는 전략이다. 하지만 2000년을 전후로 지젝은 급진민주주의 전략을 분명하게 거부하면서 라클라우와도 신랄한 논쟁 끝에 결별하기에 이른다. 이런 전환이 일어난 이유는 오늘날 세계 자본주의 체제에서 사회적 환상의 핵심에 있는 것이 바로 민주주의이며, 따라서 민주주의라는 환상을 횡단해야 한다고 보기 때문이다.

지젝이 초기 저작인 『이데올로기의 숭고한 대상』에서 "자유민주주의적 정치적 태도의 잔재"를 청산하지 못했다고 하면서 스스로 밝히는 그 이유는 라캉적 헤겔 독해가 불분명했다는 것이다.[20] 이런 자기비판을 통해 지젝이

---

20) 슬라보예 지젝, 박정수 옮김, 「제2판 서문: 오직 이성의 한계 내에서의 향락」, 『그들은 자기가 하는 일을 알지 못하나이다』, 인간사랑, 2004, 11~12쪽.

다시금 강조하는 개념이 헤겔의 구체적 보편성(concrete universality)이다. 간단히 특수성과 보편성의 과잉결정이라고 할 수 있는 구체적 보편성은, 여러 요소들 가운데 하나(특수성)에 불과하지만 동시에 전체 요소들의 영역 자체를 규정한다(보편성).

라클라우의 급진민주주의 전략은 계급, 성, 인종, 생태 등등이 각각 여러 요소들 가운데 하나의 특수한 요소로서 서로 등가적인 관계에 있으며, 어떤 요소이든 헤게모니적인 정치적 실천을 통해서 비어 있는 보편성의 자리를 점유할 수 있다는 논리를 바탕에 두고 있다. 하지만 지젝은 자본주의 사회에서 계급투쟁은 다른 요소들과 달리 구체적 보편성으로 기능한다고 반박한다. 계급투쟁은 헤게모니적 실천에 참여하는 하나의 특수한 요소이지만, 동시에 다양한 요소들의 헤게모니적 실천을 가능케 하는 민주주의의 보편적 영역 자체를 구성하기 위해 배제되어야 하는 예외라는 것이다. 모든 규칙에는 예외가 있듯이 민주주의의 보편적 규칙에서 배제되는 예외는 계급투쟁이다. 이것은 "계급투쟁이 다른 모든 투쟁들의 궁극적 참조항이거나 의미 지평이라는 것을 의미하지 않는다. 그것은 계급투쟁이 여타의 적대들이 '등가연쇄'로 절합될 수 있는 상이한 방식들의 '비일관적인' 복수성 그 자체를 설명할 수 있게 해주는 구조화 원리라는 것을 의미한다."[21]

이와 같이 지젝은 계급적대와 계급투쟁의 예외성에 주목해야 하며, 다원적인 민주주의 게임으로는 세계 자본주의를 변혁할 수 없다고 비판한다. 오히려 민주주의는 오늘날 대표적인 사회적 환상 가운데 하나이다. 즉 민주주의 체제에서는 권력의 장소가 비어 있고, 이 비어 있는 장소는 자유롭고 공정

---

21) 슬라보예 지젝, 박대진·박제철·이성민 옮김, 『이라크: 빌려온 항아리』, 도서출판 b, 2004, 132~133쪽.

한 경합(agonism)을 통해 누구든 점유할 수 있으며, 이를 통해 권력관계를 변화시킬 수 있다는 환상이다. 이런 거짓된 개방성은 자본주의를 변혁하기는 커녕 용인하는 데 기여한다. 물론 라클라우는 이런 논리가 먼 옛날의 '계급투쟁 본질주의'(또는 최종 심급에서의 경제 결정론)로 회귀하는 것에 불과하다고 비판하지만, 지젝은 라클라우와 결별하면서 공산주의를 향해 나아간다. 그는 어떤 혁명적 시도도 결국 전체주의로 귀결할 것이라는 자유주의자들의 협박에 맞서서 레닌을 반복하자고 제안한다. 레닌의 반복은 과거 혁명을 향수하는 것도 아니고, 그것을 현재 조건에 맞게 실용주의적으로 적용하는 것도 아니다. 1914년 세계적인 진보주의가 붕괴한 시대에 레닌이 혁명 기획을 새롭게 재창조하려고 했던 시도를 반복하는 것이다.[22]

지젝이 새로운 혁명 기획을 사유하기 위해 주로 참조하는 것은 바디우의 정치철학이다. 바디우는 공산주의를 플라톤적인 이데아로 다시 정의하고, 그것이 정치 영역의 근거를 이루는 영원한 이념이라는 공산주의적 가설을 제기한 바 있다. 지젝은 이 공산주의적 가설을 적극적으로 (하지만 일정하게 수정하면서) 지지한다.

> 어느 때보다 지금 우리는 바디우가 '영원한' 공산주의 이념 또는 공산주의적 '불변항'이라고 부른 것을 고집해야 한다. 그것은 플라톤에서 중세의 천년왕국주의적 반란들을 거쳐 자꼬뱅주의, 레닌주의, 마오주의로 이어지는 가운데 작동하는 '네 가지 근본 개념'으로, 곧 엄격한 평등주의적 정의(正義), 처벌적 테러, 정치적 주의주의, 민중에 대한 신뢰다. …… 현재의 역사적 순간에 이르기까지 이 영원한 이념은 끈질기게 존속하는, 패배 이후 매번 다시 귀환

---

22) 슬라보예 지젝, 김성호 옮김, 『처음에는 비극으로 다음에는 희극으로』, 창비, 2010, 23쪽.

하는 하나의 플라톤적 이념으로 작동했다.[23]

먼저 지젝은 바디우의 공산주의적 가설을 칸트적인 규제 이념으로 이해해서는 안 된다고 강조한다. 결코 도달할 수 없지만 끊임없이 참조해야 하는 규범이 공산주의라면, 그것은 '윤리적 사회주의'에 불과하다. 오히려 공산주의는 적대에 대응하는 한에서 '영원한 이념'이다. 따라서 공산주의 이념의 진정한 문제는 역사적 현실에서 적대를 발견하는 데 있다.

지젝에 따르면, 오늘날 세계 자본주의에는 네 가지 적대가 있다. "다가오는 생태적 파국의 위협, 소위 '지적재산권'과 관련한 사유재산 개념의 부적절함, (특히 유전공학에 있어서의) 새로운 기술-과학적 발전의 사회·윤리적 함의, 마지막으로 그러나 여전히 중요한 것으로, 새로운 장벽(월가)과 빈민가의, 즉 새로운 형태의 아파르트헤이트의 생성. 이 마지막 특징—배제된 자와 포함된 자로부터 분리하는 간극—과 앞의 세 가지 사이에는 질적 차이가 있다."[24] 앞의 세 가지 적대는 하트와 네그리가 제시하는 공통적인 것(the commons)의 상이한 측면들로서, 세계 자본주의는 공통적인 것을 사유화하기 위해 둘러막는(enclosure) 과정에서 프롤레타리아화를 촉진한다. 그러나 하트와 네그리를 비판하면서 지젝은, 가장 핵심적인 적대는 네 번째, 배제된 자와 포함된 자의 간극이라고 주장한다. "오직 배제된 자와 관련해서만 공산주의라는 용어의 사용이 정당화"되며, "그것 없이는 다른 모든 적대도 전복적 효력을 상실한다."[25] 포함된 자와 배제된 자 사이의 적대를 고려하지 않는다면, 생태학은 지

23) 슬라보예 지젝, 김성호 옮김, 같은 책, 249~250쪽.

24) 슬라보예 지젝, 김성호 옮김, 같은 책, 182쪽.

25) 슬라보예 지젝, 김성호 옮김, 같은 책, 195~196쪽.

속가능한 발전의 문제로, 지적재산권은 법률적 사안으로, 유전자공학은 윤리적 쟁점으로 변할 수 있다.

또한 앞의 세 가지 적대가 인류의 생존 문제에 관한 것이라면, 네 번째 적대는 "궁극적으로 정의의 문제"이다.[26] 요컨대 사회적 배제를 유지한 채로 앞의 세 가지 적대에 반대하는 투쟁을 전개할 수도 있으며 심지어 해결할 수 있는 가능성도 충분하다. 더구나 앞의 세 가지 적대에서 프롤레타리아화는 인간 행위자가 자신의 실체적 내용을 박탈당하여 순수 주체(예컨대 호모 사케르)로 영락하는 것이지만, 네 번째 적대에서 프롤레타리아화는 특정 인물들이 사회-정치적 공간에서 배제된다고 하는 형식적 사실이다. 즉 실체를 박탈당한 인간(실체 없는 주체성)의 프롤레타리아적 위치를 사회-정치적 질서에서 직접 체현하는 주체들이 있는 것이다. 이는 랑시에르가 말하듯이 사회적 위계 속에 정해진 자리가 없기 때문에 보편성을 직접 표상하는 '몫이 없는 부분'이다. 이와 같은 배제된 자와 보편성의 단락(short-circuit)이 모든 해방 정치의 특징이라고 할 수 있다.[27] 지젝은 앞의 세 가지 적대와 네 번째 적대를 구별하고, 후자가 전자를 규정한다는 의미를 담아 '적대의 3+1 구조'라고 표현한다.

지젝에 따르면, "엄밀하게 공산주의적인 혁명적 열광은 이 '몫이 없는 부분' 및 그것의 독특한 보편성의 입장과의 전면적 연대에 절대적으로 뿌리박고 있다."[28] 그렇다면 사회 위계에 고유한 자리가 없는 '몫이 없는 부분'으로서 보편성을 직접 표상하는 사회 집단은 무엇인가? 지젝은 오늘날 세계 자본주의의 주요 착취 기제가 세(rent)의 형태로 변화했다고 분석한다. 이는 "노동

---

26) 슬라보예 지젝, 김성호 옮김, 같은 책, 197쪽.

27) 슬라보예 지젝, 김성호 옮김, 같은 책, 198-199쪽.

28) 슬라보예 지젝, 김성호 옮김, 같은 책, 247쪽.

력의 착취에 의해 생산되는 이윤이 바로 이 '일반지성'의 사유화에 의해 전유되는" 형태다.[29] 이런 변화에 따라 생산과정의 세 가지 구성 요소("지적 입안과 마케팅, 물질적 생산, 물질적 자원의 공급")가 각각 별개의 영역으로 자율화하면서 선진 사회에서는 세 가지 주요 계급(또는 분파)이 출현한다. 바로 지적 노동자, 구래의 육체노동자, 추방자(outcasts, 실업자, 슬럼가 거주민 등)이다. 노동계급이 세 분파로 분할됨으로써 서로 연대할 수 있는 공적 공간이 붕괴되고, 각각의 생활 방식과 이데올로기에 근거한 다양한 정체성 정치가 등장한다. 지적 계급은 계몽된 쾌락주의와 자유주의적 다문화주의의 정체성 정치로, 옛 노동계급은 포퓰리즘적 근본주의(증오의 정치)로, 추방자들은 비합법적 집단화(범죄 조직, 종교 분파 등)로 나아가는 것이다. 당연히 이런 분할은 마르크스와 엥겔스가 『공산주의 선언』에서 제기한 '프롤레타리아여, 단결하라!'는 구호를 더욱 절실하게 만든다.

그러나 공산주의 이념이 현실의 적대들에 대응하는 것이라고 할지라도, 현실 사회주의의 실패한 기획과 관련된 성찰은 불가피하다. 이런 맥락에서 지젝은 "공산주의는 단순히 오늘날 우리가 직면하고 있는 문제의 해결책이라기보다 그 자체가 하나의 문제를 가리키는 이름이다. 그것은 '시장과 국가'라는 틀의 한계를 돌파해야 하는 어려운 과제, 그 해결을 위한 어떠한 신속한 절차도 마련되어 있지 않은 과제를 가리키는 이름인 것이다"라고 지적한다.[30] 공산주의는 시장과 국가의 한계에 대한 해결책이 아니라 그것을 극복하는 과제를 가리키는 문제 설정이다.[31] 그는 국가와 정치의 관계에 대해 두

29) 슬라보예 지젝, 김성호 옮김, 같은 책, 287쪽.

30) 슬라보예 지젝, 김성호 옮김, 같은 책, 257쪽.

31) 일찍이 알튀세르는 공산주의를 "상품관계의 부재, 즉 국가 지배와 계급적 착취관계의 부재"로

가지 공리를 제시한다.

1) 공산주의적 국가-당 정치의 실패는 무엇보다 그리고 우선적으로 반국
가적 정치의 실패, 국가적 조직 형태를 자기 조직화의 '직접적', 비대의적 형
태('평의회')로 대체하려는 노력의 실패다. 2) ······ 진정한 과제는 국가에 거리
를 취하는 것이 아니라 국가 자체를 비국가적 방식으로 작동하도록 만드는
것이어야 한다. '국가권력을 위해 투쟁하느냐(이는 우리를 우리가 맞서 싸우는
적과 동일하게 만든다), 아니면 국가에 거리를 둔 입장으로 물러남으로써 저
항하느냐'의 양자택일은 허위다. 두 가지 항은 동일한 전제를 공유하는데 그
것은 오늘날 우리가 알고 있는 바의 국가형태는 여기에 그대로 있을 것이며
따라서 우리가 할 수 있는 일이란 국가를 탈취하거나 그것에 거리를 취하는
것뿐이라는 것이다. ······ 혁명적 폭력의 목표는 국가권력을 탈취하는 것이
아니라 그것을 변형하는 것, 그것의 기능, 토대에 대한 그것의 관계 등등을
근본적으로 변화시키는 것이다. 여기에 '프롤레타리아 독재'의 핵심적 구성
요소가 존재한다.[32]

요컨대 현실 사회주의는 국가권력을 장악한 후 그것을 반국가적 정치로
대체하려는 시도 속에서 실패했다. 문제는 국가권력을 변형하여 국가가 민
중 참여에 기초하도록 만드는 데 있다. 이와 관련해 '스탈린'으로 대표되는

규정하면서 "그러나 어떤 방법으로 이런 공산주의적 조직들이 전 세계로 퍼질 수 있을 것인
가가 문제"라고 토로한 바 있다(루이 알튀세르, 권은미 옮김, 『미래는 오래 지속된다』, 이매진,
2008, 296~297쪽).

32) 슬라보예 지젝 지음, 김성호 옮김, 『처음에는 비극으로 다음에는 희극으로』, 창비, 2010, 259-260쪽.

20세기의 트라우마를 반복하지 않기 위해서는 첫째, 정치 주체의 자리에 지도자를 위치시키는 오류를 벗어나야 한다. 즉 지도자(또는 당)를 '안다고 가정된 주체'로 상정하지 않아야 하며, 지도자(또는 당)와 지식의 특권화된 관계를 해체해야 한다는 것이다. 둘째, 더 나아가 지도자를 선출하는 데 있어서 고대 민주주의에서 유래하는 무기명 투표의 보통선거가 아니라 제비뽑기(추첨)가 민주적인 유일한 제도라는 것을 승인해야 한다.[33]

　물론 이상과 같이 윤곽을 그리고 있는 오늘날의 공산주의 이념이 어떤 역사적 정세와 마주칠 수 있을지에 대해서 지젝은 낙관적이지 않다. 역사는 우리 편이 아니며, 오히려 파국을 향해 나아가고 있다는 것이다. 이 때문에 지젝은 역설적으로 순수한 주의주의를 요청한다. "재앙을 막을 수 있는 유일한 것은 순수한 주의주의, 다시 말해 역사적 필연을 거슬러 행동하려는 우리의 자유로운 결정이다."[34] 이를 가리키는 것이 바로 "우리가 기다리던 사람은 바로 우리다"라는 구호이다. 과거의 혁명 또는 마르크스주의의 문제는 혁명적 주체로서 노동계급의 실패에 놓여 있었지만, 새로운 혁명적 행위자를 애타게 기다리는 것은 소용없는 일이다.

　그러나 바디우의 공산주의적 가설에 기대어 지젝이 제시한 공산주의 이념의 여러 쟁점들은 일종의 '화두'에 가까우며, 아직까지 공산주의에 관한 새

---

33) 슬라보예 지젝, 김성호 옮김, 같은 책, 299쪽. 여기서 지젝은 가라타니 고진을 인용한다. 고진은 어소시에이션(연합)에서도 대의제나 관료제가 있다는 것을 인정해야 하며, 아테네 민주주의의 핵심은 전원 참가하는 의회가 아니라 행정 권력의 제한에 있다고 지적한다. 그 방법이 제비뽑기이다. 행정 관리를 제비뽑기로 선출하고 탄핵재판소를 통해 통제함으로써 권력의 고정화를 저지할 수 있다. 따라서 "익명 투표에 의한 보통선거, 즉 의회제 민주주의가 부르주아 독재의 형식이라고 한다면, 추첨제야말로 프롤레타리아 독재의 형식이라고 해야 할 것이다"(가라타니 고진, 송태욱 옮김, 『트랜스크리틱: 칸트와 마르크스를 넘어서기』, 한길사, 2005, 310쪽).

34) 슬라보예 지젝, 김성호 옮김, 같은 책, 303쪽.

로운 인식을 제공한다고 보기는 어렵다. 지젝의 공헌이라면, 현실 사회주의의 붕괴 이후 곳곳에서 자유민주주의의 찬가가 일방적으로 울려 퍼지고 반자본주의적인 대안을 상상하지 못하는 '사고 금지'의 시대에 공산주의를 본격적인 토론의 장으로 끌어내어 새로운 사유를 촉구했다는 데 있을 것이다.

앞서 인용했듯이, 지젝이 제시하는 영원한 공산주의 이념의 네 가지 근본 개념은 "엄격한 평등주의적 정의(正義), 처벌적 테러, 정치적 주의주의, 민중에 대한 신뢰"이다. 여기서 문제가 되는 것은 역시 '처벌적 테러'와 '정치적 주의주의'이다.

먼저 '처벌적 테러'와 관련하여, 지젝은 벤야민의 신적 폭력 개념을 인용하면서 빈민들의 약탈과 방화, 경찰 끄나풀에 대한 가해 등을 혁명적인 행위로 제시하여 '대항폭력의 경계와 유효성'을 둘러싼 비판을 자초한 바 있다. 물론 최근의 인터뷰에서는 아래와 같이 '방어적 폭력'이나 '시민불복종'으로 다시 개념화하고는 있지만, 처벌적 테러를 공산주의 이념의 근본 개념으로 제시하는 것은 논란의 여지가 많다.

> 저는 알랭 바디우의 견해에 동의합니다. 그는 우리 좌파가 20세기로부터 국가권력의 무시무시함을 배워야 한다고 말했지요. 진보적인 좌파의 폭력에 대한 대응은 '방어적 폭력'입니다. 이는 '우리가 광장을 점거한다. 당신들이 공격할 경우에 우리는 대응할 것이다'라는 식의 폭력인 것이죠. 공격적인 폭력이 아닙니다. …… 제가 유일하게 옹호하는 폭력이란 테러리스트의 폭력이 존재하거나 독재적인 정권과도 같은 상황에서, 다소 급진적으로 들릴지도 모르겠지만, 시민불복종의 형태를 띠는 것입니다.[35]

---

35) 슬라보예 지젝, 인디고연구소 기획, 『불가능한 것의 가능성』, 궁리, 2012, 170-172쪽.

다음 '정치적 주의주의'와 관련하여, 그것이 개인적인 영웅적 결단이 아니라면 여기에는 단결 내지 연대의 문제 설정이 결합되어야 한다. 이는 결국 조직 형태라는 쟁점으로 수렴한다. 이에 대한 지젝의 답변은 임상치료에서 정신분석가처럼 기능하는 정당, 즉 실증적이고 객관적인 지식의 권위가 아니라 지식의 형식에 의한 권위를 갖고서 하나의 정치적 관점을 제시함으로써 정세를 해석하고 대표하는 역할을 수행하는 정당이다. 그러나 이는 알튀세르가 지적한 바 있듯이 공산주의적 실천에서 정당이 부르주아 국가장치 및 군사기구를 모방한 것이라는 점을 전혀 고려하지 않고 있다.[36] 정당 형태야말로 공산주의 이념을 새롭게 사고하는 데 있어서 가장 중요한 쟁점들 가운데 하나임에도 불구하고, 지젝은 이 지점에서만큼은 새로운 공산주의적인 조직적 실천을 고민하기보다는 고전적 마르크스주의의 한계에 머물러 있다.

정신분석에 적합한 정치는 무엇인가

라캉 자신은 어떤 이념이나 대의와도 거리를 두는 정치적 회의주의를 고수했다. 하지만 지젝은 라캉의 정신분석학에 담겨 있는 상징계의 변혁이라는 사유를 더 밀고 나가서 반자본주의적인 공산주의 혁명을 역설한다. 이런 차이는 물론 두 사람의 개인적인 정치적 성향에서 유래한다. 정신분석과 관련해서 보자면 라캉이 임상치료에 더 초점을 맞추고 있는 반면에, 지젝은 임상치료와 무관하게 철학적인 차원에서 정신분석학을 새로운 사유의 디딤돌

---

36) 루이 알튀세르, 이진경 엮음, 「마침내 마르크스주의의 위기가!」, 『당 내에 더 이상 지속되어선 안 될 것』, 새길, 1992, 82-83쪽.

로 삼고 있다. 당장 눈앞의 환자를 가능한 범위에서 치료해야 한다는 관점은, 상징계의 좌표를 변화시킴으로써 불가능을 가능으로 만들려는 장기적이고 궁극적인 사회 혁명과 어긋날 수 있다. 이는 정신분석의 목표를 '증상과의 동일화'로 규정할 것인가, 아니면 '환상의 횡단'으로 개념화할 것인가 하는 이론적인 쟁점으로 연결된다.

이것은 라캉 자신의 정치적 입장과 라캉의 사유에 담겨 있는 정치성을 구분해야 한다는 역설을 함의하는 것일 수 있다. 예컨대 바디우는 라캉을 계몽적 보수주의자로 규정하면서도 라캉의 사유는 국가의 억압에 대항하는 집단적인 혁명적 정치와 결합될 수 있다고 단언한다.

『필로조피 마가쟁』: 이 점에 대해 바디우 씨는 어떻게 생각하시나요? 당신에게 라캉은 진보주의자와 보수주의자, 둘 중 어느 쪽인가요?

바디우: 라캉의 타고난 재능 중 하나는 그 사유의 구성적 모호함에 있습니다. 부인할 수 없는 보수적 단면들과 극단적 급진성의 요소들이 그에게서 공존하고 있지요. …… 우리가 '법'과 아버지의 상징적 규정만을 고려한다면, 사실상 라캉을 반동주의자로 만드는 셈입니다. 반면에 우리가 무의식의 구조들에 사로잡혀 있긴 해도 자신의 욕망에서 물러서지 않는 지점에 도달한 주체의 경험에 방점을 찍는다면, 라캉은 해방의 사상가로 나타납니다.[37]

하지만 다른 한편으로 그와 같은 구분은 불필요한 것일 수 있다. 예컨대 루디네스코는 치료에 관한 라캉의 관점을 혁명 정치와 결부시키기는 어렵다

---

37) 알랭 바디우·엘리자베트 루디네스코, 현성환 옮김, 『라캉, 끝나지 않은 혁명』, 문학동네, 2013, 51~52쪽.

고 주장한다.

> 루디네스코 : …… 기본적으로 저는 라캉의 급진성에 대해 정치적 함의를 부여하려는 시도들에 대해 늘 신중해요. 라캉에게 급진적인 점은 인간들 사이의 교환에 대해 어두운 전망을 가졌다는 것이죠. 라캉에 따르면, 인간 다수성의 어두운 마법을 부분적으로 걷어낼 수 있는 유일한 장소는 치료뿐이에요. 저는 이러한 토대 위에 어떻게 혁명적 정치를 세울 수 있는지는 모르겠습니다.[38]

이와 같은 간극은 정신분석에 적합한 정치가 공산주의라고 역설하는 지젝도 사실상 인정한다. 보수주의적 라캉, 자유주의적 라캉, 혁명적 라캉이 있는 것이다.

> 라캉에 대해서도 똑같이 말할 수 있다. 아버지-의-이름의 해소에 대해 경고하는 보수주의적 라캉이 있다. …… 그리고 최근 밀레에 의해 전형적으로 대변되고 있는 자유주의적 라캉이 있는데, 그는 1968년의 사건들에 대한 라캉의 분석을 혁명가들에 대한 자유주의적 비판으로 읽고 있다. 그리고 곱젝에서 바디우를 거쳐 류블랴나 학파에 이르는 급진 혁명적 라캉이 있다.[39]

그렇다면 우리는 정신분석에 본래적으로 적합한 정치는 없다는 사실을 확인하고 있는 셈이다. 지젝이 '라캉을 마르크스와 함께' 읽고 있는 이유도

---

38) 알랭 바디우·엘리자베트 루디네스코, 현성환 옮김, 같은 책, 49쪽.

39) 슬라보예 지젝, 조형준 옮김, 『라캉 카페』, 새물결, 2013, 1734쪽 주56.

여기에 있을 것이다. 정신분석은 새로운 정치적 프로그램을 제공하지 않으며, 새로운 질서를 부과하려는 혁명적인 정치적 행위와도 거리가 있다. 다만, "정신분석의 궁극적 성취, 분석의 '요점'은 어떤 '부정성', 즉 모든 안정적인 집단적 고리에 위협을 가하는 어떤 분열적인 힘을 식별해낸 데" 있으며, 이런 점에서 정신분석은 혁명적이지는 않아도 전복적이다.[40] 우리는 개인의 자유와 사회의 해방을 위해 정신분석의 전복적인 힘을 활용하는 법을 배워야 할 것이다.

---

40) 슬라보예 지젝, 조형준 옮김, 같은 책, 1685쪽.

11장

현실 민주주의와 정치적 행위의 딜레마

현재의 정세를 잘 드러내는 표현들 가운데 하나는 '정치의 실종'이다. 이는 신자유주의적 금융세계화 이후 이른바 국가와 시민사회를 매개한다고 하는 일국적인 정치적 대표 체계의 현저한 기능 약화만을 의미하는 것은 아니다. 또한 정치적 의제를 설정하고 정책 방향을 주도할 뿐만 아니라, 그것을 정치인의 이러저러한 부패와 도덕성 문제로 환원시키는 보수 언론을 포함한 미디어 권력의 스캔들 정치만을 가리키는 것도 아니다. '정치의 실종'이 함의하는 보다 중요한 현상은 정치적 주체의 무력화이다.

근대 사회의 역사적 블록(historic bloc)이라 할 민족국가와 세계 자본주의적 생산양식의 결합이라는 관점에서 보자면, 기존의 국가는 개별 자본을 대신해 자본주의의 재생산에 핵심적인 화폐와 노동력의 관리를 수행한다는 의미에서 일종의 총자본이라고 할 수도 있었다. 그러나 실물 축적에서 금융 축적으로의 이동이라는 세계 자본주의적 축적 체계의 변모에 따라, 일국적 화폐 관리에 무능할 뿐만 아니라 국내 노동력의 재생산(물질적이고 이데올로기적인)도 포기하는 신자유주의적 국가주의(neoliberal statism)가 부상했다는 것은 주지의 사실이다. 이는 정치의 가능성의 조건을 크게 변화시킨다.

우선 물질적인 측면에서, 국가가 노동력 재생산의 주요 부문을 담당하는 사회적 복지(welfare)가 후퇴하고 개별 노동자들이 자신의 소득에 기초하여 자신의 노동력의 재생산을 각자 책임지는 생산적 복지(workfare)가 등장한다. 그때 동전의 양면처럼 시민들의 정치에 대한 무관심과 냉소가 증대한다. 다음으로 이데올로기적인 측면에서, 동의의 물질적 기초가 부재한 가운데 사회적 균열과 갈등을 주로 법적 강제력과 국가폭력에 의존해 해결하려는 국가는 최소한의 헤게모니적 정당화에 곤란을 겪을 수밖에 없다. 그때 동전의 양면처럼 시민들은 국가가 자신의 모순과 갈등을 해결해줄 것이라는 기대와 요구를 상실한다. 국가는 무능력하고, 사람들은 그것이 개선될 수 있다고 믿지 않는다. 요컨대 현실의 모순과 갈등을 해결하기 위한 정치의 대상과 공간이 불분명해지고, 그만큼 그에 대한 의지와 욕망 또한 소멸하는 정치적 주체의 무력화가 나타난다.

그 원인 분석과 해법에 대한 동의 여부와 무관하게, 다음과 같은 진단이 타당성을 획득하는 것도 이런 맥락에서이다.

이제 민주주의는 더 이상 사람들의 기대와 열정을 만들어내는 단어가 아니다. 일반 국민은 물론 민주주의를 위해 투쟁한 사람조차 한국 민주주의의 현 상황에 대해 무관심하고 냉담하며 비판적이 되었다. 무엇보다도 그것은 민주주의를 통해 기대했던 것과 한국 민주주의가 실제로 가져온 결과 사이의 격차가 만들어낸 실망의 표현이라고 할 수 있다. 더욱이 이 같은 실망이 현실 정치에 대한 환멸을 동반하면서 한국 민주주의를 위기로 몰아가고 있는 것이 오늘의 현실인 것이다.[1]

---

1) 최장집, 『민주화 이후의 민주주의』, 후마니타스, 2002, 6쪽.

이는 얄궂은 상황이 아닐 수 없다. 대표적인 근대 이데올로기로 분류되는 보수주의, 자유주의, 사회주의(혹은 공산주의)가 모두 기존의 보편성을 상실하거나 크게 약화되면서, 우파와 좌파를 막론하고 자신의 신념과 이론을 민주주의라는 기표로 표현해야 하고, 할 수밖에 없는 상황이 도래한 것처럼 보인다. 이른바 민주주의가 헤게모니를 장악한 거의 유일무이한 이데올로기이자 제도로 구성되고 있는 것이다. 하지만 그와 대조적으로 민주주의에 대한 실망과 무관심이 확산되는, 얼핏 반비례적인 것처럼 보이는 현상이 동시에 공존하기 때문이다.

한국의 독특한 역사적 경로 속에서 민주주의는 늘 "기대와 열정을 만들어 내는 단어"였다. 분단국가로서 냉전의 격전장이었던 한국에서 반공/반북 이데올로기의 위력은 '자유민주주의' 이외의 정치적 입장을 공개적으로 표명할 수 없는 암흑의 터널을 만들었다. 그로부터 빠져나오기 위해서는 '민주 쟁취'나 '민주 회복'(애초에 '회복'해야 할 '민주'란 존재하지도 않았지만)이라는 외연은 넓고 내포는 불분명한 깃발을 내세울 수밖에 없었다. 군부독재 시대의 저항 세력들에게 민주주의는 어느 누구도 그 정당성을 감히 의심할 수 없는, 유럽이나 미국에 기초한 대안-제도적 모델이기도 했고, 모두가 진정한 자유와 평등을 누리며 살아가는 유토피아이기도 했다. 차라리 내면의 욕망을 "타는 목마름으로" 드러내는 한 편의 시이기도 했다.

또한 민주화 과정의 큰 분수령이었던 1987년 6월 항쟁과 7~9월 노동자대투쟁 이후 민주주의는 반민주 세력조차 거부할 수 없는, 오히려 자신의 정당성을 확보하고 유지하기 위해 적절히 활용해야만 하는 담론이었다. 민주 세력과 반민주 세력 모두 자신의 정치적 행위를 민주주의 담론으로 정당화하고자 했고, 또 그것이 가능한 이른바 '민주화 국면'이었던 것이다. 물론 이는 동시에 반민주화로 역전될 위험이 상존하는 국면이기도 했다. 1989~1991년 현실 사회주의의 붕괴와, 민주화 과정의 작은 분수령이었던 1991년 5월 투쟁에서 민중운동 세력의 '패배'는 그 위험이 현실화하는 직접적인 계기였다. 이런 민주화 국면과 반민주화 국면의 교차, 혹은 민주주의라는 이름으로 진행된 민주화 과정과 반민주화 과정의 동시성 속에서 보수주의만이 아니라 사회주의(공산주의)의 보편성도 크게 약화되었다. 그 틈새에서 자생적 자유주의가 조금씩 세력을 확장해갔다.

그리고 이런 자생적 자유주의의 흐름을 활용하여, 그러나 일부 보수주의와 주로 신자유주의에 기반하여 김영삼-김대중-노무현이 집권에 성공한다. 이들 문민정부 시대에는 국가에 의한 과거 민주화운동 역사의 선별적 포섭과 배제를 통해 민주주의가 마침내 국가 담론으로 정착하기에 이른다. 이를 전담하는 각종 국가장치들이 새롭게 구성되어 민주주의에 대한 국가적 정의(definition)를 명문화하고, 기존의 자발적인 의례와 행사 들을 행정적으로 제도화하면서 역사 또한 다시 쓰여지기 시작한다. 당연하게도 이는 집권 세력이 민주주의를 헤게모니적으로 전유하는 작업일 뿐만 아니라, '어떤 민주주의'(대체로 온건하고 보수적인)를 국가화하면서 '다른 민주주의'(대체로 급진적이거나 반체제적인)를 배제하는 사회적 투쟁의 일부이다.

이런 민주주의의 제도화(공고화?) 과정에서 발생한 에피소드는 잘 알려져 있다. 국가에 의해 승인/인정받기 위해 거의 모든 사건과 운동(사회민주주의적이거나 심지어 공산주의적인 경우에도)이 국가적 정의에 적합한 민주주의로 포장되는 현상이 일반화하고 있는 것이다. 따라서 진상 규명과 책임자 처벌 문제를 제외시킨 '광주민주화운동관련자보상등에관한법률'(1990)과 김대중 정부의 사면으로 허망하게 종결된 '5·18민주화운동등에관한특례법'(1995)부터 '의문사진상규명에관한특별법'과 '민주화운동관련자명예회복및보상등에관한법률'(2000)에 이르기까지, '의문사진상규명위원회'나 '민주화운동관련자명예회복및보상심의위원회'와 같은 국가장치들을 중심으로 국가 관료와 '민주적' 위원들 사이에서 무엇이 민주화운동이고 누가 민주화 유공자인가에 대한 다양한 논란들이 벌어졌다. 하지만 이는 결과적으로 민주주의의 국가화를 보완하면서 그에 일조한 것과 다르지 않다. 이는 아마도 국가장치 특유의 억압적이고 이데올로기적인 기능을 간과한 채, 집단적 투쟁도 아닌 개별적 논쟁을 통해 일정한 변화를 유도할 수 있다는 실용적인 인식(혹은 몰인식)의 산물일 것이다. 국가장치는 매우 열려 있는 장(場)처럼 보이는 정세에서도 지배 세력에 대한 전략적 선택성(strategic selectivity)을 반영하는 한에서 기능적으로 작동하기 때문이다.[2]

여하튼 애초 저항 담론에서 출발한 민주주의는 이제 국가를 통한 담론적 전유와 제도화의 완성 단계에 도달한 것처럼 보인다. 물론 민주주의의 저항 담론의 성격이 완전히 소멸한 것은 아니다. 지난 역사 속에서 민주주의는 항상 여러 정치적 행위들을 (때로 사후적일지라도) 정당화하는 주요 원천이자 대중을 움직이는 보편적 상징이었다. 지금까지도 '어떤 민주주의'와 '다른 민주주의'를 대조시키는 국가-지배 세력과 저항-피지배 세력의 투쟁 및 논쟁의 장에서 여전히 그 효과를 발휘하고 있다. 그러나 민주주의는 더 이상 과거 민주화 과정에서 나타난 것과 같은 "기대와 열정을 만들어내는 단어"는 아니다. 금융세계화와 신자유주의적 국가주의로 인해 무력해지는 정치적 주체에게 민주주의는 집단적인 정치적 행위를 조직하는 보편적 상징에 미달한다. 그곳에 과거와 같은 '가슴 벅찬' 그 무엇은 더 이상 존재하지 않는다.

따라서 현재의 정세에서 민주주의의 문제는 '정치의 실종' 상황을 돌파하기 위한 정치의 가능성의 조건은 무엇인가, 혹은 같은 말이지만 정치적 행위를

---

2) 밥 제숍, 유범상·김문귀 공역, 『전략관계적 국가이론: 국가의 제자리 찾기』, 한울, 2003, 53-54쪽.

가능케 하는 조건은 무엇인가를 사유하는 데 있다고 간단하게 제시해볼 수 있겠다. 물론 그 해답을 찾아가는 과정은 난망할 정도로 복잡하겠지만 말이다.

현실 민주주의: 배제의 규칙

현실 사회주의가 몰락했을 때 그에 대응하는 하나의 방식은 '진정한 사회주의'를 대비시키는 것이었다. 이는 현실 사회주의는 몰락했지만, 그것은 '진정한 사회주의'가 아니었다는 논리로 요약될 수 있다. 이런 방식이 정치적으로만이 아니라 이론적으로 얼마나 무능했는지를 여기서 반복할 필요는 없을 것이다. 그러나 이는 민주주의에 접근하는 유용한 전례를 제공한다. 요컨대 어딘가에 있을 '진정한 민주주의'를 이렇게 저렇게 관념화(ideation)하여 현실 민주주의에 대비시키는 방식으로는 문제가 해결되지 않는다. 오히려 우선 필요한 것은 정치적 행위를 체계적으로 저지하고 봉쇄하는 현실 민주주의에 대한 비판이다. 현실 민주주의는 배제를 일반화하는 규칙이며, 이는 인민(demos; people)의 지배(kratos; rule)라는 민주주의의 어원을 통해 간략히 정리할 수 있다.

우선 지배 양식의 측면에서, 현실 민주주의가 대의민주주의(representative democracy)라는 데 새삼 주목해야 한다. 대의민주주의가 아닌 현실 민주주의는 존재하지 않는다. 흔히 대의제는 인구 규모 면에서 직접민주주의가 불가능하기 때문에 불가피하게 채택하는 간접민주주의라고 말해진다. 그러나 이것은 근거 없는 알리바이일 뿐이다. 애초부터 대의제는 인민의 의지가 통치에 영향력을 행사하는 것을 차단하기 위한 장치로서 귀족주의와 친화성을 갖는 것이었다. 이는 대의제의 주요 장치인 의회가 보통선거권의 확립 훨씬 이전부터 존재했다는 점만 떠올려도 분명해진다. 의회는 인민을 대표하는 것이 아니라 대표자(지배계급)를 대표하는 것으로서, 민주주의에 반하는 것이었다.

그와 다르게 18~19세기 '혁명의 시대'에 다시 널리 알려지기 시작한 민주주의라는 용어는, 세상이 신의 계획에 따라 선천적으로 불평등한 위계를 지닌다는 귀족주의에 맞서 자유롭고 평등한 개인들의 계약에 따라 사회가 통치되어야 한다고 믿는 사회운동을 지칭하는 것이었다. 이런 사회운동이 민중권력(popular power)이라는 강한 계급적 의미로까지 발전하자, 대의제가 그에 대한 반작용(reaction)이자 반혁명적인 대안으로서 위로부터 도입되기 시작한다. 단선적인 역사적 과정을 거친 것은 아니겠지만, 결국 오늘날의 현실 민주주의가 대의제, 정당간의 경쟁, 투표나 선거를 의미하는 것도 그 귀결이라고 할 수 있다. 더구나 대의제가 인민을 대표하는 것이 아니라 대표자를 대표한다는 원리는 보통선거권의 제도화 이후에도 동일한 방식으로 작동한다. 주지하듯이 투표소에서 비밀투표를 한다고 해서 현실의 사회관계와 무관하게 독립적인 주권자가 되는 것은 아니며, 돈이나 힘, 인기나 명망을 갖춰 입후보할 수 있는 대표자에게 1인 1표씩 표를 던진다고 해서 정치에 참여하는 것도 아니기 때문이다.

> 보통선거에서는 사람들이 자신들의 대표자를 뽑은 것이라고 생각된다. 그러나 사실은 그렇게 되지 않는다. 보통선거에서도 원래 '주인'이었던 자가 대표자로 뽑히게 될 뿐이다. 다만 사람들은 그 대표자들을 자신들이 뽑은 대표자라고 믿을 뿐이다. …… 대의제란 오히려 유력자를 모든 사람이 선택한 형태로 보이게 하는 시스템이다.[3]

---

3) 가라타니 고진, 「투표와 제비뽑기」, 『일본 정신의 기원』, 이매진, 2003, 126~128쪽.

고진은 모든 사람이 직접 정치에 참여하는 것이 불가능하기 때문에 간접적으로 대의제를 채택한다는 논리가 환상에 불과하다고 비판한다. 그러면서 직접민주주의의 대표 사례로 거론되는 아테네에서는 대의제와는 전혀 다른 제도가 작동하고 있었으며, 이는 오늘날에도 충분히 적용할 수 있다고 주장한다. 그것은 대의제의 핵심인 선거(투표)가 아니라, 추첨을 통한 대표자와 공직자의 선출이다.[4] 흔히 모든 시민이 참여해 발언하는 아테네의 민회가 직접민주주의 제도라고 여겨지고 있지만, 그것은 실제 의사 결정을 창출하는 과정이 아니라 서로의 견해를 말하고 듣는 상징적인 의례에 가까웠다. 오히려 중요한 것은 추첨 혹은 제비뽑기였다. 아테네에서는 후보로 지원한 시민에 한해서 관리자이자 집행자인 행정관, 시민을 대표하는 평의회 위원, 시민법정을 구성하는 재판관과 배심원, 입법위원 등을 제비뽑기로 선발했다. 각각 서로를 감시하여 권력이 집중되는 것을 방지했고, 직무를 수행하는 일정 기간 동안에도 지속적인 평가를 통해 탄핵이나 처벌을 내릴 수 있었다(이는 무능력자의 문제를 해결하는 방식이기도 했는데, 이런 제도로 인해 후보를 지원하려는 시민은 사전에 자신의 능력을 스스로 평가하고 판단해야 하기 때문이다).

아테네 민주정에서 인민 스스로가 모든 권력을 행사한 것은 아니었다. 중요한 권력과 결정권의 일부가 사실상 인민이 아닌 다른 기관에 의해 행사되었다. 그렇다면 이런 경우 '직접민주주의'란 무엇을 의미하는가? 평의회나 법정이 '직접' 통치 기관이라고 주장하는 사람들은, 이러한 직접성은 그 기관이

---

4) 정확히 말해서 고진이 제시하는 대안적인 제도는 투표와 추첨의 결합이다. 하지만 이는 아직 단상에 불과하다. 이 글에서는 직접민주주의와 대의민주주의에 대한 오해를 비판하는 맥락에서만 소개한다.

곧 인민 자체라거나 인민과 동일시된다는 측면에서가 아니라, 그 구성원들을 충원하는 추첨이라는 방법 때문이라는 것을 받아들이지 않으면 안 된다.[5]

추첨은 수학적 평등이 아니었다. 원한다면 누구든 정치에서 중요한 역할을 담당할 수 있다는 평등을 구현하는 것이었고, 우연성을 도입하여 능력과 재능이 뛰어난 일부 소수에게 권력이 집중되는 전문가 중심의 정치(political professionalism)에 대한 반대를 표현하는 것이었다. 이는 대의제가 유권자에 대한 후보의 탁월성(재산, 재능, 덕성 등)의 원칙에 따라 제도화되는 것과 대조적이다.[6] 이런 일종의 엘리트주의는 대의제에 사실상의 소환 제도가 존재하지 않는다는 것과 더불어 대표자의 의사 결정과 다수 유권자의 선호가 연계될 가능성을 크게 제약한다. 요컨대 대의제는 본래 귀족주의의 산물로서 민주주의라는 사회운동에 대한 위로부터의 대응이었으며, 모든 시민의 정치 참여를 보장하는 대신에 오히려 배제하면서 또 다른 형태의 귀족주의를 재생산하는 제도라고 할 수 있다.

'지배'만이 아니라 '인민'의 측면에서도 쟁점은 동일하다. 흔히 인민은 만인이나 다수를 가리킨다고 오해하기 쉽다. 하지만 인민은 이미 현존하는 것이 아니라 항상 포섭과 배제를 통해 적극적으로 (재)구성되는 존재이다. '우리'와 '그들'을 구분하고 '그들'을 배제할 때만 '우리 인민(we the people)'이 존재할 수 있다. 따라서 인민이 어떻게 구성되는가 하는 점이 문제이다.

주지하듯이 직접민주주의로 상징되는 고대 아테네에서도 인민은 시민,

---

5) 버나드 마넹, 곽준혁 옮김, 『선거는 민주적인가』, 후마니타스, 2004, 42쪽.
6) 이런 의미에서 마넹은 대의제 민주주의가 선거 귀족이 지배하는 민주주의적 귀족정이라고 비판한다.

즉 노예, 여성, 외국인 등(인구의 4분의 3)을 제외한 노예 소유자 남성만을 포함하는 것이었다. 18-19세기 '혁명의 시대'에는 한때 인민이 계급적인 성격을 강하게 지닌 대중(multitude; masses)과 거의 동일시된 적도 있다. 하지만 국가가 민족 형태로 구성되는 현실 민주주의에서 인민은 곧 국민/민족(nation)과 다르지 않다. 이는 현실 민주주의의 데모스(demos)가 '봉기적 대중'이 아니라, 국민/민족 국가에 의해 구획되고 재구성된, 법률에 따라 등록된 시민(citizen)이라는 것을 의미한다. 물론 봉기적 대중은 사회 체계 내부에 모순이 존재하는 한 항상 잠재적 실재(the potential)로서 실존하지만, 현실 민주주의는 봉기적 대중이 수동적 대중으로, 국민/민족을 구성하는 시민으로 전환되는 한에서 작동한다. 엄밀히 말해서 한 국가의 시민이 아니라 (법적이든 정치적인 이유든) 시민 범주 외부의 '타자'일 경우, 그/녀에게 민주주의는 없다. 예를 들어 민주주의 국가에서 고문 같은 인권 유린이 존재하는 것을 깨달은 어떤 순진한 시민이 '우리의 민주주의가 어떻게 그들에게 이럴 수 있는가'라고 탄식한다면, 그는 가장 단순한 답변, 즉 '그들은 우리가 아니기 때문에'라는 논리에 진실이 있다는 것도 깨달아야만 할 것이다. 빨갱이는 우리가 아니며, 이주노동자는 우리가 아니며 등등, 그들은 우리가 아니기 때문에. 우리는 '그들'이 아니라 '우리'에 속한다는 사실에 얼마나 안도하고 있는가!

민주주의를 인민주권에 기초하여 '지배자와 피지배자의 동일성'(루소)이라고 정의하는 것이 충분하지 않은 이유도 여기에 있다. 지배자와 피지배자의 동일성 또한 인민의 동질성(homogeneity)을 전제하기 때문이다. 인민을 동질화한다는 것은 종교, 민족/인종, 재산 소유, 정치적 입장 등 무엇을 잣대로 삼든 그에 따라 '그들'에 속하는 자들을 배제한다는 것이다. '그들'을 배제한 이후에 비로소 지배자와 피지배자의 동일성이 작동하며, 따라서 '그들'에게 민주주의는 존재하지 않는다.

대표적인 우파 이론가인 슈미트조차 민주주의가 지배자와 피지배자의 동일성이라는 정의를 수용하면서도, 그것이 인민의 동질성을 전제한다고 비판하는 데에는 '한 줌의 진실'이 존재한다고 말한다.[7]

모든 실질적인 민주주의는 동일한 것을 동일하게 할 뿐만 아니라, 그 불가피한 귀결로서 동일하지 않은 것을 동일하지 않게 하는 것에 근거를 두고 있다. 따라서 민주주의에 대해서는 필연적으로 첫째, 동질성이 필요하며, 둘째로—필요하다면—이질적인 것의 배제 또는 섬멸이 필요하다. …… 민주주의의 정치적 힘은 이질적이고 불평등한 것, 동질성을 위협하는 것을 배제하고 멀리하는 것에서 나타난다.[8]

민주주의의 타자(시공간에 따라 차이가 있겠지만 여성, 세금 미납자, 무산자, 이주민, 외국인 등)가 존재할지라도 민주주의는 민주주의로서 작동하며, 오히려 민주주의의 타자가 민주주의의 가능성의 조건이다.[9] 따라서 '민주주의의 타자가 존재하는데, 어떻게 그것이 민주주의인가'라고 질문하는 것은 무의미하다.

이질적인 타자를 구성하여 '그들'을 배제하는 인민의 동질화 과정은 마르크스주의적 용어로 말해서 적대(antagonism)의 배제이다. 민주주의라는 게임

---

7) 슈미트의 의도는 민주주의와 자유주의를 비판하고 적과 동지의 구별을 정치의 핵심으로 파악하는 결단주의(Dezisionismus)를 제시하는 데 있다(카를 슈미트, 김효전·정태호 공역, 『정치적인 것의 개념』, 법문사, 1992).

8) 카를 슈미트, 「현대 의회주의의 정신사적 지위」, 『동아법학』 31호, 304쪽.

9) 이와 관련하여, 종족(ethnos)에 기초한 인민의 동일성(identity)을 전제하는 민주주의의 한계를 비판하면서 민주주의를 확장하려면 탈민족적 데모스의 구성이 필요하다는 논의로는 최원, 「탈민족적 공간의 데모스」, 『사회진보연대』 42호, 2004 참조.

의 규칙은 적대를 순화시켜 포섭하는, 결국 적대를 배제하는 장치에 다름 아니다. 제도화된 게임의 규칙을 따르지 않을 때 그것은 민주주의의 이름으로 —또한 종종 지극히 반민주주의적인 방식으로—억압되거나 배제된다.[10] 이런 점에서 지젝처럼 현실 민주주의를 '적대를 경합(agonism)으로 번역하는 장치'라고 정의하는 것은 유의미하다.[11]

> 민주주의는—오늘날 이 용어가 사용되는 방식으로는—무엇보다도 형식적 법치주의와 관계가 있다. 민주주의에 대한 최소한의 정의는, 적대들이 경합의 게임에 완전히 흡수되는 것을 보증하는 일단의 형식적 규칙들에 대한 무조건적 고수이다. …… 민주주의는 이해관계, 이데올로기, 내러티브 등의 환원 불가능한 복수성을 인정하지만, 우리식으로 말해보자면 민주주의적인 게임의 규칙을 거부하는 자들을 배제한다.[12]

민주주의는 사회에 균열을 일으키고 동질화를 불가능하게 만드는 적대를 스포츠처럼 용인된 규칙들 내에서의 경쟁으로 전환시키거나 배제한다. 법률주의(legalism)에 기초하는 민주주의가 게임의 규칙에 어긋나는 정치적 행위를 어떻게 무력화시키는지를 이해하기는 어렵지 않다. 선거 정국에서

---

10) 이런 맥락에서 민주주의는 전체주의와 동전의 양면을 구성한다. 민주주의는 스스로를 구성·유지하는 데 걸림돌이 되는 이질적 타자에 대해 민주주의의 이름으로 보편주의적 폭력을 행사할 수 있기 때문이다(이승원, 「91년 5월 투쟁과 민주주의: 한국 민주주의 연구를 위한 시론」, 『그러나 지난밤 꿈속에서 이 친구들이 나에 대해 이야기하는 소리가 들려왔다』, 이후, 2002).

11) 이는 본래 무페의 정의이다. 그러나 무페는 적대를 경합으로 전환시켜 적대의 잠재적 폭력성을 순화시키는 것이 오히려 민주주의의 장점이라고 주장한다(Chantal Mouffe, The Democratic Paradox, Verso, 2000, pp. 102~105).

12) 슬라보예 지젝, 이성민 외 옮김, 『이라크: 빌려온 항아리』, 도서출판 b, 2004, 148~150쪽.

투표 행위에 영향을 미칠 수 있는 온갖 정치 활동—특히 선거 정국을 '활용'하려는 좌파에게 소중한—에 대한 규제와 제약은 논외로 할지라도, 현실을 변화시키려는 정치적 행위는 법과 절차, 민주주의라는 규칙을 준수하지 않는 비민주주의적인 것이라고 손쉽게 비난받거나 기각된다.

정치적 행위의 딜레마와 실질적 민주주의론의 감축

따라서 현실 민주주의를 비판하기는 쉬워도 이를 돌파하기는 쉽지 않다. 현실 민주주의는 대의제와 인민의 동질성에 기초하여 적대를 경합으로 번역하는 장치지만, 동시에 그 모든 것을 주형하는 근대의 사회 형식(form of society)이기 때문이다.

여기서 사회 형식이란 사회를 구성하고 정당화하는 상징적 질서(the real)이다. 구체제의 사회 형식이 군주라는 신체를 매개로 사회를 상징적으로 통합하는 신체 정치(body politics)라면, 근대 민주주의의 사회 형식은 국민주권에 입각하여 권력이 개인이든 집단이든 어떤 특정한 신체에도 귀속하지 않는 신체 정치의 거부를 특징으로 한다. 권력은 모두에게 있지만 동시에 아무도 권력을 독점하거나 전유할 수 없다는 원리에 따라 사회적 통합이 이루어지는 것이다. 요컨대 구체제의 사회 형식을 "짐이 곧 국가"라는 말로 표현할 수 있다면, 민주주의의 고유한 사회 형식은 "우리가 곧 국가"라는 논리에 따라 권력을 텅 빈 장소(empty place)로 만든다.

텅 빈 권력의 장소라는 원리가 어떻게 현실의 갈등을 조정하고 통합하는지를 이해하는 것은 어렵지 않다. 권력의 자리가 비어 있고 어떤 개인이나 집단도 독점적으로 전유할 수 없다면, 사회는 정치 세력들의 경쟁과 그에 대한 평가에 따라 얼마든지 유동적일 수 있는 열린 체계로 표상된다.[13] 공정한 경쟁과 평가 규칙이 존재하고 이를 준수한다면, 어떤 정치 세력이든 비어 있는 권력의 장소를 일정한 기간 동안 잠정적으로 차지할 수 있다는 상징적 질서가 형성되는 것이다. 어떤 정치 세력이 권력의 자리에 진입하지 못할 때 문제가 되는 것은 경쟁이나 평가 규칙이 공정하게 준수되었는가의 여부이거나, 아니면 차라리 경쟁의 패자가 그마저도 문제 삼지 않고 깨끗하게 승복하면서 아름답게 퇴장하는 것일 뿐이다. 게임의 규칙 자체는 언제나 정당성을 확보한다. 민주주의 정치가 갈등을 제도화하는 탁월한 원리인 이유가 바로 여기에 있다. 권력의 텅 빈 장소는 정치공동체를 유동적이고 불확정적인, 언제든 변화 가능성에 열려 있는 체계로 표상하도록 만든다. 현 체계 내에서 사회를 변화시킬 수 있다는 믿음이 존재하는 한, 현실의 모순과 갈등에도 불구하고 사회는 늘 통합에 성공하면서 결코 변화하지 않을 것이기 때문이다.

민주주의가 근대 사회의 형식이며 상징적 질서라는 바로 이런 점에서 정치적 행위의 딜레마가 발생한다. 현실을 변화시키려는 정치적 행위는 민주주의라는 이름을 내걸지 않을 수 없지만(유일무이한 이데올로기이자 제도로서 지배적인 상징적 질서이기 때문에), 민주주의라는 게임의 규칙으로는 현실을 변화시킬 수 없다(게임의 규칙을 따르면서 동시에 그 게임의 규칙을 바꿀 수는 없기 때문에). 민주주의라는 이름으로 민주주의를 변화시켜야 한다는 상징적 제약, 민주주의의 게임의 규칙을 지킨다면 민주주의를 변화시킬 수 없다는 법적·제도적 제약. 이것이 오늘날 정치적 행위의 딜레마이다.

이런 딜레마적 제약을 돌파할 수 있는 길은 무엇일까? 주지하듯이 가장

---

13) 민주주의가 권력의 텅 빈 장소와 열린 체계라는 점에만 착안할 때 중요해지는 것은 자유민주주의를 급진화하기 위한 헤게모니 투쟁이다.

일반적인 길은 민주주의 앞에 이런저런 수식어들을 붙여서 현실 민주주의를 넘어설 수 있는 '민주주의의 이름'을 재구성하는 것이었다. 자유민주주의, 사회민주주의, 정치적/사회경제적 민주주의, 생산자 민주주의, 형식적/실질적 민주주의, 급진민주주의, 참여민주주의, 심의민주주의 등등, 민주주의의 외연과 내포가 어지러울 정도로 다양한 이유도 여기에 있을 것이다. '수식어 민주주의'라고 부를 수도 있을 이런 방법은 민주주의의 형식과 내용을 구분할 수 있다는 소박한 믿음에 근거한다. 요컨대 '수식어 민주주의'의 모태(matrix)는 형식과 내용의 구분에 따른 형식적 민주주의(formal democracy)와 실질적 민주주의(real democracy)의 모형화이다. 물론 형식적 민주주의와 실질적 민주주의의 정의들 또한 다양하다. 전자는 주로 법적·절차적 측면이나 '자유'를 강조하고, 후자는 주로 사회경제적 측면이나 '평등'을 강조한다. 그 기본 논리는 법적·절차적 자유가 존재할지라도 사회경제적 불평등이 존재하는 한 '진정한 민주주의'가 아니라는 것이다. 따라서 형식적인 자유와 평등을 넘어서 구조적인 부자유와 불평등을 완화, 제거할 수 있는 추가적인 민주화가 필요하다.

그러나 앞서 살펴본 것처럼 민주주의는 갈등을 제도화하는 상징적 질서로서의 형식이며, 각각의 국가와 문화, 역사에 따라 편차를 지니는 이런저런 제도와 규칙들은 그런 형식을 산출 원리로 삼아 만들어진다. 따라서 강한 의미에서 민주주의는 그 자체로 형식이라고 말할 수도 있다. 그렇다면 실질적 민주주의론에서 말하는 내용은 어디에 있는가? 그것은 민주주의에 있는 것이 아니라 자본주의에 있다. "형식은 민주주의지만 내용은 민주주의가 아니다"라고 언급할 때, 그 내용이 지칭하는 대상은 사실상 민주주의가 아니라 자본주의이다. 요컨대 민주주의와 자본주의의 결합(이른바 자본주의적 민주주의)에 대해 문제를 제기하고, 자본주의로 인해 민주주의가 불완전하다는 결론을 도출한다는 점에서 형식과 내용을 구분하는 실질적 민주주의론이 이론 적·정치적 유의미성을 획득할 수 있었던 것이다.

이런 논리의 가장 왼쪽에는 부르주아 민주주의를 비판하는 마르크스주 의적 민주주의론이 자리하고 있다. 민주주의와 자본주의의 결합이 아니라, 민주주의와 공산주의의 결합을 대안으로 제시하는 '부르주아 민주주의=형 식적 민주주의, 프롤레타리아 민주주의(공산주의)=실질적 민주주의'라는 도 식이다. 그러나 실질적 민주주의가 반드시 프롤레타리아 민주주의를 가리 키는 것은 아니다. 특히 중심부에 종속적인 (반)주변부에서는, 안정적인 정당 제도가 존재할 경우 사회 복지를 지향한다는 점에서 유럽식의 사회민주주의 를 함의하기도 하고, (군부)독재와 보통선거권 및 불안정한 정당 제도가 공존 할 경우에는 반독재의 지양과 정당 제도의 발전을 추구한다는 점에서 심지 어 자유민주주의를 의미하기도 한다. 예를 들어 한국 민주주의의 특징을 '조 숙한 민주주의'(해방 직후 미국에 의해 외부에서 주어진 보통선거권)라고 규정하고, 이런 한계를 벗어날 수 있는 자유민주주의적인 정당 제도의 발전을 실질적 민주주의의 핵심이라고 보기도 한다.[14]

역사적으로 이런 논의들이 얼마간 민주화에 기여했다는 것을 부인할 수 는 없다. 하지만 현실 사회주의의 몰락 이후 '부르주아 민주주의=형식적 민 주주의, 프롤레타리아 민주주의(공산주의)=실질적 민주주의'라는 틀이 소멸 하거나 약화되면서,[15] 실질적 민주주의의 최대치가 불평등을 다소 완화시키

---

14) 최장집, 『한국 민주주의의 조건과 전망』, 나남, 1996, 33~34쪽.

15) 여기에는 프롤레타리아 독재 개념을 중심에 두는 마르크스주의적 민주주의론의 내재적인 문제 도 무시할 수 없다. 국가 유형과 국가 형태를 구분하여 국가 유형의 차원에서 프롤레타리아 독 재 개념을 변호하려는 '해석학'은 프롤레타리아에 대한 독재로 변질된 역사를 해명해주지 못할 뿐만 아니라, 이데올로기나 상징적 질서를 사유하지 못하는 프롤레타리아 독재 개념 자체의 한

는 유럽식 사회민주주의로 수렴되는 현상이 대세를 장악한다. 실질적 민주주의론의 감축(reduction)이 나타나는 것이다. 이런 감축 과정에서 형식적 민주주의와 실질적 민주주의는 더 이상 과거 마르크스주의적 민주주의론처럼 양립 불가능한 것이라고 파악되지 않는다. 오히려 법적·절차적 요소들을 구현하는 형식적 민주주의가 실질적 민주주의의 전제이며, 따라서 형식적 민주주의를 부정하는 한 실질적 민주주의도 불가능하다는 주장이 보다 논리적이다.[16]

그러나 실질적 민주주의론의 감축과 형식적 민주주의의 필요성을 전제할 때 형식적 민주주의와 실질적 민주주의 사이의 논쟁은 형해화한다. 1라운드: 한쪽에서 자유민주주의나 정치적 민주주의를 주장할 때, 다른 쪽에서 그건 형식적 민주주의에 불과하며 실질적 민주주의로서 사회민주주의나 사회경제적 민주주의로 나아가야 한다고 비판한다. 2라운드: 전자는 형식적 민주주의의 중요성을 간과하는 것이라고 반비판하고, 후자는 그 중요성을 부정하는 것은 아니지만 실질적 민주주의가 없다면 한계가 존재한다고 반박한다. 3라운드: 전자는 실질적 민주주의의 필요성을 인정하지만 점차 추구해야 할 장기적 과제라고 주장하고, 후자는 형식적 민주주의가 어느 정도 실현되었으니 바로 지금부터 실질적 민주주의를 위해 노력해야 한다고 주장한다. 요컨대 논쟁의 귀결은 애초부터 개념상 예견되어 있던, 강조점의 차이에 불과한 양자의 수렴이다. 이런 수렴은 얼핏 실질적 민주주의론의 승리를 의미하는 것처럼 보일 수도 있다. 형식적 민주주의 한계를 인식하도록 만든다는 점에서 말이다. 그러나 거꾸로, 애초 비판하려던 형식적 민주주의를 오히려

계를 은폐할 뿐이다.

16) 손호철, 「민주주의의 이론적 문제」, 『전환기의 한국정치』, 창작과비평, 1993, 384쪽.

승인하고 정당화하는 효과를 회피하기도 어렵다. 자유민주주의든 정치적 민주주의든 실질적 민주주의에 필수불가결한 것이 되기 때문이다. 더구나 신자유주의적 금융세계화 이후 미국식 자유민주주의만이 아니라 유럽식 사회민주주의까지도 신자유주의로 수렴하는 현 정세에서, 이런 실질적 민주주의론이 정치적 행위를 조직하는 데 있어서 어떤 이론적·정치적 효과를 발휘하리라고 기대하는 것은 무의미하다.

상징의 재구성과 근본적인 정치적 행위

물론 실질적 민주주의론의 감축을 추종할 이유는 전혀 없다. 오히려 실질적 민주주의의 '심화'를 의미하는 '더 나은 민주주의' 내지 '더 많은 민주주의'라는 슬로건을 내세워 '끝없는 민주화'를 위한 과제 목록을 길게 작성할 수도 있다. 가능한 한 세세하게 많은 것을 포괄할 수 있다면 더 바람직할 것이다. 그러나 이런 작업이 정치적 유효성을 획득하기 위해서는 전제가 필요하다. 즉 민주주의라는 상징적 질서로서의 형식 그 자체를 재구성할 수 있어야 한다. 이는 정치적 주체의 "기대와 열정을 만들어내는" 보편적 상징을 재구성하여 그에 대한 의지와 욕망이 표출될 수 있는 정치의 공간을 구획한다는 뜻이다. 동시에 상징적 제약과 법적·제도적 제약이라는 정치적 행위의 딜레마를 돌파하여 정치적 행위를 가능케 하는 최소한의 준거점을 확보한다는 함의를 갖는다.

현대 정치의 이데올로기적 형식으로서 인권의 정치를 재구성하는 작업이 시사적인 이유도 여기에 있다. 인권의 정치는 "인간은 태어날 때부터 자유롭고 또 권리에서 평등하다"(1789년 「인간의 권리와 시민의 권리에 대한 선언」 제1

조)라는 선언에 기초한다. 인권의 정치는 그 핵심을 구성하는 (개인적이든 집단적이든) '자유', '평등', '권리'에 대한 참조가 없다면 어떤 정치적 행위도 가능하지 않다. 그런 의미에서 거의 모든 현대 정치를 규제하는 상징적·이데올로기적 형식이다. 그러나 기존의 인권 개념은 자유와 평등을 분리하거나(자유냐 평등이냐의 양자택일), 권리보다 의무를 강조하거나(권리 요구에 선행하는 의무수행), 도덕성의 차원으로 후퇴하는(시민권 없는 인권) 한계를 갖고 있었다. 이는 인권 담론이 자본주의의 변혁을 상정하는 좌파 정치로부터 체제 정당화 담론이라고 비판받는 근거가 되었다. 하지만 발리바르가 재구성하는 인권의 정치의 기본 명제는 자유와 평등의 동일성, 인권과 시민권의 동일성이다. 자유와 평등의 동일성(평등한 자유라는 의미의 평등자유(égaliberté))은 자유의 억압이나 제한은 불가피하게 평등의 억압이나 제한을 초래하며 그 역도 마찬가지라는 것이다. 또한 인권과 시민권의 동일성은 시민권이 아닌 인권은 어떤 정치적 현실성이나 가치를 지닐 수 없다는 것을 의미한다. 따라서 자유와 평등의 상호제약성을 강조하면서 현실의 불완전한 자유와 평등을 불가피한 것으로 수용하거나, 인권과 시민권을 분리시켜서 인권을 전혀 정치적이지 않은 중립적인 도덕적 담론에 한정시키려는 기존의 인권 담론과는 다르다.

인권의 정치는 어떤 인간도 시민에서 배제되지 않는 정치에 대한 권리를 가져야 한다는 전제로부터, 인권을 확장시키고 그것을 시민권으로 제도화하는 무한한 민주화 과정을 제시한다. 민주주의가 아니라 민주화주의 (démocratisme)라고 할 수도 있을 이런 인권의 정치는 민주주의를 정태적인 법적·제도적 관점에서 이해하는 것을 비판하고 대중운동을 통한 끊임없는 봉기와 (재)구성의 과정을 요구한다. 그뿐만 아니라 인민의 동질성에 기초하여 사실상 배제의 원리를 내포하는 국민적/민족적 관점을 비판하고 시민권의 초국적/초민족적 적용 가능성까지 사유해볼 수 있다는 점에서 현실 민주주

의를 넘어설 수 있는 하나의 이론적·철학적 지표라고 할 수 있다.[17]

그러나 민주주의라는 보편적 상징을 인권의 정치를 중심으로 보다 급진적으로 재구성한다고 해도 정치적 행위의 문제는 여전히 남는다. 정치적 주체가 현실의 모순과 갈등을 해결하기 위해 재구성된 인권의 정치를 참조할 수 있다고 할지라도, '어떻게'라는 문제까지 해명해주지는 않기 때문이다. 어쩌면 모든 것이 정치적이고 모든 행위가 정치적 행위라는 포스트모던적 수사학을 따라 "아무것이나 해도 좋다"라고 말하는 것이 속 편한 일일지도 모르겠다.

하지만 여기서 정치적 행위의 원칙을 재확인할 수는 있을 것이다. 근본적인 의미에서 정치적 행위(political act)란 현실을 규제하는 상징적 질서를 벗어나 그 외부를 향해 한걸음 내딛는 것이며, 이를 통해 기존의 상징적 질서를 변화시키는 것이다. 정치적 행위는 기존의 상징적 질서를 해체하고 새로운 상징적 질서를 구성하여, 기존의 상징적 질서에서 불가능하다고 여겨지는 것을 새로운 상징적 질서에서 가능한 것으로 전환시킨다. 다시 말해서 기존의 상징적 질서에 입각할 경우에는 불가능할 뿐인 것을 개시시키는 상징적 질서의 재배치이다.

이런 정치적 행위는 상징적 질서를 비판/해체할 수 있는 실재(the real)의 자리에 설 때 가능해진다. 민주주의와 관련하여, 그것은 민주주의의 구성적 외부, 민주주의가 배제하는 이질적 타자의 자리, 마르크스주의적 용어로는 적대의 자리에 서는 것이다. 이는 전체 사회에서 배제되어 그 안에서는 어떤

---

17) 그러나 인권의 정치가 좌파적인 변혁의 정치를 대체하는 것은 아니다. 오히려 자본주의적 생산양식을 대상으로 하는 변혁의 정치는 인권의 정치의 조건을 창출하려는 것이라는 점에서 양자는 서로 구성적인 관계를 갖는다.

자리도 없는 자리에서, 전체를 이루는 한 부분이 아니라 어떤 부분도 아닌 비-부분의 자리에서, 이 비-부분이 바로 전체라고 선언하는 것에서 출발한다.

예를 들어,

　한 나라에 사는 사람들을 '정식' 시민과 일시적 이주노동자로 하위 구분하는 것은 '정식' 시민을 특권화하고 이주자들을 고유의 공적 공간에서 배제시킨다는 것을 보여주는 것은 손쉬운 일이다. 이론적으로건 정치적으로건 이보다 훨씬 더 생산적인 것은 보편성을 배제의 지점과 동일화하는 정반대의 작업이다(이는 헤게모니의 '진보적' 전복을 위한 길을 연다)-우리의 경우, 이런 동일화는 '우리 모두가 이주노동자'라고 말하는 것이다.[18]

　다시 말해서 '우리'와 '그들'을 분할하는 데 맞서 '우리'와 '그들'을 부당하게 위계화한다고 비판하는 것이 아니라, '우리'와 '그들'을 동일화하는 것이다. 우리가 바로 그들이다! 요컨대 비-부분(특수자)을 전체(보편자)와 동일시하는 것이다. 이를 통해 상징적 질서에서 배제되거나 그 안에서 종속적 자리에 위치하는 집단/세력을 사회 전체의 대표자(보편자)로 제시하여 기존의 상징적 질서를 변혁하고 새로운 상징적 질서를 구성하는 것이다. 그리고 그 속에서 적법한 자리를 차지하는 것이다.[19] 이런 의미에서라면 정치적 행위는 민

---

18) 슬라보예 지젝, 이성민 옮김, 『까다로운 주체: 정치적 존재론의 부재하는 중심』, 도서출판 b, 2005, 367쪽.

19) 상징적 질서의 변혁이 없다면, 사회적 잔여일 뿐인 비-부분의 목소리는 엄밀히 말해서 아무에게도 들리지 않는다. 따라서 현 시점에서 민주주의를 위한 사회적 협약을 주장하는 것은 비-부분의 목소리에 아예 귀를 기울이지 말자는 말과 다르지 않다. 협약은 목소리가 들리도록 한 다음에 비로소 가능하다.

주주의적일 수도 있고 (반민주주의적이지는 않을지라도) 비민주주의적일 수도 있다.

현대 정치의 상징적·이데올로기적 형식으로서 민주주의를 포기하고 반민주주의나 비민주주의를 기치로 내걸거나 지향할 수는 없다. 이런 점에서 민주주의라는 보편적 상징을 보다 급진적으로 재구성하는 작업은 필수적이다. 그러나 근본적인 정치적 행위는 민주주의의 규칙에 매몰되지 않을 때에만 가능하다. 따라서 적어도 당분간은, 민주주의를 보편적 상징으로 재구성하는 과정과 정치적 행위의 윤리를 확보하는 과정은 상호 보완적인, 동시적인 과정일 것이다.

12장

좌파 포퓰리즘은 가능한가

국내에서 '좌파 포퓰리즘'이라는 문제 설정을 처음 제기한 이는 조희연이다. 그는 "노무현 정부는 보수의 비판처럼 포퓰리즘적이어서 실패한 것이 아니라, 사회경제적 이슈에서 충분히 포퓰리즘적이지 못해서 실패했다"라고 평가한다. 포퓰리즘의 핵심적인 특징은 "제도적 통로에 의해서 반영되지 않는 대중들의 정치적·사회경제적 요구들을 정치 지도자 혹은 세력이 특정한 방식으로 수용·전유하는 것, 그리고 그를 통해 스스로의 대중적 기반을 강화하는 것"이기 때문이다. 예컨대 박정희 대통령의 새마을운동과 같은 우익 포퓰리즘이 대중과 결합하는 데 성공했다면, 참여정부는 좌익 포퓰리즘 또는 '진보적 민중주의'의 부재로 인해 대중적 지지자들을 획득하지 못했다고 지적한다.[1]

노무현 정부가 과연 포퓰리즘적이지 못해서 실패한 것인지는 논란의 여지가 많겠지만, 이를 제외하면 그의 주장에는 두 가지 쟁점이 남는다. 첫째 '좌파+포퓰리즘'이라는 것이 성립할 수 있는가, 둘째 포퓰리즘을 '민중주의'

---

1) 조희연, 「노무현의 실패, 더 포퓰리즘적이지 못한 탓이다」, 『프레시안』, 2010. 4. 23; 조희연, 『민주주의 좌파, 철수와 원순을 논하다』, 한울, 2012, 182, 231~233쪽.

로 번역할 수 있는가. 이와 관련해 조희연이 더 진전된 논의를 전개하지는 않고 있어서 어쩌면 짧은 단상으로 잊힐 수도 있겠지만, 그가 주로 염두에 두고 있는 것이 라클라우의 『포퓰리즘 이성』(*On Populist Reason*)이므로 이를 통해 얼마간 사유의 얼개를 짜볼 수는 있을 것이다.

포퓰리즘에 대한 정치학의 표준적인 정의는 최장집을 참조할 수 있다. 그에 따르면, "포퓰리즘이란 민중적 열정, 에너지, 동력이 사회의 자율적 중간 집단, 즉 정당이나 이익집단, 또는 어떤 목표와 가치를 추구하는 운동 등으로 매개되지 않고 표출되는 현상"이다. "현대의 포퓰리즘은 이들 중간 집단의 약화가 가져오는 부정적 결과"이다. "특히 공동체 내지 사회의 갈등과 이익들을 취합하고 대표함으로써 대안적 비전을 발전시키는 정당의 약화"가 포퓰리즘이 나타나는 주요 원인이다.[2] 요컨대 민중이나 시민의 힘이 정당이나 이익대표체의 매개를 거치지 않고 직접 표출되는 것이 포퓰리즘이며, 현대 민주주의가 정당 정치인 한에서 정당의 약화는 포퓰리즘을 강화하는 요인이 된다. 정당 정치의 관점에서 보자면 포퓰리즘은 부정적인 현상이다. 정당 조직이나 정당 체계가 시민사회의 갈등과 이익을 대표하는 것이 민주주의라고 보기 때문이다. 그렇다면 포퓰리즘의 해독제는 정당 민주주의의 복원에 있을 것이다.

그러나 이런 결론적인 해법에만 주목한다면, 왜 오늘날 정당 정치가 쇠퇴하는가 하는 질문을 회피하는 착시 효과를 일으킬 수 있다. 포퓰리즘 때문에 정당 정치가 약화된 것이 아니라, 그 반대로 정당 정치의 약화로 인해 포퓰리즘이 출현하는 것이기 때문이다. 신자유주의적 금융세계화 이후 지난 수십 년 동안 전 세계적으로 '민주주의의 탈민주화'가 진행되었다. 이로 인해

---

2) 최장집, 『어떤 민주주의인가』, 후마니타스, 2007, 37, 39쪽.

정당, 선거, 의회와 같은 '민주주의 장치들'로 시민의 자유, 평등, 주권과 같은 '민주주의 원리'를 구현할 수 있다는 현대 민주주의의 이념과 체계는 크게 침식되었다. 기업·금융 권력과 국가권력의 융합, 마케팅 경영이 좌우하는 선거와 투표, 수익·능률·효율성 등 시장의 기준에 맞춘 제도정치의 재편, 의회의 기능 마비에 의한 정치의 사법화, 초국적 자본권력에 의한 일국적 국민주권의 무력화 등이 대표적인 탈민주화의 특징이다.[3] '민주주의 장치들'이 사회적 규칙으로 정착했음에도 불구하고 '민주주의 원리'는 퇴행하고 있는 것이다. 이것이 민주주의인 것도 아니고 민주주의가 아닌 것도 아닌 정치적 상황을 연출한다. 바로 이 틈새가 전 세계적인 포퓰리즘 현상의 기반이다.

예컨대 캐노번은 민주주의에는 두 개의 얼굴이 있으며, 그 간극에서 포퓰리즘 운동이 발생한다고 지적한다. 민주주의는 구원적 얼굴(redemptive face)과 실용적 얼굴(pragmatic face)을 갖고 있다. 구원적 얼굴이 인민주권에 기초해 더 나은 세계를 만든다는 이상적인 약속이라면, 실용적 얼굴은 선거 제도와 대의민주주의 같은 제도적 장치를 통해 사회 갈등을 조정하는 현실적인 운용이다. 이 두 개의 얼굴 사이의 거리가 멀어지고 긴장이 격화하면, 진정으로 인민을 대변한다고 자임하는 카리스마적 지도자를 중심으로 기존의 정치·경제 제도와 지배 엘리트의 가치에 도전하는 열정적인 포퓰리즘 운동이 발생한다.[4] 실용적 얼굴이 전면을 차지하고 구원적 얼굴이 후면에서 흐릿해질 경우, 포퓰리즘이 구원적 얼굴로 가는 대안적 통로로 부상한다는 것이다.

---

3) 웬디 브라운, 김상운 외 옮김, 「오늘날 우리는 모두 민주주의자이다」, 『민주주의는 죽었는가』, 난장, 2010, 88~93쪽.

4) Margaret Canovan, "Trust the people! Populism and the two faces of democracy," *Political Studies*, 47(1), 1999, pp. 3~6.

'실용주의의 과잉'과 '구원성의 결여'라는 비대칭성에 대한 응답이 포퓰리즘이다. 따라서 포퓰리즘은 '민주주의의 그림자'(shadow)이다.

하지만 캐노번의 논변은 포퓰리즘과 민주주의가 내재적 관계에 있다는 점을 분명히 하면서도 여전히 포퓰리즘이 민주주의의 오작동에서 기인하는 어떤 결함의 산물인 것처럼 이해될 여지가 있다. 이 때문에 아르디티는 캐노번의 논점을 수용하면서 이를 보완하고 수정한다. 그에 따르면 포퓰리즘은 '민주주의의 그림자'라기보다는 '민주주의의 유령'(spectre)이자 민주주의의 '내적 주변부'(internal periphery)이다. 포퓰리즘은 주어진 조건에 따라 나타날 수도 있고 나타나지 않을 수도 있는 그림자가 아니라, 데리다가 『마르크스주의의 유령들』에서 묘사한 유령처럼 결코 사라지지 않고 민주주의에 들러붙어 끊임없이 출몰하는 것이다. 곧 가시적으로 나타나지 않을지라도 민주주의의 작동에 필수불가결한 보충물로 기능한다. 이는 포퓰리즘이 민주주의와 동일하지는 않지만, 그와 양립할 수 있는 특수한 '대의 양식'이기 때문이다. 포퓰리즘은 단순히 대중들을 동원하기 위한 수단이 아니라, 민주주의와는 또 다른 방식으로 사회 구성원들의 이해와 의지를 대의하는 통로이다. 포퓰리즘은 정치 마케팅과 대중 미디어가 매개하는 정치적 연출에서 더욱더 중요한 역할을 부여받고 있다. 오늘날 포퓰리즘과 결합하지 않은 민주주의는 없다.

더구나 포퓰리즘은 민주주의 제도 바깥으로 나아가지는 않으면서도 그 정치 과정을 방해하고 혁신하는 잠재력을 갖고 있다. 때로는 민주주의를 압도할 뿐 아니라 그 체계 자체를 위험에 빠뜨린다는 점에서 민주주의의 내부에 있는 외부, 내부와 외부의 경계에 있는 내적 주변부이다. 이는 포퓰리즘이 민주주의에 불화(disagreement)를 일으키는 특수한 '참여 양식'이기 때문이다. 민주주의의 규칙에 어긋나지만 그것을 완전히 벗어나지도 않는 참여와 개입을 통해 민주주의 정치의 내적 계기들을 중지시키고 재배치하는 효과를 발휘할 수 있다. 이런 점에서 포퓰리즘은 점잖은 신사들이 예절 바르게 대화를 나누는 고급 카페에 무례하게 들어가 한 자리를 차지하고는 사과하지 않은 채 대화에 참여하고 화제를 돌려버리는 정치 스타일이다. 요컨대 포퓰리즘은 민주주의의 결함의 산물이거나 그 종속변수가 아니라, 민주주의와 대등한 위상을 갖는 유령 같은 동반자이면서 민주주의를 (불)가능하게 하는 조건이다.[5] 결론적으로 아르디티는 라클라우와 유사하게, 포퓰리즘을 활성화시켜서 자유민주주의를 급진화하는 전략을 제시한다.

라클라우의 포퓰리즘

익히 알려져 있듯이 라클라우는 무페와 함께 1980년대 중반에 자유민주주의를 급진화시켜서 사회주의로 나아가자는 '급진민주주의 전략'을 제시했던 포스트마르크스주의의 창시자이다. 불행히도 현실 사회주의 몰락의 후폭풍이 몰아친 1990년대 초에 국내에 소개된 포스트마르크스주의는 당시 반마르크스주의나 개혁적 자유주의의 알리바이로 이용되면서 정작 그 주요 개념과 논리가 제대로 알려지지 못했다. 그람시와 알튀세르의 마르크스주의를 데리다와 라캉의 포스트구조주의와 결합시킨 포스트마르크스주의의 핵심적인 논점은, 구좌파에 스며든 일체의 본질주의(계급주의, 국가주의, 경제주의, 기동전으로서의 혁명)를 거부하고, 끊임없는 헤게모니적 실천을 통해 주체를

---

5) Benjamin Arditi, *Politics On the Edges of Liberalism: Difference, Populism, Revolution, Agitation*, Edinburgh University Press, 2007, pp. 46~53.

새롭게 구성하는 새로운 사회운동을 전개해야 한다는 것이다. 그 주체 구성 전략을 발전시킨 것이 포퓰리즘이다.

하지만 포스트마르크스주의를 주창하기 이전에도 라클라우는 라틴아메리카의 포퓰리즘을 알튀세르의 호명(interpellation) 개념으로 설명한 바 있다.[6] 간단히 말하자면 이데올로기적 국가장치들이 개인을 호명함으로써 예속적 주체를 구성하는 것과 마찬가지로, 포퓰리즘은 국가장치들과 대립하는 방식으로 개인을 호명함으로써 저항적 주체를 구성한다는 것이다. 이것은 라클라우가 큰 틀에서 '정체성(identity)의 정치'라는 이론적 흐름에 속해 있다는 것을 보여준다. 개인의 집단적 정체성은 특정한 담론 내의 주체 위치와 스스로를 동일시할 때 만들어진다. 예를 들어 자본가와 노동자의 관계는 그 자체로 적대적이지 않으며, 노동자가 계급적 담론 내의 계급적 주체 위치와 자신을 동일시할 때 적대가 발생한다. 구좌파가 자본주의적 생산관계 내의 주체 위치에 따라서 노동자들이 필연적으로 혁명적 주체가 된다고 주장하는 것은 정치의 본질이 경제에 있다는 본질주의이고, 생산관계가 정체성을 결정한다는 구조적 결정론이다. 이와 달리 정체성은 다양한 담론들의 과잉결정 과정에서 형성되는 것이며, 한 개인이 어떤 주체-위치와 동일시하는가는 복수의 담론들의 절합에 달려 있다.

사회적 적대는 이와 같은 여러 담론들의 절합이 '친구와 적' 또는 '우리와 그들'이라는 이분화된 정체성을 형성하고 이것이 명백한 정치 전선으로 나뉠 때 창출된다. 그에 따라 하나의 사회라고 여겨지던 것이 두 개의 사회로 분열되고, 적대관계의 두 항을 초월하는 중립적인 담론과 주체 위치는 불가능해지며, 마찬가지로 분열된 두 개의 사회를 총체적인 관점에서 객관적으

---

6) Ernesto Laclau, "Toward a Theory of Populism," *Politics and Ideology in Marxist Theory*, 1977.

로 표상하는 언어는 존재할 수 없게 된다. 사회적 적대에서 객관적인 언어는 붕괴한다. 라클라우가 예를 들 듯이 농민과 지주 사이에 사회적 적대가 형성된다면, 지주의 관점에서 농민의 담론은 전혀 이해할 수 없이 비합리적이며, 농민의 관점에서 지주의 담론 역시 상식으로 이해할 수 없이 비합리적인 것이 된다. 두 담론 사이에, 두 언어 사이에 객관성이나 공통성은 전혀 없다.

이와 같은 사회적 적대를 창출하는 정치적 행위가 헤게모니적 실천이다. 이는 복수의 담론들과 다양한 주체 위치들을 등가사슬(또는 등가연쇄)로 묶어냄으로써 하나의 단일한 전선을 만들어내는 것이다. 여기서 헤게모니 개념은 레닌이 계급동맹을 주도하는 프롤레타리아트의 정치적 지도력이라는 의미로 사용했던 것이다. 이를 차용해서 그람시는 한 집단이 경제적이고 조합주의적인 한계를 벗어나 자신의 이익이 여러 하층민들(subalterns)의 이익이 된다는 보편성을 보여줌으로써 도덕적이고 지적인 지도력을 발휘할 때 헤게모니가 창출된다고 했다.[7] 라클라우는 이와 같은 헤게모니 개념을 적극적으로 수용한다. 하지만 그람시처럼 헤게모니적 실천의 주체가 반드시 노동자계급이라고 보는 것은 본질주의적 관념이며, 오히려 정치 주체는 헤게모니적 실천을 통해 구성된다고 주장한다. 다음으로 등가사슬 개념은 연결되는 사슬들이 모두 등가라는 것, 즉 어떤 주체-위치도 선험적으로 특권적이라거나 중심적이라고 할 수 없다는 것을 가리킨다. 레닌이 구조적, 정세적으로 연결된 사슬들 중에서 가장 약한 고리를 찾아야 한다고 했다면, 이와 달리 라클라우는 정치적 실천을 통해 사슬들의 연결 자체를 (재)구성해야 한다고 주장한다.

헤게모니적 실천이 복수의 주체-위치들을 등가사슬로 연결하기 위해 필

---

7) 안토니오 그람시, 이상훈 옮김, 『옥중수고』 I, 거름, 1986, 185-186쪽.

요한 것이 보편성이다. 수많은 특수성들을 하나로 묶어내기 위해서는 그 모두를 포괄하고 대표하는 보편성이 필수적이기 때문이다. 하지만 여기서도 보편성은 선험적으로 주어진 것이 아니다. 마르크스는 노동자계급의 해방이라는 특수성이 인류의 해방이라는 보편성을 담지하고 있다고 했지만, 이 역시 계급적 특수성을 본질주의적으로 인식하는 것에 불과하다. 오히려 어떤 특수성이 보편성의 자리를 획득할 것인지는 선험적으로 결정되어 있지 않다. 복수의 사회운동들(계급적, 민족적, 여성적, 생태적 등등)이 각각 헤게모니적 실천을 수행하는 과잉결정 과정에서 어떤 특수한 사회운동이라도 사회적 적대를 창출하는 보편성의 위치를 차지할 수 있다. 다시 말하자면 어떤 특수한 사회운동일지라도 자신의 이해와 요구가 특수한 것일 뿐 아니라 보편적인 것임을 보여주고 설득할 수 있을 때, 보편적인 사회운동으로서 '친구와 적' 또는 '우리와 그들'로 사회를 분할하는 사회적 적대를 만들어낼 수 있다. 모든 특수한 것들을 포괄하고 대표할 수 있는 보편성이라면, 그것은 사실 고정된 의미가 없는 '비어 있는 기표'여야 한다. '기의 없는 기표'이기 때문에 어떤 특수한 것이라도 그 기표로 자신을 표상, 재현, 대표할 수 있다. 라클라우가 포퓰리즘에 주목하는 이유가 여기에 있다.

이것은 사실상 모든 사회운동이 전개되는 방식이자 궁극적으로 지향하는 바이다. 노동운동도 여성운동도 생태운동도 모두 자신들의 요구를 특수한 것이 아니라 보편적인 것으로 제시하고 설득하는 헤게모니적 실천을 수행한다. 마찬가지로 우파든 좌파든 모든 정치 세력이 이와 같은 논법을 추구한다. 따라서 라클라우에게 포퓰리즘은 어떤 이데올로기나 이념, 정책이 아니며, 또한 운동, 정당, 지도자의 유형도 아니다. 포퓰리즘은 현대 정치가 작동하는 정치적 논리 그 자체이다. 라클라우는 칸트의 '순수 이성'처럼 내용 없는 형식으로서 '포퓰리즘 이성'을 제시하고 있는 것이다. 이상의 다소 복잡해 보이는 논의를 더 간단히 정리하자면 다음과 같다.

등가의 논리는 충족되지 않는 요구들이 지속적으로 존재하고, 그것들 사이에 연대의 관계가 형성되기 시작할 때 등장한다. 예를 들어, 주거의 문제가 해결되지 않은 사람들이 교통, 직업, 치안, 필수적인 공공복지 등에 대한 요구가 충족되지 못한 사람들이 있다는 것을 깨닫게 되는 경우에, 그들 사이에 등가관계가 형성되기 시작한다. 기존 체제 내에서 개인적이고 행정적인 불만족 때문에 생긴 그러한 요구들은 공통의 민중적 정체성을 형성하는 연결 고리가 된다. 이러한 다수의 요구들이 공통의 상징을 통해 구체화되며, 특정한 시기에 몇몇 지도자들이 현 체제의 밖에서, 현 체제에 대항해 좌절한 대중들에게 호소한다. 이때가 바로 세 가지 차원이 결합되면서 민중주의가 출현하는 시기이다. 즉 충족되지 못한 요구들이 서로 등가를 이루고, 어떤 공통된 상징들을 중심으로 이러한 요구들이 구체화되며, 민중적 동일성의 과정을 현실적인 언어로 표현하는 지도자가 등장할 때이다.[8]

이처럼 라클라우는 급진민주주의 전략을 제시하며 가공해낸 사회적 적대와 헤게모니적 실천이라는 두 개념을 포퓰리즘이라는 일반적인 정치적 논리로 구체화시키고 있다. 다만, 여기에 두 가지 논점이 추가된다. 하나는 수사학이며, 다른 하나는 지도자이다. 포퓰리즘이 성공적이기 위해서는 수사학을 통한 설득과 정서적 감응이 동반되어야 하며, 지도적 인물 자체가 상징적인 '비어 있는 기표'로서 다양한 부분들의 공통적인 연대를 창출하는 기능

---

8) 에르네스토 라클라우, 「민중주의로의 전환과 라틴아메리카 중도좌파」, 『라틴아메리카 연보』, 2011, 44~45쪽.

을 수행할 수 있기 때문이다.[9]

마지막으로 반복하자면, 라클라우의 포퓰리즘은 내용 없는 형식이며 정치적 논리라는 점에 주의해야 한다. 이것은 포퓰리즘이 반드시 진보적이지 않다는 것을 함의한다. 왜냐하면 그것은 우파적인 내용으로 채워질 수도 있고 좌파적인 내용으로 채워질 수도 있기 때문이다. 라클라우가 랑시에르의 '몫 없는 자들의 민주주의'와 자신의 포퓰리즘이 유사하다고 말하면서도, 랑시에르는 그것이 반드시 해방적인 성격을 갖는다고 주장한다는 점에서 자신과 다르다고 말하는 이유가 여기에 있다.

한국 사회에서 좌파 포퓰리즘은 가능한가

그러므로 라클라우에 따르면 '좌파+포퓰리즘'은 가능할 뿐 아니라 '우파+포퓰리즘'도 가능하다. 포퓰리즘은 해방적일 수도 있고 반동적일 수도 있다. 그 자체가 복수의 정치적 실천들의 과잉결정에 좌우되며, 따라서 역사적인 우연성에 열려 있다. 어떤 면에서 라클라우는 일체의 본질주의를 비판하는 가장 강력한 무기를 쥐고 있지만, 결과적으로 '이럴 수도 있고 저럴 수도 있다'는 싱거운 결론에 도달하는 것처럼 보일 수도 있다. 따라서 '한국적 맥락에서 좌파 포퓰리즘이 과연 가능한가?'라는 질문을 더 고민해볼 필요가 있다. 이것은 포퓰리즘을 '민중주의'로 번역할 수 있는가 하는 문제와 결부된다.

---

9) 수사학의 어원인 레토리케(Rhêtorikê)가 시민으로서의 삶에 필수적인 '말하는 기술', '연설가의 기술', '웅변의 기술', '설득의 기술'을 가리키므로 '수사학'으로 번역될 수 없다는 논의로는 김헌, 「레토리케는 수사학인가」, 『철학과 현실』 61호, 2004 참조.

우선 학술적으로 합의된 바는 없지만, 일반적으로 포퓰리즘의 특징으로 거론되는 요소들을 참조할 수 있다. ① 인민에 대한 호소와 반엘리트주의, ② 적과 우리의 이분법, ③ 사회 모순과 문제 해법에 대한 선동을 통한 단순화, ④ 불안 심리를 자극하는 불안의 정치, ⑤ 모종의 배후 세력에 의한 위협을 강조하는 음모론, ⑥ 공동체의 순수한 이상에 대한 동경, ⑦ 카리스마적 지도자에 대한 의존 등이다.[10] 요컨대 '우리=인민'과 '적=엘리트=주류 집단=음모론적 배후 세력'을 명확하게 이분법적으로 구별하고, 이런 단순한 적대 구도로 모든 사회 모순들을 인식, 해석하도록 선동하며, 사회 모순들을 극복하는 이상적인 공동체를 열망하는 것이 포퓰리즘이다. 그리고 이를 가능케 하는 것이 카리스마적 지도자의 존재와 기능이다. 대체로 이런 요소들이 최근 포퓰리즘의 주요 내용을 이루고 있는 셈이다.

이와 관련해 정당 정치만이 아니라 기존의 좌파 정치의 관점에서 볼 때도 포퓰리즘은 부정적인 현상이다. 반엘리트주의라는 단순한 구도로는 계급 모순을 인식하거나 해결하기 어렵고, 인민에게 호소하는 과정에서 계급 모순이나 계급적대가 왜곡, 전치될 수 있다는 점을 고려하지 않으며(예컨대 민족주의/애국주의를 강화할 수도 있으므로), 조직(비합법 전위당이든 합법 정당이든 다른 무엇이든)이 아니라 인물(카리스마적 지도자)에 의해 좌우된다는 점 등이 부정적인 평가의 대략적인 요점이다. 계급 정치에서 포퓰리즘은 '양날의 칼'일 수 있다는 것이다. 물론 자유민주주의적 정당 정치가 퇴행할 뿐 아니라 좌파적인 계급 정치도 불가능한 상황에서 이와 같은 비판만으로 문제가 해결되지는 않을 것이다.

보다 중요하게 고려해야 하는 것은 한국에서 서구의 피플에 해당하는 '비

---

10) 주정립, 「포퓰리즘과 민주주의」, 『민주주의 강의』 4, 민주화운동기념사업회, 2010, 176~179쪽.

어 있는 기표'가 무엇인가 하는 데 있다. 물론 '민중'은 사회에서 억압되고 소외된 한 부분이면서 공동체 전체의 지향을 담고 있다는 점에서 피플의 적절한 학술적 번역어일 수 있다.[11] 하지만 1980년대에 널리 복권되었던 민중이라는 용어는 오늘날 일상어로서 거의 소멸하고 있다고 해도 과언이 아니다. '우리가 피플이다'와 유사한 보편적 함의가 '우리가 민중이다'에는 담겨 있지 않다. '민중'과 '반민중'이라는 구별은 일부 운동 세력이나 지식인들의 용어일 뿐이다. 학술적이 아니라 실천적인 차원에서 보자면, 포퓰리즘이 성공하기 위해서는 보다 많은 사람들을 설득하고 정서적 공감을 이끌어낼 수 있는 일상적인 친근한 언어들이 필요할 것이다. 서구의 좌파 포퓰리즘이 더 이상 부르주아와 프롤레타리아라는 용어를 사용하지 않는 것도 마찬가지 이유일 것이다. 한국적 맥락에서는 오늘날 자본가와 노동자로, 아니면 엘리트와 대중으로 구별하는 것도 그다지 대중적이지 않다. 반면에 국민, 시민 등의 용어는 우파의 전유물처럼 받아들여지거나 어떤 적극적 실천성을 함유하는 호칭으로 작용하지 못하고 있다. 말하자면 한국 사회에서는 좌파가 대중들을 호명하고 설득할 수 있는 보편적 기표, 그 하나의 단어부터 부재한 것이다. 오히려 가장 포퓰리즘에 근접한 용어로는 '귀족과 서민'이라는 정치 구도일지도 모르겠다. 하지만 이를 통해 어떤 정치가 가능할지는 더 많은 토론이 필요하다.

---

11) 진태원, 「포퓰리즘, 민주주의, 민중」, 『역사비평』 105호, 2013, 211쪽.

13장

한국적 마르크스주의의 길
― 정운영 10주기를 기억하며

9월이 오면 정운영 선생이 귀천(歸天)한 지 꼭 10년이 된다. 왜 하필 9월인가를 묻는 것은 헛된 일이겠지만, 그는 예상이라도 한 듯이 슬쩍 답을 준 적이 있다. "나의 비밀 제의(祭儀)는 「9월이 오면」 노래로 시작된다. 보비 데어린이 작곡하고 그의 악단이 연주하는 경쾌한 리듬으로 이 영화의 주제곡으로 쓰였다. 9월 첫날 센스 만점의 어느 프로듀서가 이 곡을 틀어주기라도 한다면 나는 코스모스 길섶의 팔푼이처럼 하루 종일 히죽거린다."[1] 「9월이 오면」으로 시작되는 그의 제의는 이병주의 단편 「아무도 모르는 가을」과 이 소설에 나오는 베라 피그네르(Vera Figner)의 수기 『러시아의 밤』으로 절정을 이룬다.[2] 일제강점기 조선과 차르 치하의 러시아에서 각자 아나키즘 운동에 투신한 두 여자의 삶이 그에게 '가을의 통증'을 선사하는 것이다. 어떤 이는 사랑을 위해, 또 어떤 이는 혁명을 위해 목숨을 걸었던 그러나 "아무도 모르는" 삶

---

1) 정운영, 「가을의 미망」, 『신세기 랩소디』, 산처럼, 2002, 17쪽.

2) 이병주, 「아무도 모르는 가을」, 『우리 시대의 한국 문학』 12권, 계몽사, 1989; 베라 피그넬, 『러시아의 밤』, 형성사, 1985.

들이 있었고, 가을이 오면 이런 상념들이 세상에 잠시 머물고 떠나는 인간에 대한 연민과 인생의 의미를 반추하는 방황을 일으키곤 했던 것 같다. 이쯤 되면 얼마간이라도 위로가 필요하다. 그는 "인생의 통속"을 가르치는 박인환의 「목마와 숙녀」로 마음을 달랜다. "인생은 외롭지도 않고 / 거저 잡지의 표지처럼 통속하거늘 / 한탄할 그 무엇이 무서워서 우리는 떠나는 것일까."

아홉 권의 칼럼집으로 남은 사내

정운영은 모두 아홉 권의 칼럼 모음집을 남겼다. 경제학으로 묶을 수 있는 세 권(『광대의 경제학』, 『저 낮은 경제학을 위하여』, 『경제학을 위한 변명』), 자신의 글쓰기에 대한 자의식을 함축하는 제목이 붙은 세 권(『시지프의 언어』, 『피사의 전망대』, 『레테를 위한 비망록』), 그리고 새로운 세기를 집어삼킨 세계화 시대를 기록하는 세 권(『세기말의 질주』, 『신세기 랩소디』, 유고집 『심장은 왼쪽에 있음을 기억하라』). 이 아홉 권에 수록된 칼럼과 에세이의 집필 연대기는 1987년부터 2005년까지 무려 18년에 이른다. 게다가 그 사이사이에서 자신의 글에 대한 자괴와 피로의 감정을 숨기지 않을 정도로 정운영은 아무리 짧은 분량이라도 치밀하게 고민하고 치열하게 썼다.

나는 주로 밤에 글을 쓴다. 진한 카페인과 이따금 독한 니코틴으로—다소 정결한 부분은 말러와 브람스와 베토벤의 음악뿐이다—글자 하나하나를 짓이 겨놓고 나면 문풍지 훤하게 새벽이 밝아오는 수가 많다. 사실 이미 오래 전부터 밤은 나에게 낮보다 훨씬 더 친근한 반려가 되어왔다. …… 커피 냄새에 중독되고 담배 연기에 찌든 글이라고 할지라도, 그것은 이제 내 생명의 한 조각

으로 머물 수밖에 없다.[3]

밤을 새며 생명의 한 조각씩을 나누어주었기 때문일까? 다시 읽는 정운영의 글들은 놀라운 정도의 생명력으로 생생하게 살아 있다. 예컨대 「'무노동 무임금'이라고?」(1989년 6월 16일)에서는 노동자의 임금이 "노동의 대가"가 아니라 "생존의 비용"이 되어야 한다는 논변을 설득력 있게 풀어낸다. 임금이 생계를 책임져야 하는 이유는, 자본주의 체제를 유지하기 위해 자본가는 "오늘의 노동력을 확보하는 것은 물론 내일의 노동력을 준비해두는 일까지 그들의 소관 업무가 되기 때문"이다. 임금은 노동한 만큼 주고받는 보수가 아니라, 지적인 이유든 신체적인 이유든 남들보다 노동을 덜하더라도 먹고 살 수 있게 해야 하는 것이며, 이는 결코 자비나 선심이 아니라 체제 유지를 위한 원리이다. 따라서 자본가의 '무노동 무임금'이라는 주장은 자본주의에 반(反)하는 것이다. 마찬가지로 당시 노동운동계에서 자주 불렸던 "일하지 않는 자여 먹지도 말라, 자본가여 먹지도 말라"라는 노래나 "무노동 무임금을 자본가에게"라는 구호는 임금을 노동의 대가로 본다는 점에서 잘못이다. 정운영은 이렇게 예측했다.

정녕 임금이 실제로 제공된 노동만의 대가가 되어야 한다면, 앞으로는 직장에서 '화장하는' 시간이나 밥 먹는 시간은 물론 하품한 시간과 이빨 쑤신 시간에 해당하는 몫까지 몽땅 봉급 봉투에서 떼어내야 마땅하다. 그런 '노동'들은 생산에 쥐뿔도 보태는 게 없기 때문이다.[4]

---

3) 정운영, 「광대에 대하여」, 『광대의 경제학』, 까치, 1989, 9쪽.
4) 정운영, 「'무노동 무임금'이라고?」, 같은 책, 77쪽.

실제로 이것이 오늘날 하청, 파견, 단기 계약 등 비정규직이라는 명목으로 일상적인 노동조건이 되어왔고, 단적으로 삼성전자서비스센터에는 '분급'(분당으로 받는 급여)이라는 임금 형태까지 도입되어 있다.[5] 불과 몇 년 전에 비로소 한국 사회에서 '생활임금'(living wage)이 논의되기 시작하고 이를 일부 지방자치단체에서 도입하고 있는 것을 상기하자면 정운영의 논변과 예측은 선구적이다. '오늘의 이윤'에 눈 먼 개별 자본가들이 '내일의 노동력'을 준비하는 업무를 소홀히 한다면, 국가가 '총자본가'로 나서야 한다는 것이 그의 지론이었다.

광대의 정치경제학 비판

정운영은 비주류 경제학을 전공했고, 비주류답게 대학에 자리를 잡지 못하면서 '경제평론가'라는 직업을 스스로 만들었다. 자신이 만든 직업에 대한 소명의식 때문에 학문 연구로 돌아가야 한다는 마음의 짐을 떨쳐내지 못했지만, 그의 모든 글 속에는 뛰어난 이론적 관점과 통찰력이 뼈와 살을 이루고 있다. 그는 한국 유학생 가운데 외국에서 마르크스주의 연구로 학위를 받은 최초의 박사였고, 그만큼 그의 말들은 한국 사회에 낯설면서도 요긴했다. 편저서(『세계 자본주의론』, 『한국 자본주의론』)와 편역서(『국가독점자본주의 이론 연구』 전4권)를 제외하면, 생전의 단독 이론서로는 『노동가치 이론 연구』와 미완성

---

5) "분급이라는 말, 근래 들어본 가장 끔찍한 단어이다. 이런 임금체계를 현실로 시스템화하는 곳이 바로 삼성이다. 이동 시간, 고객에게 설명하는 시간, 수리 준비 시간 등을 다 빼고 오직 제품 고치는 시간만 계산해 1분당 225원을 받는 노동자라니. 이런 끔찍한 착취 앞에 저항하지 못한다면 우리는 대체 누구이며, 내일은 또 무엇을 할 수 있을까"(김선우, 「분급」, 『한겨레』, 2014. 5. 25).

유고집인 『자본주의 경제 산책』 단 두 권이 전해져 있다. 하지만 여기에 단행본으로 묶이지 않은 쏠쏠한 논문들을 추가하면, 그의 '생산력'은 질적으로만이 아니라 양적으로도 손색이 없다.

마르크스주의 중에서도 노동가치론에 기반해 이윤율 저하 경향을 설명하는 것이 정운영의 학위 논문의 주제였다. 마르크스의 『자본 1권』에 해당하는 노동가치론에 관해 그는 가치와 가격의 관계를 해명하는 이론이라는 통상적인 오해와 다르게, 누가 가치를 생산하고 어떻게 분배/착취되느냐를 설명하는 데 핵심이 있다고 강조한다. "노동가치론의 핵심 기능이 가격으로 가치를 규명하는 것이 아닌 만큼 현상을 통한 본질의 인식 여부는 크게 중요한 문제가 아닙니다. 노동가치이론은 누가 가치를 만들어내고, 누가 그것을 빼앗아 가는지를 밝히는 이론입니다. 성공했든 실패했든 노동가치이론만이 그 질문을 경제학의 '근본' 문제로 설정했고, 성공이든 실패든 노동가치이론만이 그 해답을 모색했습니다."[6] 그에 따르면, 노동가치론은 가치를 만들어내는 것은 인간의 노동이라는 명제에서 출발해 한 사회가 그것을 어떻게 만들어내고 어떻게 나누느냐를 밝히는 것이다. 하지만 그는 노동가치론도 하나의 이론인 만큼 모든 것을 다 설명하는 만병통치약이 될 수 없다는 경고를 잊지 않는다. 예컨대 소나 기계가 아니라 인간의 노동만이 가치를 창조한다는 명제는 '증명'할 수 없는 것임을 인정하고, 다만 이를 전제로 할 때 "자본주의의 운동 원리를 과연 근본적으로 해명하느냐"가 관건이라고 지적한다.[7]

자본주의의 운동 원리를 설명하는 것이 『자본 3권』에 해당하는 이윤율 저하 이론이다. 자본주의에서 이윤율이 경향적으로 저하한다는 명제는 그것이

---

6) 정운영, 「고백」 I, 『레테를 위한 비망록』, 한겨레신문사, 1997, 17쪽.

7) 정운영, 「가치이론의 근본 전제에 대한 재확인」, 『노동가치이론 연구』, 까치, 1993, 182쪽.

필연적이라는 주장과 결부되어 마치 자본주의가 자동적으로 붕괴한다는 오해를 불러일으킨다. 하지만 여기서도 그는 이윤율 저하의 필연성을 이론적으로 '증명'할 수는 없지만, 그 저하의 변수들과 조건들을 경험적으로 타진함으로써 자본이 운동하는 방향과 성장 진로를 탐색할 수 있다고 강조한다.[8] 이와 관련해 각종 수학 공식들이 머리를 어지럽히는 세세한 내용을 여기서 감히 해설하기보다는, 프랑스어로 제목이 붙어 있는 1981년의 학위 논문에 대한 서평의 한 대목을 소개하는 편이 낫겠다. 서평 역시 비전공자가 쉽게 접근하기는 어렵지만 마지막 단락에는 이렇게 쓰여 있다.

정(Chung)의 연구는 현 경제 위기의 이론적이고 실천적인 측면들에 관한 본격적인 논고를 제시한다. 유감스럽게도 정이 자신의 저서의 앞부분에서 시도하는 다양한 위기 이론 학파들에 관한 개략적인 평가는 충분하지 않다. 그럼에도, 그의 참고문헌은 영어, 프랑스어, 독일어로 된 출판물과 미발표 저술들을 포괄하고 있고, 이 주제[이윤율 저하 경향]에 대한 뛰어난 출발점을 이루고 있다. 실제로 정의 연구를 추천하는 주요 공적은, 작금의 자본주의 위기에 대한 인식을 향상시킬 수 있는 그 잠재력에 있다.[9]

영어, 프랑스어, 독일어 문헌들을 섭렵해 뛰어난 출발점을 이룬 그 잠재력을 정운영은 더 밀고 나가지 못했다. 대학 교수에서 해직되고 경제평론가

---

8) 정운영, 「이윤율 저하 이론의 방법론적 재검토」, 같은 책, 292~293쪽; 「이윤율 변동에 관한 경험적 연구」, 같은 책, 343~344쪽.

9) Riel Miller, "Book Review: La Theorie de la Baisse Tendancielle du Taux de Profit: Analyse Theorique et Application Emirique au Development du Capitalisme Americain 1929-78," *Review of Radical Political Economics*, Summer 1984, p. 251.

로 활약하면서 학문으로 돌아갈 시간을 놓친 것이다.[10] 그러나 1990년대 초까지 여러 대학을 전전하며 개설된 그의 정치경제학 강의는 수백 명의 학생들이 강의실을 가득 채우는 소문난 명강(名講)이었고, 마르크스주의가 무엇이며 어떻게 공부하고 실천해야 하는지를 '스스로 생각하게' 하는 논쟁의 장이었다. "여기 엮은 글들의 어느 행간을 대하며 때때로 고함이 터지고, 분필이 날고, 발길질과 멱살잡이 반보 전까지 이르렀던(!) 그 아슬아슬한 장면들을 기억하는 학생들이 있을 것이다. 그리고 또 학창 시절 어느 한 교실에서 벌어졌던 그 활극들을 이제는 편안한 마음으로 회상하는 그들의 선배들도 간혹 없지 않으리라. 사실 이 책은 그 치열한 '전투'의 산물이다."[11]

더구나 탄탄한 이론적 배경에서 우러나온, 한국의 현실 경제에 대한 평론들(또한 경제와 결코 분리될 수 없는 정치, 문화, 국제관계를 아우르는)은 일견 생소한 주장과 논변으로 논란과 논쟁을 불러일으키면서도, 그의 탁월한 글 솜씨로 버무려진 신선한 설득력에 고개를 끄덕이게 하는 힘을 갖고 있었다. 개인적인 학문적 열망을 만족스럽게 추구하지는 못했을지라도, 그의 말과 글은 분명 한국 사회의 전반적인 지적인 수준을 높이는 데 기여했다. 돈과 권력을 가진 높으신 '양반의 경제학'이 아니라, "곳간에 가득 쌓인 재물을 헐어 배를 주리는 백성과 나누라고", "광문을 밀치고 들어가 썩어나는 재물을 나누어 쓰자고" 외치는 저 낮은 곳의 '광대의 경제학'은, 시시한 사람들에게 '밥과 자유'가 있는 세상을 일러주고 "밥의 크기와 자유의 영역을 확대"하기 위해 함께 애쓸

---

10) 한신대에서 부당하게 해직된 사정에 관한 간략한 언급으로는 정운영, 「고백」, II, 『레테를 위한 비망록』, 한겨레신문사, 1997, 131~132쪽.

11) 정운영, 『노동가치이론 연구』, 까치, 1993, 7쪽.

방법을 끊임없이 찾자고 부추겼다.[12]

'거시기 사회주의'와 세계화의 질주

경제학의 과제가 "밥의 크기와 자유의 영역의 확대"에 있다는 소신은, 자신이 마르크스주의자이기 때문에 현실 사회주의의 편을 들어야 한다는 따위의 진영 논리와 무책임을 허용하지 않았다. 1990년대 초반 소련의 페레스트로이카에 관해 대다수 진보 지식인들은 더 나은 사회주의를 위한 개혁이라고 평가하고 있었다. 하지만 정운영은 그 개혁이 프롤레타리아 독재를 포기하고 자본주의적 시장을 수용할 뿐 아니라 생산수단의 사회적 소유라는 소유 형태까지 변경하는 것이라면 그것이 왜 사회주의냐고 반문한다. 그러면서 굳이 사회주의라고 불러야 한다면 '거시기 사회주의'라고 하자고 제안했다. 페레스트로이카가 사회주의를 강화한다는 주장은 진보 지식인들의 좌절을 예방하려는 "엉뚱한 배려"의 산물이라는 비판이었다.[13] 여기서 그가 반복해서 요구한 것은 정치적 정직성이다. 현실 사회주의가 밥과 자유의 문제를 해결하지 못해 자본주의와 타협하는 것 자체는 그들이 선택한 어쩔 수 없는 일이라고 해도, 그것이 "사회주의 본연의 진로이고 그러한 타협이 이행을 위해 불가피한 절차라고 강변하는 처사만은 용납할 수 없다"라는 것이었다.[14]

---

12) 정운영, 「광대에 대하여」, 『광대의 경제학』, 9쪽; 「나의 경제평론가 시절」, 『저 낮은 경제학을 위하여』, 까치, 1990, 5쪽. 잡지에 기고한 다소 긴 원고들을 모아놓은 『저 낮은 경제학을 위하여』는 여전히 경제학(나아가 사회과학) 입문서로서 부족함이 없다.

13) 정운영, 「'거시기 사회주의'를 위하여?」, 『저 낮은 경제학을 위하여』, 까치, 1990, 342-343쪽.

14) 정운영, 「페레스트로이카의 법정에 보내는 '소수 의견'」, 『경제학을 위한 변명』, 까치, 1991, 184

그는 페레스트로이카에도 불구하고 마르크스주의가 여전히 이론적으로 유효하며 필요하다는 견해를 굽히지 않았다. 마르크스의 가장 중요한 전언은 "인간의 노동력만이 가치를 창조한다는 노동가치이론과 적대 계급 사이의 투쟁에 의해 사회가 발전한다는 계급투쟁이론"이다. 이에 따르면 "노동력이 아닌 자본이 그 가치의 분배에 참여하는—실제로 주도하는—행위는 합법을 가장한 수탈이므로, 그 수탈을 저지하기 위해 전개하는 투쟁은 일종의 정당방위"이다. 이와 같은 전언은 마르크스주의를 배태한 상황이 극복되지 않는 한 여전히 부정될 수 없는 것이다.[15]

그러나 1991~1992년 이후 정세는 급변했다. 그가 1960년대 서구의 뉴레프트운동에 빗대어 1980년대의 특징을 "지각한 뉴레프트운동"이라고 규정했듯이, 좌파의 언어와 운동이 활력을 찾았던 시대 상황은 그가 공부한 비주류 경제학과 잘 어울렸다. 하지만 1990년대에는 "사회주의의 붕괴" 및 "배타적 세계화", 더불어 포스트모더니즘, 포스트마르크스주의, 포스트구조주의, 포스트산업사회 등 각종 "포스트 시리즈"가 유행했고, "40~50개 학과에서 200~300명의 학생들"이 몰려들던 강의실에서도 "학생이 쑥쑥 빠지기 시작"했다.[16] 그가 "글쓰기의 어려움"을 토로하며 "날이 갈수록 글이 쉬워야 도리인데, 노트북을 열면 자판의 '회백색' 질서에 공포부터 느낄 만큼 요즘 나는 글이 두렵다"라고 한 것도 이런 사정과 무관하지 않을 것이다.[17] 칼럼집 제목

쪽.

15) 정운영, 「페레스트로이카의 법정에 보내는 '소수 의견'」, 같은 책, 170, 185쪽; 「오늘 우리에게 마르크스주의는 무엇인가」, 『피사의 전망대』, 한겨레신문사, 1995 참조.

16) 정운영, 「한국 경제의 빛과 그림자」, 『자본주의 경제 산책』, 웅진지식하우스, 2006, 158, 172, 178~181쪽.

17) 정운영, 「에우노에를 향하여」, 『레테를 위한 비망록』, 한겨레신문사, 1997, 6쪽.

으로 풀어보자면 그에게 1990년대는 무의미하게 바윗돌을 굴려야 하는 시지프의 형벌처럼 자신의 말이 헛수고가 아닌가 하는 의심과('시지프의 언어'), 바로 서 있지 않았기 때문에 갈릴레오가 낙체 실험을 하는 의외의 수확을 가져다준 피사의 사탑처럼 혼자라도 고독을 감내하면서 삐딱하게 바라보겠다는 다짐과('피사의 전망대'), 세계화와 문민의 회화(戲畵)를 벗어나기 위해 레테(망각)의 강을 지나 에우노에(구원)로 가고 싶다는 바람('레테를 위한 비망록')이 교차하는 시대였다.

이와 같은 마르크스주의의 퇴조와 사회운동의 약화, 특히 세계화에 따른 변화들은 정운영에게 한국 사회에서 더욱더 '고독한 열외자'가 될 것을 요구했고, 그는 이를 감내하는 길을 택했다. 그는 세계화로 인한 경제적 변화의 핵심을 "생산자본의 투기화"로 파악한다. 생산자본과 금융자본의 고전적 구분이 무의미해지고, 금융자본 중에서도 투기자본이 자기 증식을 위해 국경을 가로질러 생산자본까지 파괴하는 것이 세계 경제의 새로운 특징이라는 것이다. 1997년 동아시아 신흥공업국들의 외환위기가 이를 잘 보여준다.

그렇다면 한 국가의 경제를 결판내는 엄청난 규모의 투기자본을 어떻게 규제할 것인가가 중요한 문제로 대두하지만, 이것이 만만치 않다는 것이 더 큰 문제이다. 일국적 생산자본만이 아니라 그에 기초한 노동자계급의 권력 기반이 와해되고, 대외 경제에서도 경제외적 폭력이나 부등가교환 등의 강제가 활개를 치지만 이를 통제할 세계적 규제 장치는 구비되어 있지 않다.[18] 그는 이에 대항하는 세계적 연대가 필요하다고 생각한다. 하지만 이것이 당분간 난망하다면 역시 국가 단위의 투쟁에서 시작해야 한다고 역설한다.

---

18) 정운영, 「세계화에 대한 '비우호적' 질문」, 『자본주의 경제 산책』, 웅진지식하우스, 2006, 116-117쪽.

세계화 폭력에 맞서기 위해서는 세계적 저항이 급하지만, 저항의 세계적 연대가 말처럼 쉽고 자본만큼 빠른 것도 아니다. 사정이 그렇다면 국가 단위의 투쟁으로 시작하는 수밖에 없다. 세계화 시대의 국민국가는 자본의 이해로 보자면 시효 다한 폐품 창고지만, 노동자의 처지로는 유일하게 비빌 언덕이다. 일국적 저항이 성숙하면—아니 그와 동시에—세계적 연대를 모색해야 한다.[19]

세계화 시대에도 국민국가가 노동자의 유일한 "비빌 언덕"일 수밖에 없다는 주장은 상당히 논쟁적이다. 그러나 그가 일차적인 '주적'을 투기자본으로 설정하고 있다는 점으로 충분히 이해될 수 있다. 각국 정부의 단속과 국제 협력 외에 투기자본을 제재할 "뾰족한 수단"이 없기 때문이다. 또한 노동자계급의 세계적 단결은 자본의 세계화 속도에 뒤처질 수밖에 없다. 따라서 그는 무엇보다 국민적 영역에서 "정치 재무장"이 필요하다고 지적한다. 이와 더불어 1997년 외환위기의 가장 큰 피해자인 동아시아 국가의 노동자들이 지역적 연대를 구축하는 '아시아적 저항 모형'을 조심스럽게 구상한다.[20] 또한 세계화와 지역 통합이 반드시 대립하는 것은 아니지만, 지역 통합체는 "각국의 연대 세력이 국가 단위의 투쟁에서 세계적 규모의 투쟁으로 갈아탈 '환승역' 구실을" 할 수 있으며 세계화 폭력에 안전장치를 마련하는 일이 될 수 있다고 전망한다.[21]

이와 같은 관점과 입장은 정운영의 마지막 칼럼들에서 민족, 조국, 나라,

---

19) 정운영, 「세계화에 대한 '비우호적' 질문」, 같은 책, 143쪽.

20) 정운영, 「세계화에 대한 '비우호적' 질문」, 같은 책, 134-135쪽.

21) 정운영, 「세계화에 대한 '비우호적' 질문」, 같은 책, 143-144쪽.

애국 등의 용어들이 자주 출현하는 이유가 되었다. 일찍이 중국 경제의 급속한 성장을 취재하면서도 "이념보다 질기고 제도보다 강한 민족이 자꾸 생각 났"다고 한 바 있지만,[22] "세계화 시대에도 국가 경제가 있고 민족 자본이 있어야 한다"거나, 정부가 기업의 신뢰를 얻기 위해 "부자를 달래라! 그들이 예뻐서가 아니라 그들이 전대를 풀어야 담배보다 급한 점심이 생기기 때문이다"라고 주문하고, 해외에 나가 돈 쓰지 말고 국내에서 소비하라고 요청하는 "지금은 소비가 애국이어서, 돈 쓰면 나라사랑이라니 좀 좋은가" 등이 그렇다. 또한 "나는 나라를 사랑했고 나라에 나를 바쳤어"라고 말하는 박태준을 각별하게 소개한 것이나, 기업과 노조 모두의 집단이기주의가 경제를 허약하게 만든다고 비판하는 것 등이 그렇다.[23] 외국 자본이 국내 기업을 집어삼키는 와중이니 우선 국가 경제를 지키고 봐야 한다는 것이다.

> 나의 초조는 외자에 의한 국내 기업 초토화에 있소이다. 그러니까 한국 경제 초미의 현안이—이를테면 주적이—바뀌었다는 생각이고, 1980년대 풋내나는 도식을 빌리면 피디(PD)에서 엔엘(NL)로 '변절한' 것이지요. 재벌의 버릇은 고쳐야 하지만 한층 더 절박한 숙제가 우리 기업을 지키는 일이란 말이지요.[24]

이처럼 정운영 자신이 농반진반으로 '변절'을 자임하기도 했지만, 그러

---

22) 정운영, 『중국 경제 산책』, 생각의나무, 2001, 181쪽.

23) 정운영, 『심장은 왼쪽에 있음을 기억하라』, 웅진지식하우스, 2006 중에서 「한국 경제의 '등에' 이야기」, 59쪽; 「부자의 전대를 풀게 하라」, 142쪽; 「지갑과 애국의 협력을」, 169쪽; 「철강인 박태준의 땀, 눈물」, 67쪽; 「기업 탈출의 긴 겨울이」, 159쪽.

24) 정운영, 「나라 위해 우리 변절합시다」, 같은 책, 302쪽.

나 이는 어디까지나 투기자본을 '주적'으로 대해야 한다는 당시 정세 분석의 귀결일 뿐이었다. 그가 돌아갔기 때문에 더 이상 평론을 청할 수가 없지만, 2008년 미국의 서브프라임 사태와 더불어 세계 금융 위기가 현실화된 현시점의 정세라면 그는 틀림없이 더 '삐딱해서 근사한' 대안을 모색하고 있을 것이다. 하지만 세계화 시대에 정운영이 '열외자의 고독'을 감수하면서까지 희망을 찾으려 한 곳은 '한국'이었으며, 바로 이곳이 그의 사랑과 혁명의 장소였다는 점은 기억하자.

지식인이라는 것이 대체 무엇이냐

"지식인이라는 것이 대체 무엇이냐고 묻는다면, 저는 오래 전부터 준비한 이런 대답을 들려드리겠습니다: '지식인이란 거부하고 저항하는 사람이다.'"[25] 김수영 시인이 자유당 독재가 무너지고 새로운 정부가 태어나기도 전에 "제2공화국, 너는 나의 적이다"라고 쓴 것에서 정운영은 지식인의 역할을 발견한다. "태어나지도 않은 권력을 상대로 어차피 나는 너의 적일 수밖에 없다는 이런 선언이야말로 마땅히 지식인이 본받아야 할 교훈"이라는 것이다. 아마 이런 신념이 그의 삐딱함과 냉소와 고독의 연원이었을 것이다.

> 나는 모든 때, 모든 곳에서, 모든 것에 모름지기 반대하는 일이 지식인의 임무이고, 혹시 그가 다소라도 그 반대의 소명에 유보의 자세를 취할 때는 즉시 지식인의 자격이 상실된다고 믿고 있습니다. …… 모두에게 저항하는 행

---

25) 정운영, 「대학, 대학인, 대학생활」, 『레테를 위한 비망록』, 한겨레신문사, 1997, 289~290쪽.

위는 결국 아나키에 불과하다고 거세게 비난하더라도, 그것이 어느 한쪽에 편승하여 분별없이 자행하는 독선보다 훨씬 덜 위험하다는 의미에서 나는 나의 주장을 철회할 생각이 없습니다. 지식인의 책무는 무엇보다 부수는 데 있으며, 그것을 다시 세우는 일은 얼마든지 다른 사람에게 맡겨도 됩니다.[26]

그는 모든 것에 대한 거부와 저항이 지식인의 필수적인 '임무'이자 유일한 '대안'이라고 믿었다. 그래서 그는 1980년대 대학생들이 마르크스주의에 심취할 때 그것이 다가 아니라고 했고, 현실 사회주의가 몰락하고 '포스트 시리즈'가 유행할 때는 그래도 마르크스주의가 유효하다고 권고했으며, 대다수가 국가의 폭력성과 무능력을 성토하며 등을 돌릴 때 오히려 국민국가의 필요성(활용성)을 역설했다. 하지만 그 저변에 깔려 있는 그의 일관된 꿈은 사람다운 자유와 굶지 않을 정의를 누리는 소박한 세상이었다. "제가 바라는 세상은 그야말로 소박하고 단순합니다. 잠시 이 세상에 머물다가 떠나는 인간은 그 머무는 순간만이라도 자유롭고 정의롭게 살아야 한다는 것입니다. 자유가 봄풀처럼 돋아나고 정의가 샘물처럼 솟아나는 사회의 건설이 책갈피의 이상이라면, 최소한 사람답게 사는 자유와 굶지 않을 정의만이라도 누려야 합니다."[27]

그는 딱딱한 이론을 쉽게 풀어주는 남다른 솜씨를 갖고 있었고, 현실에 압도되지 않고 거리를 두고 지켜보는 논리적 이성을 견지했다. 하지만 투철한 지성 못지않게, 「9월이 오면」을 들으며 히죽거리고 「목마와 숙녀」를 읊조리며 통증을 느끼고, 지하철에서 책을 읽으며 눈물을 떨구는 섬세한 감성도

---

26) 정운영, 「삶과 글을 위한 변명」, 『경제학을 위한 변명』, 까치, 1991, 5쪽.

27) 정운영, 「고백」 I, 『레테를 위한 비망록』, 한겨레신문사, 1997, 25쪽.

간직하고 있었다. "흔들리는 곳에서는 책을 읽지 않는 평소의 신조를 깨고, 강의 뒤 자정 가까운 지하철에서 책을 펴들었다. 얼마나 지났을까 눈시울이 화끈하더니 책 위로 무엇이 후드득 쏟아지는 게 아닌가. '내 이 아줌씨, 이럴 줄 알았다니까.'"[28] 게다가 "사랑이 없으면 혁명도 없다"라고 즐겨 말하곤 했던 것처럼 늘 '축축한 이야기' 한 자락을 곁들이는 여유를 잃지 않았다. 그의 차가운 이론과 뜨거운 심장이 있었기에 한국 사회는 적어도 그의 '긴 목' 높이만큼은 보다 살만한 곳이 되었을까? 그렇지는 않더라도 그는 한국전쟁 이후 한국 사회에서 가장 대중적인 인기를 누린 희귀한 마르크스주의자였다. 9월이 오면 정운영을 통과하는 한국적 마르크스주의의 길을 묻고 싶다.

---

28) 정운영, 「10월의 크리스마스」, 『심장은 왼쪽에 있음을 기억하라』, 웅진지식하우스, 2006, 52쪽.

애도의 정치와 멜랑콜리 주체

　　1980년대는 가히 운동사회(movement society)였다. 운동사회란 전문화되고 제도화된 사회운동이 다양한 영역에 상존함으로써 쟁투정치(contentious politics)가 확대된 현대 민주주의의 역동적인 시민사회를 가리키는 개념이다. 민주화운동이 다양한 부문과 지역으로 확산되고 조직화되면서 새로운 운동 문화를 만들어낸 1980년대의 한국 사회에도 적용해볼 수 있다.[1] 특히 운동사회를 주도한 '운동권'의 정치 주체들은 당대의 지배적인 감각 체계에 대항하여 군부독재에 의해 죽임을 당하거나 저항의 방법으로 죽음을 선택한 열사들의 들을 수 없는 목소리를 들으려 했고, 애도할 수 없는 정치적 상황에서 애도의 노래를 부르려 했으며, 애도할 수 없는 사람들에게 말을 건네려 했고, 끝내 애도가 불가능한 조건에서 열사들의 정신을 이어받아 스스로의 삶 자체를 버리는 죽음으로 나아가기도 했다.

　　이 글에서는 1980년대 운동가요, 추모제와 장례 투쟁, 열사들의 유서 등을 통해 애도의 정치가 불가능한 상황에서 '운동권' 활동가들이 멜랑콜리 주

---

1) 조대엽, 「광주항쟁과 80년대 사회운동문화: 이념 및 가치를 중심으로」, 『민주주의와 인권』 3권 1호, 2003, 179~182쪽.

체로 구성되는 과정을 탐구한다. 물론 여기서 1980년대의 감성을 총체적으로 재현할 수는 없으며, 다만 당시 정치 주체들에게 드러나는 감성의 일부 좌표들을 구획하면서 그 현재적 함의를 성찰해볼 것이다.

감성의 좌표: 운동가요

아마 1980년대 운동사회의 감성 좌표를 분명하게 보여주는 것으로 자주 불린 노래들에 필적할 만한 것이 없을 것이다. 흔히 '운동가요'(또는 '민중가요')라고 지칭되는 노래들은 대중가요와 거리를 두는 '노래 문화'의 일환으로 만들어지고 불렸다. 그 바탕에는 1970년대 대학의 운동 집단에 의해 형성된 "대중문화를 의식적으로 거부"하는 '운동권 문화'가 놓여 있었다. 이 노래 문화는 1980년대 학생운동의 성장과 함께 양적·질적인 도약을 이루었다.

운동가요의 변천사로 보자면, 1980년대의 감성은 크게 세 시기로 구분해 살펴볼 수 있다. 첫째, 1980년 5·18 광주항쟁 직후 억압적인 정치적 분위기에 눌려 있다가 1983년 2월부터 국민 화합이라는 명목으로 유화 조치가 단계적으로 시행되기 시작하는 시기이다. 1980년대 초의 노래들은 5·18의 죽음과 패배의 경험이 어둡게 깔려 있는 "암울"하고 "단조의 노래가 풍기는 비장감"이 특징이었다.[2] 대표적으로 「전진가」와 「친구 2」를 예로 들 수 있다.[3]

---

2) 이영미, 「노래로 본 80년대 학생운동」, 『말』 12월호, 1989, 164-165쪽.

3) 이하 노래 가사는 모두 다음 문헌에서 인용한다. 아침노래기획 엮음, 『91 노래총모음: 참사랑』(아침이슬 2집), 아침, 1991.

「전진가」

낮은 어둡고 밤은 길어 / 허기와 기만에 지친 형제들 / 가자 가자 이 어둠을 뚫고 / 우리 것 우리가 찾으러 / 또 빼앗겨 밭도 빼앗겨 / 착취와 수탈에 지친 형제들 / 가자 가자 이 어둠을 뚫고 / 우리 땅 우리가 찾으러

둘째, 1983년 12월 21일 학원자율화 조치 이후 극심한 탄압이 일정하게 완화되고 교정에서 경찰이 철수하는 등 "작은 승리"를 경험하며 1987년에 이르는 시기이다. 1982년 「임을 위한 행진곡」이 유행하면서 "죽음의 절망으로부터 승리의 의지"로 나아가는 노래들이 1984년부터 쏟아져 나오며 노래 문화가 절정을 이루었다. 물론 이 시기에도 죽음과 패배의 비장감이 근저에 있기는 하지만, "덜 절망적"이고 "밝고 힘찬 의지"가 겹쳐진다.[4] 대표적으로 「전진하는 새벽」, 「전진하는 동지」, 「선봉에 서서」, 「내가 이 세상에 태어나」, 「타는 목마름으로」, 「청산이 소리쳐 부르거든」, 「어머니」, 「광주 출정가」, 「전진하는 오월」 등이 있다.

「전진하는 새벽」

쏟아지는 빗발 뚫고 오던 무거운 어깨 / 말없이 동녘 응시하던 동지의 젖은 눈빛 / 이제사 터오니 당신의 깃발로 / 두견으로 외쳐대는 사선의 혈기로 / 약속한다 그대를 딛고 전진하는 새벽 / 어느새 닥친 조국의 아침 / 그대를 기억하리라

또한 1985년 이후 단조의 행진곡보다 "유장한 가곡풍의 노래"가 널리 불

---

4) 이영미, 「노래로 본 80년대 학생운동」, 『말』 12월호, 1989, 165쪽.

리는데, 행진곡의 "강렬하고 단순한 정서"보다 "선이 가늘고 복잡한 정서와 의미"를 담고 있었다. 그 가운데 주목할 만한 것은 열사의 추모곡이거나 추모제에서 애창할 수 있는 곡들이었다.[5] 대표적으로 박종만 열사의 장례식에서 발표된 「동트는 그날까지」, 전태일 열사의 생애를 다룬 노래 공연 '불꽃'의 주제가인 「그날이 오면」, 김세진·이재호 열사의 추모곡 「벗이여, 해방이 온다」, 이한열 열사의 추모곡 「마른 잎 다시 살아나」 등이다.

「벗이여, 해방이 온다」

그날은 오리라 자유의 넋으로 살아 / 그대여 고이 가소서 그대 뒤를 따르리니 / 그날은 오리라 해방으로 물결 춤추는 / 그대여 고이 가소서 그대 뒤를 함께 하리니 / 그대 타는 불길로 그대 노여움으로 / 반역의 어두움 뒤집어 새날 새날을 여는구나 / 그날은 오리라 가자 이제 생명을 걸고 / 벗이여 새날이 온다 벗이여 해방이 온다

셋째, 1987년 6월 항쟁과 7~9월 노동자대투쟁이라는 큰 승리를 경험한 이후 1991년에 이르는 시기이다. 한편으로 다소 열린 이념적 지평에서 민족해방, 반미, 통일 등과 더불어 해방과 분단의 역사를 다룬 노래들이 애창되었고(「민족해방가 2」, 「잠들지 않는 남도」, 「한라산」, 「지리산 1, 2」, 「조선은 하나다」, 「애국의 길」), 다른 한편으로는 노동자들의 시위, 집회의 증가와 더불어 노동가요가 대학가에서 최고 인기를 누렸다(「파업가」, 「노동조합가」, 「딸들아 일어나라」, 「단결투쟁가」, 「동지여 내가 있다」). 특히 1987년 이전에는 대학의 노래 문화가 노동 현장으로 흘러갔지만, 이 시기에는 노동 현장을 휩쓴 노동가요가 대학의 노래

---

5) 이영미, 같은 글, 167쪽.

문화로 유입되는 "역류" 현상을 보였다. "튼튼하고 건강한 운동적 정서, 노동자적 낙관성, 일상적 정서에 바탕을 둔 투쟁 정서" 등이 새로운 감성으로 나타난다.[6] 또한 운동가요는 1987년에서 1991년까지 '민중가요'라는 이름으로 유례없는 대중화에 성공한다. 한편으로 대학생과 지식인 중심의 민중가요가 노동자와 농민에게 광범위하게 확산되었고, 다른 한편으로 '노래를 찾는 사람들'로 대표되듯이 일반 대중들이 민중가요의 수요층으로 흡수되면서 대중가요에 충격적인 영향력을 발휘했다.

이와 같이 운동가요에 담긴 감성이 변화하는 과정은 적어도 1987년 이후 노동가요가 대중화되기 전까지는 우울하고 비장한 애도의 노래들이 지배적이었음을 시사한다. 그것은 우선 5·18 항쟁에서 학살당한 사람들에 대한 애도였다. 동시에 전두환 독재정권에 저항하는 방법으로 자결과 분신을 선택하거나, 시위 과정에서 또는 체포되어 고문을 당하는 과정에서 공권력에 의해 죽임을 당한 열사들에 대한 애도였다. 하지만 운동가요는 지배적인 감각 체계에서 금지되고 배제된 노래였다. 애도의 노래를 공개적으로 부를 수 없다는 사실은 사회적 애도가 불가능했던 당시 정치적 조건을 극명하게 드러낸다. 죽은 자들에 대한 슬픔과 죽인 자들에 대한 분노는 정상적인 애도 작업으로 해소될 수 없었다. 정치 주체들은 죽은 자들을 떠나보내지 못하는 슬픔에 잠긴 채 은밀하게 활동과 투쟁을 조직해야 했다. 1987년 6월 항쟁과 7~9월 노동자대투쟁 이후 노동운동의 힘이 분출하고 운동가요의 대중화가 일어나면서 승리와 희망을 담은 정서가 사회적으로 부상했다. 하지만 6월 항쟁 이후 또 다른 민주화의 분수령이었던 1991년 5월 투쟁에서 강경 진압에 의한 죽음, 저항적인 분신, 의문사 등 1980년대 내내 군부독재에서 일어난 모든 죽

---

6) 이영미, 같은 글, 168쪽.

음의 형식들이 압축적으로 발생하면서 운동사회는 더는 감당하기 어려운 죽음들과 마주해야 했다.

감성의 좌표: 추모제와 장례 투쟁

1980년대에 해마다 5월은 운동사회의 저항이 격렬하게 일어나는 사회운동의 달이었다. 광주학살 진상 규명과 책임자 처벌을 요구하며 반정부 시위가 연일 전개되었고, 화염병을 던지고 최루탄을 쏘아대는 풍경은 '전쟁터'를 방불케 했다. 매년 5·18 전야제와 추모제로 집중되는 다양한 '5월의 행사'도 마찬가지였다. '5월의 행사'는 당국의 불허나 방해와 감시에 대항하는 또 하나의 투쟁이 될 수밖에 없었다. 그로 인해 5·18 추모제는 1981년부터 1987년까지 비합법 투쟁, 1988년부터 1992년까지 반합법 행사로 진행되다가 1993년 문민정부가 출범하고 난 뒤 비로소 합법적인 의례로 전환되었다. 그리고 1997년 국가기념일로 지정되어 국가 의례로 자리 잡는다. 1980년대에는 애도와 추모 자체가 빈번히 불법이었고, 애도와 추모를 위한 사회적 의례를 진행하는 것 자체가 민주화운동의 일환이 되어야 했다.

대학가에서도 5월은 광주항쟁의 진상을 규명하고 망월동 묘지를 참배(또는 순례)하는 추모와 투쟁의 시간이었다. 그리고 이 과정에서 또 다시 수많은 이들이 체포·구속되었고, 심지어 죽임을 당하거나 스스로 죽음을 선택하는 일이 반복되었다. 1980년대 민주화운동 과정에서 발생한 수많은 죽음들은 그 사망 원인과 무관하게 모두 열사라는 이름으로 호명되었다. 이는 또 다른 추모제와 장례 투쟁으로 이어졌고, 열사를 정치 주체의 모범으로 상징화하는 작업을 동반했다.

열사를 기리는 노제를 지내고 묘역으로 향하는 장례 투쟁은 공개적인 의례가 가능해지는 1987년부터 진행되었다. 장례 투쟁은 열사들 가운데 특히 광주 망월동 묘지에 묻히는 경우에 격렬하게 전개되었다. 또한 열사의 사망 장소가 서울인 경우에는 서울과 광주를 중심으로 장례 투쟁이 전국적으로 확산되는 양상을 보였다. 1980년대의 장례 투쟁은 망월동 묘지를 기준으로 1987년 6월 항쟁의 이한열 열사부터 1991년 5월 투쟁의 강경대 열사 등을 포함해 5년 여 동안 17회 진행되었다. 그러다 1991년 5월 투쟁 이후 문민정부(1993~1997년)와 국민의정부(1998~2012년)를 거치며 사라진다. 이와 같은 장례 투쟁은 "국가권력의 폭력성을 폭로하는 기능을 갖고 있었을 뿐 아니라, 희생자 개인을 '열사'로, 광주를 '민주성지'로 재구성하는 상징적 의례였다. 죽음은 가족적 의미를 넘어서서 사회적인 것으로, 나아가서는 민족적인 것으로 간주되어 장례의식이 학교장이나 사회장의 형태"로 진행되었다.[7]

하지만 열사들의 죽음과 장례 투쟁은 그 자체가 고통스런 슬픔일 수밖에 없었다. 예컨대 김진균은 장례위원이 될 때마다 소름이 끼쳤다고 고백한다.

> 80년대에 배운 것이 있다면 열사라고 이름 붙이는 사람들의 역사적 의의를 계승하기 위해서는 민민운동 진영에서 '장례'도 하나의 투쟁이라고 인식하고 이것을 역사의 정사(正史)에 올려놓고자 하는 운동이다. …… 그렇지만 생각해보라. 아무리 장례가 엄숙하고 장엄하다고 해도 분신은 해서는 안 될 일이다. 한국 사회가 사람 목숨을 이렇게 가볍게 대접하는가? 살아 있어서

---

7) 정근식, 「5월운동과 혁명적 축제」, 『저항 연대 기억의 정치』 2, 문화과학사, 2003, 447쪽. 1997년 5·18이 국가기념일로 지정된 이후의 추모의례에 관해서는 정호기, 「저항의례의 국가화와 계승 담론의 정치: 5·18민중항쟁의 추모의례」, 『경제와 사회』 76호, 2007 참조.

절규하는 이야기를 왜 귀담아 들으려고 하지 않는가? 우리나라가 어느 지경 까지 추락하고자 하는 것인가? 내가 장례위원 명단에 들어갈 때마다 소름이 끼치는 것은 이런 연유에서이다.[8]

1987년 이후에도 열사들에 대한 공개적인 사회적 애도의 의례는 투쟁 없이는 성사될 수 없었으며, 그로 인해 장례와 투쟁의 결합이라는 기묘한 형식이 만들어졌다. 하지만 열사의 시신을 모신 관을 운구하며 상심한 유가족들과 함께 공권력과 대립하는 풍경은 비감과 분노를 증폭시켰다. 1980년대에 국가폭력에 의한 죽음을 정치적으로 애도하려는 사람들과 애도를 막으려는 자들 사이의 대립은 일상적인 극심한 긴장감을 초래했다. 이 과정에서 점점 늘어가는 열사들의 숫자는 쉽게 견디기 어려운 고통스런 슬픔으로 깊게 새겨질 수밖에 없었다.

정치 주체의 감성: 열사의 유서

1980년대 운동사회에서 스스로 죽음을 선택한 사람들의 감성은 무엇이었을까? 부족하나마 열사들이 남긴 유서를 통해 그 일부를 재구성하는 일은 가능할 것이다.

1980년 5월 27일 광주에서 '최후의 항전'이 진압된 뒤 곧바로 5월 30일 서강대 김의기가 투신하고, 6월 9일 노동자 김종태가 분신하는 사건이 연이어

---

8) 김진균, 「장례위원 명단이 신문 광고에 나올 때마다 소름이 끼친다」, 『불나비처럼』, 문화과학사, 2005, 251~252쪽.

일어났다. "동포여, 우리는 지금 무엇을 하고 있는가"라고 외친 김의기처럼 김종태의 유서도 5·18 학살을 자행한 전두환 정부에 대한 준엄한 비판과 죽임을 당한 이들에 대한 애도의 마음을 보여준다.[9]

김종태(노동자, 1980년 6월 9일, 분신)의 유서(전문)

국민의 의사를 몽둥이로 진압하려다 실패하자 칼과 총으로 진압하면서 그 책임을 순전히 불순 세력의 유언비어 운운하며 국민을 기만하고 우롱하고 있습니다. 국민들이 계엄 철폐를 주장하면 계엄을 더 확대시키고 과도 기간 단축을 요구하면 더욱 늘리려고 혈안이 되어 있으면서 학생들에게는 자제와 대화를 호소한다니 정말, 정부에서 말하는 대화의 자세란 어떤 것인지 궁금하기만 합니다. 안보를 그렇게 강조하면서도 계엄령 확대와 시민의 감시 등을 하기 위해서 전방의 병력들을 빼돌려 서울로 집결시키는 조치는 정말 이해가 안 갑니다. 사리사욕이라는 것이 그렇게 무서운 것인가를 새삼 느꼈으며 권력이 그렇게도 잡고 싶은 것인 줄 새삼 느꼈습니다. 한마디로 한국 국민들을 무시하고 있습니다. 국민의 저력을 우습게 보고 있는 저들에게 따끔한 경고를 해주고 싶습니다. 독재자 박정희의 말로가 어떻게 끝났는가 하는 물음을 던지고 싶습니다. 내 작은 몸뚱이를 불사질러 국민 몇 사람이라도 용기를 얻을 수 있게 된다면 저는 몸을 던지겠습니다. 내 작은 몸뚱이를 불사질러 광주 시민, 학생들의 의로운 넋을 위로해드리고 싶습니다. 아무 대가 없이 이 민족을 위하여 몸을 던진다는 생각은 해보지 않았습니다. 너무 과분한, 너무 거룩한 말이기에 가까이 할 수도 없지만 도저히 이 의분을 진정할 힘이 없어

---

9) 이하 유서들과 추모 자료집은 모두 민주화운동기념사업회의 오픈아카이브(open archives)에서 검색한 「열사유서」 문서 사료에서 인용한다. http://archives.kdemo.or.kr.

몸을 던집니다.

김종태는 국민을 강압하고 기만하는 독재 권력을 비판하면서 광주의 "의로운 넋을 위로"하기 위해 "민족을 위하여 몸을 던진다"라고 썼다. 또한 그럼에도 그것은 "너무 과분한, 너무 거룩한 말"이라고 함으로써 노동자라는 자신의 신분과 크게 대비시키고 있다. 이와 같은 대비는 1984년에 농약으로 자살한 대학생의 유서에서도 마찬가지로 나타난다.

김준호(전북대 철학과, 1984년 12월 7일, 음독)의 유서(부분)

나는 이제 사라진다 / 고통은 이제 그만이다 / 그러나 진리에 젖은 나를 너무 슬퍼하지 마라 / 슬픔은 기쁨을 낳는 것 / 고통은 진실을 수반한다 / 태연하게 죽어가는 나를 보고 너무 괴로워하지 마라 / 아! 무언가 괴로운 슬픔이여 / 정의로운 존재는 가냘픈 기억들을 낳고 / 고생스러운 슬픔은 정의를 낳는다 / 그러나 우리는 살아남아야 한다 / 자기 자신을 위해서가 아니라 타인을 위해 살아남아야 한다 / 나는 바보와 같이 죽는다 / 그것도 농약으로 자살한다 / 다른 삶의 유혹에 넘어가지 않기 위해 슬픔을 지워버린다 / 저들이 간악스런 고통을 행하기 전에 나는 사라져버린다 / …… 혁명은 소리쳐야 하는 것 / 진실한 혁명은 자기로부터 일어나야 하는 것 / 고립된 자아로부터 벗어나라 / 나는 나 자신을 사랑하기에 죽는다 / 그렇지만 나는 나 자신을 사랑하기에 앞서 다른 사람을 사랑한다 / 그러기에 더욱 더 죽을 결심을 한다

이 유서의 주요 언어는 고통, 슬픔, 진리, 진실, 정의, 사랑 등이다. "다른 삶의 유혹에 넘어가지 않기 위해", "저들이 간악스런 고통을 행하기 전에"라는 말은 진리와 정의를 추구하는 삶을 살고 싶은 마음과, 현실 속에서 그렇

게 살지 못하도록 하는 유혹 사이에서 심각한 고통과 슬픔을 겪는 주체의 내면을 드러내고 있다. 이와 같은 실존적 갈림길의 구도에서는 진리와 정의가 강렬해질수록 그에 미치지 못하는 자아에 대한 비난과 자책으로 나아가기 쉽다.

1980년대에 이와 같은 대학생들의 고민은 상당히 일반적인 것이었다. 1986년 10월 28일에 일어난 '건대 사건'의 탄압과 왜곡에 항의하며 11월 5일에 분신·투신한 진성일(경성대 행정학과)은 유서에서 "10월 29일 서울에 있는 대학가 특히 건국대와 부산의 부산대 동아대 모두 민주를 위해 민중을 위해 투쟁하고 있는 시점에 우리 산대는 대동제나 하면서 희열에 빠져 있었다 / 산대인이여 우린 똑같이 대한민국 대학생으로서 진실을 보고 외면하여서는 안 된다 / 똑같이 눈을 뜨고 진리를 위해 우리 싸우자 어떤 고통과 희생이 따르더라도 이 땅에 암흑을 모조리 몰아내자"라고 썼다. 군사독재의 탄압에 맞서지 않는 것은 "진실을 보고 외면"하는 일이며, 수많은 이들이 죽음으로 내몰리는 정치적 상황에서 대동제를 하며 즐거워하는 것은 죄스러운 일로 여겨졌다. 진성일 열사의 3주기 자료집에는 그의 삶이 다음과 같이 기록되어 있다.

〈글방산수〉와 동아대 학우들과의 교류를 통해 인식을 심화시킨 진 열사는 이론에만 집착하는 나약한 지식인이 되기를 거부하고 가장 착취당하고 억압당하는 노동자계급의 편에 서서 자신을 재정립할 계기를 찾는다. 그는 노동자들의 임금 인상 투쟁을 담은 테이프를 듣기도 하고 이 문제에 대해 친구들과 토론도 벌였다. 그리하여 마침내 86년 초 동양고무 노동자에 대한 부당 해고, 성폭행 소식을 접하고 자신의 안이하고 개인주의적인 생활 태도를 깊이 반성하고 "노동자들의 생활과 실태, 생각과 활동들을 배우고 함께 생활하면서 나의 역할이 무엇인지 알고 행하기 위해" 혈혈단신으로 공장 생활을 결심하고 86년 7월 가출한다. 그는 가출하며 남긴 글에서 다음과 같이 말하고 있다. "아버님 용서하세요. 정의와 진리의 길이 저를 부르고 있습니다. 평범하게 대학을 졸업하고 아버지가 알선해주시는 직장에 다니는 평범한 삶에는 만족할 수 없습니다. 어릴 때부터 제 주변에서 호사스러운 생활을 보고 듣고 할 때마다 제 마음속에는 부유함 뒤에 숨어 있는 수많은 농민, 노동자, 고통받는 민중의 모습이 떠올랐습니다. 저는 정의와 진리의 길을 따르렵니다. 아무리 고통스럽고 험난할지라도 끝까지 제 길을 걸어가겠습니다." 이는 껍데기를 벗고 자유와 민주, 평등의 참세상을 향해 새롭게 태어나는 한 젊은이의 양심선언이 아닐 수 없다. 하지만 그의 결심은 순탄하게 실행되지 못한다. 장남의, 안정과 행복을 버리고 형극의 길을 걷겠다는 결의에 대해 가족들은 그를 이해하지 못하고 그에게 심리적 부담만 가중시킨다. 하여 공장에 들어가지 못한 채 가정으로 돌아오고만 그를 향해 '봉건적 가족주의'의 해독을 청산하지 못하였다고 비난할 수 있을까?[10]

열사들처럼 죽음을 선택하지는 않을지라도, 민중의 삶과 학생운동을 고민하는 대다수 대학생들의 아픈 고민의 궤적은 이와 크게 다르지 않았을 것이다. "고통 받는 민중"과 삶을 공유하는 "진리와 정의의 길"이 있었고, 이는 자신의 "호사스러운 생활"을 포기하고 "안정과 행복을 버리고 형극의 길을 걷겠다는 결의"를 요구하는 일이었다. 하지만 가족과 관계를 단절하는 것이 결코 쉬울 리가 없었다. 그럼에도 불구하고 위의 기록은 "봉건적 가족주의의 해독을 청산하지 못하였다"라는 비판이 운동사회에서 널리 행해지고 있었다

---

10) 애국 경성대 총학생회, 『진성일 열사 3주기 추모 자료집: 불의 선언』, 1989, 19쪽.

는 것을 또한 간접적으로 시사하고 있다. 1980년대 운동사회의 분위기와 정서는 당시 대학생 활동가들이 자신에게 "보장된 비교적 안락한 미래"와 "자신에게 온갖 삶의 기대를 다 걸고 있는 부모님", "여태까지의 자신의 일상적인 삶"을 부정해야 한다는 것이었다. 이는 운동가요에서도 자신들의 투쟁 과정을 더욱 비장하게 느끼고 비극적으로 과장하게 했다. "목 놓아 통곡하는 듯한 노래들, 어머니에 대한 죄책감의 표현 등은 바로 이러한 정서의 소산"이었다.[11] 열사의 유서에 담긴 감성은 죽음을 선택한 일부 개인들의 사적인 차원이 아니라, 1980년대 정치 주체들을 규정하는 보편적인 맥락을 구성하고 있었던 것이다.

그러나 가족 관계를 부정하지 못하고 평범한 일상생활을 벗어나지 못할때 정치 주체가 직면하는 감성은 자기 자신에 대한 자책과 미움이었다.

조성만(서울대 화학과, 1988년 5월 15일, 할복 투신)의 유서(부분)

척박한 땅, 한반도에서 태어나 인간을 사랑하고자 했던 한 인간이 조국통일을 염원하며 이 글을 드립니다. …… 진정한 언론 자유의 활성화, 노동 형제들의 민중 생존권 싸움, 농민 형제들의 뿌리 뽑힌 삶의 회복, 민족 교육의 활성화 등등 이루 헤아릴 수 없는 무수한 문제를 쌓아놓고 있는 현실 속에서 지금 이 순간에도 무수한 우리의 형제들이 고통받고 있다는 현실은 차분한 삶을 살아가고자 하는 인간에게 더 이상의 자책만을 계속하게 할 수는 없었으며, 기성세대에 대한 처절한 반항과, 우리 후손에게 자랑스러운 조국을 남겨

---

11) 이영미, 「노래로 본 80년대 학생운동」, 『말』 12월호, 1989, 166쪽. 지식인이 공산 국가의 주역인 프롤레타리아가 아니면서도 이념과 신념을 갖고 공산주의를 실천할 때 직면하게 되는 멜랑콜리에 대해서는 노현주, 「코뮤니스트와 멜랑콜리: 지식인 빨치산의 심리 기제에 관한 고찰」, 『한국문학이론과 비평』 57집, 2012 참조.

주어야 한다는 의무감만을 깊게 간직하게 했습니다.

무수한 사회적 모순과 민중의 고통을 외면한 채 살아가는 것은 용기 있게 싸우지 못하는 스스로의 나약함에 대한 끊임없는 자책을 낳았고, 더러운 세상에 대한 분노는 도리어 나약한 자기 자신에 대한 미움으로 굴절되었다. 이와 같이 스스로를 향한 자책과 미움은 '새로운 세상'에 대한 열망이 클수록, 현실에서 고통 받고 있는 사람들, 싸우다 죽어간 사람들에 대한 부끄러움과 죄책감이 강할수록 더욱 깊어질 수밖에 없었을 것이다. 물론 이런 감성들은 1980년대 운동사회의 정치 주체들이 학생운동에 뛰어들고 노동운동에 참여하도록 하는 무시할 수 없는 요인이기도 했다. 하지만 1980년대는 수많은 열사들의 죽음을 사회적으로 애도할 수 없는 정치적 조건이었다. 이런 상황에서 1980년대 운동사회의 정치 주체들은 거룩한 진리와 정의를 상징하는 죽은 자들의 세계와 나약하고 비겁하게 일상에 안주하는 산 자들의 세계 사이에 끼어 있는 분열된 존재일 수밖에 없었다.

진정한 애도의 정치를 위해

1980년대 운동 사회에서는 죽은 자들을 애도하려는 노래들과 의례들이 주요 감성의 좌표를 형성하고 있었다. 하지만 궁극적으로 정상적인 애도는 불가능한 시대였다. 애도가 불가능하다는 것은 죽은 자들을 결코 떠나보낼 수 없다는 것을 의미했다. '운동권' 활동가들은 열사들의 삶과 투쟁을 이상화하며 '열사 문화'를 만들어갔고, 죽음으로 저항한 열사의 초상에 근접하지 못하는 삶을 부끄러워하며 자기 자신과 '동지'를 강하게 비판하는 경향을 강화시켰다.

일찍이 프로이트는 애도와 멜랑콜리가 사랑하는 사람이나 어떤 이상(理想)의 상실에 반응하는 두 가지 방식이라고 지적한 바 있다. 애도는 상실의 슬픔을 고통스럽게 극복함으로써 상실한 대상과 분리되고 결국 그 대상을 잊는 작업이다. 애도가 실패할 경우 나타나는 멜랑콜리의 주요 특징은 "심각할 정도로 고통스러운 낙심, 외부 세계에 대한 관심의 중단, 사랑할 수 있는 능력의 상실, 모든 행동의 억제, 그리고 자신을 비난하고 자신에게 욕설을 퍼부을 정도로 자기 비하감을 느끼면서 급기야는 자신을 누가 처벌해주었으면 하는 징벌에 대한 망상적 기대를 갖는 것" 등이다. 그 가운데 애도와 구별되는 멜랑콜리의 결정적인 차별성은 "자애심(自愛心)의 추락"이다.[12]

요컨대 멜랑콜리의 가장 중요한 특징은 자책과 자기 비난을 동반하는 "자존감의 저하"에 있다.[13] 멜랑콜리 환자는 자책과 자기 비난을 쏟아내며 스스로 쓸모없고 하찮은 존재라고 여긴다. 이와 같은 자기 비난은 사랑하는 대상이 자신을 떠났다는 원망과 분노가 자신에게 향하는 것이다. 이는 멜랑콜리 환자가 상실한 대상과 스스로를 동일시하기 때문에 나타나는, 자신에게 내화된 상실한 대상에 대한 비난이다. 멜랑콜리 환자는 잃어버린 대상의 시선으로 세상을 바라보려 노력하고, 상실한 대상이 하던 일을 이어받아 수행하

---

12) 지그문트 프로이트, 윤희기·박찬부 옮김, 『정신분석학의 근본 개념』, 열린책들, 2003, 244~245쪽. 애도(tauer)는 단순히 슬픔이나 슬픈 감정이 아니라 상실한 대상에 대한 슬픔을 처리하는 의식적인 작업과 고통을 견디는 과정을 함의하고 있다. 그리고 멜랑콜리(melancholie)는 오늘날 일상적으로 사용하는 용어인 우울증(depression)과 다르다. 일상어가 된 우울증은 대체로 제약 회사의 정신 치료약에 표시되어 있는 기분, 식욕, 수면 등과 관련된 복합적인 증상이다(김석, 「애도의 부재와 욕망의 좌절」, 『민주주의와 인권』 제12권 1호, 2012, 60쪽; 대리언 리더, 우달임 옮김, 『우리는 왜 우울할까』, 동녘, 2011, 20~25쪽).

13) 대리언 리더, 우달임 옮김, 『우리는 왜 우울할까』, 동녘, 2011, 43쪽.

기도 하면서 제대로 일처리를 하지 못하는 자신의 무능을 탓한다. 애도 작업이 상실한 대상과 분리되는 것이라면, 멜랑콜리는 오히려 상실한 대상과 동일시하면서 그 속에 함몰되는 것이다.[14]

앞서 살펴본 것처럼, 1980년대 운동사회의 정치 주체들은 사회적 애도가 불가능한 정치적 조건에서, 독재 체제에 저항하다 죽어간 자들의 뜻을 받들어 정의와 진리의 길을 추구하려 분투했다. 그리고 편리한 일상생활에 젖어 민중의 아픔과 고통을 함께 나누지 못한다고 여겨지는 순간마다 스스로를 채찍질하며 자책하고 비판했다. 때로는 스스로 죽음을 선택함으로써 죽어간 자들을 뒤따르기도 했다. 이런 맥락에서 1980년대의 정치 주체를 애도에 실패한 멜랑콜리 주체라고 명명할 수 있을 것이다. 이 멜랑콜리 주체들은 슬픔, 비감, 스스로를 향한 비난과 미움이 불가피하게 작동하는 감성의 세계 속에서 실존의 고뇌를 감수하며 민주주의를 열망했다. 그들은 사회적 애도를 실행하지 못한 상황에서 죽은 자들을 떠나보낼 수 없었다. 그런 만큼 '살아남은 자의 슬픔'을 간직한 채 강력하게 저항할 수 있는 주체가 되고자 했지만, 현실적으로는 살아 있으면서 이상적인 열사의 상을 체현하는 것 또한 불가능한 일이었다. 이 때문에 멜랑콜리 주체는 "죽은 자의 세계와 산 자의 세계라는 두 세계에 끼어 있"을 수밖에 없다. 이 분열된 존재는 일상생활을 진리와 정의가 함께하는 죽은 자들의 세계와 달리 "텅 빈 껍데기, 그저 환영에 불과한 가짜, 실체가 없는 그림자"로 감각한다.[15]

멜랑콜리 주체라는 개념은 1980년대 정치 주체들이 정신분석학적인 병리적 상태에 빠져 있었다고 주장하기 위한 것이 아니다. 그것은 죽은 자를 대

---

14) 대리언 리더, 우달임 옮김, 같은 책, 59-61쪽.

15) 대리언 리더, 우달임 옮김, 같은 책, 202-203쪽.

하는 관점과 태도에 내재된 어떤 곤경을 보여준다. 멜랑콜리 주체는 1980년 대 애도를 금지하는 지배적 감각 체계에 대항하여 죽은 자들을 위해 노래하고 그들이 남긴 정신을 뒤쫓고자 했다. 그것은 한편으로 애도의 일부였지만, 다른 한편으로는 역설적으로 죽은 자들을 떼어내고 망각하는 애도 작업에 반하는 일이기도 했다. 5·18 항쟁에서 학살당한 사람들과 독재 체제에 저항하며 죽어간 열사들을 애도해야 하지만, 동시에 그들은 결코 잊어서는 안 되는 존재였던 것이다. 이런 의미에서 보자면, 1980년대 운동사회의 '열사 문화'에서 애도는 결코 용납될 수 없는 행위였다.

예컨대 잊힌 역사를 복원해야 한다는 취지의 '기억투쟁'은 망자를 잊지 말아야 한다는 것을 분명하게 제시한다. 1980년대 운동 사회에는 "애도란 일종의 배신"이고, 멜랑콜리 주체는 "상실한 대상에 대한 자신의 애착을 포기하기를 거부하면서 그 곁을 충실하게 지킨다"라는 입장이 복잡하게 얽혀 있었다.[16] 학살을 자행한 독재자들에 대항하기 위해 죽은 자들과 함께 싸운다는 것은 분명히 진보적인 실천이었다. 하지만 때로는 열사들을 과도하게 '영웅'으로 포장하거나 운동의 대의를 정당화하는 숭고한 대상(sublime subject)으로 격상시킴으로써 운동 조직 내부의 차이와 모순을 직시하지 못하게 하는 효

---

16) 슬라보예 지젝, 한보희 옮김, 『전체주의가 어쨌다구?』, 새물결, 2008, 218쪽. 지젝은 멜랑콜리 주체의 이와 같은 충실성이 실제로는 애도를 거부하고 상실한 대상에 집착하는 것이 아니라, 오히려 충실성의 외양 속에서 대상의 상실을 가장함으로써 본래 결여 되어 있던 대상의 소유권을 주장하는 책략("마치 이전에 갖고 있었는데 나중에 잃어버리기라도 한 것처럼")이라고 비판한다. 예컨대 자본주의에 의해 파괴된 목가적인 농촌 공동체를 슬퍼하고 찬미하는 행위는 본래 수탈과 착취 없는 농촌 공동체가 실존하지 않았다는 사실을 은폐하고, 또한 그것은 이미 상실되었으므로 계속해서 자본주의 체제에서 살아가는 것이 불가피하다는 이데올로기를 정당화한다. 멜랑콜리 주체는 구성적인 결여를 상실로 착각하고 기만한다.

과를 발휘하기도 했다.[17] 이에 대한 일종의 '반격'으로서 1990년대에 포스트 담론이 조직이 아니라 개인을, 대의가 아니라 욕망을, 비장한 슬픔이 아니라 기쁨과 쾌락의 향유를 강조하는 데 활용되었던 것은 우연이 아니다.

'열사 문화'를 구성했던 운동사회는 죽은 자들에 대한 양가적인 관점과 태도 사이에서 동요하면서 애도를 거부하거나 주변화한 멜랑콜리 주체의 감성 세계로 접근하는 곤경에 직면했다. 따라서 오늘날 필요한 것은 멜랑콜리 주체를 애도의 주체로 전환시키고 진정한 애도의 정치를 수행하는 일이다. 여기서 우선 주목해야 할 것은 사회적 애도라는 문제이다. 애도는 결코 개인적인 차원에서 완수될 수 없다. 사회적 애도는 공동체적인 의례를 통해 죽은 자를 상징계(또는 상징질서)에 등록하는 것이다. 이는 죽은 자를 상징계의 공간에 자리하게 함으로써 망자와 거리를 둘 수 있게 하고, 또한 죽음과 직접 관련이 없는 이들도 상실을 함께 슬퍼하면서 자신이 겪은 상실과 슬픔을 반추할 수 있게 한다. 이런 점에서 사회적 애도는 "애도 간의 대화"이고 '한 사람의 애도와 다른 사람의 애도 간의 연결'이다.[18] 사회적 애도는 죽음을 사회적으로 공유하고 타인과 함께 상실을 승인하는 것이며, 죽음을 상징화하는 작업

---

17) 김원은 열사의 죽음과 그에 대한 '영웅 신화'가 적(국가와 자본)과 동지의 적대감을 강화함으로써 전사와 투사라는 남성적인 집단적 정체성을 확립하고, 대항폭력과 같은 극단적인 폭력의 사용이 내재하는 정치적 실천으로 분출했다고 설명한다(김원, 「전태일 분신과 '노동열사'의 탄생」, 『역사학연구소 전태일 40주년 심포지엄』, 2010 참조). 반폭력의 정치에 입각한 대항폭력의 비판에 대해서는 김정한, 『1980 대중 봉기의 민주주의』, 소명출판, 2013 참조. 천정환은 열사라는 호칭이 과용되거나 모호하게 사용되어 왔으며, 2000년대 신자유주의적 노동 현실에서 열사의 죽음은 더 이상 사회적 반향을 획득하지 못함으로써 1970-1980년대와 같은 '열사의 정치'는 사실상 불가능해졌다고 지적한다(천정환, 「열사의 정치학과 그 전환: 2000년대 노동자의 죽음을 중심으로」, 『문화과학』 74호, 2013 참조).

18) 대리언 리더, 우달임 옮김, 『우리는 왜 우울할까』, 동녘, 2011, 92, 95쪽.

을 통해 망자의 죽음이 갖는 의미에 관해 사유하는 것이다. 이와 같은 사회적 애도는 죽음의 등록에 의해 상징계를 변화시키는 효과를 갖는다.

하지만 애도의 정치는 사회적 애도에 국한되지 않는다. 어떤 애도도 결코 온전하게 성공할 수 없기 때문이다. 사실 애도 작업이 이루어진다고 해서 죽은 자와 완전히 분리되는 일은 가능하지 않다. 또한 "성공적인 애도는 죽은 자와의 완전한 분리를 의미하고 타자의 타자성을 제거한다는 의미에서 타자에 대한 심각한 (상징적) 폭력을 함축"한다.[19] 따라서 적절한 애도는 완수할 수 없는 애도이며, 오히려 애도는 불가능한 것이다.[20] 애도의 정치는 타자로부터 완전히 벗어나는 것이 아니다. "우리는 언제나 (죽은 혹은 살아 있는) 타자와의 관계 속에 놓여 있"기 때문이다.[21] 이는 타자와 어떤 관계를 맺을 것인가 하는 물음을 제기한다. "중요한 것은 타자의 타자성을 어떻게 존중할 것인가의 문제", "타자와 어떻게 정의로운 관계를 맺을 것인가의 문제"이다.[22] 애도의 정치는 죽은 자에 대한 사회적 애도와 더불어 타자와 마주하고 관계하는 양식을 전환시키는 일이다. 이를 '애도 간의 대화'에 기반한 새로운 연대라고

---

19) 진태원, 「용어해설: 애도작업」, 자크 데리다, 『법의 힘』, 문학과지성사, 2004, 194쪽.

20) "애도가 완전히 성공하기 위해서는, 우리가 해당되는 타자의 상실을 극복할 수 있어야 한다. 그러나 만일 우리가 그, 그녀(의 죽음)을 극복할 수 있다면, 애도 속에서 무엇인가가 실패해버린 것처럼 보인다. 하나의 죽음(에 대한 슬픔)으로부터의 쉬운 회복이 어떻게 그 죽은 사람에 대한 배신처럼 느껴지는가를 생각해보라. 이런 관점에서 진정으로 적절한 애도는 우리가 완수할 수 없는 그런 애도일 것이다. 데리다는 만일 애도에 성공하게 되면 그것은 실패하는 것이고, 그것은 성공하기 위해서 반드시 실패해야만 하는 것이라고 주장한다. 이런 의미에서 애도는 불가능한 것이다"(페넬로페 도이처, 변성찬 옮김, 『데리다』, 웅진지식하우스, 2007, 129쪽). 데리다의 애도 개념으로 의문사 유가족의 진상규명운동을 분석한 논의로는 정원옥, 「의문사 유가족의 애도전략: 유령과 함께 살기」, 『민주주의와 인권』 제12권 3호, 2012 참조.

21) 페넬로페 도이처, 변성찬 옮김, 『데리다』, 웅진지식하우스, 2007, 130쪽.

22) 진태원, 「용어해설: 애도작업」, 자크 데리다, 『법의 힘』, 문학과지성사, 2004, 194쪽.

부를 수도 있을 것이다.

1980년대 운동사회의 정치 주체들은 5·18 광주항쟁에서 일어난 학살을
목도하며 살아남은 자의 슬픔과 부끄러움, 죄책감을 느끼고 군부독재에 저
항하는 민주주의 혁명을 꿈꾸었다. 부끄러움과 죄책감은 광주의 학살을 자
신의 책임으로 떠맡는, 자신의 나약하고 타협적인 삶 때문에 일어난 것이라
고 승인하는 주체적인 행위를 통해 새로운 정치의 공간을 창출했다.[23] 하지
만 열사들을 애도하지 못하는 정치적 조건에서 정치 주체들은 진리와 정의
를 실천하지 못하는 스스로를 자책하고 비판하는 멜랑콜리 주체로 나아갈
수밖에 없었다. 오늘날 우리는 1980년대의 '열사 문화'를 넘어서 죽은 자들과
관계를 맺는 다른 길을 모색해야 한다. 그것은 멜랑콜리 주체에서 벗어나는
진정한 애도의 정치를 통해 상징계를 전환시키는 것이며, 지배적인 감성 체
계만이 아니라 그에 대항하는 운동사회의 감성까지도 변화시켜야 한다는 과
제를 제기한다. 이를 랑시에르의 어법을 따라서 '감성 혁명'[24]이라고 해도 무
방할 것이다.

---

23) 주어진 '사물'을 자신의 '작품'으로 정립하는 것, 주어진 현실을 자신의 책임으로 받아들이는 것
   은 탁월한 주체화의 몸짓이다. 여기서 주체는 실제로 어떤 실천 행위를 한 것은 아니지만, 잘못
   된 현실에 대해 책임을 떠맡는 순수하게 형식적인 몸짓을 통해서 상징계의 좌표를 변화시킨다
   (슬라보예 지젝, 이수련 옮김, 『이데올로기라는 숭고한 대상』, 인간사랑, 2002, 364-365쪽).

24) 자크 랑시에르, 오윤성 옮김, 『감성의 분할: 미학과 정치』, 도서출판 b, 2008, 14쪽.

부록

참고문헌 / 초출일람 / 찾아보기

〈참고문헌〉

국내 저자

강정인, 「정치, 죽음, 진실: 1991년 5월 투쟁을 중심으로」, 『계간 사상』 겨울호, 2002.

_____, 『서구중심주의를 넘어서』, 아카넷, 2004.

고성국, 「4·19, 6·3세대 변절·변신론」, 『역사비평』 가을호, 1993.

고원, 「386세대의 정치의식 변화 연구」, 『동향과 전망』 63호, 2005.

91년 5월 투쟁 청년 모임, 『그러나 지난밤 꿈속에서 이 친구들이 나에 대해 이야기하는 소리가 들려왔다』, 이후, 2002.

권김현영, 『더 나은 논쟁을 할 권리』, 휴머니스트, 2018.

_____, 『피해와 가해의 페미니즘』, 교양인, 2018.

권오선, 『프랑스 1968년 5월 혁명기 노동운동에 관한 연구』, 연세대 석사논문, 2002.

급진민주주의연구모임, 『데모스』 1호/2호. 한울, 2011.

김경환, 「신영복과 서준식의 '전향에 대하여'」, 『말』 8월호, 1988.

김동춘, 「1980년대 후반 이후 한국 마르크스주의 이론의 성격 변화와 한국 사회과학」, 『창작과 비평』 82호, 1993.

김백영, 「가두정치의 공간학: 1980년대 서울 시내 대학생 가두시위에 대한 공간적 분석」, 한국산업사회학회 편, 『사회이론과 사회변혁』, 한울, 2003.

김상곤, 『민주주의는 종료된 프로젝트인가: 현 단계 한국 민주주의의 이념, 현황, 전망』, 이후, 2003.

김상환·홍준기 엮음, 『라캉의 재탄생』, 창작과비평사, 2002.

김석, 「애도의 부재와 욕망의 좌절」, 『민주주의와 인권』 제12권 1호, 2012.

김성기, 「포스트마르크스주의의 한 시각」, 『포스트모더니즘과 비판사회과학』, 문학과지성사, 1991.

_____, 「이병천 교수의 포스트맑시즘 논의에 대하여」, 『사회평론』 17호, 1992.

김세균, 「민중운동의 현재적 위치와 전망」, 『이론』 7호, 1993.

김소연, 『실재의 죽음: 코리안 뉴 웨이브 영화의 이행기적 성찰성에 관하여』, 도서출판 b, 2008.

김영환, 『시대정신을 말하다』, 시대정신, 2012.

김원, 「학생권력, 무반성의 신화들」, 『당대비평』 여름호, 2003.

_____, 「전태일 분신과 '노동열사'의 탄생」, 『역사학연구소 전태일 40주년 심포지엄』, 2010.

_____, 『잊혀진 것들에 대한 기억』, 이매진, 2011.

_____, 「80년대에 대한 '기억'과 '장기 80년대': 지식인들의 80년대 해석을 중심으로」, 『한국학연구』 36집, 인하대 한국학연구소, 2015.

김원·신병헌 외, 『사라진 정치의 장소들』, 천권의책, 2008.

김윤철, 「91년 5월 투쟁. 그 열린 역사의 장으로 들어서기」, 『이론과 실천』 창간준비 4호(5월), 2001.

김재은, 「민주화 운동과정에서 구성된 주체 위치의 '성별화'에 관한 연구」, 서
　　　울대 석사논문, 2003.

김정한, 「5·18 광주항쟁 이후 사회운동의 이데올로기 변화」, 『민주주의와 인
　　　권』 10집 2호, 전남대 5·18연구소, 2010.

_____, 「대중운동과 민주화: 91년 5월 투쟁과 68년 5월 혁명」, 『91년 5월 투쟁
　　　과 한국의 민주주의』, 민주화운동기념사업회, 2004.

_____, 「민주화 기획은 유효한가」, 『사회운동』 67호, 2006.

_____, 「소설로 읽는 5·18, 그 언어의 세계」, 『실천문학』 117호, 2015.

_____, 「슬라보예 지젝, 사유의 반란」, 『실천문학』 103호, 2011.

_____, 「알튀세르 이후 좌파의 정치철학」, 『자음과 모음』 가을호, 2010.

_____, 「알튀세르와 포스트마르크스주의: 라클라우와 지젝의 논쟁」, 진태원
　　　엮음, 『알튀세르 효과』, 그린비, 2011.

_____, 「어네스토 라클라우: 적대와 헤게모니」, 『시와 반시』 72호, 2010.

_____, 「한국 사회의 대중들과 새로운 주체 형성」, 『황해문화』 85호, 2014.

_____, 「후기 산업사회의 정치 주체」, 『역사비평』 97호, 2011.

_____, 『1980 대중 봉기의 민주주의』, 소명출판, 2013.

_____, 『대중과 폭력: 1991년 5월의 기억』, 이후, 1998.

김정한 외, 「좌담: 우리 시대의 초상, 20년 후의 애도: 1991년 5월을 어떻게 기
　　　억할 것인가」, 『실천문학』 102호, 2011.

김종갑, 「행위의 윤리학과 행위의 정치학」, 『철학연구』, 고려대학교 철학연구
　　　소, 2007.

김진균, 「1980년대: '위대한 각성'과 새로운 주체 형성의 시대」, 이해영 편,
　　　『1980년대 혁명의 시대』, 새로운세상, 1999.

_____, 「87년 이후 민주노조운동의 전개」, 『저항, 연대, 기억의 정치』 2, 문화

과학사, 2003.

_____, 『불나비처럼』, 문화과학사, 2005.

김현, 「슬라보예 지젝의 정치적 주체 이론」, 『민주주의와 인권』 제10권 1호, 2010.

김효진 편역, 『칼 슈미트 연구: 헌법이론과 정치이론』, 세종출판사, 2000.

나간채, 『광주항쟁 부활의 역사 만들기』, 한울, 2013.

노명우 외, 『팽목항에서 불어오는 바람: 세월호 이후 인문학의 기록』, 현실문화, 2015.

노현주, 「코뮤니스트와 멜랑콜리: 지식인 빨치산의 심리 기제에 관한 고찰」, 『한국문학이론과 비평』 57집, 2012.

도정일, 「리오따르의 소서사이론 비판」, 정정호·강내희 엮음, 『포스트모더니즘의 쟁점』, 도서출판 터, 1991.

리영희, 「이영희 교수와 전환 시대의 고뇌」, 『말』 3월호, 1991.

_____, 임헌영 대담, 『대화: 한 지식인의 삶과 사상』, 한길사, 2005.

박길성, 「왜 세대인가」, 『계간 사상』 가을호, 2002.

박노해, 『참된 시작』, 창작과비평사, 1993.

_____, 『오늘은 다르게』, 해냄, 1999.

_____, 『사람만이 희망이다』(개정판), 느린걸음, 2011.

박영균, 「포스트 마르크스와 마르크스, 그리고 이행」, 『진보평론』 17호, 2007.

박종성, 『한국 정치와 정치폭력』, 서울대학교 출판부, 2001.

박지현, 「보호감호처분」. 역사비평편집위원회 엮음, 『논쟁으로 읽는 한국사』 2, 역사비평사, 2009.

박찬부, 『라캉: 재현과 그 불만』, 문학과지성사, 2006.

백승욱, 『자본주의 역사 강의』, 그린비, 2006.

서관모, 『사회이론과 사회변혁』, 한울, 2003.

서규환, 「포스트 00주의의 도전과 마르크스주의의 위기」, 『경제와 사회』 제14
권, 한국산업사회학회, 1992.

서동진, 『변증법의 낮잠』, 꾸리에, 2014.

서시주 엮음, 『세계 학생운동: 격동의 현장』, 백양출판사, 1986.

서울교육대학자율화추진위원회, 『고 박선영 학우의 추모집: 새벽에 다시 만
나리』, 1987.

서준식, 「전향, 무엇이 문제인가: 영광과 오욕의 날카로운 대치점」, 『역사비
평』 통권 24호, 1993.

손호종, 『프랑스 5월 혁명의 주체와 투쟁 양상에 관한 연구』, 전남대 석사논
문, 2002.

손호철, 『전환기의 한국정치』, 창작과비평사, 1993.

_____, 『근대와 탈근대의 정치학』, 문화과학사, 2002.

_____, 『현대한국정치: 이론과 역사 1945~2003』, 사회평론, 2003.

_____, 『해방 60년의 한국정치 1945~2005』, 이매진, 2006.

_____, 「한국체제 논쟁을 다시 생각한다: 87년 체제, 97년 체제, 08년 체제론
을 중심으로」, 『한국과 국제정치』 65호, 2009.

손희정, 「혐오 담론 7년」, 『문화과학』 93호, 2018.

신명아, 「라캉의 실재와 가라타니의 '초월비평'」, 『라캉과 현대정신분석』 제8
권 1호, 2006.

신진욱 외, 「1968: 거부된 과거, 감추어진 미래」, 『학회평론』 11호, 1995.

아침노래기획 엮음, 『91 노래총모음: 참사랑』(아침이슬 2집), 아침, 1991.

안상헌, 「인문학적 근본주의의 위기: 저항적 인문학을 위하여」, 『인문학지』
41호, 2010.

애국 경성대 총학생회, 『진성일 열사 3주기 추모 자료집: 불의 선언』, 1989.

오창은, 『절망의 인문학』, 이매진, 2013.

원영수, 「반세계화 운동의 흐름과 전망」, 『진보평론』 17호, 2003.

유창선, 「이영희 선생님께 드리는 편지」, 『말』 3월호, 1991.

유팔무, 「시민사회의 개념과 내부구성 : 유물론적 형성론의 관점에서」, 『동향과 전망』 56호, 2003.

_____, 「포스트마르크스주의란 무엇인가」, 『동향과 전망』 통권 17호, 1992.

윤건차, 장화경 옮김, 『현대 한국의 사상 흐름: 지식인과 그 사상 1980~90년대』, 당대, 2000.

윤소영, 『마르크스주의의 전화와 인권의 정치』, 문화과학사, 1995.

_____, 『마르크스의 '경제학 비판'과 평의회 마르크스주의』, 공감, 2003.

윤종희·박상현 외, 『알튀세르의 철학적 유산』, 공감, 2008.

윤평중, 『포스트모더니즘의 철학과 포스트마르크스주의』, 서광사, 1992.

_____, 「포스트마르크스주의 논쟁의 구조와 함의」, 『철학』 제43집, 한국철학회, 1995.

이가진, 「연재기획: 30주년 맞는 프랑스 68 혁명의 오늘」, 『사회평론 길』 97~102호, 1996.

이광일, 「현단계 시민운동의 딜레마와 과제」, 『황해문화』 29호, 2000.

_____, 『민주주의는 종료된 프로젝트인가』, 이후, 2003.

이만우, 「라캉 정신분석과 마르크스주의: 자본주의 계급착취의 '해체'에서 꼬뮌주의 원리의 '성찰'로」, 『라캉과 현대정신분석학』 제8권 2호, 2006.

_____, 「'우리'와 '그들'의 구별짓기에 대한 비판적 단상: 라캉의 여성 주체성 정치의 기여」, 홍준기 엮음, 『라캉, 사유의 모험』, 마티, 2010.

이병천, 「마르크스 역사관의 재검토」, 『사회경제평론』 4집, 사회경제학회, 1991.

_____, 「민주주의론의 새로운 발전을 위하여」, 『창작과 비평』 75호, 1992.

_____, 「포스트마르크스주의와 한국 사회」, 『사회평론』 17호, 1992.

이병천·박형준 엮음, 『마르크스주의의 위기와 포스트마르크스주의』 I, 의암출판, 1992.

_____, 『마르크스주의의 위기와 포스트마르크스주의』 II, 의암출판, 1992.

_____, 『마르크스주의의 위기와 포스트마르크스주의』 III, 의암출판, 1993.

이영미, 「구전가요의 의의 및 한계」, 김창남 외, 『노래운동론』, 공동체, 1986.

_____, 「노래로 본 80년대 학생운동」, 『말』 12월호, 1989.

_____, 『노래 이야기 주머니』, 녹두, 1993.

_____, 『한국민중음악 30년사』, 광명시, 2005.

이재현, 「사람은 무엇으로 사는가」, 『시대와 철학』 2권 1호, 1991.

이종영, 「이데올로기로서의 민주주의」, 『진보평론』 21호, 2004.

이종호, 「노동자 정치 세력화를 위하여」, 『진보평론』 13호, 2002.

이종회, 「세계사회포럼: 대안 세계는 가능하다!」, 『진보평론』 17호, 2003.

이진경, 『마르크스주의와 근대성』, 문화과학사, 1997.

이진우, 『탈현대의 사회철학: 마르크스주의와 포스트마르크스주의』, 문예출판사, 1993.

이현우, 「라캉주의 좌파는 무엇을 고민하는가」, 『오늘의 문예비평』 제78호, 2010.

장성규, 「당신들의 90년대」, 『실천문학』 118호, 2015.

장원석, 『끌로드 르포르의 정치이론연구』, 서울대 정치학 박사논문, 1993.

장훈교, 「사회운동정당: 사회운동과 정치정당의 접합을 통한 민주주의의 급진화」,『데모스』제2호, 2011.

정근식,『저항 연대 기억의 정치』 2, 문화과학사, 2003.

정근식·정호기,「민주화운동의 제도적 재평가와 '폭력'의 정당화」,『사회과학 연구』 13집, 서강대 사회과학연구소, 2005.

정대화,『한국의 정치변동, 1987~1992: 국가-정치사회-시민사회의 관계를 중심으로』, 서울대 정치학 박사논문, 1995.

정상호,「시민사회 연구의 과제: 공익적 시민운동을 넘어서」,『경제와 사회』 60호, 2003.

정성진,「87년 6월과 91년 6월의 성격 연구」,『캠퍼스 저널』 7월호, 1991.

정수복,『새로운 사회운동과 참여민주주의』, 문학과지성사, 1993.

정운영,『광대의 경제학』, 까치, 1989.

_____,『저 낮은 경제학을 위하여』, 까치, 1990.

_____,『경제학을 위한 변명』, 까치, 1991.

_____,『노동가치이론 연구』, 까치, 1993.

_____,『레테를 위한 비망록』, 한겨레신문사, 1997.

_____,『중국 경제 산책』, 생각의나무, 2001.

_____,『신세기 랩소디』, 산처럼, 2002.

_____,『자본주의 경제 산책』, 웅진지식하우스, 2006.

_____,『심장은 왼쪽에 있음을 기억하라』, 웅진지식하우스, 2006.

정원옥,「의문사 유가족의 애도 전략: 유령과 함께 살기」,『민주주의와 인권』 제12권 3호, 2012.

정정호·강내희 엮음,『포스트모더니즘의 쟁점』, 도서출판 터, 1991.

정정훈,「대중들의 환상, 대중들의 욕망: 대중정치에서 욕망과 이데올로기의 문제」,『문화과학』 64호, 2010.

정철희, 「포스트마르크스주의와 한국 사회연구」, 『사회비평』 17호, 1997.

_____, 『한국 시민사회의 궤적: 1970년대 이후 시민사회의 동학』, 아르케, 2003.

정태인, 「5월 투쟁의 평가와 민족민주운동의 과제」, 『월간 말』 7월호, 1991.

정호기, 「지배와 저항, 그리고 도시 공간의 사회사: 충장로, 금남로를 중심으로」, 『현대사회과학연구』 7권 1집, 전남대 사회과학연구소, 1996.

_____, 「저항의례의 국가화와 계승 담론의 정치: 5·18민중항쟁의 추모의례」, 『경제와 사회』 76호, 2007.

조대엽, 「386세대의 문화와 세대 경험」, 박길성·함인희·조대엽, 『현대 한국인의 세대경험과 문화』, 집문당, 2005.

_____, 「광주항쟁과 80년대 사회운동문화: 이념 및 가치를 중심으로」, 『민주주의와 인권』 3권 1호, 2003.

조정환, 「68혁명. 신자유주의. 그리고 오늘날의 사회운동」, 『사회평론 길』 101호, 1998.

_____, 『21세기 스파르타쿠스』, 갈무리, 2002.

조정환·진중권·황광우, 「좌담: 좌파적 실천의 방향을 점검한다」, 『사회비평』 31호, 2002.

조현연, 『한국 현대정치의 악몽-국가폭력』, 책세상, 2000.

_____, 『저항, 연대, 기억의 정치』 1, 문화과학사, 2003.

조현연·조희연, 『한국 민주주의와 사회운동의 동학』, 나눔의집, 2001.

조희연, 『한국 사회운동사: 한국변혁운동의 역사와 80년대의 전개 과정』, 한울, 1990.

_____, 「민청세대·'긴조세대'의 형성과 정치개혁 전망」, 『역사비평』 가을호, 1995.

_____, 「한국 민주주의의 전개와 시민운동의 변화」, 『저항, 연대, 기억의 정치』 2, 문화과학사, 2003.

_____, 「한국적 '급진민주주의론'의 개념적·이론적 재구축을 위한 일 연구」, 『데모스: 급진민주주의 리뷰』, 데모스미디어, 2011.

_____, 『민주주의 좌파, 철수와 원순을 논하다: 포스트민주화 시대의 정치혁신과 희망의 대안』, 한울, 2012.

조희연·장훈교, 「'민주주의의 외부'와 급진민주주의 전략」, 『경제와 사회』 82호, 2009.

주대환, 『대한민국을 사색하다』, 산책자, 2008.

진은영, 『순수이성비판, 이성을 법정에 세우다』, 그린비, 2004.

진태원, 「용어해설: 애도 작업」, 자크 데리다, 『법의 힘』, 문학과지성사, 2004.

_____, 「스피노자와 알튀세르에서 이데올로기의 문제: 상상계라는 쟁점」, 『근대철학』 제3권 1호, 2008.

_____, 「마르크스주의의 전화와 현재적 과제」, 김항·이혜령 엮음, 『인터뷰: 한국 인문학 지각 변동』, 그린비, 2011.

_____, 「최장집과 에티엔 발리바르: 민주주의의 민주화의 두 방향」, 『민족문화연구』 제56호, 고려대 민족문화연구원, 2012.

_____, 「감각적인 것의 나눔」, 『웹진 민연』 25호, 2013.

_____, 「포퓰리즘, 민주주의, 민중」, 『역사비평』 105호, 2013.

_____, 『을의 민주주의: 새로운 혁명을 위하여』, 그린비, 2017.

진태원 엮음, 『우리가 살고 싶은 나라』, 그린비, 2017.

천정환, 「인문학 열풍에 관한 성찰과 제언: 시민 인문학 강좌를 중심으로」, 『안과밖』, 2015.

_____, 「열사의 정치학과 그 전환: 2000년대 노동자의 죽음을 중심으로」, 『문

화과학』 74호, 2013.

_____, 「'1987년형 민주주의의'의 종언과 촛불 항쟁 이후의 한국 민주주의」, 『문화과학』 94호, 2018.

최원, 「탈민족적 공간의 데모스」, 『사회진보연대』 42호, 2004.

최장집, 『한국 민주주의의 이론』, 한길사, 1993.

_____, 『한국 민주주의의 조건과 전망』, 나남, 1996.

_____, 『민주화 이후의 민주주의』(1판), 후마니타스, 2002.

_____, 『위기의 노동: 한국 민주주의의 취약한 사회경제적 기반』, 후마니타스, 2005.

_____, 박상훈 엮음, 『민주주의의 민주화』, 후마니타스, 2006.

_____, 「촛불집회가 할 수 있는 것과 할 수 없는 것」, 긴급시국대토론회 〈촛불집회와 민주주의〉 개회사, 2008. 6. 16.

_____, 『민중에서 시민으로: 한국 민주주의를 이해하는 하나의 방법』, 돌베개, 2009.

_____, 「민주주의와 자유주의 사이에서」, 최태욱 엮음, 『자유주의는 진보적일 수 있는가』, 폴리테이아, 2011.

_____, 『노동 없는 민주주의의 인간적 상처들』, 폴리테이아, 2012.

최장집 외, 「좌담: 한국 사회와 마르크스주의」, 『동향과 전망』 17호, 1992.

최장집·임현진 편, 『한국 사회와 민주주의 - 한국민주화 10년의 평가와 반성』, 나남, 1997.

최장집·박상훈·박찬표, 『어떤 민주주의인가』, 후마니타스, 2007.

최장집 엮음, 박상훈 옮김, 『막스 베버: 소명으로서의 정치』, 폴리테이아, 2011.

편집부 편, 『프랑스 5월 혁명』, 백산서당, 1985.

학술단체협의회 편, 『6월 민주항쟁과 한국 사회 10년』, 당대, 1997.

한강, 『소년이 온다』, 창비, 2014.

한국정치연구회, 『현대민주주의론』(전2권), 창작과비평사, 1992.

홍덕률, 「한국 사회의 세대 연구」, 『역사비평』 가을호, 2003.

홍성수, 『말이 칼이 될 때: 혐오 표현은 무엇이 문제이고 왜 문제인가?』, 어크
로스, 2017.

홍준기, 「이데올로기의 공간, 행위의 공간: 슬라보예 지젝의 포스트마르크스
주의」, 『마르크스주의 연구』, 2008.

_____, 「욕망과 충동, 안티고네와 시뉴에 관한 라캉의 견해: 슬로베니아 학
파의 라캉 해석에 대한 비판적 고찰」, 『시대와 철학』 제20권 2호,
2009.

_____, 「지젝의 공산주의가 공허한 이유」, 『르몽드 디플로마티크』, 12월 11
일, 2013.

홍준기·박찬부, 「현대 사회의 문화적·정치적 무의식 읽기: 정치적 범주로서
의 환상, 물신주의, 이데올로기」, 한국영미어문학회, 『영미어문학』
제74호, 2005.

_____, 「라캉의 임상철학과 정신분석의 정치성」, 『라캉과 현대 정신분석학』
제9권 1호, 2007.

홍철기, 『현대 정치철학의 모험』, 난장, 2010.

황광우, 「남한민중운동의 과제와 노동자계급의 정치 세력화에 관하여」, 『황
해문화』 29호, 2005.

국외 저자

가라타니 고진, 송태욱 옮김, 『윤리 21』, 사회평론, 2001.

_____, 송태욱 옮김, 『일본 정신의 기원』, 이매진, 2003.

_____, 송태욱 옮김, 『트랜스크리틱: 칸트와 마르크스를 넘어서기』, 한길사, 2005.

_____, 조영일 옮김, 『세계공화국으로』, 도서출판 b, 2007.

그레고리 엘리어트, 이경숙 옮김, 『알튀세르: 이론의 우회』, 새길, 1992.

기 드로브, 이경숙 옮김, 『스펙타클의 사회』. 현실문화연구, 1996.

다니엘 리비에르, 최갑수 옮김, 『프랑스의 역사』, 까치, 1998.

대리언 리더, 우달임 옮김, 『우리는 왜 우울할까: 멜랑콜리로 읽는 우울증 심리학』, 동녘, 2011.

레지스 드브레, 「프랑스 자본주의를 재탄생시킨 68년 5월」, 『읽을꺼리』 2호, 1998.

로널드 프레이저, 안효상 옮김, 『1968년의 목소리』, 박종철출판사, 2000.

로렌초 키에자, 이성민 옮김, 『주체성과 타자성: 철학적으로 읽은 자크 라캉』, 난장, 2012.

로버트 라우어, 정근식 외 옮김, 『사회변동의 이론과 전망: 변동의 유형·메카니즘·전략』, 한울, 1985.

루이 알튀세르, 이진경 엮음, 『당내에 더 이상 지속되어선 안될 것』, 새길, 1992.

_____, 이종영 옮김, 『맑스를 위하여』, 백의, 1997.

_____, 서관모·백승욱 옮김, 『철학에 대하여』, 동문선, 2003.

_____, 김웅권 옮김, 『재생산에 대하여』, 동문선, 2007.

_____, 권은미 옮김, 『미래는 오래 지속된다』, 이매진, 2008.

뤽 페리 외, 주형일 옮김, 『68 사상과 현대 프랑스 철학』, 인간사랑, 1995.

마르타 아르네케르, 「당 좌파와 사회적 좌파의 연합을 향하여」, 『사회운동』 34호, 2003.

밥 제숍, 유범상 외 옮김, 『전략관계적 국가이론: 국가의 제자리 찾기』, 한울, 2000.

버나드 마넹, 곽준혁 옮김, 『선거는 민주적인가』, 후마니타스, 2004.

볼프강 아벤트로트, 신금호 옮김, 『1968년 이전의 유럽 좌파』, 책벌레, 2001.

브루스 핑크, 맹정현 옮김, 『라캉과 정신의학』, 민음사, 2002.

비버리 실버, 백승욱 외 옮김, 『노동의 힘: 1870년 이후의 노동자운동과 세계화』, 그린비, 2005.

사토 요시유키, 김상운 옮김, 『권력과 저항: 푸코, 들뢰즈, 데리다, 알튀세르』, 난장, 2012.

_____, 김상운 옮김, 『신자유주의와 권력: 자기 경영 주체의 탄생과 소수자 되기』, 후마니타스, 2014.

샤츠슈나이더, 현재호·박수형 옮김, 『절반의 인민주권』, 후마니타스, 2008.

샹탈 무페, 문화와사회연구소 엮음, 『현대와 탈현대』, 사회문화연구소, 1993.

_____, 안승국 옮김, 『민주주의론 강의』 1, 인간사랑, 1995.

_____, 곽준혁 옮김, 『경계와 편견을 넘어서』, 한길사, 2010.

_____, 이승원 옮김, 『좌파 포퓰리즘을 위하여』, 문학세계사. 2019.

슬라보예 지젝, 김소연 옮김, 『삐딱하게 보기』, 시각과언어, 1995.

_____, 김종주 옮김, 『환상의 돌림병』, 인간사랑, 2002.

_____, 이수련 옮김, 『이데올로기라는 숭고한 대상』, 인간사랑, 2002.

_____, 박대진 외 옮김, 『이라크: 빌려온 항아리』, 도서출판 b, 2004.

_____, 박정수 옮김, 『그들은 자기가 하는 일을 알지 못하나이다』, 인간사랑,

2004.

_____, 이성민 옮김, 『까다로운 주체』, 도서출판 b, 2005.

_____, 박정수 옮김, 『How To Read 라캉』, 웅진지식하우스, 2007.

_____, 이성민 옮김, 『부정적인 것과 함께 머물기』, 도서출판 b, 2007.

_____, 강수영 옮김, 『법은 아무 것도 모른다』, 인간사랑, 2008.

_____, 정영목 옮김, 『지젝이 만난 레닌』, 교양인, 2008.

_____, 한보희 옮김, 『전체주의가 어쨌다구?』, 새물결, 2008.

_____, 김서영 옮김, 『시차적 관점』, 마티, 2009.

_____, 박정수 옮김, 『잃어버린 대의를 옹호하며』, 그린비, 2009.

_____, 김성호 옮김, 『처음에는 비극으로 다음에는 희극으로』, 창비, 2010.

_____, 이현우 외 옮김, 『레닌 재장전: 진리의 정치를 향하여』, 마티, 2010.

_____, 이현우 외 옮김, 『폭력이란 무엇인가』, 난장이, 2011.

_____, 인디고연구소 기획, 『불가능한 것의 가능성』, 궁리, 2012.

_____, 주성우 옮김, 『멈춰라, 생각하라』, 와이즈베리, 2012.

_____, 조형준 옮김, 『라캉 카페』, 새물결, 2013.

_____, 조형준 옮김, 『헤겔 레스토랑』, 새물결, 2013.

쓰루미 쑨스케, 최영호 옮김, 『전향: 전시기 일본정신사 강의 1931~1945』, 논
    형, 2005.

아담 쉐보르스키, 최형익 옮김, 『자본주의와 사회민주주의』, 백산서당, 1995.

아사다 아키라, 이정우 옮김, 『구조주의와 포스트구조주의』, 새길, 1995.

아즈마 히로키, 장이지 옮김, 『게임적 리얼리즘의 탄생』, 현실문화연구, 2012.

안토니오 그람시, 이상훈 옮김, 『옥중수고』 I, 거름, 1986.

안토니오 네그리·마이클 하트 지음, 윤수종 옮김, 『제국』, 이학사, 2001.

알랭 바디우, 「사르코지라는 이름이 뜻하는 것: 공산주의적 가설」, 『뉴레프트

리뷰』 1, 길, 2010.

알랭 바디우·루디네스코 엘리자베트, 현성환 옮김, 『라캉, 끝나지 않은 혁명』, 문학동네, 2013.

알렉스 캘리니코스 외 지음, 김정한 외 옮김, 『제국이라는 유령: 네그리와 하트의 제국론 비판』, 이매진, 2007.

알렌카 주판치치, 이성민 옮김, 『실재의 윤리: 칸트와 라캉』, 도서출판 b, 2004.

알랭 투렌, 『탈산업사회의 사회이론』, 이화여대출판부, 1994.

앙드레 고르 지음, 이현웅 옮김, 『프롤레타리아여 안녕』, 생각의나무, 2011.

야니 스타브라카키스, 이병주 옮김, 『라캉과 정치』, 은행나무, 2006.

_____, 강수영 옮김, 『법은 아무 것도 모른다』, 인간사랑, 2008.

에르네스토 라클라우·샹탈 무페, 김성기 외 옮김, 『사회 변혁과 헤게모니』, 도서출판 터, 1990.

에르네스토 라클라우·샹탈 무페, 이승원 옮김, 『헤게모니와 사회주의 전략』, 후마니타스, 2012.

에릭 홉스봄, 『극단의 시대: 20세기 역사』(하), 까치, 1997.

_____, 『저항과 반역 그리고 재즈』, 영림카디널, 2003.

에티엔 발리바르, 김석민 옮김, 『마키아벨리의 고독』, 새길, 1992.

_____, 서관모 옮김, 『역사유물론의 전화』, 민맥, 1993.

_____, 윤소영 옮김, 『알튀세르와 마르크스주의의 전화』, 이론, 1993.

_____, 윤소영 옮김, 『마르크스의 철학 마르크스의 정치』, 문화과학, 1995.

_____, 최인락 옮김, 『민주주의와 독재』, 연구사, 1988.

_____, 윤소영 옮김, 『'인권의 정치'와 성적 차이』, 공감, 2003.

_____, 최원 외 옮김, 『대중들의 공포』, 도서출판 b, 2007.

_____, 진태원 옮김, 『정치체에 대한 권리』, 후마니타스, 2011.

L. A. 카프만, 「60년대의 그림자를 벗고」, 『읽을꺼리』 2호, 1998.

엘리자베트 루디네스코, 양녕자 옮김, 『자크 라캉: 삶과 사유의 기록』 2, 새물 결, 2000.

엘린 메익신즈 우드 외, 손호철 편역, 『계급으로부터의 후퇴』, 창작과비평사, 1993.

웬디 브라운, 김상운 외 옮김, 『민주주의는 죽었는가?』, 난장, 2010.

_____, 이승철 옮김, 『관용: 다문화제국의 새로운 통치 전략』, 갈무리, 2010.

이매뉴얼 월러스틴, 송철순 외 옮김, 『반체제운동』, 창작과비평사, 1994.

자크 데리다, 진태원 옮김, 『법의 힘』, 문학과지성사, 2004.

자크 라캉, 맹정현 외 옮김, 『자크 라캉 세미나 11: 정신분석의 네 가지 근본 개념』, 새물결, 2008.

자크 랑시에르, 양창렬 옮김, 『정치적인 것의 가장자리에서』, 길, 2008.

_____, 오윤성 옮김, 『감성의 분할: 미학과 정치』, 도서출판 b, 2008.

장 프랑수아 리오타르, 이현복 옮김, 『포스트모던의 조건』, 민음사, 2008.

제임스 스콧, 김춘동 옮김, 『농민의 도덕경제: 동남아시아의 반란과 생계』, 아 카넷, 2004.

제임스 페트라스, 과천연구실 엮음, 『발전주의 비판에서 신자유주의 비판으로: 세계체제론의 시각』, 공감, 1998.

조르주 뒤프, 박단 외 옮김, 『프랑스 사회사 1789~1970』, 동문선, 2000.

조반니 아리기, 「마르크스주의의 20세기, 미국의 20세기」, 로빈 블랙번 편저, 『몰락 이후』, 창작과비평사, 1994.

_____, 백승욱 옮김, 『장기 20세기』, 그린비, 2008.

_____, 윤소영 옮김, 『마르크스의 '경제학 비판'과 평의회 마르크스주의』, 공 감, 2003.

조지 카치아피카스, 이재원 옮김, 『신좌파의 상상력』, 이후, 1999.

＿＿＿＿, 윤수종 옮김, 『정치의 전복: 1968 이후의 자율적 사회운동』, 이후, 2000.

지그문트 프로이트, 윤희기 외 옮김, 『정신분석학의 근본 개념』, 열린책들, 2003.

존 홀러웨이, 조정환 옮김, 『권력으로 세상을 바꿀 수 있는가』, 갈무리, 2002.

질 들뢰즈, 박정태 옮김, 『들뢰즈가 만든 철학사: 생성과 창조의 철학사』, 이학사, 2007.

찰스 틸리, 이승협 외 옮김, 『위기의 민주주의』, 전략과문화, 2010.

카를 슈미트, 김효전 옮김, 『정치적인 것의 개념』, 법문사, 1992.

＿＿＿＿, 「현대 의회주의의 정신사적 지위」, 『동아법학』 31호, 2002.

콜린 크라우치, 이한 옮김, 『포스트민주주의』, 미지북스, 2008.

크리스 하먼, 이수현 옮김, 『세계를 뒤흔든 1968』, 책갈피, 2004.

클로드 르포르, 김재한 옮김, 『한국 정치외교의 이념과 논제』, 소화, 1995.

타리크 알리 외, 『1968: 희망의 시절, 분노의 나날』, 삼인, 2001.

테리 이글턴, 이재원 옮김, 『이론 이후』, 길, 2010.

토니 마이어, 박정수 옮김, 『누가 슬라보예 지젝을 미워하는가』, 앨피, 2005.

페넬로페 도이처, 변성찬 옮김, 『데리다』, 웅진지식하우스, 2007.

페터 지마, 김태환 옮김, 『모던/포스트모던』, 문학과지성사, 2010.

프랑수아 퀴세, 문강형준 외 옮김, 『루이비통이 된 푸코?』, 난장, 2012.

프레드릭 코플스톤, 임재진 옮김, 『칸트』, 중원문화, 1986.

피터 비트머, 홍준기 외 옮김, 『욕망의 전복』, 한울, 1998.

필리프 라트, 윤미연 옮김, 『드골 평전, 그의 삶과 신화』, 바움, 2002.

조엘 도르, 홍준기 옮김, 『프로이트·라캉 정신분석임상』, 아난케, 2005.

후지다 쇼조, 최종길 옮김, 『전향의 사상사적 연구』, 논형, 2007.

A. Dunand, "The End of Analysis," Slavoj Zizek(ed.), *Jacques Lacan: Critical Evaluations in Cultural Theory*, Vol. I. London/New York: Routledge, 2003.

Chantal Mouffe, *The Democratic Paradox*, Verso, 2000.

Claude Lefort, *The Political Forms of Modern Society: Bureaucracy, Democracy, Totalitarianism*, The MIT Press, 1986.

E. J. Hobsbawm, "Karl Marx and British Labour Movement," *Revolutionaries*, New Press, 2001.

E. P. Thompson, *Customs in Common*, Penguin Books, 1993.

Ernesto Laclau, *On Populist Reason*, Verso, 2005.

Etienne Balibar, "Violence, Ideality, and Cruelty," *The Ethics Of Violence, New Formation*(no. 35), Lawrence & Wishart, 1998.

_____, "Three Concepts of Politics: Emancipation, Transformation, Civility," *Politics and the Other Scene*, Verso, 2002.

Immauel Wallerstein, "1968 Revolution of the Capitalist World-System," *Theory and Society*, Vol. XVIII. no. 2, Spring, 1989.

_____. "1968 Revolution of the Capitalist World-System," in *Theory and Society*, Vol. XVIII. No. 2, Spring, 1989.

_____, "New Revolts Against the System," *New Left Review*, no. 18, November/December, 2001.

_____, "A Left Politics for an Age of Transition," *Monthly Review*(January), 2002.

J. Dean, *Zizek's Politics*, London/New York: Routledge, 2006.

John Markoff, *Waves of Democracy: Social Movements and Political Change*, Pine Forge Press, 1996.

L. Chiesa, *Subjectivity and Otherness: A Philosophical Reading of Lacan*, Cambridge/London: The MIT Press, 2007.

Raymond Williams, *Key Word: A Vocabulary of culture and society*, Fontana Press, 1976.

René Viénet, *Enragés and Situationists in the Occupation Movement, France, May '68*, London: Rebel Press, 1992.

S. Zizek, "Is it Possible to Traverse the Fantasy in Cyberspace?", Elizabeth Wright and Edmond Wright(eds.), *The Zizek Reader*, Blackwell Publisher, 1999b.

Y. Stavrakakis, *The Lacanian left: psychoanalysis, theory, politics*, Albany: State University of New York Press, 2007.

〈초출일람〉

프롤로그
「도래하지 않은 혁명의 유산들: 1991년 5월 투쟁의 현재성」, 『문화과학』 66호, 2011.

1장
「대중운동과 민주화: 1991년 5월 투쟁과 1968년 5월 혁명」, 전재호·김원·김정한, 『91년 5월 투쟁과 한국의 민주주의』, 민주화운동기념사업회, 2004.

2장
「민주화 세대의 역사적 좌표」, 『황해문화』 53호, 2006.

3장
「1990년대 전향 담론의 성격과 한계」, 계명대 한국학연구원, 『1990년대의 증상들』, 계명대학교출판부, 2017.

4장
「최장집의 민주화 기획 비판: 정당 정치와 사회운동의 새로운 결합을 위하여」, 김정한 편저, 『최장집의 한국 민주주의론』, 소명출판, 2013.

5장
「세계체제 위기와 개인의 정체성」, 『실천문학』 99호, 2010.

6장
「한국 마르크스주의의 위기와 쟁점들」, 전병준 엮음, 『마르크스주의와 한국의 인문학』, 후마니타스, 2019.

7장

「한국에서 포스트맑스주의의 수용 과정과 쟁점들」, 『민족문화연구』 57호, 고려대 민족문화연구원, 2012.

8장

「알튀세르와 포스트맑스주의: 라클라우와 지젝의 논쟁을 중심으로」, 진태원 엮음, 『알튀세르 효과』, 그린비, 2011.

9장

「한국 라캉주의 정치의 가능성과 조건: 지젝의 '사회적 환상의 횡단' 개념을 중심으로」, 『현대정신분석』 13권 1호, 한국현대정신분석학회, 2011.

10장

「정신분석의 정치: 라캉과 지젝」, 김석 엮음, 『라캉과 지젝: 정치적, 신학적, 문화적 독법』, 글항아리, 2014.

11장

「현실 민주주의와 정치적 행위」, 『정치비평』 14호, 한국정치연구회, 2005.

12장

「좌파 포퓰리즘의 가능성과 난점」, 『월간 좌파』 26호., 2015.

13장

「한국적 마르크스주의의 길: 정운영 10주기를 기억하며」, 『실천문학』 118호, 2015.

에필로그

「1980년대 운동사회의 감성: 애도의 정치와 멜랑콜리 주체」, 『한국학연구』 33집, 인하대 한국학연구소, 2014.

〈찾아보기〉